Für Petra

Someday, many years from now,
we'll look back on this crazy time
in our life together
and wonder how we did it all …
and then, those ordinary, everyday moments
that we often take for granted
will shimmer like stars as we recount them …
I'll sit close beside you,
you'll take my hand in yours.
We'll look at each other and say:
„I'd do it all again …
and I wouldn't change a thing."

(Hallmark)

Klaus Vierkotten

PANAMERICANA SÜDWÄRTS

Auf Abenteuertour durch Lateinamerika

Klaus Vierkotten

PANAMERICANA SÜDWÄRTS

Auf Abenteuertour durch Lateinamerika

Impressum

Klaus Vierkotten

PANAMERICANA SÜDWÄRTS

Eine Abenteuertour durch Lateinamerika

erschienen im
Reise Know-How Verlag

ISBN 978-3-89662-523-6

1. Auflage 2014

– Printed in Germany –

Untere Mühle, D-71706 Markgröningen
verlag@rkh-reisefuehrer.de
Website von Reise Know-How:
www.reise-know-how.de

Umschlag- und Inhaltskonzept: Carsten Blind
Realisierung: Carsten Blind
Lektorat: Malena Alderete
Fotos: Petra Vierkotten, Klaus Vierkotten
Notizzettel: iStockphoto.de, Bildnr. 26228143 / Urheber Aerial3
Karten: Helmut Hermann
Druck u. Bindung: Pustet, Regensburg

Dieses Buch ist erhältlich in jeder Buchhandlung in Deutschland, Österreich, Schweiz, Niederlande und Belgien
Bitte informieren Sie Ihren Buchhändler über folgende Bezugsadressen:

D: PROLIT GmbH, Postfach 9, 35461 Fernwald
www.prolit.de (sowie alle Barsortimente)
CH: AVA Verlagsauslieferung AG, Postfach 27, 8910 Affoltern
A: Mohr Morawa Buchvertrieb GmbH, Sulzengasse 2, 1230 Wien
NL, B: Willems Adventure, www.willemsadventure.nl

Wer im Buchhandel trotzdem kein Glück hat, bekommt unsere Bücher auch über unsere Büchershops im Internet (s.o.)

Müssen wir wirklich arbeiten bis zum Burnout?

Brauchen wir später mal ein großes Haus, damit andere sehen, wie erfolgreich wir sind? Gibt es ein Gesetz, dass wir tatsächlich bis 67 arbeiten müssen?

Jeder hat sein Leben und das, was er damit macht, selbst in der Hand. Irgendwann habe ich für mich entschieden, 86 Jahre alt zu werden. Die ersten 43 Jahre waren dabei die Investition in die zweite Lebenshälfte. In 24 Jahren habe ich mich vom Azubi in die Führungsebene eines großen Konzerns hochgedient. Die letzten Jahre lebten und arbeiteten meine Frau Petra und ich in den USA. Ich genoss die Privilegien eines Managerlebens und war in der ganzen Welt unterwegs.

Doch Petra und ich kommen beide aus einfachen Verhältnissen. Wir hatten nie den Drang, den Konsum unseren finanziellen Möglichkeiten anzupassen. Wir hatten eine wunderschöne Wohnung mit tollen Nachbarn. Wir brauchten keine Rolex am Arm und keine Kleidung von Armani. Doch eines, das hatten wir immer zu wenig: Zeit! Zeit für uns und Zeit für einander!

Warum also nicht die zweiten 43 Jahre unseres Lebens nutzen, um etwas ganz anderes zu machen? Einfach aussteigen aus dem bisherigen Leben und die Welt bereisen.

Es gab genug Stimmen, die gesagt haben: „Das macht man nicht!" Viele, die gewarnt haben: „Ihr könnt doch nicht einfach eure Sicherheiten aufgeben!" Etliche, die uns mitteilten: „Ich würde das ja auch gerne machen, kann aber nicht wegen …"

Im Juni 2010 zogen wir von den hundert Quadratmetern Wohnfläche eines Hauses in die neun Quadratmeter unseres Allrad-Wohnmobils. Von Pittsburgh reisten wir sieben Monate durch die USA und durchquerten auf 24.000 Kilometern 24 Bundesstaaten. Danach lockte uns das große Abenteuer Lateinamerika: Ab Januar 2011 ging es mit dem Auto über Mexiko und Zentralamerika bis zum Ende der Panamericana in Feuerland. Nach mehr als drei Jahren, 100.000 Kilometern und siebzehn Ländern endete unsere Reise im August 2013 in Uruguay.

Viel zu spät begreifen viele die versäumten Lebensziele:
Freude, Schönheit der Natur, Gesundheit, Reisen und Kultur,
Darum, Mensch, sei zeitig weise!
Höchste Zeit ist's! Reise, reise!

(Wilhelm Busch)

Inhaltsverzeichnis

Reiseroute USA - Mexiko
- Belize - Guatemala
ARIZONA
USA
TEXAS
MEXIKO
0 km 300 km
Einreise von USA
Golf von Mexiko
CUBA
Reiseverlauf in
Mexiko s.S. 14
CIUDAD DE
MÉXICO
Ausreise nach Belize
Pazifik
BELIZE
GUATEMALA
HONDURAS
GUATEMALA CITY
TEG.
SAN S.
EL SALV.
NIC.

HAVANNA
Mérida
Cancún
MEXICO
CUBA
Isla Cozumel
Tulúm
Yucatán
Chetumal
BELMOPAN
Orange Walk
Reiseroute Mittelamerika
Belize City
Tikal
0 km 300 km
Dangriga
GUATE-
MALA
BELIZE
GUATEMALA
City
Copán
HONDURAS
S. SALVA-
DOR
TEGUCI-
GALPA
El SALVADOR
NICA-
RAGUA
León
Lago de Managua
MANAGUA
Granada
Bluefields
Lago de Nicaragua
Liberia
Verschiffung
n. Kolumbien
Barranquilla
Cartagena
COSTA RICA
SAN JOSE
PAZIFIK
Colón
KOLUMBIEN
Panama-Kanal
PANAMA City
David
PANAMA
P.N. Sarigua

Genauere Details zum Reiseverlauf auf www.abenteuertour.de

1. Kapitel: „Mexiko? Das ist viel zu gefährlich!"

„Warum klappt es denn schon wieder nicht?", fragt mich Petra entnervt, als ich aus der Werkstatt kommend den Kopf schüttle und mich in den Fahrersitz fallen lasse.

„Frag mich lieber, warum die USA bald ihre Stellung als führende Wirtschaftsmacht verlieren: weil sie keinen Ölwechsel hinbekommen!"

Die Amerikaner haben es in den letzten Jahren meisterlich verstanden, im Wirtschaftsleben kontinuierlich Prozesse zu verbessern und die Effizienz zu steigern. Kein Prozessschritt, der nicht definiert ist. Kein Mitarbeiter, der nicht darauf gedrillt ist, diese Schritte ohne jegliche Abweichung zu befolgen. Prozessorientierung und militärischer Gehorsam bestimmen das Arbeitsleben des Amerikaners.

So war der größte Tabubruch in dem Unternehmen, für das ich in den USA gearbeitet habe, wenn ein Mitarbeiter sich nicht an die Vorgabe seines Managers und die exakt definierten Prozesse gehalten hat. Holte man sich in der Mittagspause einen Coffee-to-go im Café nebenan, dann hatte die Mitarbeiterin ein laminiertes Schaubild vor sich liegen, auf dem mit Bildern beschrieben war, wie in vier Schritten ein Kaffee zubereitet wird.

Und dann gibt es noch so wahnsinnig komplizierte Prozesse, wie der Ölwechsel beim Auto: Ölablassschraube aufdrehen, alten Ölfilter entfernen, warten bis das Öl abgelaufen ist, Ablassschraube wieder schließen, neuen Filter einsetzen, Öl auffüllen – fertig. Sechs Prozessschritte! Eigentlich alles klar, oder? Leider nicht für die Amerikaner.

Wie oft haben wir schon versucht, bei einer großen Supermarktkette einen Ölwechsel machen zu lassen. Erst werden zehn Minuten lang alle persönlichen Daten von mir erfasst: Name, Telefonnummer, Adresse; Kfz-Baujahr, Meilenstand, Fahrzeugnummer – am liebsten noch meinen Geburtstag, sowie Größe und Gewicht. Ja, wollen die mich denn heiraten? Ich brauche doch nur einen Ölwechsel! Doch dann passiert das Unfassbare – die Fahrzeugnummer wird nicht im Computer gefunden und damit auch nicht der passende Ölfilter. Entsetzt weicht der Servicemitarbeiter vor mir zurück. Bin ich vielleicht ein Terrorist?

„Nein, für dieses Auto haben wir leider keinen Ölfilter. Und ohne Ölfilter dürfen wir Ihr Öl nicht wechseln."

„Kein Problem", sage ich und ziehe den passenden Ölfilter aus der Tasche.

„Nein, nein – das geht trotzdem nicht. Ihr Auto existiert gar nicht. Wir haben keine Dokumentation. Wir wissen nicht, wie wir das bei Ihrem Auto machen sollen."

In Gedanken fügt er wohl noch hinzu: Weiche von mir! Lass mich in Ruhe! Ich kann das nicht, ich will das nicht, und wenn du nicht sofort verschwindest, rufe ich Homeland Security, die Border Patrol, die NSA, die Antiterrorabwehr oder gleich den Präsidenten an.

Das ist dann regelmäßig der Moment, in dem wir resigniert aufgeben und im Rückspiegel beobachten, wie sich der Angestellte erleichtert den Schweiß von der Stirn wischt.

Wir fahren um die Ecke zu einer kleinen Werkstatt, in der fünf lachende Mexikaner arbeiten, die irgendwann in die USA eingewandert sind. Sie machen nicht nur ganz locker den Ölwechsel, sondern schmieren nebenbei noch den Wagen ab, putzen die Scheiben, prüfen den Luftdruck und saugen den Innenraum.

Nach über zwei Jahren wird es für uns endlich Zeit, die USA zu verlassen und sich die Welt jenseits der südlichen Landesgrenzen anzuschauen. Anderthalb Jahre haben wir in den Staaten gelebt und gearbeitet, weitere sieben Monate haben wir sie bereist. Und das nicht zum ersten Mal. Bereits 2004 sind wir mit dem VW-Bus ein halbes Jahr durch die USA gefahren, waren begeistert von den Naturhighlights, von den netten Menschen und den perfekten Campingmöglichkeiten.

„Aber nach Mexiko dürft ihr nicht reisen!"

„Warum denn nicht?"

„Ja habt ihr es denn noch nicht gehört? Dort herrscht Krieg! Ein Drogenkrieg, in dem jährlich Tausende Menschen umgebracht werden."

Je näher wir der mexikanischen Grenze bei Brownsville/Matamoros kommen, desto eindringlicher warnen uns die Amerikaner. Mir ist ganz mulmig im Magen. Vielleicht bin ich ja doch kein Abenteurer? Neue Länder sehen, das ist in Ordnung. Aber sollen wir dafür wirklich unser Leben aufs Spiel setzen?

„Wenn ihr Glück habt, dann werdet ihr nur entführt und gefoltert.

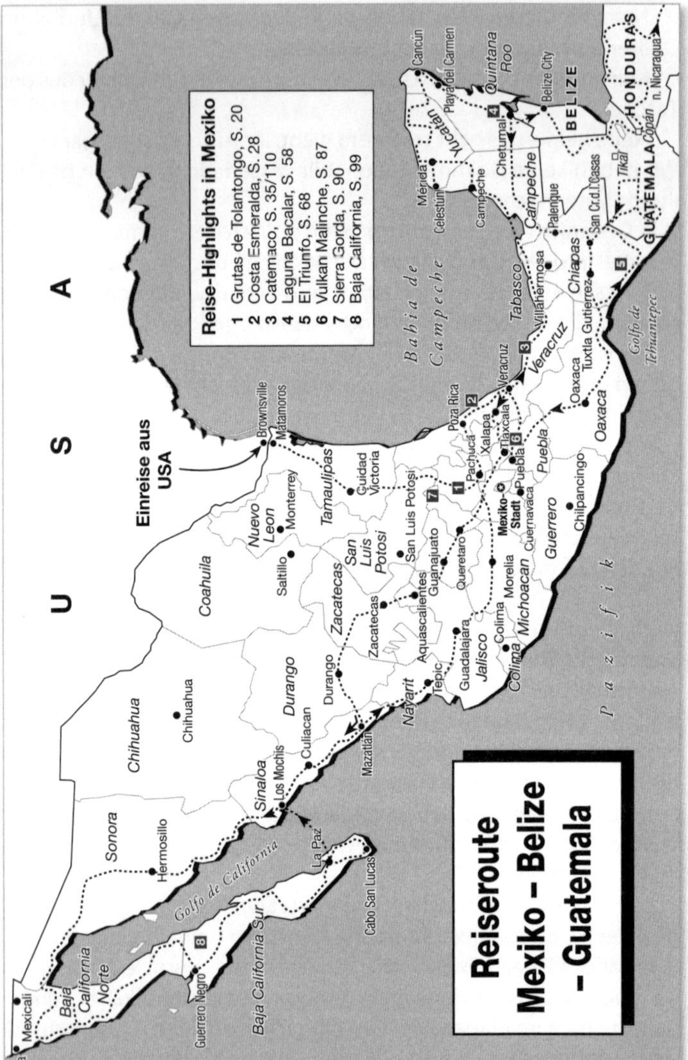
Reiseroute
Mexiko – Belize
– Guatemala
Reise-Highlights in Mexiko
1 Grutas de Tolantongo, S. 20
2 Costa Esmeralda, S. 28
3 Catemaco, S. 35/110
4 Laguna Bacalar, S. 58
5 El Triunfo, S. 68
6 Vulkan Malinche, S. 87
7 Sierra Gorda, S. 90
8 Baja California, S. 99
U S A
Einreise aus USA
Brownsville
Matamoros
Tijuana
Mexicali
Baja California Norte
Baja California Sur
Guerrero Negro
Golfo de California
La Paz
Cabo San Lucas
Sonora
Hermosillo
Chihuahua
Coahuila
Sinaloa
Los Mochis
Culiacan
Mazatlán
Durango
Nayarit
Tepic
Zacatecas
Aguascalientes
Jalisco
Guadalajara
Colima
Michoacan
Morelia
Guanajuato
Queretaro
San Luis Potosi
Nuevo Leon
Monterrey
Saltillo
Tamaulipas
Cuidad Victoria
Pachuca
Poza Rica
Xalapa
Tlaxcala
Puebla
Mexiko-Stadt
Cuernavaca
Guerrero
Chilpancingo
Oaxaca
Veracruz
Tabasco
Villahermosa
Chiapas
Tuxtla Gutierrez
San Cr.d.l.Casas
Palenque
Campeche
Celestún
Mérida
Yucatan
Cancún
Playa del Carmen
Quintana Roo
Chetumal
Belize City
BELIZE
GUATEMALA
Tikal
Copán
HONDURAS
n. Nicaragua
Bahia de Campeche
Golfo de Tehuantepec
Pazifik

Wahrscheinlicher ist aber, dass ihr direkt hinter der Grenze abgeknallt werdet!"

Mein Gott! Was ist denn in Mexiko los? Es fehlt nur noch, dass die Amerikaner, denen wir von unserem Vorhaben erzählen, flehend vor uns auf die Knie fallen und uns anbetteln, es bleiben zu lassen. Fast fesselt man uns mit Handschellen an das nächste Straßenschild. Also eines muss man ihnen lassen. Sie haben vielleicht Probleme mit unserem Ölwechsel, aber um unser Wohlbefinden sind sie tatsächlich in ernster Sorge. Soll unser großes Vorhaben, mit dem eigenen Auto von Nord- nach Südamerika zu reisen, schon an der mexikanischen Grenze scheitern? Ich schlage mir einige schlaflose Nächte um die Ohren und wäge Vorteile und Risiken gegeneinander ab.

„Wir fahren lieber nicht!", verkünde ich am nächsten Morgen. „Wir können doch durch Europa reisen. Soll auch schön sein."

„Ja, wenn man alt ist", entgegnet Petra.

Es sind schließlich Andrea und Gunnar, ein deutsches Paar, das wir in Arizona im Statepark treffen. Sie sprechen so begeistert von ihrem Vorhaben, nach Feuerland zu reisen – und zwar mit einem Opel-Astra und Igluzelt – dass ich mich mitreißen lasse und doch wieder zur ursprünglichen Reiseplanung zurückkehre.

Eine letzte Warnung kommt von Trevor, den wir in einem Trailerpark nahe der mexikanischen Grenze kennenlernen. Seinen Lebensunterhalt verdient er als Kopfgeldjäger. Nachts durchkreuzt er mit seinem ATV, einem geländegängigen Motorrad auf vier Rädern, den schmalen Streifen zwischen den USA und Mexiko. Er jagt illegal über die Grenze kommende Mexikaner und liefert sie für eine Prämie an die amerikanische Grenzpolizei.

Der Grenzübertritt nach Mexiko verläuft dann – ja, wie soll ich sagen: mexikanisch! Der Beamte an der *migración* ist sehr freundlich und bewilligt uns einen Aufenthalt von 180 Tagen. Danach schickt er uns weiter zum nächsten Fenster, dort müssen die für die Einfuhr des Autos benötigten Unterlagen kopiert werden. Das Fenster ist zu, das Licht aus. Hmm! Wir warten. Eine Minute, zwei Minuten, fünf Minuten. Fenster zu, Licht aus. Der Mann vom *banjercito,* wo die

Einfuhr des Autos bewilligt wird, winkt uns herüber. Er schaut durch unsere Unterlagen und kann mit dem internationalen Fahrzeugschein nichts anfangen. Nein, mit so einem lustigen Heftchen können wir nicht über die Grenze. Die deutsche Zulassungsbescheinigung gefällt ihm schon besser. Sie sieht wesentlich offizieller aus. Verstehen kann er aber nichts. Wo steht das Baujahr? Das Gewicht? Die Fahrzeug-ID? Ah ja – er trägt alles in seinen Computer ein. Na, da hätten wir uns auch fantasievolle Papiere selber basteln können. Es wird viel gelacht – ein zweiter Beamter kommt dazu. Sie begleiten uns zum Auto, finden alles ganz toll. Und schicken uns dann zurück zum Kopierfenster, damit wir von den Papieren Duplikate machen lassen.

Doch: Fenster zu, Licht aus. Wir warten: eine Minute, zwei Minuten, fünf Minuten. Fenster zu, Licht aus. Der Beamte von der Migración schaut zu uns rüber: „Haha, der schläft noch.“ Ja, ja Siesta um halb neun in der Früh. Der Kollege vom Banjercito hat Mitleid, winkt uns zu sich herüber und macht schnell die fünf notwendigen Kopien. Für die nächsten zehn Jahre darf unser Auto in Mexiko bleiben.

Der Kollege am Kopierfenster ist nun auch endlich auf der Arbeit erschienen. Gut so, denn er macht nicht nur Kopien, sondern verkauft auch Autoversicherungen. Drei Monate kosten genauso viel wie zwölf. Na, wir werden sehen, wie lange wir nun wirklich in Mexiko bleiben. Drei Monate sind unsere Planung, aber wenn es mehr werden, ist das auch nicht schlimm.

„Bienvenidos a Mexico – Willkommen in Mexiko“, ruft uns der Soldat noch hinterher, nachdem wir durch die erste Militärkontrolle hinter der Grenze gefahren sind. Gerade noch hat sich ein vermummter Soldat in unserer Kabine auf der Suche nach Waffen und Drogen durch die Schränke getastet. Wir passieren die Grenzregion. Hier soll er toben, der Krieg zwischen den Drogenbaronen und dem Militär. Bereits nach einigen Kilometern kommen uns schwere Militärfahrzeuge entgegen mit Soldaten hinter schussbereiten Maschinengewehren auf dem Dach. Kurze Zeit später durchqueren wir ein Dorf, an dessen Straßenrand wieder Soldaten stehen – in voller Kampfausstattung mit Gewehren im Anschlag. Leichter Nieselregen und sehr diesiges Wetter geben der Kulisse ein bedrohliches Aussehen.

Wir stehen auf unserem ersten Campingplatz in Mexiko. Aus den ursprünglich geplanten zwei Übernachtungen ist eine Woche geworden.

Was soll's – wir haben unendlich Zeit. Es ist der 27. Januar, wir haben 27 Grad, die Sonne scheint, wir stehen in einem schönen, kleinen, tropischen Garten mit Blick auf die Berge.

Wir treffen hier in Ciudad Victoria auf Arthur aus der Schweiz. Eine Woche verbringen wir gemeinsam und lauschen immer wieder voll Begeisterung Arthurs Geschichten: über die grüne Grenze von Peru nach Bolivien, Raubüberfall in Venezuela, mit einem Schmuggler über unpassierbare Dschungelpfade von Venezuela nach Brasilien, mit der streng riechenden Bäuerin auf Überlandfahrt zum Markt. Und das alles so lebhaft erzählt, dass ich denke, ich bin dabei: zerberstende Blattfedern, platte Reifen, kippende Autos.

Es sind Begegnungen wie diese, die ein ums andere Mal Abwechslung in unsere Zweisamkeit bringen. Immer wieder treffen wir auf Leute, mit denen wir uns austauschen und unsere Geschichten und Erfahrungen teilen können: Richard und Maureen kommen aus Kanada und sind auf dem Weg nach Guatemala. Sie fahren und leben für ein halbes Jahr in einem 22 Jahre alten Schulbus. Tanja und Marc sind aus Wisconsin und kehren nach zwei Monaten heim von einem Trip aus Guatemala. Dort haben sie ihre Mutter besucht, die Missionsarbeit für die Zeugen Jehovas leistet. Und dann ist da noch Rosa, die fast 80-jährige Eigentümerin des Campingplatzes. Sie ist schon durch die ganze Welt gereist, wurde Lehrerin, weil ihre Eltern ihr nicht erlaubten, Ärztin zu werden und freut sich, bei uns im Schatten zu sitzen und aus ihrem langen Leben zu plaudern.

Wir haben die erste Woche in Mexiko überlebt. Wir wurden weder entführt noch gefoltert. Niemand hat uns beraubt und trotz genauer Kontrolle entdecke ich keine Einschusslöcher an unserem Wagen. Ist Mexiko vielleicht doch nicht so gefährlich?

2. Kapitel: In den heißen Grotten von Tolantongo

„Kannst du eigentlich noch irgend etwas sehen?"
„Nein."

So einen Nebel habe ich noch nie erlebt. Alles, was zehn Meter vor mir ist, kann ich nicht mehr erkennen. Ich orientiere mich nur noch am gelben Mittelstreifen und den schemenhaften Rücklichtern meines Vordermanns. Scheinwerfer, Nebelschlussleuchte und auch die Warnblinker habe ich eingeschaltet. Wir schrauben uns immer höher die Berge hinauf.

„Sollen wir nicht irgendwo rechts ran fahren? Lass uns warten, bis der Nebel vorüberzieht."

„Das würde ich ja gerne", antworte ich. „Aber ich kann noch nicht einmal erahnen, wo es eine Möglichkeit dafür gibt. Das Einzige, was ich erkenne, sind die Schlussleuchten meines Vordermannes und im Rückspiegel die Scheinwerfer des Autos hinter mir."

Häuser und kleine Dörfer gleiten wie Geistererscheinungen an uns vorbei. Ich bin dicht in unsere kleine Autokarawane eingeschlossen. Jeder Fahrer versucht, den Abstand so gering wie möglich zu halten, damit man sich nur ja nicht aus den Augen verliert. Es ist unglaublich! Endlich überqueren wir nach 53 Kilometern den Bergkamm. Auf einen Schlag umfangen uns strahlend blauer Himmel und Sonnenschein. Wie ein Wasserfall fließt der Nebel hinter uns ins Tal.

Wir verbringen die Nacht ganz einsam an einem kleinen Thermalbad direkt neben Bananenstauden. Statt der Dusche ist ein Bad im schwefligen Dschungelbecken angesagt.

An einem bunten Wochenmarkt machen wir Rast. Auch hier gibt es wieder ganz neue Eindrücke. Wie sehr sich doch der Markt von dem unterscheidet, was wir von zu Hause kennen. In der *carnicería*, der Metzgerei, wird das frische Fleisch direkt neben den vorbeilaufenden Kunden zertrennt. Wir versuchen, den blutigen Rinderstücken auszuweichen, die an Haken von der Decke hängen. Daneben liegen acht gerupfte Hühner – noch mit Kopf und Krallen.

Frisch von der Stange

Staunend schauen wir auf bunte Berge mit getrockneten tiefroten und frischen grünen Chilischoten. Rechts davon liegen auf einer am Boden ausgebreiteten bunten Decke duftende Kräuter, Tomaten und Zwiebeln. Einen Stand weiter gibt es gebrauchte und neue Elektroartikel genauso wie neue und getragene Schuhe.

Und dazwischen immer wieder kleine Garküchen. Wir kaufen uns eine Tüte Churros frisch aus dem siedenden Fett, die in einer Zimt-Zucker-Mischung gewälzt werden. Den Preis verstehen wir nicht. Ich halte der alten Frau eine Hand voll Kleingeld hin und sie pickt sich die passenden Stücke heraus. Sie lacht und lässt die metallene Einfassung ihrer falschen Zähne aufblitzen. Am nächsten Stand kaufen wir zwei Tortillas: Erst wird der Teig geknetet, mit einer Form geplättet und dann auf heißen Stahlplatten gebacken. Die Füllung besteht aus Rindfleisch, Zwiebeln und einer scharfen Soße. Lecker!

„Macht zehn Peso", so die Verkäuferin. Das sind gerade einmal 0,60 Euro.

Autofahren in Mexiko unterscheidet sich vom Fahren in Deutschland. Nicht etwa wegen ungewohnter Verkehrsregeln, sondern wegen der *topes*. Da wird Autofahren schnell zu einer Sommeralternative des Skispringen. Topes sind rund zwanzig Zentimeter hohe Bodenschwellen, die sehr effektiv für Geschwindigkeitsbegrenzung sorgen. Meist werden sie durch Schilder angekündigt. Jedoch häufig nur die erste und nicht die kurz darauf folgende Schwelle. Einige sind farbig markiert, andere verschwimmen mit dem Grau des Asphalts. Doch die schlimmsten sind die, die im langen Schatten eines Baumes verschwinden. Topes sollten auf keinen Fall übersehen werden, ansonsten lernt man seine Lektion sehr schnell.

„Oh, schau doch mal, das bunte Haus mit dem Schwein im Vorgarten."

Ich bin kurz abgelenkt, es gibt zu viel Interessantes neben der Straße.

„Vorsicht, Topes!", schallt es zeitgleich vom Beifahrersitz.

Zu spät! Mit rund fünfzig Stundenkilometern schlägt unser 3,5 Tonnen schwerer Wagen gegen das tückische Hindernis, hebt kurz mit der Vorderachse ab und fällt krachend in die Federn. Den Bruchteil einer Sekunde später passiert das gleiche mit den Hinterreifen und drückt den Wagen tief in jede einzelne unserer elf Blattfedern.

„Ist unsere Achse gebrochen?"

Ich fahre rechts ran, springe aus dem Auto und erwarte schon, dass unser Wagen wegen gebrochener Federn und Achsen schräg zur Seite hängt. Doch es ist noch einmal gut gegangen. Aber der Schrecken sitzt in den Gliedern.

„Was hältst du davon, wenn wir uns in Mexiko so aufteilen, dass der Fahrer sich auf die Straße konzentriert und der Beifahrer sich die Gegend anschaut?"

Wir entdecken ein kleines Naturwunder. Über eine enge, staubige Schotterstraße tasten wir uns etliche hundert Höhenmeter hinab in den Barranco de Tolantongo. Links und rechts der Piste ragen die Kakteen steil wie Orgelpfeifen in den Himmel. Als Lohn erwartet uns im Tal ein türkisfarbener Fluss, der sich über Jahrmillionen eine tiefe Schlucht in den Felsen gegraben hat.

Doch das ist nicht das Einzige, was uns erwartet. Hunderte von Zelten reihen sich aneinander, lateinamerikanische Rhythmen liegen in der Luft. Auf vielen kleinen Holzfeuern werden Tortillas gebacken. Ganze Familien und große Gruppen sitzen beieinander und feiern gemeinsam ein verlängertes Wochenende. Wir sind die einzigen Ausländer.

Bei einer Wanderung zum Ende des Tals schauen wir auf viele kleine Wasserfälle, die sich von weit oben ihren Weg ins Flussbett suchen. Dies alleine ist schon ein imposanter Anblick. Das eigentliche Geheimnis versteckt sich jedoch hinter einem Wasserfall, im Inneren des Berges: die Grutas Tolantongo. Heißes Wasser stürzt über versteckte Höhlen hinunter in eine riesige Grotte. Im Laufe der Zeit haben sich große Säulen aus Kalk gebildet – feingeschmirgelt von den Wassermassen, die seit Tausenden Jahren von der Decke fallen. Wir liegen im warmen Wasser, schauen aus dem Dunkel der Höhle hinaus in den sonnendurchfluteten Canyon.

In der folgenden Woche bleibt dies nicht unsere einzige Freizeitbeschäftigung. Wir spazieren vorbei an meterhohen, rot blühenden Christsternen sowie Früchte tragenden Bananenstauden. Überqueren kleine, warme Flüsse und gelangen nach einigen Kilometern bergauf zu den *pozas*. Das sind rund vierzig kleine Becken, die aus einer sprudelnden Thermalquelle kontinuierlich mit warmem Wasser befüllt werden. Wie kleine Whirlpools liegen sie neben- und untereinander am Berghang, werden von allen Seiten von kleinen Wasserfällen und Bächen umspült und bieten einen atemberaubenden Blick in den Canyon.

Verteilt auf dem riesigen Gelände finden wir *cocinas económicas*. Preiswerte Garküchen, die aus nicht mehr als einem kleinen Bretterverschlag, einer mit Holz befeuerten Kochstelle und einigen Tischen und Bänken bestehen. Hier kann *carne asada,* hauchdünne gegrillte Scheiben vom Rind, oder *mole de olla,* kräftig sämige Soßen mit Gemüse und Fleischstückchen, bestellt werden. Dazu gibt es bergeweise frisch zubereitete Tortillas.

Wir lieben es, auf den wackligen Bänken zu sitzen, unbekannte Speisen auszuprobieren und dem Treiben auf dem Platz zuzuschauen. Jetzt noch ein schönes kaltes Bier.

„Bier oder michelada?", fragt mich die Frau hinter dem Verkaufstresen.

Freiluft-Cocinas económicas: Einfach, aber lecker

„Michaela? Wer ist das denn?"

„Miche-la-da. Etwas typisch Mexikanisches."

„Klar. Das probieren wir!"

Sie greift nach einem riesigen Pappbecher, bestreicht den Rand mit einer Limette und taucht ihn in Chilipulver. Dann nimmt sie eine Literflasche Bier aus dem Kühlschrank.

„Ich glaube, das gefällt mir", flüstere ich Petra zu, als ich beobachte, wie sie die ganze Flasche in den Becher entleert.

Doch erst jetzt kommt das typisch Mexikanische: Einige Limetten werden ins Bier gepresst und reichlich Maggi und scharfe rote Salsa hinzugefügt.

Mit einem „Salud" reicht mir die Verkäuferin den Becher, in dem nun eine bräunliche Flüssigkeit schwappt. Ich bin erstaunt. Der mexikanische Energydrink schmeckt viel besser, als er aussieht.

Schon mehrfach haben wir während unserer Tour die Erfahrung gemacht, dass sich die Temperaturen nicht an den Jahreszeiten, sondern vor allem an der Höhenlage orientieren.

Das Thermometer steht um sieben Uhr in der Früh bei minus fünf Grad, obwohl bereits die Sonne aufgegangen ist.

Steile Straßen und enge Serpentinen führten uns am gestrigen Abend von rund 1200 Höhenmetern in den dreitausend Meter hoch gelegenen Nationalpark El Chico.

„Vorsicht!", ruft Petra noch.

Doch leider zu spät. Dichter Nebel erschwert schon wieder die Orientierung und bei dem Versuch, ein Straßenschild zu erkennen, übersehe ich den Topes und bringe unser Auto zum zweiten Mal in dieser Woche kurzfristig zum Abheben. Eine kleine Unachtsamkeiten, die in unseren Stauräumen für erneutes Chaos sorgt.

Bei dem Nebel sind wir froh, irgendwo einen Übernachtungsplatz zu finden. Wir fahren eine Schotterstraße mit tiefen Schlaglöchern entlang, die mit groben Felssteinen gepflastert zu sein scheint.

„Ob wir uns da vorne hinstellen können?"

„Nein, das sieht eher wie ein Fußballplatz aus."

„Vielleicht da?"

„Ich weiß nicht, das scheint mir kein Stellplatz zu sein."

Dann schimmern rechts neben dem Auto eine kleine Bank und eine Feuerstelle durch den Nebel.

„Na, das wäre doch was."

Wir manövrieren unseren Wagen die Böschung hinauf und parken. Wir hoffen, dass wir nicht direkt neben dem Zelt eines anderen Campers stehen.

Erst am nächsten Morgen erkennen wir beim Blick aus dem Fenster die Schönheit unseres Stellplatzes. Die frostigen Temperaturen der Nacht haben den Nebel in viele kleine Eiskristalle verwandelt, die sich auf Grashalme, Bäume und die Fensterscheiben unseres Autos gelegt haben und das Licht der aufgehenden Sonne millionenfach spiegeln.

Doch etwas stört die Romantik. Die morgendlichen Sonnenstrahlen und die steigenden Temperaturen tauen das Kondenswasser auf, welches im Laufe der Nacht zu kleinen Eiszapfen an der Dachluke gefroren ist. Nun tropft es in unsere Gesichter. Es ist nicht gerade die angenehmste Art, aus seinem kuscheligen Bett gejagt zu werden.

Es ist unglaublich, wie sich dreitausend Höhenmeter auf unsere Kondition auswirken. Spätestens, als wir zu einer kleinen Wanderung im Nationalpark aufbrechen, bekommen unsere roten Blutkörperchen die dünne Luft und den fehlenden Sauerstoff deutlich zu spüren. Schon die kleinste Steigung, und von denen gibt es auf der Wanderung viele, wird mit Atemnot bestraft. Dabei ist der Gegend die Höhe überhaupt nicht anzusehen. Wir haben der Eindruck, im Voralpenland zu wandern. Hohe Tannen, dunkler, fruchtbarer Waldboden, leuchtend blühende Bodendecker wachsen hier.

3. Kapitel:
Faultier Sid verbindet die Kulturen

Wenn einem die Bedienung im Restaurant den Karton zum Sammeln des Leerguts neben den Stuhl stellt, ist das ein Zeichen, etwas langsamer zu trinken. Doch das Pärchen an unserem Tisch ordert schon wieder vier neue Bier und nun wird auch noch die Musikbox nach Tanzmusik durchsucht. Das wird ja immer doller!

Heute morgen, als wir uns durch die engen, stickigen Innenstadtgassen von Pachuca quälten, hätte ich mir diesen Tagesabschluss noch nicht träumen lassen. Auf der Karte hatten wir eine entspannte Umgehungsstraße herausgesucht, finden diese aber mal wieder nicht. Ergänzend ist die Beschilderung in der Stadt eine Katastrophe. Gerade noch ist unser Ziel ausgeschildert, zwei Kreuzungen weiter fehlen die Wegweiser. Links oder rechts wird zum Glücksspiel. Nur eins ist wohl auch diesmal sicher: Wir landen wieder einmal mitten im Zentrum! Die Häuser rücken immer näher zusammen, wir werden links von Taxen, rechts von *colectivos* – kleinen Sammelbussen – überholt, verlieren irgendwann den Überblick, ob es sich um eine Einbahnstraße oder eine mit Gegenverkehr handelt. Gleichzeitig müssen wir auf überhängende Häuserdächer oder Stromleitungen aufpassen, streunenden Hunden, Fußgängern oder Schlaglöchern ausweichen.

Um wie viel entspannter sind da doch Überlandfahrten. Immer wieder geben sie uns einen interessanten Einblick in die Arbeitswelt der mexikanischen Landbevölkerung. Wir zählen, wie viele Reifenreparatur- und Autowerkstätten wir sehen und wie viele Garküchen. Jeder männliche Mexikaner scheint eine Autowerkstatt zu betreiben, jede Mexikanerin eine kleine Küche. Und so reihen sich in den Dörfern Autowerkstatt an Autowerkstatt und Küche an Küche. Und wenn die Kinder groß sind, dann betreiben sie wahrscheinlich entweder eine Autowerkstatt oder eine Küche. Bis dahin verkaufen sie nach der Schule Süßigkeiten an die vorbeifahrenden Autofahrer, putzen an den Ampeln die Scheiben oder verkaufen an kleinen Ständen frisch gepressten Orangensaft. Ein halber Liter für nur acht Peso, fünfzig Eurocent.

Preiswert soll auch das heutige Abendessen sein. Wir kampieren auf dem Parkplatz des edelsten Hotels in Poza Rica, lümmeln uns auf den Liegen am Pool, genießen den Blick auf die Palmen und erfreuen uns nach zwei Wochen endlich mal wieder an einer heißen Dusche.

Schon der Blick ins Restaurant macht klar, hier gehen wir nicht essen. Alles sieht edel und sehr teuer aus. Dafür gibt es doch in Mexiko an jeder Ecke die Cocinas Económicas, in denen lecker landestypische Spezialitäten wie Tortillas, Enchiladas oder Tamales angeboten werden und für zwei Personen inklusive der Getränke selten mehr als zehn Euro auszugeben sind.

So begeben wir uns in den Straßen neben unserem Hotel auf die Suche. Der Blick hinter ein halb geöffnetes Gartentor offenbart einige Plastikstühle und Tische.

„Lass es uns da versuchen."

„Hallo, wie geht's Euch?", werden wir direkt freundlich von Carmen und Estéban am Nachbartisch begrüßt.

Zu diesem Zeitpunkt haben wir uns zwar noch nicht bekannt gemacht, aber das wird sich in Kürze ändern. Schnell stehen zwei Corona auf dem Tisch.

„Nein, hier gibt es nichts zu essen, nur Getränke. Aber ich kann Ihnen eine Kleinigkeit zusammenstellen."

Gesagt, getan. Die Bedienung verschwindet und kommt ein paar Minuten später mit einem Kinderteller zurück. Hier wörtlich zu verstehen als ein dreigeteilter Plastikteller mit Aufdruck von Bugs Bunny und Daffy Duck. Er ist gefüllt mit Mozzarellawürfeln, klein geschnittenen, kalten Brühwürstchen aus der Dose und scharfen, in Chili eingelegten Möhrenscheiben. Während wir mit halbherzigem Appetit zugreifen, wird vom Nachbartisch kommentiert.

„Die sind hier wirklich immer flexibel, Carmen, oder?"

„Und es sieht auch recht lecker aus", antwortet seine Frau.

Sie prosten uns zu und schieben ihre Stühle vom Nachbartisch in unsere Richtung. Höllisch schnell und natürlich auf Spanisch beginnen sie eine begeisterte Unterhaltung. Ich verstehe zwar kein Wort, beteilige mich aber mit Feuereifer an der Diskussion. Ein Bier folgt auf das nächste. Um den Überblick zu behalten, sammelt die Bedienung unsere leeren Flaschen im Karton direkt neben dem Tisch.

Gemeinsamer Alkoholkonsum verbindet. Ich erfahre, dass Estéban 61 Jahre alt ist und bei der staatlich mexikanischen Mineralölgesellschaft Pemex arbeitet. Diese hat in Mexiko das Monopol, andere Tankstellenbetreiber gibt es nicht und damit auch keinen Wettbewerb. Doch bei einem Dieselpreis, der um mehr als die Hälfte günstiger ist als in Deutschland, vermissen wir den Wettbewerb nicht.

Carmen steckt schon nach kurzer Zeit Petra ihre Telefonnummer zu und lädt uns für den nächsten Tag zum Tortillaessen ein. Nach weiteren vier Bier zeigt mir Estéban, wo die Toiletten sind. Es ist ein kleines Räumchen, nur durch einen bunt gemusterten Duschvorhang vom Gästebereich abgetrennt. Hier können zwei Männer nebeneinander stehen und sich in die gekachelte Rinne erleichtern. Das Waschbecken befindet sich im Gastraum vor dem Vorhang. Der Hahn funktioniert nicht.

„Gibt es hier kein Wasser?“, wende ich mich hilfesuchend an Estéban.

Der lacht nur und weißt auf ein großes, rotes Fass neben dem Waschbecken. Nein, Wasser schöpft man mit einer kleinen Plastikschüssel aus dem Fass, wäscht sich die Finger und entsorgt dann das gebrauchte Wasser über den Abfluss des Beckens.

Unterdessen wurde schon wieder neues Bier gebracht.

„Lass uns jetzt tanzen“, meint Carmen.

Die Bedienung bekommt zehn Peso und sucht drei Lieder aus der Musikbox. Tja, was soll ich sagen, da sehen die Mexikaner aber arm neben uns Hüfte schwingenden Deutschen aus. Vielleicht ist diese unnachahmlich Grazie aber auch eine Konsequenz des hohen Alkoholkonsums. In den Karton neben unserem Tisch passt auf jeden Fall keine leere Flasche mehr!

Liegt es am Restalkohol? Ich komme mir gerade vor wie in einem Videospiel. Eins von diesen Autorennspielen. Nur dass in diesem Fall der Monitor unsere Windschutzscheibe ist und ich statt eines Joysticks mein Lenkrad umklammere. Eigentlich war die Idee ganz einfach. Am nächsten Topes, wenn der Lkw abbremst, nutze ich die Gelegenheit, um mich links neben ihn zu setzen und mit Tempo zu überholen. Mittlerweile hatte ich genug davon, hinter dem quälend langsamen, schwarz qualmenden und hoch mit Apfelsinen beladenen Laster zu kriechen.

Doch in dem Moment, in dem ich meinen Entschluss in die Tat umsetze und in der Pole Position links neben dem Lkw am Topes stehe, tut sich vor mir eine Kraterlandschaft in der sowieso schon nicht guten Straße auf. Riesige Schlaglöcher verteilen sich über die nächsten hundert Meter auf der Straße. Jedes einzelne davon so groß und tief, dass man locker mit Kürbissen Murmeln spielen könnte. Der Lkw gibt Gas, ich ebenfalls. Wir liegen gleichauf. Leider habe ich das Problem, auf der Seite des Gegenverkehrs zu sein, muss also zwangsläufig erheblich mehr Gas geben und gleichzeitig versuchen, den Schlaglöchern auszuweichen.

Ich reiße das Lenkrad noch weiter nach links, drücke aufs Gas, abruptes Abbremsen und leichtes Ausweichen nach rechts. Aber Vorsicht, der Laster fährt direkt neben mir. Erneutes Gas geben, am ersten Schlagloch rechts vorbei, das nächste zwischen die Reifen nehmen, bevor ich mich mit einem abrupten Rumreißen des Lenkrades vor den Lkw setze. Gerade noch rechtzeitig! Schon passiert mich der Gegenverkehr. Die Straßenverhältnisse unterscheiden sich stark von dem, was wir aus Europa gewohnt sind. Insbesondere der plötzliche Wechsel zwischen perfektem Asphalt und einer wie Schweizer Käse durchlöcherten Straße ist für uns noch gewöhnungsbedürftig.

Unser heutiges Ziel heißt El Tajín, eine von vielen Ruinenstätten, die wir uns in den nächsten Monaten anschauen werden.

„El Tajín ist ein präkolumbisches Zeremonial- und Handelszentrum der Totonaken, das von 200 vor Christus bis 1200 nach Christus besiedelt war", lese ich aus unserem Reiseführer vor.

„So alt sieht es noch gar nicht aus. Nach einer so langen Zeit sollte man doch meinen, dass alles verfallen ist."

Die Nischenpyramide von El Tajín

„Das ist richtig. El Tajín geriet für achthundert Jahre völlig in Vergessenheit und wurde vollkommen vom Dschungel überwuchert. 1785 wurde es erst wiederentdeckt und seit 1934 ausgegraben und restauriert. Was wir hier sehen, sind also Rekonstruktionen der ehemaligen Gebäude."

„Und was macht es so besonders?"

„Das architektonische Highlight ist die sogenannte Nischenpyramide: 364 fensterähnliche Nischen, die sich über eine sechsstufige, 25 Meter hohe Pyramide verteilen und zusammen mit dem Tempel auf der Spitze die 365 Tage des Jahres symbolisieren."

Diese interessante Verbindung zwischen Architektur und Astronomie werden wir in der nächsten Zeit noch häufig erleben. Besonders die Maya, auf deren Spuren wir in Yucatán wandeln, haben es meisterlich verstanden, ihre Gebäude nach astronomischen Erkenntnissen auszurichten.

Ausgiebig nutzen wir die prädestinierte Situation, kein zeitliches Limit für unsere Reise zu haben. Wir schauen uns viele Gegenden vom Auto aus an, nehmen uns aber auch immer wieder die Zeit, das Land zu Fuß zu erkunden und seine Bewohner besser kennenzulernen. Erneut haben wir uns für eine Woche auf einem Campingplatz an der Costa Esmeralda – der Smaragdküste – eingenistet.

Pausenlos rollen die schäumenden Wellen an die Küste, die ihren Namen dem türkisfarbenen Wasser verdankt. Hunderte Krebse flitzen vor unseren Füßen über den Strand. Fingernagelgroße, bunte Muscheln buddeln sich blitzschnell in den Sand, als würden sie sich vor dem Wasser verstecken. Entlang der ganzen Küste wiegen sich die Kokospalmen im Wind. Unser Stellplatz liegt traumhaft! Nur fünf Meter trennen uns vom Strand, ein großer Swimmingpool lädt direkt neben unserem Auto zum Baden ein. Haben wir Hunger, dann müssen wir uns nur nach einer der vielen Kokosnüsse bücken. Bei solch paradiesischen Zuständen ist es schon fast traurig, dass wir schon wieder die einzigen Gäste auf dem Platz sind.

An dieser wunderschönen Küste liegt ein Campingplatz neben dem anderen und überall bietet sich das gleiche Bild: gähnende Leere.

„Früher waren diese Plätze von den amerikanischen Snowbirds, den überwinternden Rentnern, bevölkert", erklärt uns die Frau des Verwalters, „aber seitdem die Medien in den USA kontinuierlich vor Reisen nach Mexiko warnen, ist der Reisestrom abrupt versiegt."

Mit katastrophalen Folgen für die Tourismusindustrie Mexikos, vor allen Dingen für die betroffenen Menschen.

Eine Woche lang leben wir Tür an Tür mit der Verwalterfamilie: Vater, Mutter, zwei Söhne von zehn und fünfzehn Jahren sowie eine zwölfjährige Tochter. Liebenswerte Menschen, die einmal am Tag für einen kurzen Plausch bei uns vorbeischauen. Sie wohnen im Rezeptionsgebäude des Platzes. Zwei winzige Zimmer mit grau verputzten Wänden, keines größer als acht Quadratmeter. Die Matratzen liegen nebeneinander auf dem blanken Betonboden. Es gibt keinen Schrank für die Kleidung, keine Bücher, kein Radio. Nur ein kleiner Schwarzweiß-Fernseher bringt eine mexikanische Seifenoper. Der Herd steht im Nebenraum mit einem Boden aus gestampfter Erde. Die Kleidung ist ärmlich, das Spielzeug lässt sich in einem Schuhkarton sammeln und beim Essen wird auf das zurückgegriffen, was das Meer zur Verfügung stellt.

Diese Form der Armut, oder besser gesagt, das Fehlen materiellen Komforts, haben wir in den letzten Wochen häufig erlebt. Was auf uns bedrückend wirkt, weil wir aus Deutschland andere soziale Verhältnisse kennen, ist für viele Alltag. Und wir nehmen uns die Situation der Menschen vielleicht mehr zu Herzen als diese selber. Können wir etwas daran ändern? An der Gesamtsituation sicher nichts, aber vielleicht im Kleinen. So überlegen wir uns, wie wir der Familie auf dem Campingplatz eine Freude bereiten können, ohne den Anschein zu erwecken, den Wohltäter zu spielen. Und dann kommt Petra das lispelnde, tollpatschige, doch großherzige Faultier Sid in den Sinn!

Wir besitzen einen kleinen DVD-Player mit eingebautem Bildschirm. Dieser hat eine Bildschirmdiagonale von 22 Zentimeter, also kleiner als ein DIN-A4-Blatt. Wir beschließen, die beiden Jüngsten der Familie zu „Ice Age" einzuladen – den Erlebnissen von Mammut Manni, Säbelzahntiger Diego und Faultier Sid in der Eiszeit – einem Zeichentrickfilm auf Spanisch. Dazu besorgen wir ein paar Tüten Chips und Getränke, alles für einen gemütlichen Kinoabend.

Doch statt den beiden Kleinen, steht um 18 Uhr die ganze Familien vor unserer Tür: Vater, Mutter, Söhne und Tochter. Alle begrüßen uns höflich mit Handschlag. Eilig suchen wir Stühle und Höckerchen zusammen. Sieben Personen sitzen neben- und hintereinander, schauen auf den winzigen Bildschirm, knabbern Chips, unterhalten sich, lachen gemeinsam und haben für zwei Stunden Spaß zusammen. Als der Film vorbei, die Sonne untergegangen und es schon längst dunkel ist, zeigen wir Fotos aus Deutschland: unsere Familie, unsere Wohnung, Schloss Neuschwanstein, wir verkleidet im Karneval. Nicht besser als in Mexiko, sondern einfach nur anders.

Am Morgen werden wir unter Tränen verabschiedet.

„Kommen Sie doch wieder vorbei, wenn Sie in der Nähe sind“.

4. Kapitel: Farbenfrohes Land

Sie sitzen überall: zu Hunderten, zu Tausenden. Die ganze Decke und auch die Wände in unserer Kabine sind bedeckt mit kleinen schwarzen und noch viel kleineren, fast durchsichtigen Fliegen. So winzig, dass sie kein Problem haben, durch die feinen Moskitonetze vor unseren Fenstern zu krabbeln. Um zu vermeiden, dass sie nachts das Bett mit uns teilen und in Nasen- und Ohrlöchern herumschwirren, jagen wir abends mit der Fliegenklatsche durchs Auto und wischen alle Wände feucht ab.

Dabei sind das noch die harmlosen Vertreter ihrer Gattung. In Tolantongo sind wir morgens aufgewacht und fanden unsere Beine mit blutigen Einstichen bedeckt. Was am ersten Tag vielleicht nur unschön aussah, entpuppte sich an den Folgetagen als eine juckende Folter, unter der wir uns die Beine blutig kratzten. Nie konnten wir irgendwelche Insekten sehen, die uns diese Stiche zugefügt haben. Entweder waren sie ganz dicht am Boden, denn wir wurden nur unterhalb der Knie zerstochen, oder im Sand des Flusses, in dem wir täglich gebadet haben.

Leider bleiben wir auf unserer Tour vor solchen Plagen nicht verschont.

„Wie halten es nur die Menschen aus, die hier leben?“

Doch meist zeigt sich uns das Land von seiner schönsten Seite oder – besser gesagt – von seiner farbenprächtigen Seite.

Veracruz ist die älteste Stadt Mexikos. Ihre Gründung wird auf die Ankunft von Hernán Cortés im Jahr 1519 zurückgeführt. Auf dem *zócalo*, dem Hauptplatz, schauen wir uns eine folkloristische Tanzvorführung mit Teilnehmern aus ganz Mexiko an. Die Frauen der ersten Gruppe tragen weit schwingende Kleider, die unmittelbar der Farbpatrone eines Druckers entsprungen zu sein scheinen. Die einzelnen Stoffe zeigen ein leuchtendes Cyan, Magenta, Gelb oder Schwarz sowie ein strahlendes Grün oder knalliges Orange. Bunt gemusterte Bordüren an Saum und Ärmeln, passende Tücher um die Taille und knallige Haarbänder sorgen für farbliche Kontraste. Und wenn beim Klang der Marimbas die Frauen den Saum ihrer Kleider zu beiden Seiten fächerförmig nach oben führen, sieht es aus, als würde ein farbenprächtiger Pfau auf der Bühne sein prachtvolles Rad schlagen.

In welchem Gegensatz stehen dazu die Trachten von Veracruz: Schlichte weiße Anzüge und rote Halstücher für die Männer, luftige, spitzenbesetzte weiße Kleider für die Frauen. Dazu tragen sie ein feuerrotes Haarband und einen langen roten Schal, den sie mal um die Taille knoten, mal mit beiden Händen um ihre Schultern legen.

Auch die Architektur zeigt sich von ihrer bunten Seite. Tlacotalpan, seit 1999 UNESCO-Weltkulturerbe, erreichen wir entlang des sich lagunenartig verzweigenden Río Papaloapan. Am Straßenrand werden uns von Kindern lebende, neongrüne Eidechsen und Schildkröten angeboten, ob als Haustier oder als Abendessen erschließt sich uns nicht.

Das zehntausend Einwohner zählende Städtchen erwartet uns mit seinen zahllosen Säulengängen. Entlang der Straße reiht sich ein Haus an das nächste mit weit überhängenden Dächern, die sich auf steinerne Säulen zur Straße hin abstützen. Jedes Haus erstrahlt in einer anderen leuchtenden Farbe, die dazugehörigen Säulen weichen in ihrer Form ein bisschen von denen des Nachbargebäudes ab. Dadurch entsteht ein Hunderte Meter langer Säulengang, der vor der tropischen Sonne schützt und zum Schlendern durch Tlacotalpan einlädt.

Am Zócalo machen wir Rast unter dem Schatten einer Palme. Es ist Ende Februar und schon unglaublich heiß: das Thermometer zeigt dreißig Grad. Ich kann zuschauen, wie mein Eis in der Mittagssonne zerfließt.

Der Zócalo ist der zentrale Platz jeder Stadt. An der Ostseite steht die Kirche, über Eck liegt das Rathaus und an den verbleibenden Seiten sind die Markthalle sowie Cafés und Restaurants zu finden. Er ist Treffpunkt und Veranstaltungsort zugleich. Reichlich Bänke und schattenspendende Bäume laden zum Verweilen in den kühlen Abendstunden ein. Auf einer überdachten Bühne finden an den Wochenenden Tanz- oder Musikdarbietungen statt.

Darbietungen ganz anderer Art erwarten uns in den folgenden Tagen an der Laguna de Catemaco. Wir verbringen einige Tage in einem Dschungelcamp am Ufer des Sees. Schon die Anfahrt gestaltet sich abenteuerlich. Über einen Kilometer fahren wir durch dichten Urwald. Die Fahrspur ist gerade breit genug für unser Auto und häufig offenbart sich erst auf den zweiten Blick die Fortsetzung des Weges durch das tunnelartige Blätterdach. Dicke Wurzeln und ausgefahrene Spuren sowie tiefhängende Äste und Lianen erfordern die ganze Konzentration.

„Gibt es hier wirklich Brüllaffen?", fragen wir den Platzbesitzer.

„Haltet einfach eure Augen und vor allen Dingen Ohren offen. Manchmal kommen sie sogar bis an den Pool."

Der Pool, das ist ein wunderschönes Naturschwimmbecken, welches schattig unter weit ausladenden Laubbäumen liegt und kontinuierlich aus einer natürlichen Quelle mit kaltem Wasser gespeist wird.

„Ob das wohl Brüllaffen sind?"

Gekrächze und Geschnatter kommen aus dem Wald.

„Ich hab' keine Ahnung, was für ein Geräusch Brüllaffen machen. Könnte aber sein."

Bei jedem neuen Geräusch schrecken wir hoch.

„Das vielleicht?"

Am frühen Morgen, wir liegen noch im Bett, hören wir aus dem Dschungel wilde, markerschütternde Schreie.

Sofort ist uns klar, das sind Brüllaffen. Obwohl es sich eher anhört, als würde eine Herde fleischfressender Dinosaurier hundert Meter neben unserem Auto ihr Unwesen treiben. Es ist das erste Mal, dass ich wild lebende Affen zu Gesicht bekomme. Weit über uns in den Spitzen der Bäume turnen sie von Ast zu Ast. Einer baumelt nur an der Hinterpfote, um nach den schmackhaften Blättern unter sich zu greifen. Ein ganz Junger wandert einen dünnen Zweig entlang, während ein dritter gemütlich in der Astgabel sitzt und auf uns hinabblickt.

Direkt um unser Auto herum fliegen exotische Vögel. Einer ist pechschwarz und hat einen rot-weißen Schnabel. Immer wieder stößt er seine unnachahmliche Lockrufe aus. Als er davonfliegt, enthüllen sich unter seinem schwarzen Gefieder leuchtend gelbe Schwanzfedern, die er fächerförmig entfaltet.

Und dann kann ich Petra, die vielleicht dreißig Meter von mir entfernt steht, nur noch zurufen:

„Tukan, Tukan."

Direkt neben mir sind zwei der prächtigsten Vögel in den Baum geflogen: Regenbogen-Tukane, deren Kopf und der lange, gebogene Schnabel tatsächlich in allen Farben des Regenbogens leuchten.

Die Menschen, die Gebäude, die Blumen und die Tierwelt: Als hätte man sie wahllos in den Farbtopf geworfen, um sich später an dem farbenfrohen Ergebnis zu erfreuen.

Während die älteren Damen, festlich gekleidet und vergnügt miteinander schnatternd, auf den Bänken neben der noch leeren Tanzfläche sitzen, stehen die Männer im großen Kreis um sie herum. Auch wenn normalerweise der Begriff „cool" nicht auf Männer zwischen sechzig und achtzig passt, hier trifft er zu. Weiße Panamahüte, weiße Stoffhosen, und dazu entweder bunte Hawaiihemden, Seidenhemden im Tigerdesign oder gar ein türkisfarbenes Paillettenhemd – die Mode ist der Hammer!

Wir befinden uns wieder in Veracruz. Auf der Plazuela de la Campana, einem kleinen Platz, der an allen vier Seiten von zwei- bis dreistöckigen – ehemals leuchtend gelb gestrichenen, doch jetzt verwitterten – Gebäuden, eingeschlossen wird. Auf einer kleinen Bühne vor uns macht sich eine zehnköpfige Band bereit. Es ist Karneval.

Laut unserem Reiseführer der verrückteste zwischen Rio de Janeiro und New Orleans.

Mit den ersten Sambatakten wird das Tanzspektakel eröffnet. Ein wenig fühle ich mich an meine Teenagerzeit erinnert. Nur dass sich hier nicht junge Leute zum Takt der Musik bewegen, sondern die Großelterngeneration. So schnell es die Konstitution zulässt, eilen die Männer zu den Bänken, um die Dame ihres Herzens aufzufordern. Elegant werden die Hüften im Takt von Samba, Salsa oder Merengue geschwungen. Drehungen folgen auf Promenaden und das nicht im langsamen Schiebertakt, sondern mit ordentlich Schwung. Da droht bei der Dame schon mal das Strickmützchen vom Kopf zu fliegen.

Und wenn das Lied zu Ende ist, werden die Frauen stilvoll zu ihren Sitzplätzen zurück geführt. Dort tuscheln sie mit ihren Freundinnen, während die Männer wieder Stellung am äußeren Rand des Platzes beziehen. Versteckt wird ein Tuch aus der Tasche gezogen, sich ein bisschen Luft zugefächert und der Schweiß abgetupft. Kurze Verschnaufpause bis das nächste Lied angespielt wird. Und dann wiederholt sich exakt das gleiche Muster. Und zwar den ganzen Abend, bei jedem einzelnen Lied. Als sich gegen zehn Uhr der öffentliche Tanz dem Ende nähert, sieht man die älteren Paare, die den Abend miteinander

In Veracruz wird der Karneval ausgelassen gefeiert

getanzt haben, gemeinsam nach Hause gehen. Sicherlich seit vierzig Jahren verheiratet, aber heute Abend noch einmal umschwärmt wie zu Teenagerzeiten.

Genauso farbenfroh gestaltet sich am Rosenmontag die große Karnevalsparade. Wir sitzen auf einer extra für den Umzug erbauten Tribüne. Trotz der späten Abendstunden sind es noch rund zwanzig Grad und es ist der erste Karnevalszug meines Lebens, den ich im kurzärmligen Hemd verfolge. In unserem Rücken brandet der Golf von Mexiko, vor uns wehen die Palmen im Wind. Wir hatten im Vorfeld keine Ahnung, was die Tribünenkarten wohl kosten würden. Vorsichtshalber habe ich mir 75 Euro in Peso eingesteckt. Wir sind ja mit den Preisen im Kölner Karneval vertraut. Doch Mexiko ist nicht Deutschland: Noch nicht einmal einen Euro müssen wir pro Person für einen Sitzplatz mit bester Aussicht auf den Umzug bezahlen.

Veracruz bietet einen der prächtigsten Karnevalszüge in ganz Mexiko und aus dem ganzen Land strömen die Menschen herbei, um ihn zu erleben. Jeder Teilnehmergruppe fährt ein Lkw voran, von dessen Ladefläche meterhohe Lautsprechertürme, Lichtorgeln, Stroboskopblitze und Scheinwerfer auf die hinter ihm folgenden Fußgruppen ausgerichtet sind. Unter den kräftigen Bässen der Sambarhythmen wird getanzt und marschiert. Zuletzt folgt ein von bunten Lichtschläuchen eingefasster, festlich geschmückter Paradewagen, auf dem mehr oder weniger bekleidete Mädels und Jungs die Hüften kreisen. Ein wahnsinniges Spektakel, das sich in der Hauptsache über die Lautstärke, den Tanz und die Farbenpracht definiert.

Bei dem Lärm fällt es niemandem auf, dass von einem unverzagten Paar aus Deutschland immer wieder ein lautes „Alaaf" durch die Nacht von Veracruz schallt.

5. Kapitel: Alle Zeit der Welt

„Zwei Monate sind schon um und wir hängen immer noch an der Ostküste. Wenn wir uns wirklich alles anschauen wollen, was wir uns vorgenommen haben, dann schaffen wir das nie in dem verbleibenden Monat."

„Und wenn wir noch zwei oder drei Monate anhängen?"

„Bekommen wir Probleme mit der Regenzeit in den anderen Ländern Zentralamerikas."

„Haben wir denn außer der Regenzeit irgendwelche Termine, die wir beachten müssen?"

„Nein, eigentlich haben wir alle Zeit der Welt."

Das ist sicherlich der Vorteil, den wir gegenüber vielen anderen Reisenden haben. Wir sind mit der Zeitplanung völlig offen: kein Arbeitgeber, der uns erwartet, keine Verpflichtungen in der Heimat.

„Warum bleiben wir dann nicht ein ganzes Jahr in Mexiko?"

„Ja, warum eigentlich nicht! Die Menschen sind so gastfreundlich, der Straßenverkehr rücksichtsvoll, die Campingplatzsituation hervorragend und die Lebenshaltungskosten gering."

Mexiko ist mit knapp zwei Millionen Quadratkilometern fünfeinhalb mal so groß wie Deutschland. Es liegt in vergleichbaren Breiten wie die afrikanische Sahara. Die Hauptstadt Mexiko City ist auf der Höhe von Mekka in Saudi-Arabien, die Halbinsel Yucatán auf einem Breitengrad mit dem nördlichen Thailand. Die Geografie umfasst heiße, trockene Wüsten, tropische Wälder und Gebirgszüge mit Vulkanen von über fünftausend Metern. Archäologische Stätten der Maya, Totonaken, Olmeken und Azteken reihen sich genauso aneinander wie die kolonialen Städte der spanischen Eroberer. Vieles spricht für unsere Entscheidung, länger zu bleiben.

Mit diesem neuen Zeitbudget gesegnet, quartieren wir uns für einen ganzen Monat in der Stadt Catemaco am drittgrößten See Mexikos ein. Statt mit dem Auto durch das Land zu reisen und uns ausschließlich auf die bekannten Sehenswürdigkeiten zu konzentrieren, wollen wir hier mitten unter der mexikanischen Bevölkerung den Alltag erleben.

Das fängt schon beim Einkaufen an. Normalerweise kommen wir unterwegs häufig an großen Supermärkten vorbei. Manche Produkte sind für uns zwar ungewohnt, doch der Vorgang des Einkaufens unterscheidet sich nicht von Deutschland oder den USA. In Catemaco dagegen gibt es keinen großen Supermarkt. Wir werden also in den nächsten Wochen unseren täglichen Bedarf genauso decken wie die hier lebenden Mexikaner.

Es gibt vier Arten von Einkaufsmöglichkeiten. Das sind zum einen die kleine Supermärkte, in denen hauptsächlich Konserven, Teigwaren, getrocknete Bohnen, Getränke, Reinigungsprodukte und Artikel für die Körperhygiene zu kaufen sind. Dann gibt es spezialisierte, kleine Lebensmittelläden für Fleisch, Fisch, Gemüse, Back- und Süßwaren. Stände in der großen Markthalle am Zócalo, wo frische Produkte am Vormittag angeboten werden, ergänzen das Angebot. Für uns besonders spannend und sehr preiswert sind die kleinen Verkaufsstände am Straßenrand, die mal ein bisschen Mais, ein paar Säckchen Erdnüsse, einige Bündel Kräuter oder zehn frische Ananas auf der Bordsteinkante anbieten. Was am Morgen noch im Garten wächst, wird zwei Stunden später bereits am Straßenrand verkauft.

Wir entdecken Orte in der näheren Umgebung, in die sich kein ausländischer Tourist verirrt. Wir fahren die Straße am Seeufer entlang. Der Asphalt wird immer löchriger, bis er schließlich in eine Schotterpiste übergeht. Mit unserem Auto durchqueren wir einen kleinen Fluss und fahren über Brücken, die gerade breit genug für uns sind. Wann immer wir Fußgänger am Straßenrand passieren, werden wir mit erstaunten Mienen gemustert.

Benito Juárez ist der vorletzte Ort am See, kurz bevor die Straße im tropischen Dschungel endet. Ein kleines, handgemaltes Schild vor einer Bretterbude wirbt mit dem Schriftzug „Información turística".

„Was soll das denn? Wer kommt denn hier entlang?"

Petra steigt aus und informiert sich bei den zwei Damen, die auf weißen Plastikstühlen vor dem Bretterverschlag sitzen.

„Die beiden kommen mit uns. Da vorne ist ein Naturreservat und sie sind die offiziellen Führer."

Laura steigt mit mir vorne in die Fahrerkabine, die andere Dame mit Petra hinten in die Kabine ein. Erst geht es eine Schotterstrecke entlang. Dann besteht die Straße nur noch aus zwei Fahrspuren, die in der Mitte mit hohem Gras, Unkraut und kleinen Büschen bewachsen ist. Laura weist den Weg: rechts, links, geradeaus. Sie scheint keine Probleme damit zu haben, dass unser Auto drei Meter hoch ist. Während wir von rechts nach links schaukeln, es teilweise 25% steil nach unten geht, kratzen die tief hängenden Zweige nur so gegen Dach und Seitenwände.

Was erwartet uns wohl in diesem Naturreservat? Gibt es einen Wasserfall, den wir vom Parkplatz aus beobachten können? Einen

Ausblick auf die Berge? Oder spazieren wir zu einem See? Wir wissen es nicht und lassen uns überraschen.

Endlich erreichen wir den Eingang und parken auf einer Kuhweide. Eine Führerin vor uns, eine hinter uns, durchqueren wir eine kleine Eingangspforte und bekommen Wanderstöcke ausgehändigt. Hmm, dies wird wohl eine längere Tour.

Wir wandern vorbei an wunderbar duftenden, in weißen Dolden blühenden Kaffeepflanzen und an wild wachsenden Bananenstauden und Palmen. Wir durchqueren ein zweites Holztor und stehen mit einem Mal im Dschungel. Laura bittet uns, immer auf dem Weg zu bleiben. Wir sollen acht geben, nicht von Tieren gebissen zu werden. Wie zum Beweis zeigt sie ein paar Meter vor uns auf eine pergamentene Haut, die sich eine Schlange vor nicht allzu langer Zeit abgestreift haben muss. Petra und ich blicken auf unsere Sandalen. Unsere festen Wanderschuhe stehen derweil im Auto.

„Wäre vielleicht nicht schlecht gewesen, wir hätten im Vorfeld gewusst, was uns erwartet."

Fast zwei Stunden wandern wir entlang eines kleinen Weges. Das dichte Blätterdach über unseren Köpfen dimmt das Sonnenlicht. Baumriesen mit langen Lianen laden regelrecht dazu ein, sich wie Tarzan durch den Dschungel zu schwingen. Immer wieder kommen wir an kleinen Wasserfällen vorbei. Die Felsen sind mit dichtem Moos bewachsen. Wir überqueren schwankende Hängebrücken, wandern unterhalb steiler, feuchter Felswände und machen Rast an einem kleinen, im strahlenden Sonnenschein liegenden Pool. Kontinuierlich wird er von einem Wasserfall befüllt. Laura erklärt uns unermüdlich die Pflanzenwelt. Welche Heilpflanzen hier wachsen und die Namen der einzelnen Bäume.

Welch ein unvergesslicher Ausflug, den wir nie gemacht hätten, wären wir nicht für längere Zeit hier in der Gegend.

Hauptsache laut, Hauptsache tanzen, Hauptsache Spaß! Diesen Eindruck bekommen wir am Wochenende. Von überall erklingt Musik. Schon auf unserem Campingplatz werden wir aus mehreren Richtungen beschallt. Auf der anderen Straßenseite übt den ganzen

In Mexiko gibt es immer einen Grund zum Feiern

Tag eine Band im Hinterhof. Vom Nachbargrundstück hören wir Latino Pop vom Band. Ab und zu fahren Autos vorbei und reizen die Belastungsgrenze ihrer Anlage gnadenlos aus.

Mehr Unterhaltung gefällig? Die gibt es auf dem Zócalo, dem zentralen Platz von Catemaco. Groß und Klein sind auf den Beinen. Stände verkaufen *elotes* und *esquites*. Das sind gedünstete Maiskolben auf einem Holzspieß, bestrichen mit Mayonnaise und geraspeltem Käse. Das andere sind gedünstete und in Butter geschwenkte Maiskörner, die in kleinen Plastikbechern serviert werden.

In den Straßen versammelt sich eine Sambaband und heizt das Publikum mit Trommelrhythmen à la „Carnaval de Paris" ein. Auf der Bühne läuft ein Ausscheidungswettbewerb für den Karnevalsprinzen der kommenden Saison. Nach dem Karneval ist vor dem Karneval. Statt „Stippeföttche" ist Salsa angesagt, statt Mariechenkostüm der Glitzerbikini. Mir gefällt es! Nach der Vorführung auf der Bühne darf das Publikum ran. Der öffentliche Tanz ist eröffnet.

Am nächsten Tag bekommen wir das Kontrastprogramm geboten. Wer kennt sie nicht, die Legende vom ursprünglichen Fischerdorf? Jeder Reiseveranstalter bietet Ausflüge in ein solches Kleinod an.

Hier soll die Zeit stehen geblieben sein. Die Fischer legen ihre Netze am Strand zum Trocknen aus und halten anschließend gemütlich mit der Pfeife im Mund ein Schwätzchen. In keinem Reiseführer fehlt der Hinweis auf dieses kleine Fischerdorf, das angeblich kaum ein Tourist zu Gesicht bekommt. Wo der Fisch im Restaurant nicht nur fangfrisch, sondern auch noch preiswert ist. Denn das Wort „Kommerz" ist hier noch unbekannt. Diesen Hinweisen haftet immer etwas von Geheimtipp an.

Und kommt man dort an, sind schon Parkplätze für Busse und Pkw ausgewiesen. Die fälligen Parkgebühren werden zügig kassiert. Kaum dem Auto entstiegen, werden einem Speisekarten unter die Nase gehalten. Die angebotene Handwerkskunst trägt den Hinweis „Made in China". Boote dienen nicht dem Fischfang, sondern bieten Rundfahrten an. Und fünf ältere Männer legen den ganzen Tag am Strand die Netze zum Trocknen aus, unterhalten sich gemütlich mit dem Pfeifchen im Mund und lächeln freundlich in die Objektive der Kameras.

Doch wir haben es entdeckt, ein ursprüngliches Fischerdorf in dieser Region. Wir folgen auf einem unserer Ausflüge einfach einer dieser kleinen Schotterstraßen, die uns nach einigen Kilometern zu einem winzigen Dorf bringt. Es liegt in einer großen Bucht, die ringsum von hohen Bergen eingeschlossen ist. Satt grüne Wiesen wechseln sich mit tropischer Vegetation ab. Ein feinkörniger Sandstrand liegt zwischen dem Festland und den vom offenen Meer heranrollenden Wellen. Bei der Fahrt durch das Dorf wird uns freundlich zugewunken. Wir parken völlig unbehelligt direkt am Strand und essen in einem kleinen Restaurant mit drei Plastiktischen auf der kleinen Veranda. Auf die Frage nach Fleisch erntet Petra nur ein Kopfschütteln.

„Nein, hier gibt es nur Fisch."

Er wird frisch zubereitet, während das Baby im Laufstall liegt, hinter uns die Waschmaschine überschäumt und fünf Meter weiter die Wäsche zum Trocknen im Wind weht.

Wir beobachten, wie ein Fischerboot auf den Strand gezogen wird. Vier Männer laden eine Kiste nach der anderen aus. Ein Pickup kommt vorgefahren und fährt zehn Minuten später an uns vorbei. Die Ladefläche ist bis zum Anschlag mit riesigen, fangfrischen Fischen befüllt.

Kurz darauf bricht im Dorf Unruhe aus. Frauen, Männer und auch Kinder machen sich auf den Weg zum Boot und kehren kurz darauf mit jeweils drei dieser Riesenfische zurück. Dreißig Leute ziehen an unserem Tisch vorbei, alle ihre drei Fische an der Schwanzflosse im Griff. Verdammt schwer müssen sie sein, denn immer wieder werden die Fische auf der Straße abgelegt, damit man umgreifen und das Gewicht verlagern kann. Der vielleicht zehnjährige Knirps der Restaurantbesitzerin trägt seinen Fisch wie ein Baby in den Armen vor sich her. Was für ein Anblick! Als wäre der Anteil des Fangs gerecht auf das gesamte Dorf verteilt worden. Wir können uns ein Grinsen nicht verkneifen. Wir sitzen tatsächlich in einem ursprünglichen Fischerdorf!

Gerade wollen wir aufbrechen, als sich die folgende Szene vor unseren Augen abspielt und uns zu einer kleinen Wette herausfordert. Eine mexikanische Familie macht ein Picknick am Strand: Vater, Mutter, Großeltern, vier Kinder, dazu Strandlaken, Kühltasche und Spielzeug. Das Picknick ist zu Ende, alles wird zusammengepackt und geht Richtung eines alten VW-Käfers.

Petra: „Die steigen da jetzt alle ein."

Klaus: „Quatsch, das passt nicht."

Petra: „Wetten doch?"

Das Gepäck wird vorne unter die Haube gepackt, Mutter, Opa, drei Kinder hinten, Vater, Oma und das vierte Kind vorne. Türen zu und weg sind sie. Wette verloren!

Unser Auto hat eine Besonderheit, die es von herkömmlichen Expeditionsmobilen unterscheidet. Um das Raumgefühl in der Kabine und vor allen Dingen im Alkoven zu verbessern, haben wir ein riesiges Aufstelldach über die halbe Fläche der Decke montiert. In ausgeklapptem Zustand sieht es von außen wie ein großes Dachzelt aus. Dadurch bekommen wir mehr Platz beim Schlafen und haben eine gute Luftzirkulation.

Nur bei stürmischem Wetter wird es bei aufgestelltem Dach zu laut, weil der Stoff im Wind schlägt. So auch in dieser Nacht. Böe nach Böe trifft das Dach. Um halb vier in der Früh geben wir schließlich entnervt nach und klappen trotz der Hitze das Dach herunter, um in Ruhe schlafen zu können.

Und genau um diese Uhrzeit muss es gewesen sein, dass zwei dunkle Gestalten über die Mauer des Campingplatzes geklettert sind. Diese ist zwar über drei Meter hoch und auf dem Sims noch durch Stacheldraht gesichert, doch können diese Ausmaße nicht mit einem amerikanischen Wohnmobil konkurrieren. So groß wie ein Reisebus parkt es mit dem Heck neben uns direkt an der Mauer und bildet mit 3,50 Meter Höhe einen Brückenkopf zum Nachbargrundstück. Es lädt regelrecht zu einem nächtlichen Ausflug ein. So geschehen in dieser Nacht. Über das Dach unseres Nachbarn und über dessen Heckleiter gehen sie, unbemerkt vom Nachtwächter, auf Entdeckungstour. Greifen sich hier ein Fahrrad, dort einen Grill und verschwinden mit ihrer Beute unerkannt in der Nacht.

Wir bekommen von all dem, wohl weil wir so beschäftigt mit unserem Dach sind, gar nichts mit. Am nächsten Morgen fragt unsere Nachbarin, was uns denn alles abhanden gekommen wäre. Uns? Gar nichts. Wir haben uns schon zu Beginn unserer Tour angewöhnt, abends, bevor wir zu Bett gehen, alles einzuräumen, Türen und Stauklappen abzuschließen und die Treppe zur Kabine einzufahren. Man kann uns höchstens ein paar Wäscheklammern von der Leine klauen.

Das meinten wir auf jeden Fall noch zu diesem Zeitpunkt. Es ist ja ein erhebendes Gefühl, wenn man sich für intelligenter und vorsichtiger hält als andere. Dabei wurden wir genau in dieser und in der folgenden Nacht viel dreister ausgeraubt als unsere Nachbarn.

Der Blick aufs Online-Banking am Montag enthüllt Überraschendes: Wir waren mit dem Taxi in New York City unterwegs. Haben teure Karten für eine Dinnershow gekauft. Waren ausführlich shoppen und hervorragend essen. Knapp 1500 US-Dollar haben wir so an einem Wochenende auf den Kopf gehauen. Na ja, das Leben in New York ist wohl doch etwas teurer als in Catemaco. Schade eigentlich nur, dass wir uns gar nicht an diesen Ausflug erinnern können. Da war unsere Kreditkarte wohl allein auf Vergnügungstour. Obwohl ich mir recht sicher bin, dass sie die ganze Zeit in meinem Portemonnaie steckte.

Tja, wo von unserer Kreditkarte eine Dublette angefertigt wurde, werden wir wohl nie erfahren. In Mexiko haben wir sie nur ein einziges

Mal am Bankautomaten genutzt, in den USA im letzten Jahr mehrmals täglich. Einen Vormittag kostet es uns, alles mit der Bank zu regeln, um den Schaden erstattet zu bekommen.

Und die Moral von der Geschichte? Man kann sich vor herkömmlichen Überfällen gut schützen. Doch im Zeitalter von Internet und Online-Banking kämpft man gegen einen unsichtbaren Gegner, der sich leider nicht mit Kleingeld zufrieden gibt.

Sie heißen Peter, Sunny, Matt und Mayra, Bill und Susan. Und sie alle haben eines gemeinsam, sie wohnen in den Villas Tepetapan, in den zum Campingplatz gehörenden Ferienhäusern. Einige von ihnen leben hier schon seit Jahren, andere nur für ein paar Monate.

Einige Wochen lang sind wir Mitglieder dieser Gemeinschaft. Wir organisieren gemeinsame „Potluck-Dinner", bei denen jeder etwas zum Essen mitbringt, oder fahren zu verschiedenen Restaurants in der Umgebung. Anders als bei den flüchtigen Gesprächen, die normalerweise bei der Durchreise zustande kommen, haben wir während unseres längeren Aufenthaltes in Catemaco die Gelegenheit, diesen Schmelztiegel unterschiedlichster Herkunft besser kennenzulernen.

Peter ist als Vierzehnjähriger nach dem Ungarnaufstand 1956 mit seinen Eltern von Europa nach Kalifornien ausgewandert. Später hat er viele Jahre in Kanada verbracht, bevor es ihn vor acht Jahren nach Mexiko verschlug. Vierzig Jahre lang ist er beruflich zwischen Mexiko, USA und Kanada gependelt. Am Abend erklärt er mir im Detail nicht nur, warum er die Amerikaner nicht leiden kann, sondern auch die Eigenarten von Marihuana: Wie man es konsumiert, um gut zu schlafen. Wie es die Konzentration fördert. Dass es den besten „pot" in Amsterdam gibt, der aus Oaxaca aber auch nicht schlecht ist. Und dass Marihuana generell ein hervorragendes Medikament gegen jedes Übel sei.

„Na, du kennst dich aber gut mit Marihuana aus", kann ich da nur noch anmerken.

Er zieht die Augenbrauen hoch und grinst.

„Damit habe ich ja auch vierzig Jahre lang mein Geld verdient."

Sunny hat den Weg nach Mexiko gefunden, nachdem sie sich von ihrem fünften Ehemann getrennt hat. Sie lebt seit vier Jahren ununterbrochen in den Villas Tepetapan, genießt regelmäßig ihr Glas Wein und tut sich immer noch schwer mit der spanischen Sprache. Damit es ihren Fischen im Aquarium nicht zu heiß wird, läuft bei ihr kontinuierlich die Klimaanlage.

Mayra und Matt sind ein mexikanisch-amerikanisches Ehepaar. Sie haben eine prachtvolle Villa mit Meerblick im mexikanischen Bundesstaat Sonora, wo es jedoch im Sommer so heiß ist, dass sie in dieser Zeit Unterschlupf in einem kleinen Appartement im kühleren Catemaco suchen. Matt ist Rentner, seine mexikanische Frau ist 24 Jahre jünger, kommt ursprünglich aus einem kleinen mexikanischen Dorf und will Englischlehrerin werden.

Dann ist da noch Bill mit seiner Frau Susan. Beide leben schon seit einigen Jahren in Mexiko. Auf dem Campingplatz in Catemaco haben sie nur ihr Wohnmobil geparkt, das sie alle paar Monate für ein Wochenende nutzen. Bill ist Nuklearphysiker und hat bis zur Rente für die amerikanische Armee gearbeitet. Auf die Atomkatastrophe in Fukushima angesprochen, erklärt er uns, das sei alles gar nicht so schlimm. Eine Verbrennung mit radioaktiv verseuchtem Wasser sei wie ein Sonnenbrand. Spätfolgen sind nur eine Panikmache der Medien und Tschernobyl sei mittlerweile eine grüne Oase, in der die umfangreichste Flora und Fauna Russlands zu finden seien. Da fehlen uns dann doch die Worte.

Wir beneiden Deutschland. Mit 26 Grad wurden dort für die Ostertage sommerliche Temperaturen vorhergesagt. Genau diese Temperatur hatten wir heute Früh, als ich um halb sieben aufgestanden bin, um mir die erste Tasse Kaffee zu machen.

Jetzt um zehn Uhr zeigt das Thermometer schon wieder über dreißig Grad und wird im Laufe des Tages noch auf rund 34 Grad steigen. Bei sechzig Prozent Luftfeuchtigkeit liegt die gefühlte Temperatur noch einmal rund sieben Grad darüber. Der Wind ist so heiß wie ein Föhn, das Wasser im Pool hat im letzten Monat Körpertemperatur erreicht. Alles ist nur noch heiß! Der Gang vom Campingplatz ins

Zentrum wird zur wahren Tortur. Wie in einem Backofen wird die Hitze von Hauswänden und Asphalt reflektiert. Die Luft ist fast zu dick zum Atmen.

Ohne kühle Rückzugsmöglichkeit sind wir der Hitze gnadenlos ausgesetzt. Unsere Kabine konserviert regelrecht die Wärme des Tages und strahlt diese wie ein Heizkörper gleichmäßig in den Nachtstunden ab. Bei über dreißig Grad liegen wir abends im Bett und träumen von Deutschland.

Trotz der Hitze oder vielleicht gerade deswegen: aus geplanten vier Wochen werden sogar acht Wochen, die wir in Catemaco verbringen. Nach dem unsteten Reisen der letzten Monate folgt unser Leben wieder einem gewissen Rhythmus. Einkaufen im Dorf, Ausflüge zu bekannten Orten, essen gehen mit Freunden. Fast wie daheim. Wir gehen durch den Ort, grüßen nach links, winken nach rechts. Dort ist das Restaurant, wo wir häufig essen gehen. Hier die Marktfrau, bei der wir unseren Salat kaufen. Um die Ecke der Bäcker, wo wir jeden Tag unsere Brötchen holen, auf der gegenüber liegenden Straßenseite der Laden mit dem frischen Orangensaft. Auf dem Heimweg zum Campingplatz winken wir der Familie zu, bei der wir unser Auto waschen lassen und an der Straßenecke den Männern, die dort sitzen und ihr Bier trinken.

Wir genießen es, den Kopf wieder frei zu bekommen für neue Eindrücke und uns mit Vorfreude auf die nächsten Etappen vorzubereiten. Wir verausgaben uns jeden Tag für eine Stunde im Pool. Genießen, dass wir hier nicht merken, wie wir schwitzen und legen in den acht Wochen unseres Aufenthaltes mit vierzig Kilometern fast eine Marathondistanz im Wasser zurück.

Nur einmal verurteilt mich Montezumas Rache zu einer Zwangspause. Nachdem auch nach drei Wochen keine Besserung eintritt, lernen wir das mexikanische Gesundheitssystem kennen. Petra geht für mich zum Arzt, schildert ihm die Symptome, bekommt ein Rezept für Antibiotika ausgestellt und muss zwei Euro Praxisgebühr bezahlen. Danach müssen in der Apotheke drei Medikamente für insgesamt 25 Euro geholt werden. Selbst Kranksein ist in Mexiko preiswert.

6. Kapitel: Zu Gast bei einer Fischerfamilie

Kitsch oder Idylle? Wir stehen mit unserem Auto in einem Wald aus hohen Palmen, vor uns rollen die Wellen des Golf von Mexiko an den Strand. Unsere einzige Sorge ist, dass uns in der Nacht eine Kokosnuss aufs Dach fallen könnte. Gerade noch haben wir unter einem schattigen Palmdach in den Hängematten gelegen und schwammen bei Sonnenuntergang im lauwarmen Meer. Und nun sitzen wir nach einer schnellen Dusche mit ein paar Büchsen Bier bei unseren heutigen Gastgebern, einer mexikanischen Fischerfamilie.

Als wir heute früh in Catemaco aufgebrochen sind, hat uns Nachbar Robert noch einen Tipp auf den Weg gegeben.

„Fahrt nicht die kleine Straße am Meer. Nach Villahermosa gibt es eine toll ausgebaute, vierspurige Autobahn. Die ist viel schneller und sicherer."

Robert ist der Amerikaner mit dem 3,50 Meter hohen Wohnmobil im Busformat. Er bezeichnet sich selbst als Mexiko-Experte. Wir finden jedoch schnell heraus, dass für ihn Mexiko dort perfekt ist, wo es ein Abbild des „American Way of Life" ist. Wo gibt es die größten Campingplätze? Wo die breitesten Straßen? Wo die größten Shoppingcenter? Roberts Idealbild von Mexiko entspricht überhaupt nicht unseren Vorstellungen. Gerade deshalb sind seine Tipps so wertvoll. Sie zeigen uns, welche Orte wir meiden sollten.

Für uns ist der Weg das Ziel. Eine kleine Landbrücke trennt das Meer auf unserer linken Seite von der landseitigen Laguna del Carmen und der Laguna Machona. Laut unserer Landkarte führt eine asphaltierte Straße über diese schmale Erhebung zwischen Meer und Lagune. Doch der berüchtigte Sturm El Norte hat im letzten Frühjahr die Straße fast vollständig ins Meer gespült. Jetzt ist es nur noch eine schmale Sandpiste, die durch den dichten Palmenwald führt, und an besonders weichen Stellen mit den äußeren, fasrigen Hüllen von Kokosnüssen gepflastert ist.

Die Gegend ist einfach zu schön, um nur hindurchzufahren. Petra erspäht ein verlockendes Fleckchen zwischen den Palmen, das wie geschaffen für einen Übernachtungsplatz ist. Sie fragt die Bewohner der nächsten Hütte um Erlaubnis.

Julio (2. von links) ist unser Gastgeber für eine Nacht

„Das ist überhaupt kein Problem. Stellt euch hier vorne hin, da ist es am schönsten."

Eifrig winkend dirigiert uns der alte Fischer zwischen die hohen Palmen.

„Kommt mit zum Strand. Da habe ich eine kleine Palapa."

Er greift sich eine Hängematte und wirft kurzerhand seine Frau aus der zweiten. Am Strand steht eine nach allen vier Seiten offene Hütte, die von einem dichten Dach aus getrockneten Palmblättern gekrönt wird. Schnell hat er für uns ein gemütliches Lager mit Blick auf das Wasser hergerichtet.

„Jetzt genießt erst mal das Meer und den Strand."

Wir sind überwältigt von dieser spontanen Gastfreundschaft. Eine leichte Brise umweht uns, die Sonne bewegt sich schon in Richtung des Horizontes.

Mit einem Sixpack Bier gehen wir hinüber zu unseren Gastgebern, was von ihnen spontan mit der Einladung zu einem mexikanischen Abendessen belohnt wird. Einen Elektro- oder Gasherd gibt es hier nicht. Die Frau des Hauses zündet in einem gemauerten Ofen neben der Hütte ein Holzfeuer an. Aus Maismehl bereitet sie ein paar Tortillas zu, belegt diese mit Fisch, klappt sie zusammen und frittiert sie für einige Minuten im heißen Fett. Fertig sind die Empanadas, die sie uns mit Krautsalat reicht. Kichernd und verlegen schaut immer mal wieder die pummelige Schwägerin um die Ecke der kleinen Hütte. Ihre Kinder haben da weniger Berührungsängste und leisten uns schnell Gesellschaft. Unser Gastgeber Julio freut sich, als wir ihm deutsche Redewendungen wie „Guten Appetit", „Guten Tag" und „Prost" beibringen, die er sich wie ein Schuljunge in sein Heft notiert.

Mit einer Flasche Kokosmilch, Händeschütteln und Winken werden wir am nächsten Morgen von der kompletten Familie verabschiedet.

„Wenn vor euch im Wald die Straße abgesperrt ist, dann bezahlt nur zehn Peso. Nicht mehr!", gibt uns Julio noch mit auf den Weg.

Bei dieser Straßengebühr handelt es sich um eine Nebeneinnahme der hier lebenden, armen Bevölkerung. Da die ehemalige Straße weggespült wurde, haben sie eine alternative Piste durch den Wald über ihre Privatgrundstücke gebaut. Dafür verlangen sie in regelmäßigen Abständen eine Nutzungsgebühr. Insgesamt siebzig Peso, rund 4,30 Euro, die wir für diese einmalige Straße aber sehr gerne bezahlen. Die vierspurige Autobahn wäre nicht nur teurer, sondern auch viel langweiliger gewesen.

Als hätte jemand im Wasser eine helle Lampe angeknipst, so leuchtet uns das türkisfarbene Meer entgegen. Auch wenn wir die Karibik bei Campeche noch gar nicht erreicht haben, so bieten der strahlend weiße Strand und die sich im Wind wiegenden Palmen doch einen perfekten Vorgeschmack auf das, was vor uns liegt. Das Thermometer klettert weiter in die Höhe und pendelt sich bei hoher Luftfeuchtigkeit knapp unterhalb von vierzig Grad ein.

Wieder haben wir einen Tipp von Robert ausgeschlagen. Wir kampieren nicht im „Club Náutico", der das Ambiente eines elitären, amerikanischen Country-Clubs haben soll, sondern auf der grünen Wiese in Anitas Vorgarten. Anita ist schon über siebzig und betrieb lange einen großen Campingplatz. Als sie dafür zu alt wurde, hat sie spontan den kleinen Vorgarten ihres Hauses in Campeche für Reisende geöffnet.

Zwischen einer Kokospalme, ein paar Bananenstauden und zwei Limettenbäumen teilen wir uns den Übernachtungsplatz mit sieben Hunden.

Zwei Tage lang nehmen wir uns Zeit für die Besichtigung von Campeche, der Hauptstadt des gleichnamigen Bundesstaates im Nordwesten der Halbinsel Yucatán. Nachdem im 16. und 17. Jahrhundert die Stadt immer wieder von gewalttätigen Piratenangriffen heimgesucht wurde, baute man einen gigantischen Schutzwall. Man sicherte den gesamten Stadtkern durch drei Meter dicke Mauern und sieben Festungen. Der Baustil im Innern der Mauern erinnert mit seinen schattigen, schmuckvoll bepflanzten Innenhöfen sehr an den maurischen Stil Südspaniens. In den Kopfsteinpflastergassen reihen sich die in gedeckten Farben bunt gestrichenen Häuser aneinander. Die gelungene Renovierung der ehemaligen Festungsanlage und des in ihr eingebetteten Stadtkerns führte im Jahr 1999 zur Anerkennung als UNESCO-Weltkulturerbe.

Wieder sind wir angetan von dem farbenfrohen Markt. In riesigen Hallen oder auf der mit bunten Planen überdachten Freifläche ist ein reichhaltiges Angebot an Obst, Gemüse, Fleisch und Fisch zu finden. Eine Spezialität von Campeche sind die Haifische, die in großen Stapeln übereinander auf der Fischtheke liegen. Für uns sehr ungewohnt ist der Anblick von Schweinsköpfen, die von Haken an der Decke hängen oder die Hühner, die man zwar ihres Federkleides entledigt hat, die einen jedoch mit glasigen Augen anschauen.

Tapfer trotzen wir der Sonne, spazieren durch jahrhundertealte Straßen, erklimmen Festungsmauern, besichtigen etliche Museen, bummeln durch Geschäfte und belohnen uns mit einem perfekten Eiskaffee in einem wunderschönen Innenhof.

Eine Nachricht vom gestrigen Tag auf Spiegel-Online lässt uns schmunzeln: „Neunköpfige rumänische Familie im Pkw auf deutscher Autobahn gestoppt". Ja, und? Zwar wäre so etwas auch in Mexiko extrem, doch erleben wir folgende Situationen durchaus als Alltag: Vater, Mutter und zwei Kindern auf einem Motorrad; acht Personen im VW-Käfer; zwölf Personen auf der Pritsche eines Pickup; 25 Arbeiter stehend auf einem Hänger.

Unsere größte Herausforderung im yucatekischen Straßenverkehr ist jedoch im Moment eine ganz andere: Wir müssen um jeden Preis vermeiden, uns zu verfahren. Die aktuelle Route wirft nur so mit Zungenbrechern um sich: Edzná, Xtacumbilxunán, Kabáh, Labná, Loltún, Uxmal, Ochil. Bis wir es da schaffen, flüssig und richtig betont nach dem Weg zu fragen, sind die Nachfahren der Maya am Straßenrand bestimmt schon eingeschlafen.

Geschichtlich bewegen wir uns in den nächsten zwei Tagen durch die Jahrtausende. Auf die Urzeit stoßen wir in den Grutas de Loltún. Das beeindruckende Raumgefühl lässt vergessen, dass man sich in einer Höhle befindet. Die Decken, von denen meterlange, dicht gebündelte Stalaktiten herunterhängen, sind hoch wie in einer Kathedrale. Ob Kanzel oder Orgelpfeifen, die Natur hat die Einrichtung direkt mitgeliefert.

Wasser ist in Yucatán ein knappes Gut. Und das nicht nur wegen der langen Trockenperiode. Das Land besteht zu einem großen Teil aus Kalkstein, auf dessen poröser Oberfläche sich kein Wasser sammeln kann. Schnell versickert es in unterirdische Flüsse und Seen. Bricht über solch einer mit Süßwasser gefüllten Höhle die Decke ein, so spricht man von einer Cenote. Eine Zeichnung von Frederick Catherwood machte die Cenote mit dem unaussprechlichen Namen Xtacumbilxunán im 19. Jahrhundert berühmt. Auf ihr sind Menschen zu sehen, die über riesige, wacklige Holzleitern Wasser in Tonkrügen nach oben balancieren.

Auf den Spuren der Maya bewegen wir uns auf der Ruta Puuc. Wir starten an der Ausgrabungsstätte Edzná mit der 32 Meter hohen Pyramide Edificio de los Cinco Pisos. Übernachten direkt neben Kabáh, dort ist die Fassade des Palacio de las Máscaras über und über mit Masken des Regengottes Chaak bedeckt. Schauen uns in Labná den berühmten Torbogen Arco de Labná an, bevor wir mit Uxmal, einer der imposantesten archäologischen Stätten, vorerst die Hochkultur der Maya verlassen. Wir wenden uns einem dunkleren Kapitel der Geschichte Yucatáns zu.

Des einen Reichtum basiert häufig auf der Unterdrückung anderer. Einen ersten Eindruck davon vermitteln die vielen Kirchen und Klöster auf unserem Weg. Sie sprechen von der Unterwerfung der Maya während der Besetzung durch die Spanier. Wie viele Maya-

Bauten mussten als Baumaterial für diese Kirchen herhalten? So wurde zum Beispiel die älteste Kathedrale auf dem nordamerikanischen Festland, San Ildefonso in Mérida, aus den Steinen der ehemaligen Maya-Siedlung Tihó erbaut.

Ähnlich schlimm erwischte es die Maya während der Zeit des „Grünen Goldes". Was der Kautschuk für Brasilien und das Zuckerrohr für die Karibikinseln waren, bedeutete Sisal für die reichen Haziendabesitzer Yucatáns. Bevor das Nylon erfunden wurde, war das aus den großen Blättern der Agaven gewonnene Sisal eine begehrte Faser für Säcke, Matten und vor allen Dingen Schiffstaue. Während die Maya wie Leibeigene unterdrückt wurden, bauten sich die Großgrundbesitzer riesige Landsitze, wie zum Beispiel die Hazienda von Ochil. Beeindruckende Herrenhäuser, eine Palmenallee, edle Schwimmbäder und sogar ein eigenes kleines Theater, deren Bühne in der Mitte einer Cenote liegt, gehören dazu.

7. Kapitel: Die Hochkultur der Maya

Schluss! Aus! Vorbei! Es geht wirklich nicht mehr weiter! Gerade sind beide Außenspiegel eingeknickt, dicke Äste schrammen über unseren Lack. Ich nehme zum letzten Mal Schwung. Laub und Zweige fallen auf unsere Motorhaube, doch schließlich siegt die Vernunft. Wir müssen zurück. Wir können nichts an der Tatsache ändern, dass unser Auto mit seinen zwei Metern zu breit für diese Piste entlang des Meeres ist. Ok, aber zuerst machen wir eine Pause. Petra winkt mich durch den Sand in Richtung Strand.

„Weiter, weiter, noch ein Stück!"

„Das geht nicht, da sinke ich ein."

„Doch, das klappt schon!"

Ich gebe Gas, schwarzer Qualm entweicht unserem Auspuff und der Motor versagt. Neustart und diesmal mit Untersetzung anfahren. Die Reifen drehen sich wieder kräftig. Doch leider nur in die Tiefe. In Sekundenschnelle haben sich die Hinterräder bis zu den Blattfedern im weichen Sand festgefahren. Vorne sackt der Wagen langsam immer tiefer in eine Senke aus schönstem goldgelben Sand.

Festgefahren

Gut, dass wir die Sandbleche dabei haben. Wenn ich auf die geriffelten Aluminiumbleche an der Seite der Kabine angesprochen werde, erzähle ich meistens, dass wir sie nur mitgenommen haben, weil der Wagen damit so cool aussieht. Und bisher haben wir sie nur genutzt, wenn wir draußen geduscht haben und eine Unterlage benötigten, von der das Wasser ablaufen kann.

Aber nun werden sie endlich ihrer eigentlichen Aufgabe zugeführt. Es gilt, die Hinterräder auszubuddeln und dann eine Rampe zu schaufeln, in die ich die Sandbleche legen kann. Keine anspruchsvolle Arbeit, doch bei der Hitze eine schweißtreibende. Ich gebe Gas, die Reifen finden Halt auf dem Blech und ganz leicht kommen wir wieder aus den tiefen Kuhlen raus.

In Mexiko meint man häufig, völlig alleine zu sein. Dann fährt man um die nächste Ecke und findet sich neben einem Wohnhaus wieder. Hier an diesem Strand haben wir jedoch endlich einmal das Gefühl, dass in der näheren Umgebung niemand wohnt. Wir springen in die warmen Meeresfluten, vergnügen uns in den kräftigen Wellen und lassen uns von der Strömung die Küste entlang treiben. Wir fühlen uns wie auf einer einsamen Insel.

„Lass uns hier die Nacht verbringen."

Wir gewöhnen uns hin und wieder daran, unsere abendlichen Übernachtungsplätze außerhalb von Campingplätzen zu suchen. Spätestens, wenn wir die Grenze nach Guatemala überqueren, müssen wir uns sowieso von dem breitgefächerten Angebot kommerzieller Campingmöglichkeiten verabschieden. Auch die nächste Nacht campen wir wild am Bootsanleger von Celestún. So sind wir heute Früh auch die Ersten, die eine der Ausflugsfahrten zu den berühmten Flamingokolonien unternehmen.

Majestätisch stelzen die rosaroten Vögel vor uns durch das seichte Wasser. Immer auf der Suche nach kleinen Krebsen und Algen, denen sie ihre eindrucksvolle Farbe verdanken. Bis zu 24.000 Flamingos sollen es in den Wintermonaten sein. Jetzt sind es leider nur noch ein paar Hundert, die wir in der freien Natur bewundern können.

„Weißt Du, worauf ich jetzt Lust habe?"

„Au ja, ich auch", kommt es begeistert von Petra zurück.

Ich stehe am Kühlschrank in unserem Auto, während es sich Petra draußen bequem gemacht hat. Ich liebe dieses blinde Verstehen. Wie schön ist es, wenn man seit 25 Jahren ein Paar ist und seine Fragen gar nicht mehr klar formulieren muss. Es ist zwar erst drei Uhr am Mittag, doch ich hole uns zwei eiskalte Dosen Bier aus dem Kühlschrank. Die heiße Luft kondensiert augenblicklich und bildet Hunderte Tautröpfchen am Aluminium. Ach, was wird das ein Vergnügen. Spitzbübisch lächelnd trete ich aus der Kabine und halte Petra ihr Bier entgegen.

Grund zum Anstoßen haben wir heute wirklich. Nach genau 16 Wochen in Mexiko ist mein großer Traum in Erfüllung gegangen. Wir stehen mit dem eigenen Auto am Strand der Karibik! Der Sand ist so weiß, dass man ohne Sonnenbrille gar nichts sehen kann. Das Wasser leuchtet türkisfarben und ist übersät von Schaumkronen. Unser Stellplatz ist auf der einen Seite von Kokospalmen eingerahmt, auf der anderen Seite von einem umgedrehten Fischerboot mit rot gestrichenem Rumpf. Eine frische Brise weht uns vom Meer ins Gesicht und kühlt die dreißig Grad warme Luft ein wenig ab. Das muss das Paradies sein, schöner kann es nicht mehr werden!

Mit mindestens vier Tagen Fahrtzeit hat unser Reiseführer die Strecke von der amerikanisch-mexikanischen Grenze angegeben. Wir haben exakt 112 Tage dafür benötigt. Davon war jeder einzelne angefüllt mit spannenden Erlebnissen, abenteuerlichen Situationen und tollen Begegnungen. Und nun sind wir da. Ich strahle Petra mit dem Bier in der Hand entgegen.

„Was ist das denn?" Völlig verständnislos blickt sie mich an. „Ich dachte, du bringst uns den Kuchen mit raus!"

Soviel zum Thema blindes Verstehen. Oder liegt es einfach an Mann und Frau? Oder daran, dass Petra immer ans Essen denkt, während ich der Genießer bin?

Wir nutzen die Tage, um nach dem Besuch von Mexikos berühmtester archäologischer Stätte die Eindrücke zu verarbeiten. Chichén Itza hat uns wieder in die faszinierende Geschichte der Maya, ihre atemberaubende Architektur und ihr bewundernswertes Wissen entführt. Früh am Morgen, noch vor der großen Hitze des Tages und den Touristenscharen aus Cancún, Mérida und Playa del Carmen, durchstreifen wir das riesige Gelände. Besichtigen die eindrucksvolle Kukulkán-Pyramide, den Platz der tausend Säulen, den größten Ballspielplatz Mesoamerikas, die reich verzierte Kirche der Nonnen und das so genannte Observatorium, einen der seltenen Rundbauten der Maya-Welt.

Erst auf den zweiten Blick offenbart sich das überwältigende Wissen der Maya und die Symbolik ihrer Bauten. Die Kukulkán-Pyramide hat nicht nur so viele Stufen, wie das Jahr Tage, sondern auch so viele Dekorpaneele wie das Jahr Wochen hat. Exakt zur Tag-und-Nacht-Gleiche am 21. März und 23. September bündelt die tiefstehende Sonne ihre Strahlen durch die Tempelpforten auf der Pyramidenspitze, so dass eine Schlange aus Licht sich die Treppenstufen herab windet. Vom Observatorium aus stellten die Maya, trotz des Fehlens optischer Instrumente, exakte astrologische Beobachtungen an, so dass sie die Dauer eines Jahres mit der Fehlertoleranz von 17 Sekunden vorhersagen konnten. Während die Maya bereits tausend Jahre vor unserer Zeit das Jahr mit 365,242 Tagen definierten, legen wir heutzutage das astronomische Jahr mit 365,2422 Tagen fest.

Die Straßen sind in einem hervorragenden Zustand. Keine Schlaglöcher, breit genug zum Überholen, ziemlich leer und meist so schnurgerade, dass man kilometerweit vorausschauen kann. Keine aufregenden Landschaften lenken uns ab, keine bergigen Serpentinenstraßen sorgen für Abwechslung. Noch nie sind wir so häufig an brandgerodeter, verödeter Landschaft vorbeigefahren wie auf der Yucatán-Halbinsel. Das Autofahren ist zwar sehr entspannt, aber auch ziemlich langweilig. Daher versuchen wir immer wieder, die vielen Sehenswürdigkeiten abseits der Hauptverbindungsrouten aufzusuchen. Sogar den Dreh für das Befahren von Wellblechpisten haben wir mittlerweile raus: Bei fünf Stundenkilometern rollen die Räder zwar recht sanft über diese kleinen Hügelchen, doch man kommt nicht vorwärts. Mit zwanzig Stundenkilometern werden sie zur holprigen Qual, aber mit sechzig fliegt man regelrecht drüber und man spürt die Stöße der Rippelungen kaum noch.

Im weichen Abendlicht führt uns die schmale Piste in die Nähe eines mit Palmblättern bedeckten Aussichtsturms. Wir stehen auf einem kleinen Parkplatz, ein mit Ketten verschlossenes Tor hindert uns daran weiterzufahren. Aber verschlossene Tore machen natürlich auch neugierig.

„Was ist wohl dahinter? Was ist das für ein Aussichtsturm?"

Wir wollen Tor und Zaun überlisten, indem wir durchs Unterholz einen Weg daran vorbei suchen. Bei aller Spontaneität haben wir natürlich mal wieder nicht daran gedacht, festes Schuhwerk anzuziehen. So wandern wir in unseren Sandalen durch das dichte Unterholz, ignorieren das Rascheln zwischen den Blättern und verdrängen, dass Mexiko eines der wenigen Länder auf der Welt ist, wo Skorpionstiche tödlich sind.

Doch wer nichts riskiert, wird auch nicht belohnt. Wir landen mitten im Sommerquartier der Flamingos. Tausende und Abertausende von ihnen brüten vor uns in der Abendsonne. Der Horizont ist rosa eingefärbt. Das Auge ist gar nicht in der Lage, die einzelnen Vögel auseinander zu halten. Hierhin sind also die Flamingos gezogen, die wir vor einigen Tagen in Celestún noch vergeblich gesucht haben. Nur wenige hundert Kilometer weiter östlich. In dieser Lagune finden sie während der Sommermonate die optimalen Bedingungen, um ihren Nachwuchs zu empfangen und großzuziehen. Und anders als in Celestún sind wir diesmal die einzigen Touristen, die dieses grandiose Naturschauspiel beobachten.

Weiter geht es über die staubige kleine Straße vorbei an riesigen Becken, in denen durch Meerwasserverdunstung Salz gewonnen wird. Zu haushohen Bergen liegt es aufgeschüttet in unmittelbarer Nähe des Weges und erinnert uns wieder an das strahlende Weiß der Karibikstrände.

Nicht im Traum hätte ich vor einer Woche gedacht, dass wir diese Strände bereits so schnell wieder verlassen würden. Alles war doch so perfekt: Strand, Wasser, Palmen. Doch so romantisch es ist, direkt am Strand zu stehen, so lästig ist es, wenn der böige Wind den feinen Sand in die Kabine weht. Die Küche ist voller Sand, der Boden knirscht unter den Füßen und sogar im Bett breitet sich der Karibikstrand aus. Irgendwann geht uns das gehörig auf die Nerven. Wir fahren weiter nach Cancún, wo wir einen ganzen Tag nur damit zubringen, unsere Wohnung akribisch vom Sand zu säubern.

Hier treffen wir auch wieder auf Herbert und Ingrid sowie Karl und Doris, zwei deutsche Ehepaare, die seit Jahren in ihren riesigen Expeditionsmobilen auf Lkw-Basis durch die Welt reisen. Am Abend verwöhnen sie uns nicht nur mit Tequila Sunrise, sondern auch mit ihren Reisegeschichten aus Südamerika, Afrika und Asien, China, Tibet und dem Himalaja.

Doch warum in die Ferne schweifen, wenn das Gute so nahe liegt. Cancún, die mexikanische Metropole für amerikanische Pauschaltouristen, erweist sich für uns als ein Einkaufsparadies. Mit einem Male finden wir in den Läden wieder deutsches Schwarzbrot, dänische Butter, amerikanischen Coffee Creamer, spanischen Schinken und könnten uns sogar mit deutschem Bier versorgen. Nach so langer Enthaltsamkeit von einigen Produkten ist es für uns ein paradiesisches Vergnügen, das wir in vollen Zügen genießen.

Seitdem wir von Catemaco aufgebrochen sind, kampieren wir immer häufiger in freier Natur. Vor ein paar Tagen noch im Naturschutzgebiet direkt neben den brütenden Flamingos, heute in einem wunderschönen Park in der Nähe von Río Lagartos. Wir hängen den Tag unter einer Palapa ab, lassen unseren Blick über die Wasservögel in der großen Lagune schweifen und werfen am Abend einen schönen Braten auf den Grill. Eigentlich alles perfekt, würden wir am nächsten Morgen nicht so unsanft aus dem Bett geworfen.

Klopf, klopf! Zwei kurze Schläge hämmern gegen die Türe unseres Autos. Blinzelnd werfe ich einen Blick auf die Uhr: Noch nicht mal sieben! Der Blick aus dem Fenster lässt mich dann schnell aufwachen. Fünf mit Maschinengewehren bewaffnete Soldaten stehen vor unserem Auto.

„Inspección!“, schallt es von draußen.

Um diese Uhrzeit? Ich ziehe mir schnell etwas an. Auf den mexikanischen Straßen sind wir häufige Militärkontrollen gewohnt, doch bisher blieben wir davon verschont, wenn wir irgendwo rasteten.

Heute Früh scheint es sich eher um eine Kontrolle aus Langeweile zu handeln.

„Ist es gefährlich hier?“

„No, no, muy tranquilo“, wird meine Frage beantwortet. „Alles ganz ruhig.“

Sie interessieren sich für Name, Alter, Beruf. Alles wird säuberlich auf einem Blatt notiert. Dass ich ihnen keine Originaldokumente gebe, sondern nur schwarz-weiß Kopien, stört niemanden. Hauptsache, sie können irgendetwas aufschreiben. Wie immer verläuft die Kontrolle völlig harmonisch. Nie wird man angeschnauzt, immer wird freundlich gefragt. Es wird viel gelacht. Sie erzählen mir, dass sie gerade noch ein Krokodil neben unserem Auto gesehen haben, schauen sich interessiert unseren Wagen von außen an. Sie trauen sich aber nicht, darum zu bitten, auch das Innere zu sehen. Petra könnte ja noch im Bett liegen. Fünf Soldaten schütteln mir zum Abschied die Hand, besteigen ihren Militärlaster und verschwinden am Horizont.

Die Hitze der letzten Wochen macht uns immer mehr zu schaffen. Die Sonne brennt vom Himmel. Gegen neun Uhr wird meist die 30-Grad-Marke überschritten und die Temperatur steigt im Laufe des Tages auf etwa 40 Grad. Die Luftfeuchtigkeit ist extrem. Wann immer möglich versuchen wir uns in die klimatisierte Fahrerkabine zu flüchten.

Auch wenn Besichtigungen bei diesen Temperaturen zu einer Herausforderung werden, nehmen wir weiterhin alles mit, was auf unserer Strecke liegt. So lernen wir in Ek Balam eine neue Facette der

Filigrane Stuckarbeiten zieren die Hauptpyramide von Ek Balam

Maya-Architektur kennen. Bisher galt unsere Bewunderung den glatt behauenen, fein ineinander gearbeiteten Felssteinen, die zu hohen Pyramiden und Palästen verarbeitet wurden. Ek Balam überrascht uns mit filigranen Stuckfassaden an der Hauptpyramide. Detailgetreu werden Priester im Federkleid, der von den Maya verehrte Jaguar und fein ausgearbeitete Ornamentik dargestellt. Ein großer Thron ragt aus dem weit aufgerissenen Maul eines Jaguars hervor, der seine dreißig Zentimeter großen Zähne bedrohlich dem Betrachter entgegengestreckt. Niemand weiß, wie viele dieser Fassaden in anderen Ruinen ursprünglich die Wände verzierten, aber durch Zeit und Erosion verlorengegangen sind.

8. Kapitel:
Mit allen Sinnen genießen

Wir wollen das Gleiche, doch wählen unterschiedliche Wege. Wir wollen nicht, dass das Leben mit Vierzig oder Fünfzig schon in seinen endgültigen Bahnen verläuft. Wir beweisen, dass man sich immer neuen Herausforderungen stellen kann. Dass man Langeweile nicht akzeptieren muss. Dass man auch mit Mitte Fünfzig in einem Hippie-Käfer unterwegs sein kann.

Es ist dieser Käfer, der für mich die Alternative symbolisiert, mit der man sein Leben gestalten kann. Er ist pinkfarben gestrichen, sein Heck ziert ein handgemalter Schriftzug „z' Annarösli". Das Dach existiert nicht mehr, nur eine Plastikfolie über dem Fahrersitz schützt vor Regen. Allerdings für Regen ist dieses Auto eh nicht gebaut. Es fehlen die Scheibenwischer. Stolze Besitzerin ist die Schweizerin Yolanda, die mit einem Mexikaner verheiratet ist und ein kleines Öko-Hotel betreibt.

Wir sitzen im Restaurant von Rainer und Elke, ehemals aus Duisburg, die an einem der schönsten Seen Mexikos einen Campingplatz gepachtet haben.

„Beim letzten Sturm hat es mir die Fensterscheiben im Haus eingedrückt", teilt Yolanda mit.

„Warum hast du denn auch Scheiben in deinem Haus?", kommentieren die anderen am Tisch nur trocken.

Die anderen, das sind Elke, die heute ihren 53. Geburtstag feiert, ihr vier Jahre älterer Mann Rainer, Fritz mit über Siebzig, Jacqueline und Gunnar, beide Mitte Dreißig und Yolanda, die keinen Tag älter als Fünfzig aussieht.

In einer Gegend, wo nicht mal jedes Haus Strom hat, wird auch schon mal die Notwendigkeit von Fensterscheiben hinterfragt. Rainer und Elke haben ein Haus mit eigenem Badesteg an der Laguna Bacalar. Doch Stromleitungen führen nicht bis in dieses Paradies. Kein Strom, kein Fernseher, kein Internet. In ihrem Restaurant bieten sie trotzdem eine hervorragende Küche an. Gekühlt und gekocht wird mit Gas, das in Flaschen über mehrere Kilometer herangefahren wird. Strom für Licht und Musik kommt aus einer kleinen Solaranlage.

Durch Zufall sind wir in Elkes Geburtstag hineingeraten, werden aber sofort willkommen geheißen. Mit einem alten amerikanischen Wohnmobil reisten sie früher durch Nord- und Mittelamerika. Irgendwann standen sie vor der Entscheidung, wie es weitergehen soll. Der deutsche Arbeitsmarkt schien ihnen aus Altersgründen verschlossen. Die Alternativen waren Weiterreisen oder sich irgendwo niederlassen.

Als sich die Chance bot, einen Campingplatz zu pachten und das Nachbargrundstück für das eigene Haus zu kaufen, griffen sie zu. In den letzten Jahren haben sie diese Entscheidung nicht bereut. Beide strahlen sie Zufriedenheit und Gelassenheit aus.

Für uns ist es interessant, diese Gruppe von deutschsprachigen Aussteigern kennenzulernen. Die sich irgendwo in der Fremde eine neue Existenz aufbauen und ein neues Leben fernab der Heimat führen. Mit einem Male ist man nicht mehr Reiseverkehrskauffrau, Versicherungsvertreter oder Maschinenbauingenieur, sondern Koch, Reiseführer und Campingplatzbetreiber. Man verdient vielleicht nicht mehr Tausende Euro im Monat, hat aber dafür ein Haus am See mit kleinem Boot. Fensterscheiben sind nicht notwendig, es ist immer warm. Oder man fährt ein cooles Cabriolet, das in Deutschland nicht einmal in die Nähe des TŰV käme.

Man könnte es beinahe das perfekte Leben nennen, wären da nicht die *tábanos*. Tábanos sind so etwas wie die Guerillas der Laguna Bacalar. Ihre Aufgabe scheint darin zu bestehen, menschliche Lebewesen zu peinigen und sie aus diesem kleinen Paradies zu vertreiben. Sie sehen aus wie Stubenfliegen, haben einen kupferfarbenen Körper und die schreckliche Angewohnheit, sich auf jedes Stückchen Haut zu setzen und schmerzhaft zuzubeißen. Nur in der prallen Sonne oder im Kanu auf dem Wasser können wir ihnen entfliehen, müssen sonst jedoch so schnell wie möglich geschlossene Räume aufsuchen.

Die Tierwelt zieht uns in ihren Bann. Einige Tage später erschallen urzeitliche Schreie aus dem Wald, schmerzverzerrt und grausam zugleich. Mittlerweile können wir diese Geräusche zuordnen. Zehn Meter über uns in den Bäumen verteidigen die Brüllaffen mit bedrohlichen Gesten ihr Revier. Oberkörper und Kopf weit nach vorne gestreckt, stoßen sie diese markerschütternden Schreie aus.

Immer wieder betört dieses wundervolle Land unsere Sinne. Wir lauschen nicht nur den Brüllaffen, sondern bewundern die Farbexplosionen tropischer Blüten. Riechen den süßlich gärenden Geruch reifer Mangos. Erfreuen uns am Geschmack unbekannter Früchte und spüren den Tropenregen auf unserer Haut.

Jeden Tag werden wir aufs Neue von einer reichhaltigen Flora und Fauna verwöhnt. Affen frühstücken über unseren Köpfen in den Mangobäumen, ein Wildschwein verirrt sich in die Dusche, ein Reh schaut kauend zu uns herüber. Bambus schießt zwölf Meter in die Höhe, Urwaldbäume sind mit dichtem Moos, meterlangen Lianen und Hunderten Bromelien bewachsen. In allen Formen und Farben blüht es um uns herum. Da gibt es Stauden, die eine rot-gelbe Blüte hervorbringen, die ein wenig an Bananen erinnert. Andere sehen aus wie Papageienköpfe mit orangefarbenen Schnäbeln. Dazwischen blühen roter Hibiskus, Stauden mit dicken rosa Blüten oder knallroten, sich zur Sonne streckenden Dolden.

Passend zu dieser Urwaldatmosphäre werden wir in dieser Nacht von einem tropischen Gewitter heimgesucht. Neben Blitz und Donner bringt es auch unglaubliche Regenmassen mit sich. Und wenn das Rauschen des Wassers und das Donnern des Gewitters kurzfristig in der Nacht verstummen, setzt wieder das Gebrüll der Affen ein.

Am nächsten Morgen brechen wir zu Fuß zu den Maya-Ruinen von Palenque auf. Vor Hunderten von Jahren wurden sie malerisch inmitten des Dschungels errichtet. Eigentlich müssten wir eine Machete mitnehmen, um uns den Weg durch die unglaubliche Schwüle zu bahnen. Über dreißig Grad bei hundert Prozent Luftfeuchtigkeit machen jeden Atemzug zu einer Herausforderung und jeden Schritt zu einer sportlichen Höchstleistung. Schon nach einem Kilometer bin ich völlig durchgeschwitzt. Mein Hemd klebt am Körper.

Vor einigen Tagen begeisterten uns noch die mit Palmen und blühenden Bäumen bewachsenen Ausgrabungsstätten von Kohunlich, die steilen Pyramidenaufgänge von Becan oder die tief im Dschungel an der Grenze zu Guatemala liegenden Stätten von Calakmul. Doch Palenque ist anders und einzigartig. Direkt am Fuße der mit Urwald bewachsenen und im morgendlichen Nebel versteckten Berge haben sich hier zwei Maya-Führer, Vater und Sohn, ihre persönlichen Denkmäler errichtet: Pyramiden und Paläste, Grabkammern und filigrane Stuckfriese, sattgrüne Ballspielplätze.

Wir steigen auf jede einzelne Pyramide und wandern durch stockfinstere Gänge im Innern des Palastes. In Gedanken vergleichen wir die Ruinen mit den Modellen aus dem Museum in Chetumal, das die

Bauwerke in ihrer ursprünglichen Herrlichkeit zeigt. Wie haben es die Maya eigentlich nur in dieser Hitze ausgehalten? Uns haben die letzten zehn Wochen so zugesetzt, dass wir endlich ins Hochland von Chiapas wollen.

Chiapas, da klingt schon der Name nach Abenteuer. Chiapas steht für Revolution, für Zapatisten und Guerillas. Am 1. Januar 1994 wurden unter der Führung von Subcomandante Marcos etliche Rathäuser in Chiapas gewaltsam besetzt. Man wollte auf die Unterdrückung der *indígenas,* der Ureinwohner, durch die herrschende Klasse hinweisen. Mit vielen hundert Toten wurde der Aufstand durch das mexikanische Militär blutig niedergeschlagen. Nachdem Verhandlungen mit der Regierung scheiterten, kündigte die Guerilla an, wieder zum bewaffneten Widerstand zurückzukehren. Zwar ist es in Chiapas mittlerweile ruhiger geworden, doch herrschen weiterhin Spannungen zwischen der Regierung und den Indígenas.

Als wir ins Hochland fahren, kündigt ein handgemaltes Schild am Straßenrand an, dass wir nun den Staat Mexiko verlassen und die autonome Republik Chiapas betreten. Ein bisschen mulmig wird uns da doch zumute. Zumal wir gerade auf der Straße von Palenque nach San Cristóbal de las Casas unterwegs sind, vor deren Befahren aus Sicherheitsgründen im Reiseführer abgeraten wurde.

Plötzlich zwingt uns eine über die Straße gespannte Schnur zum Anhalten. Überfall? Nein, nur eine Frau, die versucht, ihre Bananen zu verkaufen. Sie ist zwar sehr penetrant, aber bestimmt nicht gefährlich. Dies wird uns auch von einer Polizeipatrouille bestätigt, die uns wenig später anhält und mit herzlichem Handschlag begrüßt.

„Bienvenidos en Chiapas. Die Straße nach San Cristóbal ist absolut sicher. In Chiapas müsst ihr nichts befürchten!"

Von Meereshöhe windet sich die Straße auf 2100 Meter und proportional dazu fällt die Temperatur. Welch eine Wohltat, denken wir noch, als wir die ersten tausend Höhenmeter bewältigt haben. Als wir dann jedoch in San Cristóbal im Regen ankommen und die Quecksilbersäule nur noch bei 16 Grad steht, sind wir doch ein wenig überrascht.

„Wo sind denn die im Reiseführer beschriebenen, frühlingshaften Temperaturen?"

Sogar die Heizung müssen wir im Auto einschalten, und das im Juni!

„Sind wir etwa überraschend in Deutschland gelandet?"

Erstmalig seit langem schlafen wir in dieser Nacht wieder unter dicken Decken. Zwölf Grad in der Nacht kommen uns nach den letzten Monaten wie tiefster Winter vor.

Doch am nächsten Tag bricht die Sonne durch die Wolken und wärmt die Luft auf angenehme 22 Grad. Bei solchen Temperaturen genießen wir den Spaziergang durch die von Bergen umgrenzte, in einem weitläufigen Hochtal liegende Stadt. Aus den umliegenden Dörfern strömen die Indígenas nach San Cristóbal. Einerseits um ihre Handarbeiten an Touristen zu verkaufen, andererseits um untereinander Handel zu treiben. Ein riesiger Handwerksmarkt erstreckt sich um die Kirche Santo Domingo. Buntbestickte Decken und Wandbehänge, Bernsteinschmuck, Web- und Tonarbeiten, Zapatistenpuppen mit Holzgewehr, Halsketten aus getrockneten Samenkapseln – das Angebot ist überwältigend. Es wird präsentiert und gefeilscht wie auf einem orientalischen Basar. Mittendrin sieht man kleine Kinder, die sich ihr Brot als Schuhputzer verdienen oder Bettler mit amputierten Gliedmaßen.

Eine andere Welt entfaltet sich vor unseren Augen auf dem Mercado Municipal, dem städtischen Markt. Hunderte Stände reihen sich aneinander, lassen kaum Platz, um sich hindurch zu quetschen. Verkauft wird alles, was Feld und Stall hergeben. Zu kleinen Pyramiden werden Tomaten, Zwiebeln, Zucchini und Pilze aufgestapelt. Peperoni in den unterschiedlichsten Größen, Farben und Schärfen warten auf Kunden. Gewürze werden neben Säcken mit Bohnen verkauft. Frauen halten Bündel mit lebenden Hühnern an den Krallen hoch. Truthähne warten darauf, dass man ihnen den Hals umdreht. Aus einem Kuhschädel schaut einen noch das Auge an. Säuberlich getrennt liegen Hühnerköpfe neben Krallen und Fleisch auf der Theke. Fünf lebende Küken werden gerade für fünfzig Peso verkauft und in eine Plastiktüte gesteckt.

Nicht nur die Reize der Natur betören unsere Sinne, sondern auch die Menschen nehmen uns gefangen. Wir lauschen dem Stimmengewirr auf dem Markt, beobachten den Verkauf lebender Hühner, nehmen den Geruch der geschlachteten Tiere auf, erfreuen uns am

Geschmack frischen Orangensafts und bewundern die Handarbeiten auf dem Markt.

Mit dem Pferd in ein Indígena-Dorf. Es hört sich so romantisch an und sieht eigentlich auch ganz einfach aus. Doch für mich ist es das erste Mal, dass ich auf einem Pferd reite. In einer kurzen Einführung bekomme ich gezeigt, wie man bremst, nach links oder rechts lenkt. Dann bekomme ich einen Stecken in die Hand gedrückt, der die Funktion eines Gaspedals erfüllt.

Solange wir im Schritt unterwegs sind, halten sich die Schmerzen noch in Grenzen. Doch wehe, das Pferd verfällt in Galopp! Statt sich mit mir im Gleichklang zu bewegen, schleudert es mich bei jedem Schritt vier Zentimeter in die Höhe, um mich sofort wieder schmerzhaft in den hölzernen Sattel stürzen zu lassen. Dass meine Schuhe zu breit für die Steigbügel sind und meine Beine daher recht nutzlos rechts und links hinunterhängen, erleichtert den Bewegungsablauf nicht gerade.

„Wer von uns beiden macht denn hier was falsch? Ich oder das Pferd?"

Wie um sich an meiner Unfähigkeit zu erfreuen, schnalzt unser Führer wieder mit der Zunge. Das scheint ebenfalls die Funktion eines Gaspedals zu erfüllen.

„Au, au, au!"

Doch wir haben keinen Grund, unser Schicksal zu beklagen. Nicht, wenn wir in einer solch armen und nach unserer Definition unterentwickelten Gegend unterwegs sind. Wir reiten vorbei an Frauen, die ihre Wäsche im Fluss waschen. Familien, die auf den Feldern das Unkraut mit der Hand rupfen. Natürlich sind auch hier Waschmaschinen und Unkrautvernichtungsmittel bekannt. Doch in vielen Häusern fehlt nicht nur der Strom, sondern vor allen Dingen das Geld. In den entlegenen Dörfern ist der Bildungsstand schlecht und anstatt die Schule zu besuchen, arbeiten die Kinder auf dem Feld.

Die Analphabetenrate ist hoch, so dass die Regierung wichtige Informationen in Bildsprache an Hauswände malt: „Nach der Benutzung der Toilette Hände waschen!" Tatsächlich sind Durchfälle aufgrund fehlender Hygiene eine häufige Todesursache in den abgelegenen Dörfern des Südens. Auch andere Gebote zeigen ihre Wirkung. Da Empfängnisverhütung von der katholischen Kirche abgelehnt wird, ist die Geburtenrate hoch und entsprechend groß sind die Familien. Daraus ergibt sich erneut Armut und die Notwendigkeit, dass Kinder zum Familieneinkommen beitragen müssen und keine Zeit für den Schulbesuch haben. Ein Teufelskreislauf, der schwer zu durchbrechen ist.

Das Schulsystem Mexikos ist mit Grundschule, Sekundärstufe 1 und 2 *(primaria, secundaria, preparatoria)* sowie Universität ähnlich gut aufgebaut wie in Deutschland. Doch fehlt die staatliche Kontrolle, ob jedes Kind den obligatorischen Schulunterricht besucht. Und so sehen wir kleine Jungs Schuhe putzen und junge Mädchen Handarbeiten verkaufen, am frühen Morgen genauso wie am späten Abend.

Das Schicksal dieser Armut bewegt uns sehr, insbesondere bei Kindern, Familien und alten Menschen. Da gibt es die Bettler, die barfuß über das kalte Kopfsteinpflaster schlurfen. Oder Frauen mit ihren Töchtern, gekleidet in den bunten Trachten ihres Dorfes, die ihre Verkaufsware aus Decken, Blusen und Gürteln über beide Arme tragen. In einem auf dem Rücken gebundenen Tuch wird häufig noch ein weiteres Kind getragen. Babys werden dabei von der Außenwelt hermetisch abgeschottet und sind nur daran zu erkennen, dass sich in dem Tuch ab und zu etwas bewegt. Sind sie etwas älter, schaut schon mal der Kopf oder ein Arm heraus oder sie sitzen in diesem Rückentuch wie in einem Pferdesattel.

Ich bin auf jeden Fall selig, als ich mit steifen Knochen endlich von meinem Pferdesattel hinunterkomme. Breitbeinig wie ein Seemann wanke ich in das Zentrum von Chamula, das für seine Kirche berühmt ist. Sobald man die Pforte durchschreitet, befindet man sich in einer fremden Welt. Bänke sucht man in dieser Kirche vergebens. Der Boden ist dick mit frischen Piniennadeln bedeckt, die einen harzig aromatischen Duft verströmen. Entlang der Wände reihen sich Glasvitrinen mit geschnitzten und buntbemalten Heiligenfiguren aneinander. Vor jedem dieser Heiligen sind Vasen mit unendlich vielen frischen Blumensträußen aufgestellt.

Indigenes Leben in San Cristóbal de las Casas

Doch was die Atmosphäre so mystisch macht sind die unzähligen Kerzen, die überall brennen. Tausende sind vor den Heiligen aufgebaut, große und kleine, dicke und dünne. Auf dem Boden der Kirche sitzen und knien Familien, die vor sich ebenfalls Kerzen aufgestellt haben. In komplizierten Mustern werden diese auf dem Granitboden festgeklebt und angezündet, häufig weit über hundert an der Zahl. Drei Männer wandern durch die Kirche und spielen auf Gitarre, Flöte und Akkordeon eine langsame, melancholische Melodie.

Viele haben Cola-Flaschen dabei. Diese braucht man nicht etwa um den Durst zu stillen, sondern um einen Rülpser hervorzurufen, der böse Geister in ein ebenfalls mitgebrachtes, lebendes Huhn fahren lässt. Durch die anschließende Tötung dieses Huhns werden diese Geister getötet.

Heidnischer und christlicher Glaube verschmelzen zu einer eigenständigen Religion. Sogar die Kreuze vor der Kirchentür symbolisieren nicht das christliche Kreuz, sondern den Lebensbaum der Maya.

Haben wir bei der Rückkehr nach San Cristóbal noch schönsten Sonnenschein, so kommt pünktlich zwischen drei und vier Uhr am

Nachmittag der Regen. Seit rund zwei Wochen hat uns die Regenzeit fest im Griff. Ist es bei Sonnenschein hier auf 2100 Metern noch frühlingshaft warm, so sackt die Temperatur ab zwei Uhr, wenn die Sonne hinter dicken, schwarzen Wolken verschwindet, auf empfindlich kühle 12 bis 16 Grad ab.

Bis dahin genießen wir unsere Zeit in San Cristóbal meist mit einem Bummel durch die wunderschöne Kolonialstadt, Besuchen des Marktes, Einkäufen in den unzähligen Läden für Kunsthandwerk oder bei leckeren Schoko-Crêpes im Café. Am Nachmittag, zeitgleich mit dem einsetzenden Regen, verschlägt es uns zurück in unser Auto. Lange Spieleabende werden zur Regel und selbst die Küche passen wir dem Wetter an. Was gibt es bei kaltem Regenwetter Schöneres als frischen Zwiebelkuchen, deftigen Gulasch oder Kassler mit Sauerkraut?

Um unsere Sprachkenntnisse zu verbessern, drücken wir wieder die Schulbank. Doch nicht nur, um unser Spanisch aufzufrischen, sondern auch, um mit unseren Lehrerinnen lange und interessante Diskussionen über Politik und Wirtschaft, aber auch über mexikanisches Essen, Bräuche oder Feiertage führen zu können.

Dabei sprechen wir nicht nur über Feiertage, sondern erleben gleich einen: *Corpus Christi,* den wir in Deutschland als Fronleichnam kennen. Das christliche Fest wird mit Prozessionen gefeiert, gleichzeitig ist heute der Tag der Liebenden. Aus diesem Anlass wird ein kleiner Markt am Zócalo aufgebaut. Hier werden ausschließlich Süßigkeiten verkauft, die der oder dem Liebsten geschenkt werden. Kleine Röllchen gefüllt mit Eischnee, kandierte Früchte, Marzipan, Nougat, Baiser, Plätzchen und Teilchen. Die Auswahl ist riesig. Wer kann da schon widerstehen?

Waren früher in der Schule die Ausflüge am schönsten, so hat sich daran auch heute nichts geändert. Am letzten Tag unseres Sprachunterrichts besuchen wir gemeinsam mit unseren beiden Lehrerinnen ein Ausbildungszentrum. Dieses wurde vor einigen Jahren vom Staate Chiapas aufgebaut, um junge Mexikaner auf einen anspruchsvolleren Beruf vorzubereiten und mexikanischen Frauen eine Perspektive außerhalb der Familie zu geben.

Wir besichtigen eine Gärtnerei, die sowohl Kenntnisse in Landwirtschaft als auch in Gartengestaltung vermittelt, eine Bäckerei und eine Schreinerei sowie Werkstätten, die Fertigkeiten im Weben, Schneidern und Sticken lehren. Metallverarbeitung steht ebenso auf dem Unterrichtsplan wie Lederverarbeitung. Alles ist hervorragend ausgestattet, überall stehen Lehrkräfte bereit, sogar Schlafplätze für fast dreihundert Teilnehmer werden angeboten. Nur leider fehlen die Schüler! Geld für den Aufbau des Zentrums war vorhanden, doch derzeit fehlen die Gelder für den Betrieb. So erleben wir eine tolle Idee, die in der Umsetzung leider noch nicht funktioniert.

Wie sagt meine Spanischlehrerin: „Mexiko hat hervorragende Gesetze, gute Ideen und engagierte Menschen. Doch leider fehlt es häufig an jemandem, der die Einhaltung der Gesetze kontrolliert und Dinge zu Ende führt."

9. Kapitel:
Zur Regenzeit im Regenwald von Chiapas

Seit fast zwei Stunden sind wir nun schon auf dieser Bergstraße unterwegs. Unser Ziel ist das Reserva de la Biósfera El Triunfo. Laut unserer Straßenkarte führt eine asphaltierte, rund dreißig Kilometer lange Straße zu den letzten Berg- und Nebelwäldern von Chiapas.

Schon beim Kommentar der Polizei im Tal hätten wir jedoch aufhorchen sollen.

„Viel Glück! Da habt ihr euch aber was vorgenommen!"

Asphalt bekommen wir kein einziges Mal zu sehen. Die Schotterstrecke wird schon nach kurzer Zeit zu einer schmalen Fahrspur, gerade breit genug für unser Auto. Immer weiter geht es den Berg hinauf. Jetzt wird mir auch klar, warum man solche Strecken in Chiapas während der Regenzeit meiden sollte. Die täglichen Wassermassen haben breite, tiefe Abflussrinnen in die Spur gegraben. Schlammlawinen sind über dem Weg niedergegangen und haben die Hälfte der ohnehin schon schmalen Piste unter sich begraben. Immer wieder wühlen sich unsere Reifen durch Geröll und Matsch.

Mit einem Male ist ein Stück der Piste vor uns weggebrochen. Nicht etwa nur in den Straßengraben gerutscht, sondern komplett weg. Durch das breite Loch schauen wir in den Abgrund. Wir tasten uns in Schrittgeschwindigkeit entlang der Abbruchkante. Höher und höher

Hinauf in den Regenwald von Chiapas

geht es den Berg hinauf. Ohne Vierradantrieb, Untersetzungsgetriebe und starke Nerven ist hier kein Fortkommen möglich. Jedes Mal, wenn wir mit einem der Reifen in eine ausgewaschene Rinne kommen, neigt sich die Kabine bedenklich zur Seite.

Doch es wird noch unangenehmer. Es fängt an zu blitzen und die Berge werfen den Donner hundertfach zurück. Kurze Zeit später fahren wir durch einen dichten Regenvorhang. Schnell verwandelt sich die Straße in einen kleinen Fluss. Es wird immer schwieriger, die Spur zu erkennen. Wasserfälle rauschen rechts von uns den Berghang hinunter. Je weiter wir uns in die Höhe schrauben, desto dichter wird der Urwald.

Wie froh sind wir, nach der nächsten Kurve ein winziges Bergdorf zu erreichen.

„Ich glaube, wir sind die Attraktion des Tages."

„Wohl eher die Attraktion des Jahres. Wann sind hier die letzten Touristen hergekommen? Und dann noch mit einem solchen Auto!"

Die Kinder schauen uns mit großen, schwarzen Augen an. Weit stehen ihre Münder offen. Bei unserer Fahrt durch das Dorf sehen wir in jedem Hauseingang vier oder fünf von ihnen neben- und hintereinander stehen. Aufgeregt rufen sie nach ihren Eltern. Schon bald ist jede Fensteröffnung mit neugierigen Gesichtern gefüllt. Aus den Seitengassen und von den Feldern kommen sie angelaufen, um uns nicht zu verpassen.

„So Verrückte wie uns sieht man nicht alle Tage."

Doch wenn wir glauben, wir hätten unser Ziel erreicht, dann werden wir eines Besseren belehrt.

„Nein, nein. Sie müssen wieder ein Stück zurück und dann diesen kleinen Weg links den Berg hochfahren. Es dauert bestimmt noch zwei Stunden bis Sie am Ziel sind."

„Was? Noch einmal zwei Stunden?"

Das bedeutet ja, dass wir die letzten zweieinhalb Stunden gerade einmal 15 Kilometer vorangekommen sind!

Unter den neugierigen Blicken des ganzen Dorfes wenden wir auf der schmalen Straße und quälen uns langsam weiter den Berg hinauf. Unglaublich! Es wird noch schmaler, noch steiler und noch unwegsamer. Nach weiteren 45 Minuten kommen wir erneut zu einer kleinen Ansammlung von Hütten.

„Dass hier überhaupt noch Menschen wohnen!"

Für uns ist das unvorstellbar. Wir sind Stunden entfernt von der nächsten größeren Stadt. Und diese ist nur mit geländegängigen Fahrzeugen erreichbar.

Fast atmen wir erleichtert auf, als wir einen über die Straße gestürzten Baum erreichen. Das macht die Weiterfahrt endgültig unmöglich. Wir haben zwar nicht das Ende der Straße erreicht, aber dennoch unser Ziel. Wir sind im Reserva de la Biósfera El Triunfo. Hier leben die schönsten und farbenprächtigsten Tropenvögel in freier Natur: ob Tukane, Aras, Papageien oder der berühmte Quetzal. Aus dessen langen grünen Schwanzfedern wurden in früheren Zeiten Herrscherkronen und Prunkgewänder gefertigt. Woanders nahezu ausgestorben, haben sie hier eine Heimat im Nebelwald von Chiapas gefunden.

Wir fahren zum letzten Haus zurück, steigen den steilen Hang hinauf und fragen um Erlaubnis, neben der Straße übernachten zu dürfen. Trotz meines Sprachkurses verstehe ich kaum ein Wort von dem, was mir der Mann erzählt. Doch seine Gestik ist unmissverständlich.

Wir sind herzlich willkommen. Er heiße Fidel und freue sich, dass wir in der Nähe seines Hauses übernachten wollen. Heute Nacht wird er ein Auge auf uns werfen, damit nichts passiert. Am Abend kommt dann sogar der Dorfälteste vorbei, um uns persönlich zu begrüßen und zu versichern, dass wir hier unbedenklich bleiben können.

Als sich die stockfinstere Nacht um unser Auto legt, lauschen wir den Geräuschen des Urwaldes um uns herum. Chiapas hat die höchste Artenkonzentration Zentralamerikas. Davon konnten wir uns vor einigen Tagen noch im wunderschönen Zoo von Tuxtla Gutiérrez überzeugen. Neben paradiesischen Vögeln leben hier Jaguare und Panther, Tapire und Affen, Iguanas und Krokodile sowie etliche verschiedene Schlangenarten. Von der armdicken Boa Constrictor bis zur tödlichen Korallenschlange. Und in dieser Nacht scheinen sie alle um unser Auto herumzuschleichen. Doch wir wissen: Angst brauchen wir keine zu haben, wir stehen ja unter dem besonderen Schutz des Dorfes.

Am nächsten Morgen werden wir zum Abschied noch reichlich mit Feldfrüchten beschenkt. *Camotes,* süße Kartoffeln, finden ebenso ihren Weg in unseren Kühlschrank wie ein riesiger Kürbis. Wir sind völlig gerührt über diese Herzlichkeit, die wir erneut erleben dürfen.

„Das nächste Mal", so Fidel, „müssen Sie im Sommer kommen. Dann ist es hier viel schöner. Bis dahin haben wir auch den Baum von der Straße geräumt, so dass Sie noch weiter in die Höhe fahren können."

Schon häufig ist uns aufgefallen, dass die Menschen in Mexiko vom meteorologischen Sommer als Winter sprechen und umgekehrt. Die Regenzeit ist die schlechte Jahreszeit und damit der Winter, während es im wirklichen Winter trocken und angenehm warm ist. Daher wird er als Sommer bezeichnet.

Nach unserem Abenteuer am El Triunfo geht es weiter ins Ungewisse. Wir fahren durch die Berglandschaft Chiapas, vorbei an reißenden Flüssen und kleinen Dörfern, Maisfeldern und Bananenplantagen. Regen und Sonnenschein wechseln sich ab. Die Temperaturen passen sich wie immer dem Höhenprofil an. Auf Meereshöhe ist es heiß, auf zweitausend Metern rutscht das Quecksilber unter zwanzig Grad. Wir kommen durch unsere tägliche Militärkontrolle und die Routine lässt uns immer lockerer mit den Soldaten umgehen. Während Petra einem Soldaten hinten die Kabine zeigt, interessiert sich ein anderer für alles, was außen am Auto angebracht ist.

„Wofür ist das?"

„Da kann man Außenstrom anschließen."

„Und hier?"

„Wird Frischwasser in den Tank gefüllt."

„Habt ihr die Sandbleche schon mal gebraucht?"

Da kann ich nur grinsen.

„Seit wir in Chiapas sind, immer öfter. Doch nicht für Sand, sondern meistens für Schlamm."

Er deutet hinten auf eine Stauklappe.

„Was ist dahinter? Darf ich da mal reinschauen?"

Ich muss schon wieder grinsen.

„Lieber nicht, mein Freund. Dahinter ist der Toilettentank."

Begeistert sind sie auch von der Rückfahrkamera. So etwas kennen sie nicht. Einer stellt sich hinter das Auto, die anderen schauen vorne auf den Monitor. Abhängig von der Schaltung, Vorwärts- oder Rückwärtsgang, verändert sich der Kamerawinkel. Das begeistert sie.

Nur auf meine Frage, wo wir denn sicher die Nacht verbringen können, wissen sie leider keine Antwort. Ich frage vorsichtig:

„Bei euch in der Kaserne?"

Jetzt grinsen sie.

„Nein, das geht wirklich nicht."

Na ja, war auch nur eine Frage. Mit einem „Adiós Amigos" fahren wir weiter und suchen einen geeigneten Schlafplatz. Erfolglos fahren wir zwei Schwimmbäder an. Die nächstbesten Alternativen sind eine Tankstelle oder ein Restaurant. Doch dann sehe ich mit einem Male ein Straßenschild mit einem weißen Zelt auf blauem Hintergrund. Da biegen wir natürlich ab.

15 Kilometer nach Verlassen der Panamericana entdecken wir einen Ort, der alle Qualitäten als Geheimtipp für zukünftige Reisende mit sich bringt. Wir erreichen die Lagos de Colón. Der *ejido,* eine ländliche Genossenschaft, hat hier ein Touristenziel für Mexikaner aufgebaut. Drei Quellen speisen kristallklare Flüsse, die in 44 kleinere und größere Seen fließen, die wiederum untereinander durch kleine Wasserfälle verbunden sind. Wunderschöne Wanderwege und

Picknickareale ziehen sich durch das ganze Gebiet. Ab und zu wird es durch bewirtschaftete Felder unterbrochen.

Wir verbringen etliche Tage in diesem Kleinod, kampieren direkt an einem der Seen, baden in den kühlen Quellen, wandern zu einer kleinen Maya-Ruine. Wir beobachten die Bauern, die ihre Felder noch komplett ohne Maschinen bestellen. Erst zieht ein Pferd mit dem Pflug tiefe Ackerfurchen in die fruchtbare Erde, danach kommt eine Gruppe von Tagelöhnern. Jeder von ihnen hat einen Pflanzstock. Mit diesem wird ein Loch in den Boden gestochen, ein Maiskorn hineingeworfen und wieder leicht mit Erde bedeckt. So geht es über hundert Meter entlang der Ackerfurche.

Die Arbeit sieht nicht schwierig aus, sie beschäftigt viele und alle sehen zufrieden dabei aus. Eine Zufriedenheit, die wir als Touristen deutlich zu spüren bekommen. Man winkt uns von den Feldern zu, grüßt aus den Hauseingängen. Statt Zapatisten und Rebellen erleben wir in Chiapas wundervolle Menschen, die uns immer wieder an ihrer Zufriedenheit teilhaben lassen.

10. Kapitel: Grenzerfahrungen in Guatemala

Unsere Aufenthaltsdauer in Mexiko läuft aus. Nach sechs Monaten müssen wir dieses wunderbare, friedliche Land leider verlassen.

Friedlich?

Hatte uns nicht jeder davor gewarnt, dass Mexiko ein unberechenbares Land im Drogenkrieg sei? Sollten wir nicht schon längst erschossen sein?

Alle Vorhersagen haben sich rückblickend als unsinnige Panikmache herausgestellt.

Doch wir erleben gerade eine ähnliche Situation mit Guatemala. Da wir beschlossen haben, ein ganzes Jahr in Mexiko zu reisen, müssen wir kurz in ein Nachbarland ausreisen. Bei Wiedereinreise bekommen wir dann hoffentlich 180 neue Tage Aufenthalt bewilligt. Zu drei Ländern hat Mexiko eine Grenze: USA, Belize und Guatemala. Die Grenze zu den USA ist von Chiapas aus gesehen genau am anderen Ende des Landes. Von Belize nach Mexiko einreisend erhält man angeblich nur ein Transitvisum für dreißig Tage. So bleibt also nur Guatemala.

Guatemala, das steht laut Auswärtigem Amt für Raub, Vergewaltigung, Entführung, Fahrzeugdiebstahl und Mord. Die Menschen sind sehr arm und die Hemmschwelle für Gewalt soll erschreckend niedrig sein. Die Internetseite des Auswärtigen Amtes liest sich wie eine Aufzählung von Gewaltverbrechen und ist mit unzähligen Warnungen bestückt.

Kein Wunder, dass wir zwischenzeitlich überlegen, ob wir nicht einfach nur eine organisierte Busreise für einen Tag machen sollen. Morgens rein in den Bus, schnell über die Grenze, zurück ins sichere Mexiko und hoffentlich 180 neue Tage im Pass. Ich gestehe, manchmal kann ich ein ganz schöner Angsthase sein. Andererseits hören wir von anderen Reisenden immer wieder, wie schön Guatemala ist. Wie nett die Menschen sind, wie bunt die Märkte, wie beeindruckend die Berge.

„Waren das nicht die gleichen Gedanken, die wir uns vor der Einreise nach Mexiko gemacht haben?", meint Petra.

„Stimmt, auch damals war in allen Medien nur vom Drogenkrieg und der katastrophalen Sicherheitslage die Rede."

„Und wie schaut die Realität aus?"

„Wir sind in einem Paradies gelandet, aus dem wir gar nicht mehr hinaus wollen", grinse ich sie an. „Warum lasse ich mich bloß immer so von anderen verrückt machen?"

Die Situation entspannt sich mit Ingrid und Jörg. Zwei Deutsche, die genau wie wir ebenfalls nach Guatemala wollen. Die beiden haben viele Jahre als Tauchlehrer auf den Malediven und in Ägypten gearbeitet. Ihren Unimog „Arminius" haben sie selber ausgebaut und wollen in den nächsten Jahren einmal um die ganze Welt reisen. Wir verstehen uns auf Anhieb, genießen etliche unterhaltsame Abende und planen, das Abenteuer Guatemala gemeinsam in Angriff zu nehmen.

Doch vorher lösen wir noch ein technisches Problem. Unsere Dieselstandheizung macht schon seit einigen Wochen Probleme und hat nun völlig ihren Dienst eingestellt. Dicke Abgaswolken kommen aus dem Auspuff. Es stinkt nach Diesel und die Heizung bleibt kalt. Während wir uns an den geringeren Sauerstoffgehalt bei über zweitausend Metern gewöhnen konnten, ging die Heizung in die Knie.

Schnell liegt Jörg unter unserem Auto.

„Alter, das ist ja schlimmer als eine Operation am offenen Herzen. Gib mir mal 'nen Zehner und die kleine Zange."

Wir schrauben, bauen aus, nehmen alles auseinander. Erst werden die Anschlüsse von unten gekappt, dann baue ich die Heizung im Wageninneren aus. Unsere halbe Einrichtung muss ich dafür entfernen. Endlich liegt das Heizungsmodul auf einer Plane vor uns auf dem Waldboden. Einer schraubt auseinander, der andere schießt Fotos. Wenigstens haben wir so eine Dokumentation, wie die Einzelteile später wieder zusammengefügt werden müssen.

Die Brennkammer ist so verrußt, dass sich schon Kohle gebildet hat. Da konnte sich kein Diesel mehr entzünden, geschweige denn die Kammer frei brennen. Wir reinigen alles ordentlich und bauen die Heizung wieder vorsichtig zusammen. Nach sechs Stunden konzentrierter Arbeit wird getestet. Die Heizung läuft wieder wie am ersten Tag.

Grenzübergänge in Lateinamerika stelle ich mir immer chaotisch und unorganisiert vor. Persönlich erlebt haben wir bisher nur die Grenze zwischen USA und Mexiko. Guatemala ist die erste Grenze zwischen zwei lateinamerikanischen Staaten. Meine Erwartungen werden voll erfüllt. Der Grenzübergang befindet sich nicht auf der grünen Wiese, sondern mitten in der Stadt.

Zuerst müssen wir in Mexiko auschecken.

„Wie, Sie verlassen Mexiko schon? Es gibt doch hier so viel zu sehen!", meint der mexikanische Grenzer nur.

Na, hoffentlich erinnert er sich noch an seine Worte, wenn wir wieder einreisen. Schließlich möchten wir weitere 180 Tage Aufenthalt bekommen.

Nun wird es unübersichtlich. Wir stehen im Niemandsland mitten auf einem Markt und haben die Grenze noch gar nicht überquert. In der Ferne erkenne ich einen Schlagbaum. Das ist unser Ziel. Bevor wir dorthin gelangen, wird unser Auto desinfiziert. Dieser Vorgang besteht aus vier kleinen Spritzern aus einer Unkrautspritze gegen unsere Reifen. Selbst die Hunde pinkeln normalerweise intensiver gegen unser Profil. Bakterien oder Viren werden davon sicherlich nicht abgetötet.

Das ist wahrscheinlich auch nicht das Ziel. Eher soll die Wirtschaft unterstützt werden. Und das geht so: Diese Stelle schafft schon mal einen Arbeitsplatz. Dann ist die Desinfektion kostenpflichtig. Man kann jedoch nicht in mexikanischen Peso oder US-Dollar, sondern nur in guatemaltekischen Quetzal bezahlen. Diese haben wir natürlich noch nicht. Doch der Mann weiß Abhilfe. Er winkt einen Geldwechsler herbei, wahrscheinlich sein Schwager oder Bruder. Dieser ist gerne bereit, uns US-Dollar gegen einen zehnprozentigen Abschlag zu wechseln.

Wir nähern uns nun dem gelb-schwarz gestreiften Schlagbaum. Das Schild „Bienvenidos en Guatemala" steht schon auf unserer Seite. Die Blau-Weiß-Blaue Fahne weht über unseren Köpfen. Doch noch bleibt der Schlagbaum geschlossen. Wir suchen uns einen Parkplatz am Straßenrand. Um uns herum vibriert das Leben: Marktstände, Geldwechsler, Bauern auf dem Weg durch die Stadt. Wir finden den Weg zur Migración und bekommen schnell unseren Stempel in den Pass. Zwanzig inoffizielle Peso Eintrittspreis finden dabei den schnellen Weg in die Tasche des Grenzers. Doch dafür geht alles einfach und unkompliziert.

Damit dürfen wir als Personen nach Guatemala einreisen, jedoch noch nicht unser Auto. Dafür muss im nächsten Gebäude ein weiteres Formular ausgefüllt werden. Auch hierfür ist wieder Geld fällig. Doch nicht in bar, sondern diesmal muss auf der Bank eingezahlt werden. Die Schlange vor dem Bankgebäude lässt eine längere Wartezeit vermuten. Doch ein Polizist winkt uns ganz nach vorne. Das erweckt den Unmut der Einheimischen in der Schlang und ist mir peinlich, aber was soll's. Dafür sind wir in zehn Minuten durch.

Endlich öffnet sich vor uns der Schlagbaum. Wir haben es geschafft. Vorsichtshalber sperren wir die Türen ab. Wir wollen ja nicht, dass wir schon in der Grenzstadt überfallen werden. Doch statt grimmig oder gewalttätig werden wir am Straßenrand von offenherzigen, freundlichen Menschen begrüßt. Von beiden Seiten winken uns die Leute zu. Bei der ganzen Winkerei muss ich mich höllisch darauf konzentrieren, in den engen Gassen nicht links eine Bananenstaude vom

Marktstand mitzunehmen oder mit dem rechten Spiegel den rosa BH vom Wäschestand herunterzureißen.

.

Abrupt verändert sich mit dem Grenzübertritt auch die Landschaft. Richtung Huehuetenango fahren wir durch ein wildes Flusstal mit seitlich steil aufragenden Felswänden. Immer wieder fällt uns auf, wie auch an den steilsten und unzugänglichsten Stellen Felder bewirtschaftet werden. Keine Straße, nicht einmal einen Weg können wir zu diesen Feldern entdecken. Und doch bildet der Mais, der hier wächst, für irgendjemanden die Lebensgrundlage.

Immer höher schrauben wir uns nach oben. Wir überwinden die ersten eintausend Höhenmeter, kurz darauf sind wir auf über zweitausend Metern. Ein Aussichtspunkt auf 3100 Metern bildet den geografischen Höhepunkt unseres ersten Tages.

Einen ganz anderen Höhepunkt erleben wir auf der Suche nach unserem ersten Übernachtungsplatz in Guatemala. Den Luxus von flächendeckenden Campingplätzen haben wir mit Mexiko hinter uns gelassen. Ab jetzt heißt es, jeden Abend aufs Neue etwas Sicheres und Schönes zu finden. Wir beraten uns mit Ingrid und Jörg.

„In Huehuetenango habe ich einen bewachten Parkplatz am Supermarkt gesehen und einen Platz an der Feuerwehr. Da könnten wir fragen."

„Wir haben zwei Tankstellen im Navi markiert. Das wären auch Optionen."

Wir fahren zurück Richtung Huehuetenango.

„Stopp, wie wäre es da vorne in dem Dorf an der Kirche? Das sieht doch gut aus."

Die Straße ist eng, nicht asphaltiert und voller Schlaglöcher. Das letzte Stück links vorbei am Sportplatz wird eine richtige Herausforderung mit unseren Autos: es ist höllisch steil. Im winzigen Dorfladen werden wir herzlich willkommen geheißen.

„Natürlich können Sie hier übernachten! Ich habe hinter meinem Haus ein Stück Wiese, da ist Platz genug."

„Auch für unsere Freunde? Deren Unimog ist eine ganze Ecke größer als unser Auto."

„Aber klar doch, kein Problem!"

Doch mit dem Übernachten klappt es dann doch nicht. Die Wiese ist zwar schön, doch leider zu uneben. Wir finden keinen Platz, der für beide Autos eine gerade Standfläche bietet. Was tun? Von oben sah doch die Fläche neben der Dorfkirche optimal aus.

„Können wir vielleicht auch dort stehen?", fragen wir den Ladenbesitzer.

„Nein, leider nicht. Dafür braucht man eine Erlaubnis."

Wir steigen hoch zur Kirche. Es läuft die Abendmesse und lauter Gesang schallt aus der offenen Kirchentüre. Kaum ist die Kommunion verteilt und das letzte Lied zum Ausmarsch gesungen, betreten wir die Kirche.

„Könnten wir hier vielleicht mit unseren Autos übernachten?"

Wir werden mit Unsicherheit empfangen.

„Das müssen wir erst im Dorfvorstand beraten."

Der Mann verschwindet neben der Kirche. Man steckt die Köpfe zusammen, schaut zu uns herüber. Mit ernsten Mienen wird beraten. Dann wird das Urteil verkündet.

„Ja, Sie dürfen hier über Nacht bleiben."

Applaus brandet in der Kirche auf und wir applaudieren mit. Es ist eine einzigartige Atmosphäre. Unsere Autos werden von der Dorfbevölkerung bestaunt, die ersten Fotos mit den Handys geschossen.

„Möchten Sie es auch von innen anschauen?", fragt Petra.

Als wäre das der Startschuss, stellt sich das halbe Dorf in einer langen Reihe vor unserem Auto auf und begehrt Eintritt. Es wird geschnattert und gelacht. Petra macht die Führung durch unser kleines Heim.

Die Dorfbewohner drängen neugierig in unser Auto

„Dort schlafen wir. Dort können wir unseren Tisch

aufbauen. Hier ist das Bad und an der Eingangstür haben wir eine kleine Küche mit Herd."

„Oh, der ist ja toll. Darauf könnte man gut Tortillas backen!"

Petra muss sich wieder und wieder mit einer der Guatemaltekinnen auf die Bank setzen, damit Fotos gemacht werden können. Die Stimmung ist ausgelassen und fröhlich, der Damm zwischen Deutschland und Guatemala gebrochen. Diese Begegnung wird uns immer als eines der Highlights unserer Tour in Erinnerung bleiben. In einem kleinen Dorf im Nordwesten Guatemalas wird uns vor Augen geführt, dass nicht nur wir Angst vor den Guatemalteken haben, sondern diese auch vor den Fremden in ihren komischen Expeditionsmobilen. Als unbekannte und gefährliche Fremde sind wir in ihr Dorf gekommen, als Freunde verlassen wir es am nächsten Morgen.

11. Kapitel:
Wir opfern einem Maya-Gott

Gäbe es einen Wettbewerb um das schönste Land der Welt, Guatemala hätte beste Aussichten auf einen der vordersten Plätze, insbesondere in der Kategorie „Tradition".

In keinem anderen Land Zentralamerikas werden Traditionen so am Leben gehalten wie in Guatemala. Bei den Trachten fängt es an. Die Frauen des Hochlandes tragen fast ausnahmslos ihre traditionelle Kleidung. Die bunten Baumwollstoffe werden heute noch wie vor Hunderten Jahren auf kleinen Handwebstühlen hergestellt. Die Blusen sind filigran bestickt, die Haarbänder kunstvoll gearbeitet.

Alte amerikanische Schulbusse, das wichtigste Verkehrsmittel des Landes, werden in rollende Kunstwerke verwandelt. Kirchen und Häuser leuchten in ihrer Farbenpracht mit den Trachten ihrer Bewohner um die Wette. Die Kirchenfassade von San Andrés Xecul schafft es auf die Umschläge von Reiseführern auf der ganzen Welt. Ihre Grundfarbe ist ein sattes Gelb. Die vollständig mit Engeln und Blumenranken verzierte Stuckfassade kontrastiert dazu in kräftigen Farben. Überall auf den Dachterrassen der Stadt hängen dicke, frisch gefärbte Wollbündel zum Trocknen. An einem zentralen Waschplatz stehen die Frauen des Ortes, um in schweißtreibender Tätigkeit ihre

Wäsche per Hand zu waschen. Neben einer Kirche wird mit Knallkörpern und Opfergaben den alten Maya-Göttern gedacht.

„Wollt ihr den Maximón sehen?", fragt uns eine junge Frau auf der Straße.

Wir haben bereits von diesem Kult gehört. Der Maximón verkörpert einen Maya-Gott, dem magische Kräfte nachgesagt werden. Wer ihm opfert, darf auf Fruchtbarkeit und Regen hoffen.

„Ein ums andere Jahr lebt die Puppe des Maximón in einem anderen Haus des Dorfes. Habt ihr Zigaretten oder Schnaps als Opfergaben dabei?"

Wir wandern entlang verwinkelter Gassen und betreten ein kleines, staubiges Geschäft. Große Bündel hauchdünner Kerzen in den verschiedensten Farben hängen von der Decke.

„Ist Maximón bereit, uns zu empfangen?"

Der Besitzer nickt nur und weist mit dem Kopf in Richtung eines Hinterzimmers.

Dies ist für ein Jahr das Reich des Gottes. Als verkleidete Schaufensterpuppe sitzt er auf einem breiten Holzstuhl. Vor ihm stehen mit Blumen gefüllte Vasen und brennende Kerzen. In der Ecke befindet sich ein Bett, in das die Puppe jeden Abend zum Schlafen gelegt wird.

Der Maximón ist kein gütiger Heiliger mit friedlichem Lächeln. Der Maximón ist ein Draufgänger. Er vereinigt viel Schlechtes in sich. Er trägt einen schwarzen Anzug, eine rote Krawatte, einen breiten Hut, Cowboystiefel und eine dunkle Sonnenbrille. Die Leute opfern, um ihn gnädig zu stimmen. Vor ihm liegen Zigarren und Zigaretten, mit Schnaps gefüllte Gläser.

„Dorthin könnt ihr eure Opfergaben legen."

Wir werden sehen, was das Opfer uns bringt. Ich bin mir nicht sicher, was ich für zwei Zigaretten erwarten darf.

„Wach auf! Da rüttelt jemand am Auto!"

Ich schrecke aus dem Tiefschlaf. Ein ordentlicher Ruck geht durch unseren Wagen.

„Was ist los? Wer ist da?"

Ich springe aus dem Bett und schaue aus dem Fenster. Niemand ist zu sehen.

„Da waren welche am Auto." Petra ist ganz aufgeregt. „Die haben wie verrückt an der Kabine gewackelt."

„Ich kann niemanden erkennen. Da ist wirklich nichts. Vielleicht sind wir von den Ausgleichskeilen gerutscht."

Es ist mitten in der Nacht. Wir übernachten am Vulkan Chicabal auf über zweitausend Metern. Der Parkplatz, auf dem wir stehen, ist völlig uneben. Daher habe ich auf der einen Seite tiefe Löcher für die Reifen gegraben und auf der anderen Seite Holzkeile zum Aufbocken untergelegt.

Doch wir stehen immer noch gerade.

„Dann kann es nur eins gewesen sein ..."

„... ein kräftiges Erdbeben", ergänzt Petra meinen Satz.

Auf einen Schlag wird uns klar, was es bedeutet, in einer der vulkanisch aktivsten Gegenden der Welt zu reisen.

Dabei ist der Chicabal gar kein aktiver Vulkan. Ein großer See auf 2700 Meter Höhe verschließt den ehemaligen Krater, der für die hier lebenden Maya ein heiliger Ort ist. Überall entlang des Ufers stoßen wir auf Altäre und Kreuze, die mit den christlichen Kreuzen nur die Form gemeinsam haben.

Noch imposanter ist der Lago de Atitlán. Für den zwischen 1799 und 1804 Lateinamerika bereisenden Entdecker Alexander von Humboldt war er der schönste See der Welt. Dieser Ansicht können wir uns nur anschließen. Fast eine Woche verbringen wir am Ufer des von drei Vulkanen majestätisch eingerahmten Sees, bevor wir zur schönsten Kolonialstadt Zentralamerikas aufbrechen: das UNESCO-Weltkulturerbe Antigua.

Die ehemalige Hauptstadt Guatemalas wurde mehrmals durch heftige Erdbeben komplett zerstört und wieder aufgebaut. Heute ist es eine überschaubare Stadt mit nur 35.000 Einwohnern. Ihr kolonialer Charakter und die quirlige Mischung aus Guatemalteken und Travellern aus der ganzen Welt geben ihr ein einzigartiges Flair. Die Straßen bedeckt unebenes Kopfsteinpflaster. Von den bunten Häusern blättert verwitterte Farbe. Alles wird überragt vom Vulkan Fuego. Koloniale Architektur wechselt sich ab mit dem Barockstil der

Antigua in Guatemala

Kirchen. Die blassgelbe Fassade der Kirche La Merced ist über und über mit Ornamenten und Heiligenfiguren aus weißem Stuck bedeckt.

In Antigua trennen wir uns schließlich schweren Herzens von Ingrid und Jörg, die weiter Richtung Süden reisen, während es uns für das nächste halbe Jahr zurück nach Mexiko zieht.

Guatemala ist in vielen Dingen so anders. Wir haben gehört, dass die Menschen freundlich und offenherzig sind. Wir haben aber nicht gewusst, dass man beim Autofahren vor lauter Winken kaum zum Lenken kommt.

Wir haben gelesen, dass die Straßen teilweise katastrophal sind. Wir haben aber nicht erwartet, dass Schlammlawinen ganze Fahrspuren unter sich begraben.

Wir haben gedacht, es ist unmöglich, noch mehr Personen in einem Fahrzeugen zu transportieren als in Mexiko gesehen. Wir konnten aber nicht ahnen, dass hier die Ladefläche eines Pickup mit so vielen Personen befüllt wird, bis die letzten auf der Stoßstange stehen und die hintere Ladekante über den Asphalt schleift.

Wir haben gewusst, dass Guatemala anders ist. Wir haben aber nicht geahnt, dass es uns so sehr begeistern wird.

Guatemala ist wirklich extrem.

Ein letztes Mal steigt die Spannung an der Grenze zu Mexiko. Wie viel Aufenthalt wird man uns genehmigen? 30 Tage? 90 Tage? Problemlos werden uns erneut die maximal möglichen 180 Tage bewilligt. Ob da der Maximón seine Finger im Spiel hatte?

12. Kapitel: Abseits der Touristenströme

Wieder zurück in Mexiko lernen wir einen Mexikaner kennen. Er möchte unbedingt, dass wir sein Heimatdorf besuchen. Mit viel Herzblut zeichnet er eine Skizze auf einen Bogen Papier. Nur mit dem Maßstab kommt er völlig durcheinander. Während sich die ersten Kilometer der Strecke großzügig auf Dreiviertel des Papiers verteilen, bleiben für die wichtigen Details nur knapp zwei Zentimeter am Rand.

Wir versuchen, der Beschreibung zu folgen und sind mal wieder auf einer üblen Piste unterwegs.

„Du, ich glaube, hier sind wir nicht mehr richtig“, gestehe ich Petra nach einer Stunde.

Tapfer hat sie uns bis dahin über den ausgewaschenen Lehm gesteuert.

Ihre Miene verdunkelt sich.

„Das fällt dir aber ein bisschen spät auf!"

„Lass uns noch ein Stück weiterfahren. Irgendwann müssen wir doch wieder auf eine vernünftige Straße stoßen."

Wir besitzen zwar ein Navigationsgerät, doch haben wir dafür nur eine sehr ungenaue Karte. Von der letzten verzeichneten Straße entfernen wir uns immer weiter. Wie aus dem Nichts tauchen plötzlich Häuser auf. Eine Traube von Männern steht um einen Lkw.

„Können Sie uns sagen, wo es nach Sanctuario geht?"

„Sie sind hier in Sanctuario. Aber es gibt zwei Orte mit dem gleichen Namen. Dies hier ist Sanctuario II. Wenn Sie der Straße folgen, kommen Sie nach Sanctuario I."

Kaum zu fassen, wir sind tatsächlich noch auf dem richtigen Weg!

In Sanctuario I angekommen, wundern wir uns. Der Ort ist noch so weit vom Stausee La Angostura entfernt. Nach unserer Beschreibung soll es einen kleinen Hafen und Fischrestaurants geben. Ein Schild im Ort weist zum Bootsanleger. Wir sind also immer noch auf dem richtigen Weg, doch schnell kommen uns die nächsten Zweifel. Seit dem zweiten Sanctuario ist inzwischen eine weitere halbe Stunde vergangen, als sich vor uns endlich die Straße zum riesigen See öffnet. Wir gelangen an einen wundervollen Picknickplatz mit überdachten Tischen. Der Parkplatz steht voller Autos und bietet einen herrlichen Blick auf den See. Etliche mexikanische Familien verbringen auf diesem idyllischen Platz ihren Sonntag.

„Hier gibt es doch sicherlich noch eine andere Straße!", meine ich erstaunt zu dem Trubel, der uns erwartet.

„Nein, das ist der einzige Weg", wird uns versichert.

Da holpern wir fast zwei Stunden lang über schlechte Pisten zu diesem kleinen Paradies und stellen fest, dass fünfzig Mexikaner die gleiche Tortur auf sich genommen haben.

Für ein Abendessen, bestehend aus vier gegrillten Fischen mit Salat und Tortillas sowie zwei Bier für jeden bezahlen wir nur vier Euro. Und die Übernachtung mit wunderschönem Ausblick auf den See ist obendrein noch kostenlos. Trotz aller Strapazen – diese mexikanische Empfehlung hat sich auf jeden Fall gelohnt!

Häufig erleben wir, dass man nur auf katastrophalen Pisten ins Hinterland Mexikos gelangt, um die Naturschönheiten jenseits der ausgetretenen touristischen Pfade zu entdecken. Nur einen Tag später folgen wir dem unscheinbaren Schild „Sima de las Cotorras". Weder wissen wir was Simas bedeutet, noch was Cotorras sind. Wieder einmal fahren wir über eine üble Schotterpiste und gelangen am Ende des Weges zu einem großen Erdloch. Der vor uns liegende Krater hat einen Durchmesser von 160 Metern und Wände, die 140 Meter senkrecht in die Tiefe fallen. Dieser riesige Steinkessel im grünen Dschungel ist schon ein Höhepunkt, die Cotorras bilden das Sahnehäubchen. Cotorras sind grüne Papageien, die hier zu Tausenden ihr kühles Sommerquartier aufgeschlagen haben. Ihr Kreischen wird von den Steilwänden zurückgeworfen. Immer wieder erhebt sich ein Schwarm aus der Tiefe und steigt mit der Thermik in weiten Bögen aus dem Kessel, um dann in den Urwald zu entschwinden.

Warum können Mexikaner keine normale Straßen zu ihren Sehenswürdigkeiten bauen? Wieder geht es den Berg hinauf, wieder ist die Strecke katastrophal, wieder geht es direkt neben dem Auto steil den Hang hinunter und wieder folgt ein Schlagloch dem nächsten. Doch erneut entdecken wir eine Sehenswürdigkeit, die wir ganz für uns alleine haben. Wir wandern bergauf durch einen Pinienwald, der von großen Kakteen unterbrochen wird. Nach einer knappen Stunde gelangen wir zur halb verfallenen, vor siebenhundert Jahren aus tiefschwarzem Vulkangestein erbauten Zapotekenfestung Guiengola. Die Atmosphäre ist magisch und wir fühlen uns wie Entdecker, die die alten Pyramiden für die Menschheit erforschen.

Am nächsten Tag stoßen wir nach über einer Stunde Fahrt durch die Berge auf das Naturwunder Hierve el Agua („Das Wasser kocht"). Aus artesischen Quellen haben sich über die Jahrtausende zwei gigantische, versteinerte Wasserfälle gebildet, die wie durch Zauberhand in ihrem Fall „eingefroren" wurden. Strahlend weiß „ergießt" sich der „Wasservorhang" in die grüne Berglandschaft. Man erwartet tosendes Gebrüll, doch während einer langen Wanderung umgibt uns nur das Zwitschern der Vögel. Über den Wasserfällen haben sich durch die mineralischen Ausscheidungen des Wassers natürliche Becken gebildet, in die wir nach der Wanderung springen, um uns in dem 25 Grad warmen Wasser abzukühlen. Traumhaft liegt in der Nacht diese Kulisse vor der Tür unseres Autos. Wir sind allein inmitten der Natur.

Wir sehen die Sonne über dem Wasserfall untergehen und erleben, wie sie am nächsten Morgen mit ihren ersten Strahlen das Wasser in den natürlichen Becken zum Leuchten bringt.

„Helia Bravo Hollis. Wer denkt sich eigentlich einen solchen Namen aus? Das klingt nach amerikanischer Burschenschaft oder einem Kampfpanzer. Aber nicht nach einem botanischen Garten."

Heliabravoa bezeichnet eine Kakteenart, die aus der gleichen Familie wie die Saguaros im amerikanischen Bundesstaat Arizona stammt. Man kennt diese Kakteen aus alten Westernfilmen. Ein baumartiger, mit feinen Stacheln übersäter Stamm von bis zu fünf Meter Höhe, aus dem in der Mitte zwei nach oben gerichtete Äste entspringen, die wie menschliche Arme geformt sind. Namensgeber sowohl für den Park als auch für die Kakteen war die mexikanische Botanikerin Helia Bravo Hollis.

Neben uns ragen die Berge in die Höhe, die von Heliabravoa-Kakteen bedeckt sind. Wie eine Armee aus Tausenden Soldaten halten sie in dieser Nacht Wache über unser Auto. Das Gebiet um Tehuacán ist nicht nur bekannt für diesen Kakteenwald und seine vielen Mineralquellen, sondern auch für die reichhaltigen Vorkommen von Marmor und Onyx.

Wieder einmal erleben wir ein interessantes, mexikanisches Phänomen. Viele Dörfer und Städte konzentrieren sich auf die Gewinnung, Herstellung und den Verkauf spezieller Rohstoffe, Souvenirs, Früchte oder Handelswaren. So gibt es Ortschaften, in denen in jedem Haus die gleichen Teppiche gewebt werden. Andere Dörfer stellen identische Tonwaren her oder bieten spezielle Stickarbeiten an. In manchen Orten reihen sich Verkaufsstände aneinander, die nur Ananas oder ausschließlich Pfirsiche verkaufen. Wie fahren durch eine Stadt, die nichts anderes produziert als Backsteine. Fünfzig Kilometer weiter steht ein Gewächshaus neben dem nächsten und es werden lediglich Gartenpflanzen verkauft. Wir fahren zu einem Ort, der speziell für seine Forellenzucht berühmt ist und schließlich zu einem, in dem in vielen Läden Onyx-Gegenstände und -Schmuck angeboten wird.

Nach einem Abstecher in ein weiteres UNESCO-Weltkulturerbe, die VW-Stadt Puebla, tauchen wir ein in die Welt der Vulkane. Der

Popocatépetl ist mit seinen 5452 Metern das herausragende Wahrzeichen Mexikos und besitzt eine der bekanntesten Bergsilhouetten der Welt. So stellt man sich einen Vulkan vor. Kegelförmig ragt er in die Höhe, eine Schneekuppe ziert die Spitze und aus dem Krater entweichen immer wieder große Dampfwolken. Schon aus der Ferne berauscht uns dieser Anblick und so brechen wir auf in das Abenteuer, so weit wie möglich mit unserem Auto diesen Berg hinaufzufahren. Wir folgen den Spuren des spanischen Konquistadors Hernán Cortés, der im 16. Jahrhundert über den später nach ihm benannten Paso de Cortés vom heutigen Hochtal um Puebla ins Hochtal von Mexiko City vorgedrungen ist.

Bei 3650 Metern über dem Meeresspiegel haben wir den höchsten Punkt des Sattels zwischen den beiden Vulkanen Popocatépetl und Iztaccíhuatl, auch vereinfacht Popo und Izta genannt, erreicht. Da der aktive Popo schon seit vielen Jahren aus Sicherheitsgründen nicht bestiegen werden darf, wagen wir uns auf eine Wanderung, die uns der Spitze des Izta näher bringt und erstmalig Höhenluft von über viertausend Metern schnuppern lässt.

„Schnuppern" ist der richtige Begriff, denn zum Atmen reicht der Sauerstoff in dieser Höhe für uns nicht mehr aus. Wir spüren dies sehr intensiv bei unserem Aufstieg zu unserer schon lange geplanten Tour auf den 60 km östlich gelegenen Vulkan Malinche. Sehr gezielt haben

Der Vulkan Popocatépetl in Mexiko

wir uns in den letzten Wochen in Höhen von über zweitausend Meter Höhe aufgehalten, um die Anzahl unserer roten Blutkörperchen zu erhöhen.

Schon vor Sonnenaufgang brechen wir aus dem auf dreitausend Metern gelegenen Centro Vacacional Malintzi auf. Die Temperatur liegt bei frischen acht Grad, doch die Steigung lässt uns schnell ins Schwitzen kommen. Nach über zwei Stunden erreichen wir die Waldgrenze, die bei stolzen 3800 Metern liegt. Erstmalig haben wir einen freien Blick auf unser Ziel: den 4461 Meter hohen Gipfel des Malinche.

Ein steiles Geröllfeld mit sandigem Untergrund ist schon bei einer normalen Bergtour eine Qual, doch in einer Höhe von über viertausend Metern wird es zur Tortur. Die Erschöpfung ist grenzenlos, der Körper erhält nicht den Sauerstoff, den er verzweifelt einfordert. Jeder Schritt wird zu einer unendlichen Anstrengung. Nach jeweils fünf Schritten habe ich das Gefühl, eine Stunde Pause machen zu müssen. Ich verspüre keinen Hunger, keinen Durst, keinen Schmerz. Mein Körper ist ausschließlich darauf konzentriert, den nächsten Schritt zu tun.

Ich bin nur noch fünf Meter vom Bergsattel entfernt, der mir den ersehnten Ausblick auf den Popocatépetl und den Iztaccíhuatl eröffnet. Meine Beine sind wackelig und ich halte mich mit beiden Händen an einem Grasbüschel fest. Kräftiger Wind bläst dicke Wolken über den Gipfel hinweg. Nur noch fünf Meter und ich habe es geschafft. Doch ich muss schon wieder eine Pause machen. Ich kann nicht mehr.

Nicht aufgeben, weitermachen! So lautet auch hier die Devise. Der Körper will nicht mehr, kann nicht mehr. Es ist nur der Wille, der kein Nein akzeptiert und den Körper immer weiter treibt.

„Komm, noch fünf Meter! Dann ist es geschafft, dann bist du oben!"

Und wieder raffe ich mich auf. Der Untergrund unter meinen Füßen gibt immer wieder nach. Ich mache zwei Schritte und rutsche einen zurück. Dann schiebt sich mein Kopf erstmalig über den Bergkamm. Alles hängt in dichten Wolken. Der Blick auf die anderen Vulkane ist versperrt. Doch mir ist es egal. Ich habe es geschafft. Ich bin oben. Nicht nur auf dem Berg, sondern auch bei einer neuen Grenzerfahrung.

13. Kapitel:
Das spanische Erbe

Herbstanfang auch in Mexiko. In der Nacht müssen wir uns am Vulkan Perote unter zwei dicken Decken eng aneinander kuscheln. Beim Aufstehen haben wir nur zwölf Grad Innen- und sechs Grad Außentemperatur. Kurze Zeit später sitzen wir bei Sonnenschein im Centro Vacacional IMSS La Trinidad vor unserem Auto und genießen angenehme 24 Grad. Doch der dramatische Temperaturunterschied zwischen diesen beiden Orten und der letzten Woche am Golf von Mexiko hat seinen Ursprung nicht wirklich im Herbstanfang, sondern in den unterschiedlichen Höhenlagen. Am Vulkan haben wir auf 3400 Metern übernachtet, im Moment sind wir auf 2300 Meter und der Golf von Mexiko liegt auf Meeresniveau.

IMSS steht für *Instituto Mexicano del Seguro Social* – die mexikanische Sozialversicherung. In der näheren Umgebung von Mexiko City unterhält sie vier Ferieneinrichtungen, von denen drei in alten, restaurierten Fabrikanlagen untergebracht sind.

„Schau dir diese imposanten Mauern an. Alles aus dicken Natursteinen."

Ich kann mich gar nicht satt sehen an dieser Industriearchitektur. Mehrere Meter hohe, rot lackierte Sprossenfenster durchfluten das gigantische Schwimmbad in der ehemaligen Produktionshalle mit Sonnenlicht. Backsteinbordüren umrahmen Torbögen, laufen entlang der Mauervorsprünge und setzen sich stilistisch in den Fensterrosetten kleiner Erker fort. Einfach nur ein wunderschönes Beispiel für die Architektur des zu Ende gehenden 19. Jahrhunderts.

„So viel Liebe zum Detail. Das findet man heutzutage vielleicht noch bei großen Konzernzentralen, aber bestimmt nicht mehr bei Produktionsgebäuden."

Ein anderes Beispiel für beeindruckende Architektur sehen wir in Xalapa im anthropologischen Museum. Ich kann mich nicht darauf festlegen, was interessanter ist: Das sehr puristische Gebäude mit seinen hohen Decken und lichten Innenhöfen oder die drei Meter hohen und aus Stein gehauenen Kolossalköpfe der Olmeken. Auch diese ein beeindruckendes Beispiel für das Designverständnis, welches das Urvolk Mittelamerikas bereits vor 3500 Jahren bewiesen hat.

Riesiger Kolossalkopf der Olmeken

„Der gute Geschmack zieht sich in Mexiko wirklich durch die Jahrtausende."

Wir haben in Querétaro eine kleine Broschüre mit Reisetipps zur Sierra Gorda erhalten. Markus aus Deutschland, den wir in der Wein- und Sektkellerei Freixenet zufällig treffen, erklärt uns, dass mit unserem Auto die Straßen nicht zu befahren sind. Das hält uns natürlich nicht ab. Wir haben oft erlebt, dass wir noch auf Pisten unterwegs sind, auf denen viele Pauschaltouristen nicht einmal mit einem kleinen Geländewagen herumfahren würden.

Doch mexikanische Reiseempfehlungen, so stellen wir fest, sind nicht mit deutschen Reiseführern zu vergleichen.

„Nehmen Sie die Abzweigung links. Fahren Sie hinunter ins Tal und folgen dann dem Fluss tausend Meter bis zum Schwimmbad."

Die Beschreibung zu unserem Übernachtungsplatz, dem Balneario El Oasis, klingt eigentlich recht einfach. Immer tiefer geht es über eine Schotterstraße hinab in die Schlucht. Zwar ist die Strecke relativ gut ausgebaut, doch entpuppt sie sich bei Gegenverkehr aufgrund der geringen Breite als ein Abenteuer. Wir können uns zwar an dem Auto vorsichtig vorbeischieben, haben aber den drohenden Abgrund stets vor Augen. Unten im Tal endet die Straße abrupt am Fluss. Es gibt keine Möglichkeit, parallel zum Ufer zu fahren.

„Wie hast du mich denn jetzt geführt? Das kann doch nicht richtig sein."

Es ist zwar ungerecht, aber irgendwie muss ich meinen Frust an Petra auslassen. Wie häufig sind wir schon Beschreibungen gefolgt und kamen nicht dort an, wo wir hin wollten. Reiseführer sind veraltet, Straßen unpassierbar geworden, Landkarten fehlerhaft. Manchmal nervt es einfach nur.

Mit den Fingern klopft sie auf die Broschüre.

„Hier steht's: Nehmen Sie die Abzweigung links. Das haben wir gemacht. Fahren Sie hinunter ins Tal. Das haben wir ebenfalls gemacht. Bis hierhin ist alles richtig. Nun kommt: Folgen Sie dem Fluss tausend Meter bis zum Schwimmbad."

„Gut, dann machen wir das jetzt auch!"

Kurzentschlossen lenke ich unseren Wagen nach rechts ins Wasser. Immer wieder versperren Steine den Weg. Mal umfahre ich sie, mal versuche ich vorsichtig mit dem Auto darüber hinwegzuklettern. Doch schon nach fünfzig Metern gebe ich auf.

„Das hat doch keinen Zweck. Ich steige aus und schau mal, wie es weiter geht."

Ich lasse das Auto mitten im Bach stehen. Von Stein zu Stein hüpfend, gelange ich ans Ufer. Ich laufe weiter vor und sehe, dass sich nur zwanzig Meter weiter das Flussbett verengt und die Strömung zunimmt.

„Hier gibt es für uns definitiv kein Durchkommen."

Rückwärts rausfahren können wir vergessen. Da hilft nur ein Wendemanöver im Fluss. Was auf engen Straßen schon manchmal schwierig ist, gestaltet sich hier zu einer Herausforderung. Statt Hindernisse zu sehen, ertaste ich sie vorsichtig unterhalb der Wasserlinie. Immer wieder stoßen die Reifen an unsichtbare Hindernisse: Felsen, Ausspülungen, Äste. Kann ich darüber fahren oder muss ich ihnen ausweichen? Zentimeter für Zentimeter bewegen wir uns vor und zurück. Endlich steht die Motorhaube wieder in der Gegenrichtung.

Na gut, das wird wohl nichts mit dieser Übernachtungsmöglichkeit. Schon häufig mussten wir die Erfahrung machen, dass mexikanische Campingplätze und deren Lage nicht unseren europäischen Maßstäben entsprechen. Da die Mexikaner ausschließlich zelten, können etliche Plätze nicht mit dem Auto erreicht werden. Dieser Platz gehört definitiv in diese Kategorie!

Die Sierra Gorda ist ein mexikanisches Mittelgebirge. In Europa würde man es zwar mit seinen Höhen zwischen eintausend und dreitausend Metern als alpin bezeichnen, aber hier sind wir in den Tropen. Bei unserem dreitägigen Ausflug erwarten uns völlig unterschiedliche Vegetationszonen. Auf der einen Seite der Berge finden wir eine karge Halbwüste mit Kakteen vor. Auf der anderen Seite gibt es den ewigen Nebel mit subtropischen Wäldern. Und selbst unter der Erde hat die Sierra Gorda etwas zu bieten. Ein riesiges Höhlensystem, in dem über die Jahrtausende das Wasser kunstvoll verzierte Säulen, filigrane Figuren, glatt geschmirgelte Oberflächen und tiefe Canyons in den Stein gegraben hat.

Immer höher schrauben wir uns die Berge hinauf. Den Canyon haben wir schon lange hinter uns gelassen. Es fängt an zu nieseln und nur fünf Minuten später umwabert uns dichter Nebel. Wir biegen von der gut ausgebauten Hauptstraße auf eine Schotterstraße ab. Die linke Fahrspur wird komplett erneuert, so dass nur eine Spur zur Verfügung steht. Das bedeutet jedoch nicht, dass wir auf einer Einbahnstraße fahren. Nein, was normalerweise auf zwei Spuren geführt wird, muss sich nun eine Spur teilen. Ständig mit Gegenverkehr rechnend tasten wir uns durch den undurchdringlichen Nebel hinab ins Tal. Diesmal auf der Regenseite der Sierra Gorda und damit entlang tropisch grüner Vegetation.

In immer enger werdenden Kehren geht es bergab. Teilweise so eng, dass wir in der Kurve zurücksetzen müssen, um den engen Winkel bewältigen zu können. Ob wir hier noch richtig sind?

„Geht es hier zum Campamento Las Trancas?", fragen wir einen Bauern auf seinem Esel.

„Sí, sí, noch zwei Kilometer!"

Fünf Kilometer später fragen wir einen Fußgänger.

„Sind wir auf dem richtigen Weg nach Las Trancas?"

„Sí, sí, noch fünfhundert Meter!"

Zwei Kilometer weiter folgen wir der schmalen Schotterstraße hinab ins Tal, bis vor uns endlich der Campingplatz auftaucht. Wenn schon die Bewohner vor Ort Probleme mit der Einschätzung von Entfernungen haben, wie soll dann eine Informationsbroschüre den Weg richtig beschreiben?

Unvollendete Mission in der Sierra Gorda

Am nächsten Morgen geht es weiter. Steil bergauf und bergab. Teilweise in Haarnadelkurven um die Berghänge herum. Meine Hand ruht auf der Hupe, mein Fuß schwebt über der Bremse. Jederzeit bereit, bei Gegenverkehr reagieren zu können. Unbefestigt fällt die Straße neben uns in die Tiefe. Doch wir werden zum Ausgleich mit herrlichen Aussichten belohnt. Im Tal rauscht der Fluss, Bergkanten brechen steil ab, kleine Dörfer klammern sich an den Hang.

Inmitten dieser wilden Landschaft gelangen wir zu einer alten, nie vollendeten Mission. Ein verwegener Mönch begann hier mit dem Bau einer riesigen Pfarrkirche aus grobem Naturstein. Die Kreuzform des Grundrisses ist deutlich zu erkennen, die Mauern, welche nie ein Dach gesehen haben, heben sich wie eine Festung in den Himmel. Bogengänge laufen entlang der ehemaligen und wohl nie genutzten Mönchszellen. Alles errichtet auf dem nackten Felsgestein der Sierra Gorda. Ob die drei vor der Kirche hängenden, halb verrosteten Glocken jemals einen zum Christentum bekehrten Mexikaner zur Messe gerufen haben?

Auf unserer Strecke von Ost nach West queren wir den geografischen Mittelpunkt Mexikos. Entlang der Route durch das zentrale Hochland liegen die berühmten Kolonialstädte Querétaro, San Miguel de Allende, Guanajuato sowie Zacatecas. Alle gehören sie zum UNESCO-Weltkulturerbe und haben maßgeblich die Geschichte Mexikos geprägt. Sei es bei der Ausbeutung der Silbervorkommen durch die Spanier oder bei der mexikanischen Unabhängigkeitsbewegung und Revolution. Wir erkunden perfekt hergerichtete Zeitzeugen der langen und abwechslungsreichen Geschichte Mexikos.

Die spanische Kolonialherrschaft beginnt 1517 mit der Entdeckung der Halbinsel Yucatán durch spanische Seefahrer. Zwei Jahre später geht der Eroberer Hernán Cortés in der Nähe des heutigen Veracruz mit seinen Schiffen vor Anker und beginnt die Niederschlagung der Azteken. 1521 wird der letzte Aztekenkönig Moctezuma II. besiegt. Kurz darauf kommen die ersten Franziskaner-Mönche ins Land und starten die Missionierung der Urbevölkerung.

Für Stadtgründungen durch die Spanier werden häufig alte Indianersiedlungen oder religiöse Städte genutzt. Die Tempel dienen als Steinbruch bei der Errichtung der neuen Stadt. Die Städte werden nach dem spanischem Vorbild als geometrisches Schachbrett angelegt. Im Zentrum gibt es eine Plaza umringt von den Bauwerken der kirchlichen und weltlichen Macht: die große Kathedrale und der Gouverneurspalast. Um diesen Platz dehnen sich in den engen Straßen die Wohnblocks aus, die meist nur aus ein- bis zweistöckigen Häusern bestehen.

Durch die Missionierung entstehen unzählige Kirchen, Kathedralen und Klöster. Die Pracht der Kirchenbauten ist unbeschreiblich. Die Indígenas werden gnadenlos ausgebeutet. Reiche Silbervorkommen sowie landwirtschaftliche Güter wie Kaffee, Kakao, Sisal und Zucker bringen der spanischen Krone und den spanischen Einwanderern ein gutes Einkommen.

Mit der mexikanischen Unabhängigkeitsbewegung neigt sich die spanische Kolonialherrschaft dem Ende entgegen. 1821 wird die mexikanische Unabhängigkeitsurkunde unterzeichnet. Aber erst 1836 wird sie von Spanien anerkannt.

Unser erstes Ziel ist die 1531 gegründete Stadt Querétaro. Sie ist eine der geschichtsträchtigsten Städte des Landes. Unter anderem begann hier 1810 der mexikanische Unabhängigkeitskampf unter der Führung des Landpriesters und späteren Nationalhelden Miguel Hidalgo.

In San Miguel de Allende treffen wir endlich wieder auf andere Reisende. Die Stadt lädt zum Verweilen ein, so bleiben auch wir eine Woche hängen. Das ist natürlich nichts im Vergleich zu Joachim und Bärbel aus dem Schwabenland, die bereits seit zweieinhalb Jahren auf dem Campingplatz leben. Die Stadt bietet eine Unmenge an Möglichkeiten zum Zeitvertreib, zum Besichtigen, zum Bummeln oder für nette Restaurantbesuche. Das Klima ist wunderbar, die Stadt liegt auf 1900 Meter Höhe. In der Nacht wird es ziemlich kühl. Aber tagsüber lacht die Sonne, was will man mehr? In der Stadt haben sich viele US-Amerikaner niedergelassen, man spricht Englisch, viele Künstler sind anzutreffen. Die Stadt versprüht ein wunderbares Flair. Ja, wir können gut verstehen, dass man dem Charme dieses Ortes verfällt.

Guanajuato erreichen wir bei Regen und verhangenem Himmel. Wir finden einen Campingplatz mit herrlichem Ausblick auf die von Berghängen eingezwängte Stadt mit den vielen bunten Häuserfassaden. Die hügelige Stadt besticht durch die vielen engen Gassen.

Der Straßenverkehr wird aus Platzmangel durch Tunnel im ausgetrockneten Flusslauf unter der Stadt hindurch geführt. Statt einer großen zentralen Plaza findet man viele kleine Plätze. Guanajuato ist die älteste und ehemals ergiebigste Silberstadt Mexikos.

Zacatecas war neben Guanajuato die Stadt mit den größten Silberminen. Sie gilt als eine der schönsten Kolonialstädte Mexikos. Noch heute wandert man über Kopfsteinpflaster, vorbei an prunkvollen, herrschaftlichen Kolonialbauten. Viele Gebäude wurden mit leicht rosafarbenem Stein gebaut, was der Stadt einen gewissen Charme verleiht.

Auf der Weiterreise an der Pazifikküste fahren wir auf kurvenreicher Strecke entlang des „Rückgrats des Teufels" durch eindrucksvolle Felsformationen mit fantastischen Panoramen. Ein schöner Abschied aus dem zentralen Hochland Mexikos.

14. Kapitel: Wintermärchen auf der Baja California

Wir erreichen San Carlos an der Westküste. Ursprünglich waren wir hier mit Matt und Mayra aus Catemaco verabredet. Die beiden haben ein Haus im nordwestlichen Wüstenstaat Sonora und wir sind eingeladen, dort zusammen eine Woche Urlaub zu verbringen. Doch leider sind sie verhindert, so dass wir nun das Haus für uns alleine haben.

Der Schlüssel ist in einem Maklerbüro in San Carlos hinterlegt. Was wird uns diese Woche wohl erwarten? Die Maklerin fährt im Auto vor. Die Schranke öffnet sich am Wärterhaus einer exklusiven Wohnsiedlung. Das sind keine Häuser, das sind Villen, riesige Villen! Traumhaft angesiedelt um eine Meeresbucht, in der Dutzende Motor- und Segeljachten liegen. Der Parkplatz vor unserem Haus ist größer als so einige Stellplätze auf den Campingplätzen. Doch so richtig verschlägt es uns erst den Atem, als sich die Tür zum Haus öffnet und der Blick durch die acht Meter breite Fensterfront auf die Bucht fällt. Das ist der Wahnsinn! Wir öffnen die Terrassentür und lassen uns tief in die dort platzierten Polstersessel sinken. 28 Grad im Schatten, ein leichter Wind und ein Blick, der Millionen wert ist!

Wenn wundert es da, dass die einzige Sehenswürdigkeit in dieser Woche der Supermarkt ist, in dem wir fünf Zentimeter dicke Steaks für unsere abendlichen Grillgenüsse einkaufen. Ansonsten verbringen wir jede frei Minute auf der Terrasse und genießen es, die neun Quadratmeter unserer Wohnkabine gegen eine Luxusvilla am Meer einzutauschen.

Ist die Rede von der Baja California, der 1300 Kilometer langen Halbinsel im Nordwesten von Mexiko, dann werden Bilder von einsamen Sandstränden, Kakteenwüsten, flirrender Hitze, staubigen Pisten und den Walen vor dem inneren Auge lebendig.

Unseren Aufenthalt in San Carlos nutzen wir unter anderem, um uns über den Zeitplan und die Kosten für die Autofähre auf die Baja California zu informieren. Für die sechsstündige Überfahrt müssten wir den gleichen Betrag aufwenden, der normalerweise unsere Lebenshaltungskosten für zwei Wochen abdeckt. Da braucht es keine lange Überlegung und wir ändern – mal wieder – kurzfristig unsere Pläne. Wir werden den Landweg auf die Baja nehmen. In zwei Fahrtagen wollen wir in den äußersten Norden Mexikos gelangen. Von dort aus an einem weiteren Tag, entlang der Grenze zu den USA, nach Westen auf die Halbinsel fahren.

Stunde um Stunde verbringen wir hinter dem Steuer. Die Straßen oben im Norden sind hervorragend ausgebaut. Weder Schlaglöcher noch Topes lenken von der Fahrt ab. Doch leider bietet auch die Gegend keine Abwechslung für das Auge. Ödes, flaches Land ohne Vegetation zieht wie ein unendliches Band an uns vorbei. Es weht ein kräftiger Wind und der Himmel färbt sich vom Staub beige. Sand schmirgelt über unseren Autolack.

Als Abschluss für den staubigen und eintönigen Fahrtag freuen wir uns auf einen schönen Campingplatz am Meer. Doch auf der Straße hinein nach Puerto Peñasco beschleicht uns schon ein komisches Gefühl. Alle Plakate und alle Beschriftungen an den Restaurants sind auf Englisch. Haben wir, ohne es zu merken, die Grenze zur USA überquert? Wir biegen ein in den Campingplatz und betreten ein riesiges Rezeptionsgebäude. Für Mexiko ist dies völlig untypisch. Normalerweise fährt man auf den Campingplatz und stellt sich irgendwo hin. Öffnet sogar häufig selber das große Einfahrtstor zum

Platz, um überhaupt hinein zu gelangen. Irgendwann kommt dann jemand vorbei, hält ein Schwätzchen und kassiert die Standgebühr. Hier ist es anders.

Wir auf Spanisch:

„Guten Tag, wir wollen gerne für einen Tag campen."

Antwort auf Englisch:

„Das macht 22 US-Dollar."

„Wir haben aber keine Dollar, sondern nur Peso."

„Hmm, dann muss ich umrechnen. Das macht 275 Peso."

Normalerweise zahlen wir auf mexikanischen Campingplätzen 150 bis 200 Peso pro Nacht.

„Aber auf dem Schild hinter Ihnen steht doch, 22 US-Dollar oder 253 Peso."

„Das ist ein falscher Kurs, der Dollar ist gestiegen."

Nicht gerade begeistert über diese Logik, reiche ich ihr dreihundert Peso und erhalte zwei Dollar Wechselgeld zurück.

„Aber ich brauche keine Dollar, ich möchte gerne Peso zurück."

„Peso haben wir nicht."

„Aber wir sind doch hier in Mexiko, oder?"

„Ja."

„Wissen Sie was? Stornieren Sie wieder unseren Platz. Das ist hier nicht das Mexiko, in dem wir so gerne unterwegs sind."

Die Dame an der Rezeption ist beleidigt, doch die mexikanische Putzfrau im Hintergrund lacht. Wenigstens einer Person im Raum ist bewusst, dass die amerikanische Grenze noch über eine Autostunde entfernt ist.

Wir hängen noch zwei Fahrstunden an. Eine wunderschöne Straße zieht sich entlang des Meeres durch die Desierto de Altar. Über hundert Kilometer türmen sich die Sanddünen rechts und links der Straße. Der Wind gibt den Dünen die filigrane Form eines riesigen Waschbretts. Ein Sandkasten, der bis zum Horizont reicht und zur Linken durch das Meer begrenzt wird. Und dann auf einmal werden die sanften Hügel durch tiefe Canyons abgelöst. Die Abendsonne malt ein Bild aus Licht und Schatten. Silbern verschwimmen Wasser und Sand miteinander.

Im nächsten Ort angekommen, haben wir ein Déjà-vu:

„Wir wollen hier gerne für eine Nacht kampieren."

„Macht 24 Dollar."

Danke, das war wieder die falsche Antwort. Wir suchen so lange weiter, bis wir endlich auf einen Campingplatz treffen, auf dem man „unsere" Sprache spricht:

„Wir wollen hier gerne für eine Nacht kampieren."

„Macht 100 Peso."

Na bitte, geht doch!

Mit einem mulmigen Gefühl im Magen sind wir am nächsten Morgen schon früh unterwegs. Es ist sieben Uhr und die Sonne ist gerade aufgegangen. Heute geht es durch das Grenzgebiet. Viele verzweifelte Mexikaner, die versuchen illegal in das für sie „Gelobte Land" USA zu gelangen, stranden hier. Drogenkuriere und Waffenschmuggler gehen in diesem Gebiet ihren Geschäften nach.

Wir haben Mexiko als friedliches Land kennen gelernt. Doch in solchen Gebieten können wir nicht die Augen vor der Tatsache verschließen, dass die Kriminalität sehr hoch ist und jährlich Tausende Menschen dem Drogenkrieg zum Opfer fallen. Schon nach einer Stunde passieren wir die erste Militärkontrolle. Der Soldat schaut in alle Schränke und Staufächer, es wird nach Waffen und Drogen gesucht. Wir haben schon viele Kontrollen in Mexiko erlebt, dies war eindeutig die sorgfältigste. Und es soll heute nicht die einzige bleiben, zwei weitere folgen noch.

In dem Versuch, die Grenzstadt Mexicali zu meiden, lotst Petra mich über kleine Nebenstraßen. Unsere Autotüren sind verschlossen, die Fenster oben. Wie immer passiert nichts, doch heute sind unsere Sinne geschärft.

Für viele Panamericana-Reisende ist die Baja California der erste Kontakt mit Mexiko. Wir durchqueren im Norden die komplette Halbinsel und sind auf Anhieb begeistert. Wir fahren durch eine blühende Halbwüste und überqueren das Gebirge, welches den Osten vom Westen trennt. Rote und gelbe Blüten lockern das Grün der Kakteen, Büsche und Gräser auf. Wie riesige Geröllhaufen ragen die Berge bis zu dreitausend Meter in den stahlblauen Himmel. Keine Wolke trübt die Sicht und die Sonne bringt den Sand zum leuchten.

Die Gegend ist überwältigend. Nach Monaten im Hochland begeistert uns das Wiedersehen mit der Wüste. Schon in den USA haben wir die Wüsten lieben gelernt. So haben wir uns die Baja California vorgestellt.

Der Weg führt uns in den Nationalpark Sierra de San Pedro Mártir. Dieser umfasst das gleichnamige Gebirge mit den zwei höchsten Gipfeln der Baja und ermöglicht von dort den Blick auf die zwei Meere, den Pazifik sowie den Golfo de California. Immer höher geht es hinauf in die Berge. Gelb schimmernde Granitfelsen wechseln sich mit grünen Kiefern ab. Die Luft ist so klar, dass alle Konturen messerscharf zu unterscheiden sind. Wir wandern und schließen eine Wette ab, wer die Außentemperatur am besten schätzen kann.

„Ich sage ungefähr sieben Grad."

„Ne, ich denke, es ist wärmer."

Wir liegen beide falsch. Das Thermometer zeigt null Grad.

Am Abend bewölkt es sich. Der Wind wird stärker und kleine Eiskörnchen regnen aus den dichten Wolken. Es hagelt stärker und ich laufe aus dem Auto, um ein Foto von der hauchdünnen weißen Schicht zu machen. Eisregen auf der Baja California? Das ist unglaublich.

Draußen wird es dunkel und der Eisregen wird dichter. Bevor wir zu Bett gehen, muss ich einfach noch einmal hinaus. Schmerzhaft prasseln die winzigen Eiskristalle auf mich nieder. Alles um mich herum ist weiß. Die ganze Nacht hält dieses Wetter an. Als ich am nächsten Morgen aus dem Fenster blicke, liegt eine Winterwelt vor mir. Alles ist schneebedeckt. Unser Auto liegt unter einem dicken Eispanzer, Eiszapfen hängen von unseren Fenstern.

Mit den ersten Sonnenstrahlen brechen wir zu einem langen Spaziergang auf. Die Straße ist unter einer geschlossenen Schneedecke verschwunden. An den Kiefern ist jede einzelne Nadel von Eis umschlossen. Die Spur einer großen Katze ist im Schnee zu erkennen. Ein Puma? Der Himmel ist wieder wolkenlos. Während es im Schatten unter Null Grad sind, sitzen wir auf unseren Stühlen vor dem Auto in der warmen Sonne. Von überall glitzert es. An den Bäumen und Sträuchern bilden sich lange Eiszapfen. Die Baja California ein Winterparadies. Wer hätte das gedacht?

15. Kapitel:
Offroad-Paradies und Offroad-Hölle

Von unserem Fenster aus beobachten wir das Spiel der Delfine in der Abendsonne. Hoch springen sie aus den sich überschlagenden Wellen, machen eine halbe Drehung in der Luft und lassen sich seitlich zurück ins Wasser fallen. Natürlich kennen wir diese Bilder aus dem Fernsehen oder von Büchern. Doch um wie viel beeindruckender ist es, dieses Schauspiel live zu erleben. Uns jagt es Schauer der Begeisterung über den Rücken.

Wir verlassen die Hauptverbindungsstraße zwischen dem äußersten Norden und dem Süden der Baja California. Vorbei ist es mit der asphaltierten Strecke. Die nächsten sechzig Kilometer führen uns nicht nur über eine ruppige Wellblechpiste, sondern auch durch eine faszinierende Gebirgs- und Wüstenlandschaft. Faustgroße Kieselsteine und feinster Staub, das ist der Untergrund, auf dem wir unterwegs sind.

Mit siebzig Stundenkilometer brettern wir über die wellblechartig verformte Schotterpiste. Wir fliegen regelrecht. Steine spritzen rechts und links davon, einige sogar durch das geöffnete Fenster zu uns in die Fahrerkabine. Dichter Staub wirbelt hinter dem Auto auf. Wie ein großes Tuch legt er sich auf jede Fläche im Fahrerhaus. Wir schmecken den Staub im Mund und spüren ihn, wenn wir uns durch die Haare fahren.

Die Gegend ist menschenleer. Viele Kilometer fahren wir, ohne auf Menschen oder Autos zu treffen. Einen einsamen Übernachtungsplatz finden wir im Niemandsland zwischen zwanzig Meter hohen Lehmhügeln, die das Landschaftsbild prägen. Vereinzelt wachsen verdorrte Grasbüschel und stachlige Sträucher. Der Boden ist von der Trockenheit aufgeplatzt, aber nicht wenige und etwa fünf Zentimeter breite Löcher lassen vermuten, dass es auch tierische Bewohner gibt. Welcher Art werden wir nicht erfahren. Die Nacht bleibt totenstill.

„Was machen wir eigentlich, wenn uns in einer solchen Gegend ein Reifen kaputt geht?“, frage ich Petra beim Abendessen.

„Wechseln?“

„Ja, das ist klar. Aber fahren wir dann weiter oder wieder zurück in die Zivilisation? Wenn uns auch noch ein zweiter Reifen kaputt geht, haben wir ein echtes Problem. Vielleicht sollten wir mal überlegen, ob wir einen zweiten Ersatzreifen mitnehmen."

Als ob ich es geahnt hätte. Wir fahren am nächsten Morgen durch einen imposanten Kakteenwald, als sich der Kontrollmonitor für unseren Reifendruck meldet. „Piep, piep, 2,92 Bar!" „Piep, piep, 2,79 Bar!" „Piep, piep, 2,54 Bar!" Da haben wir wohl ein Problem. Ich fahre rechts ran, steige aus und höre schon das „pffffff" aus dem Reifen hinten rechts. Nach über 60.000 Kilometern ist das unsere erste Reifenpanne. Man weiß immer, dass so etwas irgendwann passieren wird, doch wenn es dann soweit ist, macht man alles zum ersten Mal.

Wir sind mitten im Nirgendwo. Seit gestern ist uns kein einziges Auto entgegen gekommen. Wir müssen alleine zurechtkommen. Geübt haben wir so etwas vorher nicht. Reifen wechseln kann doch schließlich jeder.

Als ich unser Ersatzrad hinten vom Träger hebe, breche ich mir fast das Kreuz.

„Verdammt, das Teil ist aber schwer!"

Ich ziehe das Servicehandbuch zu Rate, um nachzuschlagen, wo ich überhaupt den Wagenheber ansetzen muss, um das Auto aufzubocken.

Dann klappt alles problemlos. Das Ersatzrad ist montiert, der Wagen wieder fahrbereit. Aber wie geht es weiter? Sollen wir vorsichtshalber zurückfahren? Oder den Reifen flicken und weiterfahren? Nachdem das Wechseln geklappt hat, stellen wir uns auch der zweiten Herausforderung: Das Flicken klappt einwandfrei und wir setzten die Fahrt fort.

Danach reihen sich wieder geniale Berg- und Wüstenwelten aneinander. Die Baja California zeigt sich von ihrer schönsten Seite. Hier bedeutet Offroad wirklich noch abseits der Straße. Wir fahren mitten durchs Gelände. Die vertrockneten Dornbüsche werden zwischen unsere Räder genommen und wir rollen darüber hinweg. Es macht einen Heidenspaß, durch die Wüste zu brettern, um dann nach etlichen Stunden mit dem Anblick des Meeres belohnt zu werden. Unberührte Sandstrände, steile Klippen und eine schäumende Brandung.

Schon am nächsten Tag setzen wir unsere Reise fort durch die Desierto Central, geografischer Mittelpunkt der Baja California. Es geht vorbei an gewaltigen Felsbrocken, zwischen denen hohe Kandelaber-Kakteen und die nur hier heimischen, riesigen Cirios wachsen. Alle mit so spitzen Stacheln bespickt, dass wir erneut Angst um unsere Reifen bekommen, als wir abseits der Straße einen Weg durch diese faszinierende, karge Wüstenlandschaft suchen.

Gerade für diesen Teil der Baja haben wir uns einige Pisten vorgenommen, die uns von der vielbefahrenen, asphaltierten Hauptader fortführen. Einher geht das mit völliger Einsamkeit. Nie zuvor sind wir in Mexiko so wenigen Menschen wie in diesen Tagen begegnet. Wie muss es in der Gegend ausgesehen haben, als es noch nicht die Nord-Süd-Verbindung gab? Wie konnten überhaupt Menschen in dieser unwirtlichen Gegend überleben?

Über hundert Meter ziehen wir eine dichte Staubwolke hinter uns her. Unter der dreißig Zentimeter dicken Pulverschicht ist die Erde hart wie Beton.

„Wenn es einmal heftig regnet", klärt uns ein Einheimischer auf „verwandelt sich der Staub in klebrigen Lehm. Das Wasser kann nicht in den Boden abfließen und schießt unkontrolliert die Berge hinunter und kann zu dramatischen Überflutungen führen."

Auf den nächsten fünfhundert Kilometern werden wir die einsamste Gegend Mexikos erkunden. Erstes Ziel ist die in einer Oase aus Vulkangestein errichtete Mission San Borja. 1762 wurde sie von Dominikanern mit dem Ziel der Christianisierung der hier lebenden Ureinwohner erbaut. Nur wenige Kilometer weiter kommen wir zum Kanal der Wale. Zwar sehen wir vom Ufer weder die hier ständig lebenden Finnwale, noch den bis Oktober hier vorkommenden Walhai, dafür aber etliche tote Haie am Strand.

Eine wahre „Offroad-Herausforderung" erwartet uns, als wir die Bahía de los Angeles Richtung Süden verlassen. Als ob die Schotterstrecke nicht schon schlimm genug wäre, beschließen wir spontan, ein Stück der noch ausgeschilderten Offroad-Rallye „Bahía 200" zu befahren. Wenn das nicht ein bisschen zu übermütig ist! Die Bahía 200 ist auf Geländewagen, nicht aber auf Geländewohnmobile ausgelegt.

Mit dem Pkw ist es ein einfaches, unter den dornigen Büschen und Kakteen durchzufahren. Wir müssen aber aufgrund unserer Höhe immer wieder ausweichen. Alle paar Meter fahren wir aus der tiefen Sandspur heraus und die unter uns wegsackende Fahrrinne hinauf. Natürlich fallen wir nicht um, davon sind wir weit entfernt. Doch stehen wir schief in der Spur, habe ich das Gefühl, mich verbissen am Lenkrad festkrallen zu müssen, um das Auto mit ganzer Kraft am Kippen zu hindern.

Irgendwann können wir dem Geäst nicht mehr ausweichen. Ist es uns bei kleinen Zweigen noch egal, ob sie über den Lack der Kabine kratzen, wollen wir keine ernsthaften Schäden durch dicke Äste riskieren. Soll es hier weitergehen, dann müssen wir die Piste unserem Auto anpassen.

„Schatz, jetzt sind deine Fähigkeiten gefordert." Ich hole unter dem Fahrersitz die Machete hervor und drücke sie meiner besseren Hälfte in die Hand.

Petra geht nun mit Machete und Schaufel voran, räumt spitze Steine aus der Spur, fällt mit der Machete dicke Äste und füllt die Fahrspur mit Sand und Kies auf. Meter für Meter gestalten wir uns so unsere eigene Piste. Die Hände sind von Dornen blutig, der Rücken tut weh. Doch andererseits fühlen wir uns wie die Entdecker, die vor Hunderten von Jahren die Baja California erkundet haben. Und einen Nebeneffekt hat unser Wirken auch. Das nächste Wohnmobil kann die Streckenführung der Bahía 200 problemlos befahren!

Wir begegnen heute zwar Kojoten und Roadrunnern, doch wieder keiner Menschenseele. Unser Nachtlager finden wir an einem einsamen Strand der Bahía San Rafael, graben uns jedoch in dem weichen Sand schnell bis zur Hinterachse ein. Wir lassen fast die gesamte Luft aus den Reifen, um die Auflagefläche des Profils zu vergrößern, graben tiefe Löcher vor unseren Hinterreifen und legen die Sandbleche in die Fahrspur. Nun noch die Differentialsperren schließen und mit einem großen Satz geht es weiter. Inzwischen haben wir darin Übung.

Der Platz ist traumhaft. Vor uns im Wasser ziehen drei Delfine ihre Bahnen. Wir spazieren am Strand entlang und wundern uns über große, von der Sonne gebleichte Schädel mit riesigen Schnäbeln.

„Was sind das bloß für Vögel gewesen?"

Überall am Strand finden wir diese Skelette.

Riesige Saguaro-Kakteen wachsen auf der Baja California

„Das sind gar keine Vögel. Das sind alles verendete Delfine."

Die verknöcherten Schnäbel sind die mit Zähnen übersäten Schnauzen der Meeressäuger.

„Ob die wohl von einem Sturm hier an den Strand geworfen und verendet sind?"

Wie in einem Museum liegen komplette Knochengerüste vom Schädel bis zur Schwanzflosse im Sand.

Waren die letzten Tage eine fahrtechnische Herausforderung, so entwickelt sich das letzte Stück zu einer Horrorpiste. Tiefe Rillen verwandeln die Schotterstrecke in eine nervtötende Wellblechpiste. Selbst das Befahren mit hoher Geschwindigkeit sorgt diesmal nicht für Erleichterung. Unser Auto wird unbarmherzig durchgerüttelt. Unzählige Schläge lassen unseren Wagen an diesem Tag um Jahre altern. Am Abend ziehe ich im Motorraum die Schrauben für die Batteriebefestigung nach, der rechte Außenspiegel ist fast abgefallen, an einer Lampe im Innenraum haben sich die Schrauben gelöst und die Kühlschranktür muss repariert werden. Über das Offroad-Paradies sind wir in der Offroad-Hölle gelandet. Irgendwie sind wir schon froh, dass der Weg nach Feuerland heutzutage zu großen Teilen asphaltiert ist.

16. Kapitel: Gerade noch einmal gut gegangen

Hatten wir uns nicht gerade erst geschworen, genug von aufregenden Pisten zu haben? Zwei Strände und zwei Übernachtungen weiter lockt uns jedoch schon wieder eine Schotterpiste. Die Baja California ist nur abseits der Hauptstraße so richtig zu erkunden. So lautet wenigstens unsere persönliche Entschuldigung für einen neuerlichen Ausflug auf unwegsame Straßen.

Die ersten Kilometer sind wir auf einer ordentlichen Schotterpiste Richtung Meer unterwegs. Doch wird es wieder einmal spannend, als sich die Straße in Serpentinen und sehr engen Kurven zum Meer hinunter windet. Der Anblick ist atemberaubend. Nackte Felswände und tief unter uns der Golfo de California. Bei einigen Kurven scheint die Strecke einfach aufzuhören. Doch es ist nur eine scharfe Biegung und wir stürzen glücklicherweise nicht hundert Meter in die Tiefe.

Wir spazieren über den Strand in Puerto Agua Verde und treffen auf einen Fischer.

„Da vorne ist es noch viel schöner", schwärmt er uns von einer anderen Bucht vor.

Für eine gute Empfehlung sind wir dankbar. Wir suchen nämlich einen schönen Strand, an dem wir die kommende Nacht verbringen können. Wir gelangen auf einen kleinen, sehr engen Fahrweg. Dieser schiebt sich einen Berg hinauf, dessen Kamm wir überqueren, um dann einem aus der Felswand geschlagenen Pfad entlang des Meeres zu folgen. Unser Wagen schaukelt durch die Schlaglöcher und windet sich um enge Kurven. Vor uns sehen wir die traumhafte Bucht. Sie befindet sich auf einer kleinen Halbinsel, die von beiden Seiten durch wunderschöne Strände eingeschlossen wird. Es gibt nur ein Problem, sie liegt tief unter uns.

„Wie kommen wir da bloß hin?"

Die Antwort liegt hinter der nächsten Kurve: Die Schotterpiste fällt steil vor uns zum Strand hin ab.

„Halt!", ruft Petra, „da können wir nicht runter, das ist Wahnsinn. Das ist viel zu steil!"

„Das sehe ich genauso. Aber was soll ich machen? Rückwärts kann ich nicht zurückfahren, das ist noch gefährlicher. Und zum Wenden fehlt mir der Platz."

Damit ist der Weg hinunter an den Strand unsere einzige Alternative. Ich lasse mich langsam nach vorne rollen. Es ist ein Gefühl wie in der Achterbahn, wenn der Wagen nach vorne in die Tiefe kippt, um dann immer mehr Fahrt aufzunehmen. Das Gefühl ist ähnlich. Nur sind wir nicht auf Schienen unterwegs, sondern auf einer mit Schlaglöchern durchzogenen Piste. Ich bremse, doch die Reifen finden auf dem lockeren Schotter keinen Halt. Mit der Vollbremsung versagt auch die Lenkung. Glücklicherweise geht es nur geradeaus. Und so rutschen wir mit zunehmender Geschwindigkeit hinunter an den Strand.

In diesen Sekunden ist uns nicht klar, dass wir nur ein paar Tage später in eine noch schlimmere Situation geraten werden.

Wer erwartet uns unten am Strand? Der Fischer, der ihn uns empfohlen hat!

„Na“, sagt er erschrocken, „dass ihr mit einem solch großen Auto unterwegs seid, war mir nicht bewusst.“

Für heute haben wir die Nase voll. Doch der Fischer meint es gut mit uns. Er fährt mit seinem kleinen Boot hinaus zu einem der großen Krabbenkutter, der in der Bucht liegt, und kommt kurze Zeit später mit einer großen Tüte dicker Hummerkrabben für uns zurück. Frisch aus dem Meer. Der Tag findet doch noch ein gutes Ende.

Am nächsten Tag, sicher zurück auf der Hauptverkehrsstraße, beschließen wir ein weiteres Mal: Vom Offroading haben wir nun erst einmal genug! Wir genießen die nächsten Tage am südlichen Zipfel der Baja California. Schlendern gemütlich durch die Hauptstadt La Paz, verbringen ein paar Tage an den wunderschönen und einsamen Stränden des Nationalparks Cabo Pulmo sowie an den heißen Quellen von Aguas Calientes. Am Samstag werden wir nach drei Wochen und über dreitausend Kilometern die Baja California verlassen.

Es gibt Situationen im Leben, da bezeichnet man sich selber als den größten Dummkopf der Welt. Ich glaube, ich befinde mich gerade in einer solchen. Vor mir im Scheinwerferlicht sind vier Mexikaner eifrig bemüht, dicke Felssteine aus dem Weg zu räumen, zwei andere stützen mit allen Kräften unsere Kabine ab. Was wie ein böser Traum klingt, ist leider erschreckende Realität. Unser Auto droht gerade umzukippen.

Was ist passiert?

Wir sind auf dem Weg zur Fähre, die uns zurück ans Festland bringen soll. Doch die Warnblinklichter der Laster vor uns kündigen einen Stau an.

„Was ist denn los?“ Petra steigt aus und fragt nach.

„Vorne steht ein Laster quer, da kommt im Moment keiner vorbei!“, erhalten wir als Antwort.

Na ja, wir haben ja noch reichlich Zeit. Eine Stunde später relativiert sich diese Aussage schon ein wenig.

„Kleine Fahrzeuge kommen wohl vorbei“, informiert man uns.

„Sollen wir es wagen?“

Die Entscheidung wird uns vom Abschleppwagen abgenommen,

der am Stau vorbei Richtung Unfallstelle fährt. Gut, dann warten wir, vielleicht geht es ja bald weiter. Eine halbe Stunde später kommt der Abschleppwagen wieder rückwärts an uns vorbei, leider ohne Lkw am Haken.

Mittlerweile ist es schon dunkel. Vielleicht sollten wir jetzt versuchen, ob wir an der Unfallstelle vorbeikommen. Mit Warnblinklicht schieben wir uns an der wartenden Kolonne vorbei. Vor uns sehen wir die blinkenden Lichter der Polizei. Keiner hindert uns, bis zur Unfallstelle vorzufahren. Es sieht gar nicht gut aus. Ein Lkw hat sich über beide Fahrspuren komplett verkeilt. Links vorbei ist unmöglich, da dort die Straße ins Meer abfällt. Wie schaut es denn rechts aus? Es geht rund einen Meter die Böschung hinunter und auf der anderen Seite hinauf auf eine relativ ebene Fläche, die gerade so breit wäre, dass man sich an der Führerkabine des Lasters vorbei zwängen könnte.

„Sollen wir es wagen?"

Mittlerweile sind es bis zur Abfahrt der Fähre nur noch zweieinhalb Stunden.

„Ich schau mal, ob es klappen könnte."

Petra springt aus dem Auto hinunter in den Straßengraben. Etliche Mexikaner schauen mich erwartungsvoll an. Bestimmt dachten sie: „Der wird doch wohl nicht etwa, oder?" In dem Moment reitet mich der Teufel. Getreu dem Motto „No risk, no fun" fahre ich geradeaus in den Graben. Petra schreit entsetzt auf. Aber ich gebe bereits Gas und arbeite mich die andere Seite der Böschung hoch. Schlage dabei das Lenkrad nach links, um mich an dem Laster vorbei zu manövrieren, unterschätze aber unsere Höhe von drei Metern und die damit verbundene Schräglage, wenn der Wagen sich zur Seite neigt. Ich stehe völlig schief im Graben und mit unserer Kabinenoberkante nur zwei Zentimeter entfernt von der Führerkabine des Lkw. Entsetzt werfen die Mexikaner vor mir die Hände in die Luft, Petra brüllt nur „STOP!".

Ganz vorsichtig setze ich zurück. Ich muss versuchen, noch weiter auf die Fläche hinter der Böschung zu kommen. Die Mexikaner sehen das genauso und räumen fleißig vor mir im Scheinwerferlicht große Felssteine aus dem Weg.

Vor einigen Tagen habe ich mit Petra noch über die Trägheit der Massen diskutiert. Wir kamen zu dem Ergebnis, dass es in der Situation des Umkippens am besten wäre, mit ordentlich Schwung zu fahren und das Auto in Kipprichtung zu lenken. Das war unsere Theorie! Klappt das jetzt auch in der Praxis?

Ich drücke aufs Gaspedal, mache einen kräftigen Schuss nach vorne und schlage das Lenkrad wieder nach links ein. Ich spüre nur, wie ich noch stärker als vorher zur Seite kippe. Haben die rechten Reifen überhaupt noch Kontakt zum Boden? Zwei Mexikaner stemmen sich mit aller Kraft gegen die Kabine. Oh, verdammt! Nun schauen wir, was wir gegen die Trägheit der Massen ausrichten können. Ich drücke aufs Gaspedal, kippe nach links, als die Reifen den tiefsten Punkt des Grabens durchqueren und in Sekundenbruchteilen nach rechts, als sich die linken Reifen ihren Weg über den Graben zurück auf die Straße suchen. Es gibt einen kräftigen Schlag hinten, als die Kabine den maximal möglichen Böschungswinkel übersteigt, hinten im Straßengraben aufschlägt und unser Auto regelrecht auf die Straße zurückfliegt.

Ich kann es nicht glauben: Wir haben es geschafft.

„Nie wieder!", schwöre ich mir.

Tausende fahren die Panamericana von den USA nach Feuerland und kommen dort unbeschadet an. Warum müssen wir uns völlig unnötig in eine solche Situation bringen? Nur weil wir die Fähre nicht verpassen wollen? Wir haben die Unterstützung all unserer Schutzengel in Anspruch genommen, ansonsten hätte unsere Tour heute ihr vorzeitiges Ende genommen.

17. Kapitel: Weihnachten und Neujahr fern der Heimat

Wieder einmal fahren wir Weihnachten nach Hause. Doch während dies in den letzten Jahren gleichbedeutend mit einer Feier in Deutschland war, verbringen wir diesmal die Festtage dort, wo wir uns im letzten Jahr am ehesten zu Hause gefühlt haben: in Catemaco.

Wie groß ist die Freude, dass wir nicht nur Petras Schwester aus Hamburg über Weihnachten und Neujahr zu Gast haben, sondern in Catemaco mit freudigem „Hallo" begrüßt werden. Matt und Mayra, Gene und Gabi, Tom und Georgi, Fred und Lydia – alle sind sie da und geben uns das Gefühl, auf uns gewartet zu haben. „Coming home for Christmas!"

Dabei will in diesem Jahr die Weihnachtsstimmung erst gar nicht so recht aufkommen. Kein Adventskalender, kein Lebkuchen, keine Kerzen. Stattdessen sommerliche Temperaturen, Strand, Meer und Palmen. Einzig in den Supermärkten schallt weihnachtliche Musik aus den Lautsprechern. Doch ansonsten scheinen die Mexikaner mit Weihnachten nicht viel am Hut zu haben. Kein Haus ist dekoriert, keine Straße geschmückt. Es sieht so aus, als würde Weihnachten für uns in diesem Jahr nur im privaten Rahmen stattfindet.

Doch wieder einmal haben wir Mexiko unterschätzt. Der Startschuss für die Weihnachtszeit erfolgt traditionell erst am 16. Dezember. Über Nacht tauchen vor vielen Häusern reich geschmückte Weihnachtsbäume und dekorierte Marienbilder auf. Girlanden hängen über den Straßen, dunkelrote Weihnachtssterne stehen in den Fenstern. Doch Mexiko wäre nicht Mexiko, wenn nicht alles von Hunderten, bunt blinkenden Lämpchen beleuchtet würde.

Neun Tage vor Weihnachten beginnen die *posadas*. Bunte Umzüge stellen die Herbergssuche von Maria und Josef nach. Eine Tradition, die auf die ersten christlichen Missionare zurückzuführen ist. Mit Festen, Theateraufführungen und Spielen versuchten sie, den Ureinwohnern ihren Glauben näher zu bringen.

Unsere mexikanische Freundin Mayra erklärt uns den Brauch:

„In der Vorweihnachtszeit werden neun Familien im Dorf ausgewählt, die für jeweils einen Tag und eine Nacht die Herbergssuchenden, die *peregrinos,* aufnehmen. Begleitet werden sie von den Statuen von Maria, Josef und den Engeln, mit denen später die Krippe in der Kirche aufgebaut wird."

Auch auf der Straße vor den Häusern werden große Krippen aufgestellt. In den liebevoll dekorierten Landschaften wimmelt es nur so von Tieren, Hirten, Bauern und Königen. Da gibt es Figuren, die eine Indígena beim Zermahlen des Mais mit einem Steinstößel zeigt oder eine Marktfrau, die auf dem Kopf einen Korb mit frischem Gemüse trägt. Mittelpunkt ist das Jesuskind, das stets überdimensioniert als zu große Puppe in weißen Kleidern zwischen Maria und Josef liegt.

Während wir den Heiligabend in deutscher Tradition besinnlich mit gutem Essen, weihnachtlicher Musik und Bescherung in unserem

Auto feiern, beginnt das Weihnachtsfest der Einheimischen pünktlich um Mitternacht vor der Kirche. Da die Mexikaner zu jedem Anlass Feuerwerkskörper in die Luft jagen, geht dem Start der Mitternachtsmesse natürlich erst einmal ein lautes Böllern, Knallen und Krachen voraus. Dann wird die Messe abgehalten, deren Höhepunkt die Zusammenkunft der Gemeinde vor der Krippe ist, wo das Geburtstagsfest des Jesuskindes gefeiert wird. Mancherorts werden dafür sogar die Kirchenbänke beiseite geschoben, um Platz für ein ausgelassenes Fest zu schaffen.

Ausgelassen feiern wir auch den ersten Weihnachtstag. Wir sind zu Gast bei unseren amerikanischen Freunden und erleben ein typisch amerikanisches Festmahl: Truthahn mit Kartoffelpüree, Soße und Bohnen, glasierter Schinken mit Süßkartoffeln und gebrannten Pekannüssen.

Von den Straßen erschallt derweil laute Partymusik. Alle sind sie auf den Beinen, Groß und Klein. Es wird getanzt und gesungen. Fester Bestandteil ist dabei *El Viejo* – eine Puppe, die, als alter Mann verkleidet, das alte Jahr symbolisiert. Diese Tradition wird speziell in Catemaco gepflegt. Große Gruppen ziehen durch die Straßen. Es sind meistens Männer in Frauenkleidern. Die einen in kurzen Röcken und auf hohen Absätzen, andere als alte Weiber mit runzligen Masken. Marimbaspieler begleiten die Gruppe und fordern mit ihrem xylofonähnlichen Instrument die Leute zum Tanz mit dem Viejo, dem alten Jahr, auf. Er ist krank und niemand weiß, ob er überleben wird. Es wird versucht, ihn wieder aufzupäppeln. Doch wie jedes Jahr wird er in der Silvesternacht sterben. Mit Sammelbüchsen bewaffnet, bitten die

El Viejo – der Alte, bald wird er sterben

verkleideten Tänzer um ein paar Peso für ihr festliches Neujahrsmahl.

Voller Vorfreude warten wir auf den Jahreswechsel. Nachdem wir gesehen haben, wie in den letzten Tagen bis in die frühen Morgenstunden gefeiert wurde, muss Silvester ja mit einer grandiosen Party auf dem Zócalo enden. Doch der Spruch „andere Länder, andere Sitten" bewahrheitet sich einmal mehr. Wir stehen kurz vor Mitternacht auf dem zentralen Platz vor Kirche und Rathaus – und sind alleine! Die Messe geht zu Ende und anstatt wie in den letzten Tagen auf den Straßen zu feiern, gehen die Menschen nach Hause. Wir sind sprachlos.

Die Stunde um den Jahreswechsel ist in Mexiko bei vielen ein besinnliches Familienfest. Lautstarker Höhepunkt des alten Jahres ist die Verbrennung des Viejo. Durfte er in den letzten Tagen ein letztes Mal ausgelassen auf den Straßen tanzen, so geht nun sein Leben endgültig zu Ende. Aber nicht, ohne es noch einmal richtig Krachen zu lassen. Gefüllt ist er nämlich mit Knallkörpern, die einer nach dem anderen explodieren, je weiter sich die Flammen ausbreiten. Und so ist alles, was vom alten Jahr übrigbleibt, nur ein kleines Häufchen Asche auf der Straße.

Dann folgt ein weiterer Brauch, nicht nur für die Kinder: die *piñata*. Ein bunt beklebter Stern aus Pappmaché, der mit Süßigkeiten gefüllt ist und an einer Schnur herunterhängt. Ihn gilt es, mit einem Stock zu zerschlagen, so dass sein Inhalt herausfällt und aufgesammelt werden kann. Damit es nicht so einfach ist, hat jeder nur drei Schläge mit verbundenen Augen. Dabei wird an der Schnur kräftig gezogen, so dass die Piñata auf und ab hüpft. Zuerst dürfen die Kinder ihr Können unter Beweis stellen, dann die Jugendlichen und zum Schluss die Erwachsenen.

Während dieser ausgelassene Teil der Neujahrsfeier rund eine halbe Stunde vor und nach dem Jahreswechsel stattfindet, geht er danach über in ein besinnliches Nachtmahl, das Ähnlichkeit hat mit dem deutschen Weihnachtsessen. Die ganze Familie sitzt zusammen am Tisch, isst gemeinsam und unterhält sich. Erst gegen zwei Uhr in der Nacht, als wir bereits zu Bett gegangen sind, verlagert sich das Fest wieder mit lauter Musik auf die Straßen.

Die Kinder müssen noch ein paar Tage auf ihre Weihnachtsgeschenke warten. Genau wie das Jesuskind, das am 6. Januar von den

Heiligen Drei Königen seine Geschenke bekam, werden auch die Kinder in Mexiko erst zum 6. Januar beschenkt. An diesem Tag, dem Día de los Reyes, stellt der gemeinsame Verzehr des *rosca de reyes* einen weiteren Brauch dar. Dies ist ein süßer Hefekranz, in den kleine Figürchen eingebacken sind. Wer das erste Püppchen in seinem Stück findet, muss am 2. Februar, dem Día de la Candelaría – Mariä Lichtmess – ein Essen für all jene ausrichten, die am Kuchen mitgegessen haben. Die Finder der weiteren Püppchen müssen das Essen oder die Getränke beisteuern. Was meinte ein Mexikaner zu uns:

„Lieber schlucke ich meine Figur hinunter, bevor ich für die nächste Party den Alkohol mitbringen muss."

Noch einmal lassen wir, diesmal mit unserem Besuch, die letzten zwölf Monate mit einer kleinen Rundreise Revue passieren. Wir wandern im Dschungel, wir erleben mexikanische Feierlaune, baden in Heilquellen, haben Teil am Großstadtleben, besichtigen alte Pyramiden, spazieren entlang endloser Sandstrände, speisen unter Sternen und Palmen. Wir genießen die Zeit zu dritt und verbringen viele schöne gemeinsame Tage. Wir kochen zusammen, spielen Karten bis in die Nacht und diskutieren über Mexiko. Viel zu schnell geht die gemeinsame Zeit zu Ende, und Mitte Januar stehen wir schon wieder winkend am Flughafen. Für sehr lange Zeit war dies wohl der letzte persönliche Kontakt mit der Familie in Deutschland.

Für uns geht es jetzt zügig Richtung Süden. Am 27. Januar läuft unsere Autoversicherung aus und wir werden nach Belize ausreisen. Wir beschäftigen uns ernsthaft mit dem Gedanken, noch ein weiteres Jahr in Mexiko anzuhängen. So sehr hat uns dieses Land gefangen genommen, dass wir uns nur sehr schweren Herzens von ihm verabschieden können.

Mexiko mit seiner unglaublichen Vielfalt: Wüsten und Offroad-Paradies auf der Baja California, wunderschöne Kolonialstädte sowie atemberaubende Vulkane im zentralen Hochland, dichter Dschungel und die indigene Urbevölkerung in Chiapas, paradiesische Karibikstrände und historische Maya-Ruinen auf der Yucatán-Halbinsel. Dazu die freundlichen Menschen, die uns jederzeit und überall willkommen geheißen haben. Beim Abschied nach zwölf Monaten und fast 25.000 Kilometern sagen wir nicht „Adiós", sondern „Hasta luego". Wir kommen auf jeden Fall wieder.

18. Kapitel: Belize überrascht uns

„Da braucht ihr echt nicht hinzufahren! Belize ist einfach nur teuer und viel zu touristisch."

„Es gibt eigentlich nichts, was man nicht auch woanders sehen kann."

„Uns haben sie an der Grenze alle Lebensmittel weggenommen. Die wollen, dass man alles teuer bei denen im Land einkauft."

Was wir im Vorfeld über Belize hören und auf Reisewebsites lesen, hört sich nicht sehr vielversprechend an. Kurzfristig überlegen wir sogar, Belize komplett aus unserer Route zu streichen. Stattdessen könnten wir einen alternativen Grenzübergang zwischen Mexiko und Guatemala wählen.

Doch andererseits wollen wir uns stets ein eigenes Urteil über Länder, Kulturen und Menschen bilden. Erst danach können wir vergleichen und uns entweder der Meinung anderer anschließen oder einen differenzierten Standpunkt vertreten. So stehen wir also am 27. Januar vor dem Grenzübergang nach Belize. Bereits nach einer Stunde sehen wir eines der Vorurteile entkräftet. Wir können alle Lebensmittel problemlos einführen. Der Zöllner ist völlig relaxed und meint nur „ihr habt aber ein schönes Auto", bevor er uns fröhlich durch die Schranke winkt.

Langsames Fahren ist angesagt. „55" zeigen die Schilder am Straßenrand. Dafür interessiert sich nur niemand. Die wenigen Autos, die unterwegs sind, überholen mich alle sehr zügig und verschwinden schon nach kurzer Zeit hinter dem Horizont. Irgendwann wende ich mich fragend an Petra.

„Kann es eigentlich sein, dass wir hier Meilen und nicht Stundenkilometer haben?"

Und tatsächlich, als ehemalige britische Kolonie, die sich 1973 von British Honduras in Belize umbenannte und 1981 unabhängig wurde, gelten noch die englischen Maßeinheiten. 55 Meilen entsprechen neunzig Stundenkilometern.

Wir fahren vorbei an bunten, auf Pfählen errichteten Holzhäusern. Das Holz sieht morsch aus, zwischen den einzelnen Brettern sind große Ritze und die Farbe blättert an vielen Stellen ab. Belize ist ein armes Land. Die Hautfarbe der Menschen ist dunkler und die wichtigsten Verkehrsmittel sind das Fahrrad oder der Bus.

Belize ist gerade einmal so groß wie das Bundesland Hessen und damit nach El Salvador das zweitkleinste Land Zentralamerikas. Doch während in El Salvador sieben Millionen Menschen leben, ist Belize die Heimat von knapp 300.000. Die größte Stadt ist Belize City mit 75.000 Einwohnern. Hurrikan Hattie hat im Jahr 1961 nicht nur alle rechts gesteuerten Autos Belizes zerstört und damit die Einführung des Rechtsverkehrs erleichtert, sondern mit Belize City auch die Hauptstadt der ehemaligen Kronkolonie dem Erdboden gleich gemacht. Um den Regierungssitz zu schützen, wurde die neue Hauptstadt Belmopan gegründet. Deren Einwohnerzahl? Knapp achttausend!

„Deshalb gibt es in Belize auch so viele Naturschutzgebiete", informiert uns Latisha. „Wo nur Wenige leben, kann der Lebensraum von Menschen, Tieren und Pflanzen leichter in Einklang gebracht werden."

Latisha führt uns durch die Wälder des Community Baboon Sanctuary, einem Schutzgebiet für Brüllaffen.

„Vor rund dreißig Jahren hat sich eine Gruppe von privaten Landbesitzern zusammengeschlossen und seine Arbeitsmethoden in Einklang mit den Lebensgewohnheiten der Brüllaffen gebracht."

„Was bedeutet das konkret?"

„Am Fluss wurde sowohl die Jagd als auch die Brandrodung eingestellt, keine Futterbäume mehr gefällt und somit den Affen einen durchgängigen Korridor als Lebenszone überlassen."

„Die Bewohner verzichten also freiwillig auf die Nutzung des Landes, richtig? Und damit sicherlich auch auf Einnahmen, oder?"

„Genau hier setzte die Vision eines US-Zoologen und des World Wildlife Fund an. Es sollte langfristig ein Ökotourismus-Projekt aufgebaut werden, von dem alle profitieren: die Affen und die Menschen."

„Funktioniert das denn?"

„Sehr gut sogar. Viele Menschen leben von diesem nachhaltigen Tourismus. Alle Führer rekrutieren sich aus den Dörfern. Lodges und

Restaurants leben vom Naturschutzgebiet. Der Verkauf von Handarbeiten, Backwaren und Cashewnüssen bringt weiteres Geld in die Kassen der Initiative."

„Was verbirgt sich denn hinter dem Stichwort Nachhaltigkeit?"

„Mit dem eingenommenen Geld und den Zuwendungen des WWF werden die Ausbildung der Führer genauso bezahlt wie Pferde für Reitausflüge oder auch Kochgeschirr für die Dorfbewohner. Sogar ein Computer mit Internetzugang wurde kürzlich von den Einnahmen angeschafft. Auch in das Naturprojekt selber wird weiter investiert, zum Beispiel in ein Visitor Center mit Museum und Toiletten oder in die Pflege der Wanderwege im Sanctuary."

Mittlerweile haben sich 160 Landbesitzer in den acht umliegenden Dörfern der Initiative angeschlossen. Das Schutzgebiet für die Brüllaffen konnte somit auf über fünfzig Quadratkilometer ausgedehnt werden. Wir sind wirklich beeindruckt von dieser Form des durchdachten und langfristig für alle gewinnbringenden Tourismus.

Eine Anekdote erzählt uns Latisha noch zum Schluss:

„Ursprünglich bestand das Management des Parks aus gewählten Männern der umliegenden Dörfer. Doch endlose Diskussionen, überlagernde Verantwortlichkeiten und egoistische Ziele führten das Projekt schnell in eine Sackgasse. Es stand vor dem Scheitern. Das war der Moment, Ende der neunziger Jahre, als die Frauen das Ruder übernahmen. Von da an ging es bergauf. Neue Geldgeber wurden gefunden, das Allgemeinwohl in den Vordergrund gestellt und eine erfolgversprechende Zukunftsstrategie entwickelt. Man kann also sagen: Die Affen brachten das Geld, das die Frauen vermehrt haben, damit die Männer ein vernünftiges Leben führen können!"

Es gießt in Strömen!

„Ich dachte, wir hätten Trockenzeit?"

Seit vier Wochen holt uns der Regen an der Ostküste immer wieder ein. Doch noch nie so schlimm wie in den letzten Tagen in Belize. Kein Wunder, dass hier alles so grün ist.

Im Internet werden wir auf ein kleines Hotel in Hopkins an der Karibikküste aufmerksam. Angeblich gibt es dort einen kleinen

Stellplatz für Wohnmobile. Unsere Scheibenwischer arbeiten bereits auf höchster Geschwindigkeit. Doch diesen Wassermassen werden sie nicht Herr. Die Straße ist eine lehmrote Schlammwüste, durchzogen von tiefen Pfützen. Jedes Mal, wenn unser Auto in ein tiefes Schlagloch kracht, spritzt das Wasser an den Seiten meterhoch. Mit Mühe erreichen wir den Parkplatz vor dem Hotel. Wir steigen aus und sind in Sekunden völlig durchnässt.

Eine ältere Frau begrüßt uns in einer großen, chaotischen Küche. Sie scheint Englisch zu sprechen. Doch entweder ist der Regen zu laut oder ihre Stimme durch ausgiebigen Marihuanakonsum zu undeutlich. Ich verstehe auf jeden Fall kein Wort. Während unseres Gespräches schmeißt sie eine offene Flasche Limonade um, die sich über das Geschirr im Regal ergießt. Schwungvoll greift sie zu einem Mopp. Erst wischt sie damit energisch über den Boden, kurz darauf zwischen und über das Geschirr. Essen sollten wir hier wohl besser nicht! Gekonnt kickt sie auch die zweite offene Flasche um, flucht und schmeißt den Wischmopp daraufhin mit Schwung aus dem geöffneten Küchenfenster hinunter auf den Strand.

„Ähem, ja also, wir wollen lieber nur für eine Nacht bleiben."

Auf unsere Gastgeberin scheint das karibische Flair schon abgefärbt zu haben. Hopkins und Dangriga sind die Heimat der belizianischen Garifuna. Schon bevor die Spanier nach Zentralamerika kamen, haben Indianer aus Südamerika die Männer der Karibikinsel St. Vincent umgebracht und mit deren Frauen neue Familien gegründet. Als im

Orangen-Laster in Belize

Jahr 1635 zwei Schiffe mit nigerianischen Sklaven vor der Insel Schiffbruch erlitten, vermischten sich diese beiden Völker miteinander, aus denen die Garifunas hervorgingen. Es ist ein buntes und lebenslustiges Volk. Einen Vertreter dieser Bevölkerungsgruppe lernen wir in Hopkins kennen: Mister Bryan. Mister Bryan ist schwarz wie die Nacht, trägt eine bunte Tracht und ein lustiges Hütchen über seinen schwarzen Rastalocken. Wenn er lacht, dann blitzen seine Zähne und er erzählt uns stolz von seinem Volk, seiner Kultur und deren Musik.

Einen völlig anderen Menschenschlag erleben wir im Landesinneren an der Grenze nach Guatemala: die Mennoniten. Im ersten Moment glaubt man an eine Sinnestäuschung. Uns kommt auf der Straße eine Kutsche entgegen, deren Zügel von einem Mann in altmodischer Latzhose, Strohhut und Rauschebart gehalten werden. Neben ihm sitzt eine junge Frau mit bodenlangem Baumwollkleid, weißer Schürze und Häubchen im Haar. Es ist eine Szene wie aus der Fernsehserie „Unsere kleine Farm". Die Mennoniten sind eine deutschstämmige Religionsgemeinschaft, die sehr streng nach der Bibel lebt. Moderner Technik stehen sie skeptisch gegenüber. Die Felder werden mit Tieren bewirtschaftet, Kutschen dienen der Fortbewegung. Doch die Mennoniten sind auch bekannt für ihren Geschäftssinn und ihren Fleiß. Damit leisten sie einen wesentlichen Beitrag zur landwirtschaftlichen Produktion Belizes.

„Belize ist einfach nur teuer!" Diesen Satz haben wir sehr häufig von anderen Reisenden gehört. Und es trifft zu, vor allen Dingen bei Lebensmitteln. Fast alle Supermärkte sind fest in der Hand von Chinesen, die ihre Monopolstellung ausnutzen. Dadurch sind die Lebensmittel fast so teuer wie in Deutschland, nur die Qualität ist schlechter. Es wundert uns, wie die Bevölkerung sich diese Preise leisten kann. Immerhin ist das Lohnniveau auf der Stufe eines „Dritte-Welt"-Landes.

Wir sind froh, dass sich wenigstens die Eintrittspreise der Sehenswürdigkeiten in Grenzen halten. Nationalparks wie St. Hermans Blue Hole oder Guanacaste Tree bieten perfekte Wandermöglichkeiten. Wir beobachten wild lebende Brüllaffen, entdecken Krokodile im See, sehen die schönsten tropischen Pflanzen. Wir durchstreifen den undurchdringlichen Dschungel entlang des Hummingbird Highways und erkunden mit unseren Taschenlampen einsame Höhlen. Belize legt uns eine Landschaft zu Füßen, die wir zuvor noch nirgendwo auf der Welt beobachten konnten. Wer behauptet, Belize biete nichts Neues, der kann dieses kleine Land einfach nicht richtig erkundet haben.

Mit 490 Metern ist der Hidden Valley Wasserfall der höchste Zentralamerikas. Doch das eigentliche Highlight ist die Fahrt dorthin. Wir brechen morgens auf und gleich darauf durchqueren wir einen breiten Fluss. Auf der Weiterfahrt hängen die Äste des Urwaldes so niedrig, dass der ein oder andere Zweig abknickt und auf unserer Motorhaube landet. Wir fahren so dicht an Bananenstauden vorbei, dass wir die Früchte aus der Fahrerkabine heraus pflücken können. Tiefer Matsch, eine Folge des starken Regens der letzten Tage, macht die Fahrt teilweise zu einer Rutschpartie. Wir kommen hinauf bis auf fast achthundert Höhenmeter und die Landschaft verändert ihr Bild vom Dschungel zum Kiefernwald. Ein alter Maya-Nachfahre empfängt uns am Wasserfall und erzählt uns, wie sein Großvater von Yucatán kam und hier eine neue, faszinierende Heimat fand.

Auch wir sind von Belize und seiner überbordenden Natur fasziniert. Wieder wurden wir darin bestätigt, dass man nicht zu viel auf die Meinung anderer hören, sondern sich stets ein eigenes Bild machen sollte. Belize ist definitiv eine Reise wert!

19. Kapitel: Keine Emanzipation ohne Waschmaschine

„Die Regierung Guatemalas hat für das Departement Petén den Ausnahmezustand ausgerufen. Hintergrund ist die Ermordung von 27 Landarbeitern und die damit zusammenhängenden gewaltsamen Zusammenstöße zwischen Sicherheitskräften und der organisierten Kriminalität." Genau so liest sich der Warnhinweis auf der Seite des Auswärtigen Amtes.

„Hören diese Horrormeldungen und Sicherheitshinweise eigentlich irgendwann auf?"

In den letzten dreizehn Monaten fühlten wir uns stets sicher. Bei den jeweiligen Grenzübergängen hatten wir zwar ein mulmiges Gefühl vor dem, was vor uns lag, aber wir hatten nie einen Grund, Angst zu haben. Natürlich kann nicht geleugnet werden, dass der Drogenschmuggel ein ernsthaftes Problem darstellt. Die Waffenpräsenz und das Sicherheitspersonal im öffentlichen Leben sind nicht umsonst so hoch. Doch lesen wir nicht auch in den deutschen Medien, dass Menschen in der U-Bahn von Berlin oder München grundlos zusammengeschlagen werden? Wie Rechtsradikale ausländische Mitbürger bedrohen? Ist Deutschland deshalb ein gefährliches Reiseland?

Es fällt uns schwer einzuschätzen, welche Gefahren für uns als Touristen in einem solchen Reisehinweis stecken. Wir beschließen, vorsichtig zu sein und auf unser Bauchgefühl zu hören. Aber wir lassen uns von den Medien nicht panisch machen. Die Polizei ist auf unserer Reise durch den Petén stets präsent und regelmäßige Kontrollen gehören zum Straßenbild. Spätestens, wenn ich die Polizisten mit „Saludos de Alemania – viele Grüße aus Deutschland!" anspreche, ernten wir ein Lachen und ein Winken. Deutschland ist beliebt und geachtet, sein wichtigstes kulturelles Exportgut der Fußball. Lukas Podolski kennen alle und sein Name fällt stets, wenn die Fußballaufkleber auf unserem Auto entdeckt werden. Vielleicht liegt es aber auch daran, dass die Aussprache von Sebastian Schweinsteiger für Lateinamerikaner viel zu schwierig ist.

Guatemala bedeutet in der Sprache der Urbevölkerung waldreiches Land. Ein Drittel der Landfläche besteht noch heute aus dichtem Urwald. Allein der Dschungel der Reserva de la Biosfera Maya im

Norden des Landes umfasst fünfzehn Prozent der Fläche Guatemalas. Hier und im nördlich angrenzenden mexikanischen Staatsgebiet war im ersten Jahrhundert vor Christus die Wiege der herausragenden Maya-Kultur. Die wohl berühmteste Stätte ist das bereits 1979 zum UNESCO-Weltkulturerbe ernannte Tikal.

Tikal wartet mit einem besonderen Höhepunkt auf. Das unbeschreibliche Zusammenspiel zwischen Natur und Kultur. Die Anlage ist riesig und liegt mitten im Dschungel. Wir starten unsere Entdeckungsreise mit einem Abendsparziergang. Die Tagestouristen sind abgereist und wir haben das Areal fast für uns alleine. Immer tiefer führen uns schmale Pfade hindurch zwischen Schlingpflanzen, Lianen und riesigen Kapokbäumen. In der Landessprache heißen sie Ceiba und gehören zu den größten Bäumen der amerikanischen Tropen. In der Mythologie der Maya symbolisieren sie mit ihren Wurzeln die Unterwelt, mit dem Stamm die Menschen und mit der Krone den Kosmos.

Eine Pyramide in Tikal

Die Dunkelheit senkt sich über Tikal. Die Umrisse der Tempel auf den riesigen Pyramiden werden immer undeutlicher. Mit der Dämmerung erwacht der Dschungel zum Leben. Affen springen über uns durch die Bäume. Hunderte Vögel beginnen ein ohrenbetäubendes Konzert. Rechts und links im Unterholz raschelt es. Hier gehen am Abend keine Lichter an. Kommt die Dunkelheit, und sie kommt in den Tropen erheblich schneller als in unseren europäischen Breiten, dann legt sie sich wie ein schwarzes Tuch über die Gegend.

Erst jetzt wird uns bewusst, wie wir die Zeit vergessen haben. Wir beschleunigen unsere Schritte. Wir erkennen kaum noch den Weg in der Dämmerung. Es ist eine viel intensiver spürbare Bedrohung als die Reisewarnung des Auswärtigen Amtes. Wir fühlen uns so klein und unbedeutend, als sich die Nacht über den Dschungel legt.

Am nächsten Tag erkunden wir die Anlage ausführlich. Steil und bis zu 65 Meter hoch ragen die Pyramiden in den Himmel. Gekrönt werden sie von Tempeln, deren Pracht sich heutzutage nur noch an den Modellen im Museum bewundern lässt. Zu stark haben Erosion und der dichte Bewuchs mit Sträuchern und Bäumen in den Jahrhunderten ihren Tribut gefordert. Urwaldriesen haben ihre Wurzeln tief in das Mauerwerk gegraben und die steinernen Fassaden aufgebrochen. Regen und Umwelteinflüsse haben den Gips der Fassaden und die Bemalung genauso weg gewaschen wie die umfangreiche Ornamentik. Zurückgeblieben sind nur restaurierte Trümmer. Doch bereits diese sind so außergewöhnlich, dass wir mit sprachloser Bewunderung vor den Hinterlassenschaften dieser alten Kultur stehen.

Wohin sollen wir unseren Blick richten? Zu stark ist die Reizüberflutung Tikals. Farbenprächtige Tukane sitzen in den Bäumen und klappern mit ihren Schnäbeln. Metallisch glänzen die Federn des Pfauentruthahns. Ein kleines Krokodil kommt aus dem See gekrochen und liegt mit weit aufgerissenem Maul vor uns in der Sonne. Wir besteigen die höchste Pyramide Tikals und blicken auf einen kleinen Teil des über 1,5 Millionen Hektar großen Waldgebietes. Überall ragen die Spitzen von steinernen Tempeln hervor.

„Was ihr hier vor euch seht, das sind keine vom Urwald bewachsenen Berge“, so ein Führer, „sondern alles Bauwerke, die noch nicht ausgegraben wurden.“

Und voraussichtlich auch nie ausgegraben werden. Denn wie meint der Führer:

„Es gibt noch so viele unentdeckte Maya-Stätten in diesem Gebiet, dass man nicht weiter in Tikal gräbt. Das Geld wird stattdessen in die Erforschung neuer Stätten investiert."

Vielleicht reisen die zukünftigen Touristen in hundert Jahren nicht mehr nach Tikal, sondern nach El Mirador. Angeblich noch größer und prächtiger als alles bisher Gefundene. Und es liegt noch tiefer im undurchdringlichen Dschungel Guatemalas.

„Braucht man für eine Reise in Zentralamerika ein Allradfahrzeug?" Das ist eine Frage, die wir häufig per Mail von Leuten erhalten, die ebenfalls eine Tour durch den amerikanischen Kontinent planen. Die Antwort fängt an mit:

„Im Prinzip nicht. Wenn nicht gerade Tropenstürme und intensive Regenfälle den Asphalt weggespült haben, sind die Hauptstraßen sehr gut befahrbar."

Die Zeiten, in denen Hauptverbindungsstraßen der „Dritte-Welt"-Länder Zentralamerikas nicht asphaltiert waren, sind vorbei. Doch beginnt eine Antwort mit „im Prinzip", folgt häufig eine Ergänzung mit „aber".

„Aber möchte man sich das Land auch abseits der Hauptverkehrsstraßen anschauen, dann sind hohe Bodenfreiheit, Vierradantrieb, Differentialsperren und Untersetzungsgetriebe sehr hilfreich und häufig sogar notwendig."

Es hängt vom individuellen Reisestil ab, welches Auto das beste ist. Oder umgekehrt: Der fahrbare Untersatz entscheidet, ob man auf steinigen Pfaden hinauf in die Bergwelt, durch unwegsame Lehmpiste hinein in den Urwald oder durch Flüsse ans andere Ufer gelangen kann oder nicht.

Wir lieben es, uns die Länder abseits der Hauptverkehrsstraßen zu erschließen. Es ist Februar und schon sehr warm, so sind die Fenster stets heruntergekurbelt. Anders als die meisten guatemaltekischen Autos haben wir keine geschwärzten Scheiben und haben daher Blickkontakt zu den Menschen außerhalb unserer Fahrerkabine. Es ist unglaublich zu erleben, mit welcher Gastfreundschaft und Begeisterung uns die Menschen begegnen. Ob Kinder auf dem Schulweg, Bauern mit Ochsen, in Trachten gekleidete Frauen – alle winken sie uns freundlich und lachend zu. Wie häufig bitte ich Petra bei schwierigen Passagen:

„Wink für mich mit, ich muss mich wirklich auf die Straße konzentrieren."

Eines der imposantesten Naturphänomene Guatemalas ist Semuc Champey, Kalksinterterrassen inmitten tropischer Vegetation. Ich plane die Route mit Hilfe unserer Landkarte. Ein Stück *carretera principal,* danach eine *carretera secundaria* und die letzten zwanzig Kilometer auf einem *camino*, einem Weg. Obwohl die Carretera Principal – eine Hauptstraße – eine wichtige Alternative zur *autopista,* der Autobahn, im Süden ist, handelt es sich um eine von Millionen Schlaglöchern durchzogene Schotterpiste. Quälend langsam fahren wir mit zwanzig Stundenkilometern Richtung Westen. Die extremen Regenfälle der letzten Wochen haben jedes Schlagloch bis zur Oberkante mit lehmigem, rostrotem Wasser gefüllt. Teilweise sind ganze Straßenabschnitte überflutet.

Als wir nach etlichen Stunden von der sogenannten Hauptstraße auf eine Nebenstraße abbiegen, windet sich diese einspurig durch die Berge. Glücklicherweise hält sich der Gegenverkehr in Grenzen. Doch wenn ein Auto kommt, ist es stets ein Problem. Soll man rückwärts bis zur letzten breiten Stelle zurücksetzen? Oder sich vorsichtig aneinander vorbeitasten?

Als eine richtige Herausforderung stellen sich die letzten zwanzig Kilometer auf dem Camino heraus. Hierbei handelt es sich um einen abenteuerlichen Trail, dessen steilste Passagen durch zwei betonierte Fahrspuren gesichert sind. Der Weg ist knapp drei Meter breit, grob aus dem Fels gehauen und tief ausgewaschen. Manchmal kommt es mir vor, wir sind so steil unterwegs, dass die Vorderreifen die Bodenhaftung verlieren.

„Kann so ein Wagen eigentlich auch nach hinten überkippen?"

Was ist es für ein mulmiges Gefühl bei solchen Steigungen um eine Kurve zu fahren oder eine Bergkuppe zu überqueren. Ich brauche Schwung für die Steigung, weiß aber nie, was mich in ein paar

Metern erwartet. Kinder auf der Straße? Kühe? Oder einfach nur gähnende Leere, weil der letzte Regen die Straße fortgespült hat?

Dafür bekommen wir intensive Einblicke in das Landleben Guatemalas. Besonders fällt die strikte Aufgabentrennung zwischen den Geschlechtern auf. Traditionell kümmern sich die Frauen um die Kindererziehung und den Haushalt, die Männer um die körperlich anstrengenden Arbeiten. Mit großen Holzbündeln auf dem Rücken quälen sich alte Männer den Berg hinauf. Kleine Jungs sind bereits mit der Machete unterwegs und hacken Brennholz. Kühe werden zum Grasen an den Straßenrand geführt und Zäune mit einfachsten technischen Mitteln errichtet. Felder werden bearbeitet, Lehmziegel zum Hausbau mühsam von Hand geformt und gebrannt. Maschinen sucht man in diesen Dörfern vergebens. Das Leben hier oben bedeutet schwere, körperliche Arbeit.

Was mich besonders in den Bann zieht, ist das Waschen der Wäsche. Eine Aufgabe, die ausschließlich von den Frauen übernommen wird. Wäschewaschen in Deutschland bedeutet: Wäsche und Waschpulver in die Maschine stecken, neunzig Minuten warten, danach kommt alles in den Trockner oder auf den Wäscheständer. Nach wenigen Stunden ist alles sauber und trocken und der körperlich anspruchsvollste Teil ist das Bügeln. Ganz anders in vielen Ländern Zentralamerikas.

Jeder Tag ist Waschtag

Von „Wohlstand" zeugt, wer ein großes, betoniertes Waschbecken im Vorgarten hat, in der „Luxusvariante" mit fließendem Wasser. In den ländlichen Regionen sind jedoch öffentliche Waschplätze oder das Waschen im Fluss der Standard. Wie oft sehen wir Frauen, bis zur Hüfte im Wasser stehend, die Wäsche mit großen Seifenstücken auf Felsblöcken bearbeiten. Sie seifen ein, spülen aus, wringen durch. Was mit einem T-Shirt vielleicht noch ganz einfach ist, ist bei Jeans und dicken Wolldecken schwere körperliche Arbeit.

Die Flüsse sind nicht warm, sondern entspringen häufig kalten Gebirgsquellen. Wird die Größe der Familien berücksichtigt, ergibt sich daraus eine unendliche Arbeit. Und immer sieht man die Menschen mit sauberen, stets strahlenden Kleidungsstücken, die Oberteile der Schuluniformen leuchten weiß in der Sonne. Man kann sich ausrechnen, wie viele Stunden die Frauen mit Wäschewaschen beschäftigt sind. Damit sich in diesen Gegenden ein verändertes, und aus unserer Sicht modernes Rollenbild entwickeln kann, muss erst die Waschmaschine Einzug halten. Emanzipation ohne Waschmaschine? Kaum vorstellbar!

Vorbei an leuchtenden Wäschestücken, die zum Trocknen in Büschen und Hecken liegen, gelangen wir nach vielen Stunden zu unserem Zwischenziel, den Höhlen von Lanquín. Und wieder erleben wir eine nette Episode, die so typisch für die lateinamerikanische Mentalität ist. Der Generator ist ausgefallen und daher gibt es kein Licht in der Tropfsteinhöhle. In Deutschland ein Grund, die Höhle vorübergehend zu schließen. In Guatemala bekommen wir dazu nur den Hinweis: „Nehmen Sie besser eine Taschenlampe mit!"

Ich wandere etwa dreihundert Meter in den Berg hinein. Meine Taschenlampe ist zwar gut, aber in einer solchen Finsternis kann sie nur einzelne Punkte beleuchten. Es ist richtig gruselig. Die Stalaktiten werfen fantasievolle Schatten auf die Wände. Der Boden ist rutschig vom herabtropfenden Wasser. Ich knipse meine Lampe aus. Die Dunkelheit ist vollkommen. Es ist ein bedrückendes Gefühl. Ich komme aus einer Welt, wo immer eine Lichtquelle vorhanden ist. Ich knipse meine Lampe wieder an und habe in den paar Sekunden ohne Licht bereits die Orientierung verloren. Wo bin ich hergekommen? Nur mühsam finde ich den richtigen Weg zurück.

Wie finden sich wohl die Fledermäuse in dieser absoluten Dunkelheit zurecht? Im Licht der untergehenden Sonne kommen diese in großen Gruppen aus der Höhle geflogen. Obwohl ich direkt vor ihrem natürlichen Ausgang stehe, streift mich keines der kleinen Tiere. In unglaublicher Geschwindigkeit fliegen sie links und rechts an mir vorbei hinaus in die Dämmerung auf der Jagd nach Insekten.

Wir dürfen in dieser Nacht direkt vor dem Eingang der Höhlen übernachten. Wie an vielen touristischen Sehenswürdigkeiten, so werden wir auch hier von einem mit Schrotflinte bewaffneten Sicherheitsmann bewacht. Doch als dann mitten in der Nacht nur zwanzig Meter von uns entfernt ein großer Baum umstürzt, kann er uns davor auch nicht beschützen. Nur ein paar Meter näher an unserem Auto und es hätte übel für uns ausgesehen.

So haben wir schon wieder Glück gehabt und bleiben auf unserer Reise weiterhin von Naturkatastrophen und menschlicher Gewalt verschont. Können also frisch und ausgeruht am nächsten Morgen durch das nationale Naturdenkmal Semuc Champey wandern. Ein reißender Fluss wird von einer dreihundert Meter langen und die gesamte Flussbreite überspannenden Kalkbrücke abgedeckt. Auf dieser Kalkbrücke haben sich natürliche, mit smaragdgrünem Wasser gefüllte Pools gebildet, die über kleine Kaskaden miteinander verbunden sind. Steil ragen zu beiden Seiten des Flusses die tropisch bewachsenen Canyonwände nach oben. Etliche Wanderwege durchziehen die Landschaft. Von einem Aussichtspunkt hoch oben und wenig später badend im kühlen Wasser der Sinterterrassen beobachten und genießen wir dieses einmalige Naturwunder, während wir dem Gebrüll der Affen lauschen.

Reisen kann ganz schön anstrengend sein. So viele neue Eindrücke, so viele Begegnungen, so viele unterschiedliche Orte. Aus diesem Grunde verweilen wir immer mal wieder für einige Tage, um das Erlebte sacken zu lassen. Welcher Ort würde sich in Guatemala besser dazu anbieten als die berühmte Finca Ixobel? Seit vielen Jahren ist sie der bekannteste Travellertreff im Land. Jeder Reiseführer geht darauf ein, fast jeder Reisende kommt hier vorbei. Schon seit Wochen freuen wir uns darauf. Hier werden wir ausspannen, Wäsche waschen, Reparaturen am Auto erledigen, wandern und schwimmen.

Aber natürlich kommt es mal wieder völlig anders. Als wir die Finca erreichen, gießt es in Strömen. Schon wieder! Von der Trockenzeit hat das Wetter nichts mitbekommen. Das Campingareal ist völlig durchgeweicht. Trotz Warnung versuchen wir, mit unserem Auto über die Wiese zu fahren. Tiefe Fahrspuren und aufgerissene Grasnaben legen ein deutliches Zeugnis ab, dass nasser Rasen der mit Abstand schwierigste Untergrund für unser Auto ist. Nach drei Tagen im Regen reisen wir frustriert weiter. Noch Wochen später werden wir von anderen Reisenden auf die aufgewühlten Fahrspuren angesprochen.

Nur ein paar Kilometer weiter finden wir endlich unsere kleine Oase. Eine Woche bleiben wir in einem kleinen Hafen am Ufer des Lago de Izabal, dem größten See Guatemalas. Jeden Nachmittag sitzen wir mit einem eiskalten Bier an der Theke und kommen mit Seglern ins Gespräch, die genau wie wir die Welt bereisen. Doch statt eines Autos haben sie ihre Schiffe im Hafen liegen. Für sie hat der Río Dulce eine besondere Anziehung. Aufgrund der geschützten Lage zwischen den steilen Felswänden des gewundenen Canyons bietet er einen perfekten Schutz in der Hurrikansaison.

Davon zeugen auch die vielen kleinen Häfen entlang seines Ufers, die wir auf einer Schiffstour nach Livingstone beobachten können. Nur mit einem Boot ist diese kleine Karibikenklave Guatemalas mit seiner überwiegend dunkelhäutigen Bevölkerung erreichbar. Kleine mit Bananenblättern bedeckte Holzhütten stehen am Ufer des Flusses, mit Einbäumen wird zum Fischen auf das Meer hinaus gepaddelt. Es ist, als wäre die Zeit stehen geblieben.

Auf dem Weg zur Grenze nach Honduras passieren wir das UNESCO-Weltkulturerbe Quiriguá. Das Besondere an dieser von den alten Maya errichteten Anlage sind nicht die Pyramiden, sondern die Stelen, die hier gefunden wurden. Quiriguá profitiert von den optimalen Witterungsverhältnissen, die dazu geführt haben, dass die kunstvoll bearbeiteten und mit filigranen Motiven bedeckten Steinsäulen kaum von Erosion zerstört wurden. Einige sind so unversehrt wie am Tag ihrer Erstellung. Kriegerische Erfolge und die Kühnheit seiner Herrscher werden in detailreichen Bildern beschrieben. Die größte je von den Maya aufgestellte Stele befindet sich hier. Sie ist dreißig Tonnen schwer und 7,25 Meter hoch.

Nur wenige Milligramm schwer und so klein, dass sie ohne Probleme durch unsere geschlossenen Moskitonetze fliegen können, sind dagegen die kleinen schwarzen Beißfliegen, die uns am nächsten Morgen in unserem Auto heimsuchen. Zu Tausenden schwirren sie vor unserem Fenster und bahnen sich ihren Weg ins Innere. An Beinen und Armen werden wir böse gebissen und beim Zerquetschen hinterlassen sie unschöne Blutflecken. Unser Blut! So gestaltet sich unser letzter Tag in Guatemala zu einer eiligen Flucht nach Honduras.

20. Kapitel: Der Selfmademan vom Karibikstrand

„Hallo."

„Hallo?"

„Haaalloo!"

Irgendwie fühle ich mich im falschen Film. Die Szene vor unseren Augen erfüllt jedes Klischee von einer „Bananenrepublik". Der für die Einfuhr unseres Autos zuständige Zollbeamte schläft friedlich an seinem Schreibtisch mit dem Kopf auf der Tastatur.

„Was sollen wir denn jetzt machen?"

Ohne das Papier kommen wir nicht über die Grenze. Und kein Kollege weit und breit, der uns helfen kann. Wie reagiert wohl ein honduranischer Grenzbeamter, der von uns unsanft aufgeweckt wird? Ist er wütend und lässt uns extra lange warten? Ich schicke Petra vor. Wenn eine hübsche Frau ihn weckt, ist das sicherlich besser.

„Señor, Entschuldigung – können Sie uns helfen?"

Keine Reaktion. Petra wiederholt ihre Frage und klopft dabei auf die Schreibtischplatte. Das hilft. Er hebt den Kopf, schaut uns an, richtet langsam seinen Oberkörper auf und fragt, als ob so ein Büroschlaf im Grenzgebäude das Normalste auf der Welt wäre:

„Was gibt's?"

Eins muss man ihm lassen. Er ist von Null auf Hundert topfit. So ein Schlaf wirkt anscheinend wahre Wunder. So schnell wie noch kein

Grenzbeamter zuvor füllt er das Formular aus und schickt uns los, Kopien unserer Dokumente zu machen. Kopien sind an jeder Grenze Mittelamerikas eine Herzensangelegenheit der Beamten. Der Wunsch danach ist unersättlich: von der ersten Seite im Pass und von der gestempelten Seite ebenfalls, Fahrzeugpapiere und Führerschein, Dokumente der vorhergehenden Grenzen. Variabel ist nur die Anzahl der Kopien. In Guatemala reichte eine Kopie pro Seite, hier in Honduras müssen es jeweils drei sein. Was damit geschieht? Ich denke, sie erfüllen in etwa die Funktion der Fahrzeugdesinfektion: Es schafft Arbeitsplätze. Es braucht einen Angestellten im Kopierladen, zusätzlich jemanden, der die Kopien abheftet und jemanden, der alle Kopien in den Müll wirft.

Einziger Schönheitsfehler: Es gibt keinen Kopierladen auf der honduranischen Seite. Doch inzwischen nehmen wir solche Kleinigkeiten gelassen. Wir haben zwar gerade Guatemala mit Erledigung der kompletten Ausreisepapiere verlassen, wandern jetzt wieder, freundlich den guatemaltekischen Grenzbeamten grüßend, unter dem Schlagbaum hindurch zurück in das Land Richtung des nächsten Kopierladens. Man nimmt es gelassen und wir erleben kurzfristig einen Hauch von Schengener Abkommen zwischen Guatemala und Honduras.

Honduras hat tatsächlich den Begriff der „Bananenrepublik" geprägt. Doch hatte dies ursprünglich nichts mit einem korrupten und ineffizienten Beamtenapparat zu tun. Vielmehr hatte dies einen wirtschaftlichen Hintergrund, der bis heute starke Auswirkung auf die Armut des Landes hat. Ende des 19. Jahrhunderts wurden von der Regierung ausländische Investoren mit Bodenschätzen und Ländereien ins Land gelockt. Anstatt sich die Erträge einvernehmlich mit dem Gastgeberland zu teilen, wurde das Land ähnlich wie zur Zeit der spanischen Eroberung nun von amerikanischen Investoren regelrecht besetzt. Erst wurden die Silber- und Goldvorkommen geplündert, danach unter dem Deckmantel der marktwirtschaftlich-kapitalistischen Entwicklung die fruchtbarsten Böden für den Anbau tropischer Früchte vereinnahmt. Die Südfruchtexporteure United Fruit Company und Standard Fruit Company, besser bekannt unter ihren Markennamen Chiquita und Dole, entschieden von da an sowohl über das politische als auch über das soziale Schicksal Honduras. Bis heute besitzen sie ein Zehntel der landwirtschaftlich nutzbaren Fläche des Landes. Gewinne flossen ins Ausland, die Bevölkerung verarmte. Und so wie die USA noch heute in Kuwait, den Irak oder Afghanistan einfällt, um wirtschaftliche Interessen mit Blut zu erkämpfen, sind sie alleine sechsmal militärisch nach Honduras einmarschiert, um das Eigentum der amerikanischen Unternehmen zu schützen.

1925 war Honduras durch seine von außen bestimmte Wirtschaftspolitik zum weltgrößten Bananenexporteur aufgestiegen. Das verlieh dem geflügelten Wort „Bananenrepublik" seinen Ursprung. Am 18. April 1974 erließ die honduranische Regierung ein Gesetz, das auf jede exportierte Kiste Bananen 50 US-Cent Steuer erhob. Als Antwort darauf ließ die Standard Fruit Company riesige Mengen Bananen, Ananas und Kokosnüsse vernichten, um Honduras in ein wirtschaftliches Chaos zu stürzen. Aus Sicht des Unternehmens war dieser Schritt sehr erfolgreich. Honduras musste schließlich die Steuer auf 2,5 US-Cent senken.

Wenn also schon die großen Firmen kein Geld nach Honduras bringen, dann wollen wir das Land doch wenigstens mit unseren Tourismusaktivitäten finanziell unterstützen. Mit den Ruinen von Copán steuern wir eine der wichtigsten Maya-Stätten an, sind von der eigentlichen Anlage jedoch etwas enttäuscht. Während die historischen Gebäude in Mexiko und Guatemala sehr liebevoll nah am Original restauriert sind, wurde in Copán sehr freizügig zu Beton gegriffen, um beispielsweise die Nordseite des „Tempels der Inschriften" abzustützen.

Faszinierend finden wir dagegen den Besuch des Museums. Hier vor allen Dingen die originalgetreu gestaltete Nachbildung der Rosalila. Einen Tempel, der bei Ausgrabungsarbeiten unterhalb einer später darüber errichteten Pyramide gefunden wurde. Er ist sauber verputzt, mit Gipsornamenten geschmückt und karminrot gestrichen. So also sahen früher die Gebäude aus, die auf dem Außengelände nur noch als Ruinen besichtigt werden können.

Doch wegen eines ganz anderen Erlebnisses wird uns Copán stets in Erinnerung bleiben. Gerade sind wir durch das Eingangsportal der Anlage, als ein hellroter Ara, der wohl prächtigste aller Papageienvögel, knapp über unsere Köpfe hinwegfliegt. Niemals zuvor haben wir einen solch schönen Vogel in freier Wildbahn beobachten können. Er ist fast vollständig in ein leuchtend rotes Gefieder gehüllt. An den Flügeln geht das Rot erst in eine Reihe gelber Federn und an den Flügelspitzen in eine zweite blaue Federreihe über. Am Kopf werden seine schwarzen Augen und sein großer, gebogener Schnabel von einer weißen Gesichtsmaske eingerahmt.

In Honduras leben achtzig Prozent der Bevölkerung unter der Armutsgrenze. Besonders wird uns dies bei der Wohnbebauung vor Augen geführt. Auf dem Land leben viele Menschen in einfachen Lehmhütten oder in Schuppen aus Wellblech und Plastikfolie. In San Pedro Sula, der zweitgrößten Stadt des Landes, beobachten wir aus dem Auto die Slums entlang des Flussufers. Wir sehen auch etliche moderne Autos. Amerikanische Kleidung hat die von Trachten dominierte Mode Guatemalas abgelöst. Handys sind allgegenwärtig.

Gerade am Mobiltelefon können wir beobachten, dass der Begriff „Entwicklungsland" auch für große Entwicklungssprünge steht. Während in Europa der Fortschritt vom Festnetz über die einzelnen mobilen Netze in Jahrzehnten erfolgte, wurden all diese Schritte in den Entwicklungsländern übersprungen. Bevor in jedes abgelegene Dorf Telefonleitungen verlegt wurden, kam schon das Zeitalter des Mobilfunks. Nur moderne Handys sucht man hier vergeblich, die meisten sind ausgemusterte Secondhandgeräte.

Auch der Tourismus hat sich in den letzten Jahren rasant entwickelt. Unser Reiseführer berichtet noch von fehlender Infrastruktur in den Nationalparks. Wir dagegen werden von einem perfekt gepflegten und ausgeschilderten Wegesystem in den Parks Celaque und Azul Meambar überrascht. Stundenlang wandern wir durch einsame Bergnebelwälder zu wunderschönen Aussichtspunkten und beeindruckenden Wasserfällen. Mit einem Male sehen wir zwanzig Meter vor uns einen großen schwarzen Schatten im Unterholz verschwinden. Ein Tapir? Geben soll es sie hier, doch gelten sie als sehr scheu und vorsichtig.

Sogar einen Campingplatz hat es im Park. Vor dem Grenzübergang nach Honduras war ich der Ansicht, in ein unterentwickeltes, armes Land zu kommen, das sicherlich keinen Schwerpunkt auf den Tourismus legt. Doch damit liegen wir völlig verkehrt. Neben dem internationalen Tourismusmagneten Copán besuchen wir heiße Thermalquellen bei Gracias Lempira, das wunderschön in eine Berglandschaft eingebettete Töpferdorf La Campa, den größten Binnensee Yojoa und das Karibikstädtchen Omoa. Und überall finden wir zu unserer Überraschung gute Hotels, Restaurants und Campingmöglichkeiten.

Natürlich gibt es noch ein wenig Verbesserungsbedarf. Auf besagtem Campingplatz im Nationalpark suche ich nach anstrengender Wanderung und noch anstrengenderem Holzhacken für das abendliche Lagerfeuer die Dusche auf. Dass es nur kaltes Wasser gibt, ist keine Überraschung. Doch als ich den Wasserhahn ganz vorsichtig aufdrehe, damit das kalte Wasser nicht direkt auf mich platscht, öffnen sich die Schleusen. Wie von einem Wasserwerfer werde ich angeschossen und – nackt wie ich bin – beinahe in hohem Bogen zur Tür des Waschhauses auf den Campingplatz hinausgeschleudert.

Was gibt es alles für vierzig Euro?

In Deutschland beispielsweise ein schönes T-Shirt, ein leckeres Abendessen für Zwei beim Italiener oder ein Besuch auf der Kirmes.

In Honduras fünf Tage Urlaub für zwei am Karibikstrand.

Getreu unserem Motto „schlecht gehen wird es uns noch früh genug" kampieren wir einige Tage bei Gunther und Paula an der Casa Alemania direkt an einem kilometerlangen, goldfarbenen Sandstrand. Vereinzelt sind dort kleine Hotels zu finden, ansonsten nur die bunten Häuschen der Fischer. Die Kokospalmen wachsen bis zum Strand und bieten ein wenig Schutz vor der tropischen Sonne, die bereits kräftig vom Himmel brennt und das türkisfarbene Wasser auf für Anfang März angenehme 28 Grad erwärmt.

Aufgewachsen in der DDR stand Gunther nach dem Mauerfall vor der Entscheidung: Wie geht es jetzt weiter? Mit über Vierzig erfolgreich im Berufsleben stehend kam mit der deutschen Wiedervereinigung über Nacht der Kapitalismus, mit für ihn unbekannten Regeln.

Wie investiere ich jetzt am besten? Welche Gesetze muss ich beachten?

Was für westdeutsche Firmen gewohntes Terrain darstellte, war für Gunther Neuland. Doch wenn schon Neuland, warum dann nicht das ganz große Abenteuer. In einem Alter, in dem sich andere Gedanken über ihre Karriereabsicherung machen, zog es ihn fort aus dem vereinigten Deutschland in die USA. Nach 15 Jahren im Urland des Kapitalismus und mittlerweile Mitte Fünfzig kam das nächste Abenteuer.

Mit seiner honduranischen Frau Paula kam er vor sieben Jahren an den Strand von Trujillo an der Karibikküste von Honduras, sah ein verlassenes Haus direkt am Strand und war nur einen Tag später dessen stolzer Besitzer.

„Ich sagte zu Paula, sie soll zurück in die USA, dort alles verkaufen und mit möglichst vielen Dollar zurückkommen."

Das sollte der Grundstock für das neue Leben in Honduras sein.

„Ich bin selber gar nicht mehr zurückgefahren, sondern habe direkt angefangen, uns eine neue Existenz aufzubauen."

In diesem Alter machen sich in Deutschland etliche bereits Gedanken über den Vorruhestand.

Schnell standen die ersten zwei Appartements am Strand und konnten vermietet werden.

„Für unser Essen hatten wir jetzt schon genug."

Als er an den nächsten Appartements arbeitete, bekam er von seinen honduranischen Nachbarn zu hören: „Was willst du denn damit? So viele Touristen gibt es doch hier gar nicht."

Doch Visionen gepaart mit den deutschen Tugenden Fleiß, Ausdauer, Gründlichkeit und Qualität werden belohnt.

„Jedes Zimmer und Appartement, das ich fertig hatte", so Gunther, „war schon kurz darauf wieder vermietet. Hier gab es doch nichts, wo sollten die Touristen auch hin!"

Und genau dieses „hier gab es doch nichts" spielt ihm bei seiner Investition in die Karten.

„In der DDR gab es ja auch nichts. Trotzdem haben wir viel aufgebaut. Wir lernten zu improvisieren. Das konnte ich."

Und was bedeutete das für Honduras?

„Na, hier gibt es keinen Baumarkt um die Ecke, wo du Material kaufen kannst. Musst nehmen, was es gibt. Flusssteine zum Beispiel. Ich habe meinem Nachbarn gesagt: Besorge mir Flusssteine, aber mach deinen Lkw so richtig voll damit, sechs bis sieben Tonnen sollen es schon sein. Für 50 US-Dollar hat er sie mir bis vor das Haus gebracht. Dafür startet in Deutschland doch niemand seinen Lkw. Und dann habe ich mit Flusssteinen gebaut. Das geht alles und sieht auch noch gut aus."

Mittlerweile ist aus dem kleinen Hotel eine beeindruckende Ferienanlage geworden. Restaurant, Pool, Konferenzräume und jedes Zimmer mit einem traumhaften Blick auf die Karibik. Stolz sitzt Gunther mit uns am Tisch. Braungebrannt, weiße Haare, weißer Schnurrbart im markant kräftigen Gesicht.

„Zu meinen alten Freunden und Klassenkameraden habe ich gesagt: Kommt hier herüber nach Honduras! Hier kann man noch so viel machen. Für jemanden, der Ideen hat und anpackt, liegt das Geld regelrecht auf der Straße. Doch die sitzen lieber mit ihrem Krückstock daheim auf der Bank und lamentieren über ihre Krankheiten. Ich kann es nicht verstehen."

So viele Ideen hat er noch, so viele Projekte im Kopf. Am Strand begradigt ein großer Bagger seine Küstenlinie.

„Kann ich ja nicht alles der Natur überlassen, für die Schönheit muss ich da auch schon einmal eingreifen."

Im Hintergrund arbeiten Zimmermänner an den nächsten Appartements.

„Ich muss noch mal rüber und anfassen."

Nichts dem Zufall überlassen und kräftig anpacken. Das ist Gunther, der Selfmademan vom Karibikstrand.

Honduras hat definitiv die schlechtesten Straßen Zentralamerikas. Sanft wiegt sich unser Wagen durch tiefe Schlaglöcher. Mal nutzen wir die rechte Straßenseite, mal die linke. Der Verkehr hält sich in Grenzen. Nur einige ehemalige amerikanische Schulbusse passieren uns regelmäßig und führen uns vor Augen, dass sich die für uns elenden Straßen durchaus für den honduranischen Linienverkehr eignen. Große Augen begleiten unsere Dorfdurchfahrten im dünn besiedelten Verwaltungsbezirk Olancho im Osten des Landes. Die fehlenden Stromleitungen und Handwasserpumpen bezeugen, dass wir uns am Rande der Zivilisation bewegen. Weiter östlich kommt nur noch die Moskitia, das größte zusammenhängende Regenwaldgebiet Zentralamerikas: Undurchdringlich, extrem dünn besiedelt und so unerschlossen, dass sich nur Abenteurer, Deserteure und Kriminelle hineinwagen.

Ochsengespanne gehören in Honduras zum Straßenbild

Die Basis der meisten Häuser am Wegesrand bildet ein geflochtenes Astgerippe, dessen Ritzen mit Lehm ausgefüllt werden. Oft ist es nur ein Raum, vor dessen Fenster- und Türöffnungen Tücher befestigt sind. Der Boden ist aus festgestampfter Erde. Ein kleines Häuschen wenige Meter entfernt beherbergt das Plumpsklo. Für uns eine unvorstellbare Armut, doch andererseits haben unsere Urgroßeltern auf dem Land noch ähnlich gelebt, dies ist allerdings schon hundert Jahren her! Überall laufen die Hühner frei herum, daneben wühlt sich ein Schwein durch den Dreck. Pferde sind das wichtigste Verkehrs- und Transportmittel. Ab und zu zieht ein Ochsengespann langsam und widerwillig eine schwere Last aus Baumstämmen hinter sich her.

Unser Durchschnittstempo an einem solchen Tag liegt bei dreißig Stundenkilometern. Was auf der Karte mit dreihundert Kilometern wie eine leichte Tagesetappe aussieht, wird in der Realität schnell zu einem Zweitagestrip. Wir rasten an einem kleinen Fluss und es dauert keine fünf Minuten, bis wir auch schon von etlichen Kindern umringt werden. Ungläubig schauen sie in unsere Kabine hinein. So etwas haben sie noch nie gesehen. Ein kleines Haus auf Rädern. Kurz darauf stehen auch die Eltern neugierig am Auto. Wir sind die *gringos,* die reichen Ausländer.

„Haben Sie alte Kleidung für uns?“

Wir haben zwar nur einen winzigen Kleiderschrank, aber selbst dort werden wir fündig. Die Dankbarkeit ist groß.

„Wir werden euch in unsere Gebete einschließen.“

So vergeht jeder Tag wie im Flug und ehe wir uns versehen, ist es schon wieder 16 Uhr. Das ist die Zeit, ab der wir beginnen, einen sicheren und möglichst schönen Platz für die Nacht zu suchen. Es gibt zwar Campingplätze in Honduras, doch diese konzentrieren sich auf die wichtigsten Sehenswürdigkeiten. Wir müssen also bei Überlandfahrten häufig erfinderisch sein. Um 18 Uhr geht die Sonne unter und es wird dunkel – in diesen Breitengraden fast ohne Dämmerungsphase.

„Schau mal da vorne das Hotel, das könnte doch etwas sein“, meine ich zu Petra.

„Der Parkplatz im Innenhof ist groß, sieht schattig und sicher aus.“

Wir parken vor der Rezeption.

„Können wir bei Ihnen für eine Nacht kampieren?“

„Leider sind alle Zimmer belegt.“

„Nein, wir brauchen kein Zimmer, wir wollen hier nur parken. Wir schlafen in unserem Auto.“

„Nein, das geht nicht. Wir sind ein Hotel.“

„Aber wir kommen doch extra aus Deutschland.“

„Ähh, aber das geht trotzdem nicht.“

„Fragen Sie doch bitte den Chef. Vielleicht ist es für ihn o.k.“

Etwas verwirrt läuft das junge Mädel an der Rezeption los, um den Chef zu suchen. Wenn wir etwas auf dieser Tour gelernt haben, dann, sich nicht zu schnell abwimmeln zu lassen. Um die Welt zu bereisen, muss man hin und wieder penetrant sein.

„Der Chef kommt gleich“, informiert uns die Rezeptionistin. Und tatsächlich, zehn Minuten später kommt ein Auto vorgefahren. Wir wiederholen unsere Frage.

„Klar, stellt euch einfach da vorne hin. Das ist o.k.“

Na bitte, schon wieder ist eine Nacht gesichert. Saubere Toiletten und drahtloses Internet inklusive. Honduras überrascht uns immer wieder aufs Neue als faszinierendes, freundliches und leicht zu bereisendes Land.

21. Kapitel: Entwicklungshilfe in Nicaragua

Rien ne va plus – nichts geht mehr. Wir sitzen nicht am Roulettetisch, sondern steuern die Grenze nach Nicaragua an.

Lkw in drei Reihen nebeneinander versperren fast die komplette Straße. Wir mogeln uns so weit wie möglich an allen Fahrzeugen vorbei. Wir können zwar die Kette sehen, die sich in nur dreißig Metern über die Straße spannt, doch ab hier ist kein Durchkommen mehr. Wir parken unser Auto inmitten der Lkw auf der Straße und gehen zu Fuß weiter.

Grenzen in Zentralamerika darf man sich nicht wie Grenzen in oder nach Europa vorstellen. Hier hat nichts seine Ordnung, es gibt keine Hinweisschilder. Von allen Seiten werden wir von Menschen angesprochen. Fliegende Händler verkaufen frische Mangos oder Tortillas. Automotoren laufen. Es ist einfach nur laut, heiß und unübersichtlich. Gegen dieses Chaos gibt es eine Lösung: Grenzhelfer. Diese sind es auch, die uns am stärksten bedrängen, als wir unser Auto verlassen und das Grenzgebäude suchen. Pausenlos reden sie auf uns ein, halten uns ihre selbstgemachten, aber offiziell aussehenden Ausweise unter die Nase. Nur zwanzig US-Dollar und sie erledigen alle Formalitäten für uns.

Wir entscheiden uns dagegen. Eigentlich ist der Grenzprozess, wenn man ihn einmal verstanden hat, überall ähnlich. Man reist aus dem einen Land aus, indem man sich den Ausreisestempel im Pass abholt und danach das Auto beim Zoll ausführt. Danach geht es zu den Beamten des Einreiselandes. Dort benötigt man einen Einreisestempel, im Anschluss werden die Formalitäten für die Fahrzeugeinfuhr geregelt. Dazwischen müssen immer wieder Kopien gemacht, bei fliegenden Händlern Geld gewechselt, eine Autoversicherung abgeschlossen und in irgendeiner Ecke der Wagen desinfiziert werden. Das ist die Theorie.

Die Praxis sieht da ein bisschen anders aus. Hauptsächlich sind wir mit Suchen und Warten beschäftigt. Wir müssen uns zu den einzelnen Gebäuden durchfragen, die verantwortlichen Beamten finden und ihnen dann manchmal auch noch erklären, was sie machen sollen. Da es in Zentralamerika sehr heiß ist, die Beamten sich überarbeitet und unterbezahlt fühlen, ihnen die eigenen Gesetze gelegentlich nicht ganz geläufig sind und die Arbeit mit Papier und Bleistift vertrauter als mit dem Computer ist, läuft der Prozess häufig sehr gemütlich und langsam ab. Daher ist Geduld die wichtigste Tugend, die wir für Grenzübertritte benötigen.

An sich ist das alles kein Problem, aber es wird durch das unglaubliche Chaos, das an jeder Grenze Mittelamerikas herrscht, noch verstärkt. Es ist generell viel Betrieb an den Grenzen: Beamte, Grenzhelfer, Geldtauscher, Versicherungsvertreter, Verkäufer, Arbeiter, Besucher und vielleicht auch der ein oder andere, der nichts Gutes im Schilde führt. Darüber hinaus sind Grenzübertritte die einzigen Anlässe, bei denen wir die wichtigsten Papiere im Original dabei haben: Pässe, Fahrzeugschein, Führerschein, Grenzpapiere, zusätzlich etliche US-Dollar für die Einreiseformalitäten und unser komplettes Geld aus dem Ausreiseland, da wir es hier in die neue Währung tauschen wollen. Wir müssen also die ganze Zeit ein Auge auf Papiere und Geld halten, die Diskussion mit den jeweiligen Beamten auf Spanisch führen und darauf achten, dass sie alles richtig machen. Und dann auch noch die Leute abwimmeln, die uns dabei behilflich sein wollen, uns von unserem Geld zu trennen.

Und nirgendwo war es bisher so chaotisch wie an der Grenze zu Nicaragua.

„Wo ist denn Ihr Auto?", will der honduranische Beamte von mir wissen, bevor er mir den Ausreisestempel in den Pass drückt.

„Ich komme nicht zwischen den Lkw durch."

„Doch, doch, jetzt geht's."

Im Hintergrund höre ich schon die ganze Zeit über ein wildes Hupen. Ich glaube nicht, dass die Straße schon frei ist, bewege mich aber trotzdem zurück zu unserem Fahrzeug. Als mir schon aus der Ferne die Fäuste entgegengestreckt werden und ich wütend beschimpft werde, ahne ich, warum die Lkw nicht weiterfahren. Es werden immer nur nach und nach Lkw für die Abfertigung in den Grenzbereich gelassen. Im Moment kommt jedoch leider keiner durch, weil schon seit dreißig Minuten ein Wagen mitten auf der Straße steht und alles blockiert: unserer! Ich mache gute Miene zum schlechten Spiel, winke freundlich nach rechts und links, setze mich hinters Steuer und fahre unter lautem Getöse Richtung Nicaragua.

Den nächsten Monat werden wir in Chinandega ehrenamtlich in einer gemeinnützigen Organisation arbeiten. Nach Monaten des Reisens mit meist nur flüchtigen Begegnungen wollen wir hier einen tieferen Einblick in die individuelle Situation der Menschen vor Ort gewinnen.

Unser erster Arbeitstag seit fast zwei Jahren: im Büro sind es drückende 35 Grad, eine Klimaanlage gibt es genauso wenig wie einheitliche Möbel. Von den Wänden blättert die Farbe, über den gefliesten Boden wird von einem leichten Wind die Asche geweht. Diese stammt von den einige Kilometer entfernt liegenden Feldern, wo das Zuckerrohr abgebrannt wird. Von einem kleinen Innenhof, in dem ein einsamer Baum Schatten spendet, gehen die Büros ab. Plakate für Ausstellungen liegen zusammengerollt neben Kartons mit Wein und Saft aus der eigenen landwirtschaftlichen Produktion. Selbstgemalte Poster und Reliefbilder jugendlicher Künstler bedecken die Wände.

Unser Arbeitsplatz für den nächsten Monat ist die Asociación Chinantlan, eine gemeinnützige, unabhängige Entwicklungshilfeorganisation, die sich in den Bereichen Landwirtschaft, Mikrokredite, Bildung, Gesundheit und Soziales engagiert. Nicaragua ist nach der Karibikinsel Haiti das ärmste Land Zentralamerikas. Die Beschäftigungsrate ist niedrig, der überwiegende Teil der Bevölkerung arbeitet in der Landwirtschaft. In Chinandega leben viele in winzigen Wellblechhütten im feinen Lavastaub des nebenan aufragenden Vulkans San Cristóbal. Der kleinste Windhauch oder ein vorbeifahrendes Auto reichen aus und alles verschwindet unter einer undurchsichtigen Staubwolke.

Unsere Heimatstadt Leverkusen unterhält eine Städtepartnerschaft mit Chinandega. Bedingt dadurch haben wir durch die Berichterstattung in den Medien eine gewisse Vorstellung von den hier herrschenden Lebensbedingungen. Armut, mangelhafte Schulbildung, hohe Aidsrate und Kinderschwangerschaften sind nur einige Schlagworte, die uns im fernen Deutschland einen Eindruck über das ferne Nicaragua vermitteln. Doch was bedeutet dies in der Realität? Wie fühlt es sich an, diese Lebensumstände am eigenen Leibe zu spüren? Haben wir Möglichkeiten, einen persönlichen Beitrag zu leisten, um das Leiden der Menschen ein klein wenig zu lindern? Wir wollen es genauer wissen und knüpfen über unsere Heimatstadt den Kontakt zu den verantwortlichen Stellen in Nicaragua.

Gerade im Bereich unserer ehemaligen Beschäftigungsfelder EDV und Werbung wird Unterstützung gesucht. Das Wissen hierzu ist nur eingeschränkt vorhanden und ein Erfahrungsaustausch willkommen. Es ist genau die Form von Entwicklungshilfe, die wir uns vorgestellt haben. Doch trotz Vorbereitung im Vorfeld und einer Ahnung, womit wir vor Ort konfrontiert werden, trifft uns die Realität hart.

Dank unserer Tätigkeit bekommen wir die Möglichkeit, in die Arbeit vor Ort hineinzuschnuppern.

„Anhand der örtlichen Kriminalstatistik identifizieren wir Stadtteile, in denen Gewalt und Drogenkonsum besonders stark ausgeprägt sind", so Evelyn, 24-jährige Sozialarbeiterin der Asociación Chinantlan, „wir gehen gezielt dorthin, um mit Kindern und Jugendlichen über deren Probleme zu sprechen."

„Häufig klopfen wir an jede Haustür, um die Leute von der Notwendigkeit zu überzeugen, etwas gegen die Kriminalität zu unternehmen", ergänzt die 20-jährige Leonie aus Deutschland, die hier ihr freiwilliges soziales Jahr absolviert.

Wobei man „Haustüre" nicht wörtlich nehmen darf. Die Familien wohnen häufig mit mehreren Generationen in einem Bretterverschlag. Statt Fensterglas haben sie Öffnungen in der Holzwand, die mit Tüchern abgedeckt sind. Statt einer Türe häufig nur ein Bettlaken, das vor neugierigen Blicken schützt.

Jeder so gewonnene Teilnehmer bringt für das Treffen mitten auf der Straße seinen eigenen Stuhl mit. Der staubige Boden wird mit Wasser besprüht, um den Staub zu binden und für ein wenig Verdunstungskälte zu sorgen. Trotzdem, die Hitze ist unbeschreiblich. Das Thermometer verharrt knapp unter der 40-Grad-Marke. Die Sonne knallt mir auf den Kopf und ich habe das Gefühl, mein Gehirn fängt gleich an zu kochen. Bewegungen werden zur Qual, das Denken und Arbeiten fällt schwer. Der Körper ist fast ausschließlich damit beschäftigt, Basisfunktionen in Gang zu halten. Diese Menschen jedoch müssen damit klar kommen. 365 Tage im Jahr. Zwar ist es kühler während der Regenzeit, doch dann verwandelt sich Staub in Matsch und trockene, heiße in schwüle, warme Luft. Angenehm wird das Klima nie.

Hühner laufen zwischen unseren Beinen hindurch, während Evelyn mit den Leuten spricht.

„Was ist das größte Problem hier im Viertel?"

„Die Armut", kommt es sofort von einem etwa zwölfjährigem Jungen in blau-weißer Schuluniform.

„Aber ihr habt doch genug zu Essen, oder? Und eure Häuser sehen ganz gut aus. Eigentlich seid ihr doch gar nicht so arm."

Immer wieder erzählen uns die Menschen in Nicaragua, wie arm sie sind. In keinem anderen Land wurden wir so häufig angebettelt und mit Gesprächsinhalten wie: „Ich bin arm, ihr seit reich – ihr müsst mir helfen!" konfrontiert. Die Erwartungshaltung nach Unterstützung ist sehr hoch und die Eigeninitiative nur sehr gering ausgeprägt.

Woran liegt das? Was unterscheidet Nicaragua von den anderen Ländern Zentralamerikas? Die Ausgangsbedingungen sind beinahe identisch: ähnliches Klima, Bodenbedingungen und ethnische Wurzeln. Die wirtschaftlichen Rahmenbedingungen sind unterschiedlich. So wird beispielsweise die Ansiedlung ausländischer Industrie nicht so stark durch Subventionen unterstützt wie in Guatemala. Doch Rahmenbedingungen können geändert werden. Was also macht Nicaragua so anders? Ein Blick in die jüngere Geschichte des Landes hilft als Erklärungsversuch.

Am 23. Dezember 1972 suchte ein verheerendes Erdbeben die Hauptstadt Managua heim, machte 250 Wohnblocks dem Erdboden gleich, forderte mehr als sechstausend Tote und über 300.000 Menschen wurden obdachlos. Aus der ganzen Welt flossen Aufbaugelder, um die Folgen des Erdbebens zu lindern. Doch anstatt bei notleidenden Menschen landete das Geld in den Taschen des von den USA unterstützten Diktators Anastasio Somoza. Das brachte in der Bevölkerung das Fass zum Überlaufen. Immer stärker wurde die Opposition der sandinistischen Partei *Frente Sandinista de Liberación Nacional* (FSLN) und der *Unión Democrática de Liberación* (UDEL) unter der Führung von Pedro Chamorro.

Als im Jahr 1978 Chamorro von der Somoza-Diktatur ermordet wurde, eskalierte die Gewalt auf den Straßen. Das Land trat in einen Generalstreik, der Nationalpalast wurde besetzt. Blutig versuchte die Regierung den Aufstand niederzuschlagen. Knapp 50.000 Menschen ließen dabei ihr Leben. Eine Übergangsregierung, die sich in Costa

Rica gebildet hatte, startete 1979 eine militärische Offensive gegen Somoza, der am 17. Juni 1979 schließlich fluchtartig das Land verließ und den Sandinisten die Macht überließ.

Noch immer kehrte kein Frieden in Nicaragua ein. In den Zeiten des kalten Krieges zwischen den USA und der Sowjetunion wurde Nicaragua zu einer Figur auf dem Schachbrett der Weltpolitik. Als die Sowjetunion offen die sandinistische Regierung unterstützte, strich der amerikanische Präsident Ronald Reagan jegliche Zuwendungen und ließ die Gelder nun militärischen Gruppen in Honduras zukommen, den sogenannten Contras. Schnell standen sich über 15.000 Contras und 95.000 Sandinisten gegenüber. Im Mai 1985 wurde von den USA ein Handelsembargo initiiert, das in den nächsten fünf Jahren Nicaragua an den wirtschaftlichen Abgrund drängte.

Was die Menschen in Nicaragua auch machten, über ihr Schicksal wurde auf der politischen Weltbühne entschieden. Von den rund fünf Millionen Einwohnern verdienten 110.000 ihren Lebensunterhalt beim Militär. Setzt man diese Zahlen ins Verhältnis zu Deutschland, würden 3,5 Millionen bei der Bundeswehr arbeiten. Das alles finanziert aus dem Ausland. Wen wundert es da, dass die Nicaraguaner jegliche Eigeninitiative verloren haben und sich in der berechtigten Hoffnung auf ausländische Unterstützung zurücklehnen.

„Hier setzt die Arbeit der Asociación Chinantlan an", sagt uns Javier Espinoza Pérez, Gründer und seit 25 Jahren Geschäftsführer der gemeinnützigen Einrichtung.

„Wir geben Hilfe zur Selbsthilfe. Wir verteilen kein Geld, sondern schulen die Menschen darin, wie sie ihr Schicksal selber in die Hand nehmen. Wir bringen ihnen umweltverträgliche Anbautechniken in der Landwirtschaft bei. Wir beschäftigen Frauen in einer Kooperative, die ökologischen Weinanbau betreibt und Säfte herstellt. Wir vergeben Mikrokredite an Bürger, die uns ein überzeugendes Geschäftskonzept vorweisen können. Wir investieren in eine Zukunft Nicaraguas, das unabhängiger wird durch die Unterstützung ausländischer Organisationen."

Doch dieser Weg ist noch weit. Zu sehr suchen die Menschen ihren schnellen Vorteil. Wie häufig werden wir, die wir als Ausländer deutlich zu erkennen sind, nur als Quelle für schnelles Geld angesehen. Und wir sind nicht die Einzigen. Auch von anderen Reisenden

Entwicklungshilfe in Nicaragua, nach vier Wochen fällt der Abschied schwer

wird uns dies leider immer wieder bestätigt. Egal ob für Übernachtungsplätze, den Besuch beim Friseur, die offene Hand des Polizisten bei Polizeikontrollen – viele Nicaraguaner glauben ein Recht darauf zu haben, Ausländer abzukassieren. Gerade deshalb sind Initiativen, wie die der Asociación Chinantlan, so wichtig. Und sie ist erfolgreich: Ich begleite die Streetworker bei ihrer Arbeit in den armen Bezirken, ich besuche Kindergärten und Schulen. Ich nehme an vielen Gesprächsrunden teil und kann beobachten, wie sich in den Köpfen, gerade der Kinder und Jugendlichen, ein Wandel vollzieht.

„Nur wir selbst können etwas an unserer Situation verändern. Jeder einzelne von uns ist verantwortlich für seine Zukunft. Die Zeiten, in der andere für uns sorgen, aber auch über uns bestimmen, sind vorbei!"

Es ist immer noch unerträglich heiß. Vor einigen Tagen haben wir Chinandega verlassen, doch die Temperaturen knapp unter vierzig Grad bleiben uns treu. Nach vier Wochen auf der Finca der Asociación Chinantlan haben wir schweren Herzens Abschied von unseren Freunden und den schattenspendenden Mango- und Avocadobäumen genommen, unter denen wir während unseres Aufenthaltes kampieren durften.

Selva Negra, der Schwarzwald, ist unser nächstes Ziel. Nicht wegen der deutschen Auswanderer, die im 19. Jahrhundert eine große Kaffeeplantage auf 1300 Meter Höhe errichtet haben. Auch nicht wegen der schönen Schwarzwaldhäuschen, die sich um einen kleinen See gruppieren. Nicht wegen der wunderschönen Wandermöglichkeiten durch tropischen Nebelwald mit Tukanen und Affen. Nicht wegen der Kuchentafel, nicht wegen des leckeren, hausgemachten Käses und auch nicht wegen Bratwürsten mit Sauerkraut und Kartoffelpüree.

Eigentlich ist uns nur eines wichtig: Temperaturen, die in der Nacht wieder unter zwanzig Grad sinken! Es tut so gut, dem ausgelaugten Körper wieder einen erholsamen Schlaf zu gönnen. Was ist es für ein Genuss, sich in der Nacht zudecken zu können, ohne aus allen Poren zu schwitzen. Doch auch all die anderen Annehmlichkeiten in der kleinen süddeutschen Enklave genießen wir natürlich in vollen Zügen.

„Urghh!"
Ich hänge über der kleinen Mauer aus porösem, braun-rotem Vulkangestein und muss mich schon wieder lautstark übergeben. Nur noch pfeifend kommt mein Atem, pochende Schmerzen haben sich binnen weniger Minuten in meinem Kopf ausgebreitet. Wir stehen am Krater des immer noch aktiven Vulkans Nindirí im Nationalpark Volcán Masaya. Graue Schwaden quellen aus der riesigen, runden Öffnung und legen sich als giftige, grün-gelbliche Schicht über das Gestein des Kraterrandes. Die Wolke umwabert mich erneut, der beißende Schwefelgeruch dringt gnadenlos durch Mund und Nase direkt ins Gehirn, so kommt es mir wenigstens vor.

Aus der Tiefe dringt ein gedämpftes Blubbern. Mehr als zehn Jahre ist es schon her, dass der Vulkan kochende Lava gespuckt hat. Deren Spuren sind in den erstarrten Magmaströmen noch deutlich zu erkennen. Als Tor zur Hölle haben die spanischen Eroberer diesen Ort beschrieben. Bei einem Blick hinab aus der sicheren Entfernung des höher gelegenen, aber inaktiven Vulkans Masaya versteht man warum.

Bereits die Ureinwohner sollen junge Frauen in die kochende Lava gestoßen haben, um ihren Gott wohlgesonnen zu stimmen. Und ein spanischer Mönch, der im 16. Jahrhundert die Lava für flüssiges Gold hielt, stieg gar mit einem Eimer in die Tiefe.

Nicaragua ist das Land der Vulkane. In einer langen Reihe ziehen sie sich entlang der Pazifikküste von Norden nach Süden. Am eindrucksvollsten sind die klassischen Schichtvulkane wie der Momotombo oder der auf der Insel Ometepe im Nicaraguasee gelegene Vulkan Concepción. Über 1300 Meter ragen sie steil aus dem Tiefland hervor. Statt von einer Bergspitze werden sie von einer runden Krateröffnung gekrönt.

Historisch wird es in Granada. Eine der sehenswerten Kolonialstädte, die sich wie Perlen auf einer Schnur durch den zentralamerikanischen Kontinent von Norden nach Süden reihen: Guanajuato, San Miguel de Allende, San Cristóbal de las Casas in Mexiko, Antigua in Guatemala und nun Granada in Nicaragua. Wunderschön restaurierte und bunt bemalte Kolonialbauten mit schattigen Innenhöfen, die sich um wasserspeiende Brunnen gruppieren. Barocke Kirchen, schattige Parks, einladende Plätze, kleine Cafés und schöne Restaurants.

Wir genießen sämiges italienisches Eis und frisches französisches Baguette. Welch ein Kontrast nach Wochen typisch nicaraguanischen Mittagessens bei unseren Gastgebern in Chinandega. Dieses bestand in der Hauptsache aus Reis, Bohnen, Bananen, Gemüse und einem winzigen Stück Fleisch oder Fisch.

Touristisch geht es auch ganz im Süden zu, an den weißen Sandstränden der Pazifikküste um San Juan del Sur. Wir hängen einige Tage ab in einer kleinen Bucht, an der sich die meterhohen Wellen brechen. An Schwimmen ist hier nicht zu denken, doch in die Wellen zu springen, reicht zur Abkühlung aus. Erstmalig haben wir einen richtigen Campingplatz in Nicaragua gefunden. Nach Wochen genießen wir zum ersten Mal wieder eine Dusche außerhalb unseres Wohnmobils, bei der wir nicht darauf achten müssen, ob wir zu viel Wasser verbrauchen. Welch ein Genuss!

Unseren letzten Abend verbringen wir ganz romantisch bei Kerzenlicht am Strand und lauschen dem unaufhörlichen Brausen der Brandung. Ein versöhnlicher Abschied von einem Land, mit dem wir erst spät warm wurden.

22. Kapitel: Costa Rica ist einfach nur „Pura Vida“

„Sag mal, hat Deutschland eigentlich auch ein Motto? Einigkeit und Recht und Freiheit? Quadratisch, praktisch, gut?“

Ich habe mir darüber noch nie Gedanken gemacht. Und hätte Deutschland einen Leitsatz, dann sicherlich etwas langweiliges. Ganz im Gegensatz dazu steht Costa Ricas „Pura Vida“. Wie das schon klingt! Nach Hängematte und Cocktail, abhängen und genießen, halt „einfach nur leben“ oder „das pure Leben“! Costa Rica gefällt schon vor dem Kennenlernen. Zu Beginn unserer Reise habe ich alle spektakulären Erlebnisse in den Besuch von Costa Rica projiziert: Dschungel, Vulkane, Strände, Affen.

„Wenn wir erst in Costa Rica sind ...“.

All das haben wir schon längst in den weiter nördlich gelegenen Ländern Zentralamerikas gesehen und dabei jedes Mal ganz überrascht ausgerufen:

„Ach, ich dachte, das sehen wir erst in Costa Rica.“

Schon interessant, wie präsent dieses winzige Land in unseren Köpfen ist, das mit seinen 51.000 Quadratkilometern nur ein Siebtel der Fläche Deutschlands einnimmt.

Drei Stunden zähe Grenzadministration mit vielen Gebäuden, Formularen, Stempeln und Kopien trennen das ärmliche Nicaragua vom Disneyland des internationalen Tourismus. Wir werden Zeugen eines so krassen Übergangs zwischen zwei Kulturen, wie wir ihn das letzte Mal zwischen den USA und Mexiko empfunden haben. Gleiches Klima, gleiche kulturelle Wurzeln, jedoch eine völlig unterschiedliche Entwicklung. War Costa Rica zur Zeit der spanischen Kolonialisierung ein armes, von der Landwirtschaft geprägtes Land, so ist heutzutage alles auf den Tourismus ausgerichtet. 4,4 Millionen Einwohner begrüßen jährlich 1,6 Millionen Touristen, die während ihres Aufenthaltes durchschnittlich tausend Dollar ausgeben. Zehn Prozent der Bevölkerung lebt direkt oder indirekt vom Tourismus. Wen wundert es da, dass man sich als Reisender in Costa Rica auf Anhieb wohl fühlt.

Unsere erste Anlaufstelle könnte für die „Schweiz Zentralamerikas“ nicht typischer sein. Wir sind zu Gast auf der Finca der Schweizer Auswanderer Guido und Agi.

„Guido wollte immer schon auswandern", erzählt uns seine Frau am ersten Abend.

„Eigentlich nach Australien, doch das war recht kompliziert und teuer. Ich war vor fünfzehn Jahren gerade mit unserer Tochter schwanger, als er in Costa Rica diese Finca fand."

Zusammen mit einem anderen Paar erstehen sie das Areal und investieren in Land- und Viehwirtschaft sowie in den Tourismus.

Um ein Gefühl für die Größe der Finca zu bekommen, kann man sich Folgendes vorstellen: wir wandern stundenlang auf dem Wegenetz des Grundstücks. Der Naturlehrpfad erstreckt sich allein über mehr als zweihundert Stationen. Eine große Rinderherde grast auf den weiten Wiesenflächen, unberührter Dschungel wechselt sich ab mit Bananenfeldern und Orangenhainen. Etliche Reitpferde galoppieren auf einer Koppel. Ein breiter Fluss fließt gemächlich an den Gästeunterkünften vorbei. Ein richtiges Paradies, das man sich in dieser Dimension in der Schweiz nur leisten könnte mit einem prall gefüllten Nummernkonto.

Für die beiden ist Tourismus mittlerweile das wichtigste Standbein.

„Die großen Supermarktketten haben die kleinen Läden, die früher unsere landwirtschaftlichen Produkte abgenommen haben, verdrängt. Diese Ketten kaufen nicht regional bei den kleinen Produzenten ein, sondern zentral bei den großen Agrargesellschaften."

Das tägliche Unterhaltungsprogramm für die Gäste sind die Herden der Brüll- und Klammeraffen, die sich genüsslich durch die Mangoernte futtern, bevor auch nur eine Frucht die Chance hat, auf den Boden zu fallen.

Es ist drollig und faszinierend zugleich, wie sie sich von Baum zu Baum hangeln. Wie Artisten in der Zirkuskuppel schwingen sie mit ihren langen Armen von Ast zu Ast, holen Schwung, um von einer Baumkrone in die nächste zu springen. Glaubt man schon, jetzt verfehlen sie ihr Ziel, dann schlingen sie blitzschnell ihren Schwanz um einen Ast und bewahren sich so vor dem sicheren Absturz. Das Schauspiel ist besser als in jedem Zoo. Die kleinen Affenkinder springen behände hinter ihren Müttern her, überschätzen aber hin und wieder ihre Fähigkeiten und krallen sich nach freiem Flug gerade noch an einen kleinen Ast, bevor sie in den Fluss stürzen.

Und der hat es in sich. Im wahrsten Sinne des Wortes.

„Vor einiger Zeit ist unser Krokodil aus seinem Gehege entlaufen. Direkt in den Fluss. Da fühlt es sich jetzt wohler und lässt sich ab und zu mal blicken. Einen unserer Hunde hat es letztens verspeist."

Der Blick auf die zwei anderen Hunde lässt mich grübeln: ein großer deutscher Schäferhund und eine riesige dänische Dogge. Wenn der verspeiste Hund auch so groß war, sollten wir uns das Schwimmen im Fluss lieber verkneifen.

Gerne wären wir noch länger bei den beiden geblieben, doch nach fünf Tagen brauchen wir wieder eine Abkühlung. Wir brechen auf zum Nationalpark Rincón de la Vieja. Auf rund achthundert Höhenmetern steckt bei diesem aktiven Vulkan die Hitze nicht in der Luft, sondern in der Erde. Der Vulkan ist derzeit wieder aktiv und stößt giftige Dämpfe aus, daher ist eine Besteigung nicht möglich.

Um die vulkanische Aktivitäten zu beobachten, brauchen wir gar nicht auf den Gipfel zu klettern. Ein Rundweg an der Südflanke gibt bereits einen faszinierenden Einblick in das dynamische Innenleben des Berges.

Aus Felsöffnungen entweichen nach faulen Eiern stinkende Schwefelgase, veröden jegliche Vegetation und hinterlassen grüngelbliches Gestein. Daneben brodelt ein großer See, der zu kochen scheint. Wenige hundert Meter weiter bringen heiße Gase die Erde zum blubbern und werfen im Schlamm dicke Blasen.

Nach diesem Naturschauspiel machen wir eine lange Wanderung durch den tropischen Regenwald. Wie faszinierend ist der Kontrast zwischen den mit dichtem Laubwald bewachsenen Bergflanken des Vulkans und der Savanne des Tieflandes. Verdorrtes, goldgelbes und hüfthohes Gras, das ab und zu von einem einzelnen Baum durchbrochen wird. Wir befinden uns am Ende der Trockenzeit. In wenigen Wochen werden sich die Regenwolken wieder täglich über der kargen, ausgetrockneten Landschaft entleeren und es erneut in einen blühenden Garten verwandeln.

Im Moment hätten wir gegen einen kühlen Schauer nichts einzuwenden. 13 Kilometer in den Tropen zu wandern, sind eine Herausforderung. Wie begeistert sind wir daher, als wir am Ziel nicht nur den Wasserfall La Cangreja erreichen, sondern mit der Laguna Azul zu seinen Füßen auch einen wunderschönen, erfrischenden Badepool. Von oben prasselt der Wasserfall wie eine riesige Regenwalddusche auf den Kopf. Auf der einen Seite wird dieser natürliche Pool durch zwanzig Meter hohe Felswände eingerahmt, die mit Moosen und Schlingpflanzen bewachsen sind, auf der anderen Seite vom tropischen Urwald. Es ist eine Atmosphäre, fast zu kitschig um wahr zu sein.

Schon Adam und Eva hatten es in ihrem Paradies mit unwillkommenen Eindringlingen zu tun. Während für uns Schlangen in dieser Gegend stets präsent sind, so bleiben sie genauso harmlos wie der Skorpion oder die leuchtend grünen Eidechsen. Erheblich nerviger sind die allgegenwärtigen Mücken, die winzigen Sandfliegen, gegen die kein Moskitonetz hilft und die blutsaugenden Zecken, die sich ihren Weg unter unsere Kleidung suchen und noch Wochen später juckende Entzündungen hinterlassen. Seit Monaten werden wir nun schon von solchen Parasiten tyrannisiert.

Dabei kann die Natur doch so schöne Ausprägungen haben. Wir lieben es, die prächtige und farbenfrohe Vogelwelt zu beobachten. Der Blauscheitelmotmot hat es sogar bis auf die Rückseite der nicaraguanischen zweihundert Cordoba-Banknote geschafft. Grün-bläulich schimmert sein Gefieder und wegen seiner langen, sich am Ende verbreiternden Schwanzfedern, haben wir ihn anfänglich mit dem sagenumwobenen Quetzal verwechselt. Oder der rosa Löffler, dessen Schnabel sich vorne wie ein Suppenlöffel verbreitert und dessen Farbe wie bei den Flamingos durch die karotinreiche Nahrung entsteht. Oder der Elsterhäher, der insbesondere im Südwesten Costa Ricas vertreten ist und nicht nur durch sein blau-weiß gefärbtes Gefieder mit der dunklen Halskrause auffällt, sondern vor allem durch einen Federbüschel auf dem Kopf, der wie eine nach vorne geföhnte Elvistolle aussieht.

Ein Highlight jagt das nächste: Die Nicoya-Halbinsel berauscht durch wunderschöne Sandstrände in herrlich kleinen Buchten. Die von hohen Felsen eingerahmten, muschelförmigen Buchten standen wohl Pate bei der Geschichte von Robinson Crusoe. Kokospalmen wachsen am Strand, hohe Wellen brechen sich wenige Meter, bevor sie auf den goldenen Sand treffen. Surfer vollführen ihre artistischen Kunststücke auf den Wellenkämmen und im Tunnel der sich überschlagenden Wellen. Dazu eine Wassertemperatur von knapp unter

Traumstrände auf der Nicoya-Halbinsel

dreißig Grad und ein blauer Himmel, von dem den ganzen Tag die Sonne scheint.

Und auch kulinarisch können wir uns wieder mit herrlichen Köstlichkeiten versorgen. Deutsches Graubrot! Nussecken! Italienische Salami! Kirschmarmelade! Meerrettich und Gewürzgurken! Wir schwelgen und mästen uns. Nach Monaten des Schmachtens steht einer richtigen Brotzeit nichts mehr im Wege. Costa Rica, das ist wirklich „Pura Vida".

23. Kapitel: Das Land der Vulkane

Ich verstehe kein Wort. Das Mädel neben mir quatscht und quatscht, gestikuliert wild mit den Armen und hat keine Hemmungen, mir immer wieder einen Kussmund zuzuwerfen. Will sie mich etwa in Petras Gegenwart verlegen machen? Währenddessen umklammert ihr Freund – oder ist es ihre Freundin, ich kann es wirklich nicht erkennen – zwischen den Gitterstäben hindurch meine Hand. Jetzt schiebt er (oder sie?) verzweifelt auch noch die andere Hand unter den engen Metallstreben hindurch und hält sich entschlossen an meinen Fingern fest. Derweilen läuft Madame aufrecht auf ihren endlos langen Beinen zwischen Petra und mir herum, plappert munter weiter und scheint sich überhaupt nicht daran zu stören, dass wir ihre Sprache nicht verstehen, geschweige denn sprechen.

Süß ist sie ja schon, das muss ich ihr lassen. Doch wenn ich sie mal streicheln möchte, dann springt sie galant zur Seite.

„Nein, nein, nein“, scheint sie zu sagen, „anfassen ist nicht“.

Na gut, dann widme ich mich erst einmal der Herausforderung, den wunderschönen, leuchtend grünen Leguan zu fotografieren, der langsam vor mir über den Weg kriecht. Vorsichtig pirsche ich mich an ihn heran. Er beäugt mich kritisch. Nur noch zwei Meter trennen mich von dem perfekten Fotomotiv. Mein Finger liegt auf dem Auslöser und wartet nur darauf, dass der Leguan sich umdreht, als plötzlich Madame genau in das Bild stolziert. Keine Mine verziehend wackelt sie genau in dem Moment vorbei, als ich mein Foto schieße. Klasse! Nun habe ich einen Leguan, der halb von einem buschigen, braunen Schwanz verdeckt wird. Klammeraffenweibchen können genauso unberechenbar sein wie die Frauen der menschlichen Gesellschaft.

Die Affen im La Marina Wildlife Rescue Center, einem Zoo für verletzte oder vom Zoll konfiszierte Wildtiere und ausgesetzte Haustiere, haben es mir besonders angetan. Während die meisten Tiere hinter Gittern sitzen, läuft besagtes Weibchen frei im Park herum, springt über Zäune und Bäume oder besucht seine Artgenossen am Käfig. Besonders gerne läuft sie aber zwischen unseren Füßen herum.

„Kein Wunder, dass diese Tiere so begnadete Kletterer sind. Schau dir mal ihren Körperbau an.“

Im Verhältnis zum zierlichen Körper haben sie extrem lange Arme und Beine, überproportional ausgeprägte Finger und Zehen, dazu einen langen Schwanz, den sie zum Springen und Klettern genauso geschickt einsetzen wie die anderen Extremitäten. Und als wir beobachten, wie Madame auf zwei Beinen neben uns stehend, mal eben die Arme nach oben nimmt, um mit durchgedrücktem Rücken nach hinten an den Zaun zu greifen, dann können wir über ihre Beweglichkeit nur staunen.

Für eine ganz andere Form von Beweglichkeit ist Costa Rica jedoch noch bekannter und beliebter bei den Besuchern des Landes: Zwei gigantische Kontinentalplatten bewegen sich in Zentralamerika aufeinander zu und sind verantwortlich für die hohe Dichte von Vulkanen, Erdbeben, heißen Quellen, *Fumarolen* – rauchenden Erdöffnungen – und sprudelnden Schlammlöchern. Seit Nicaragua hat uns die Faszination für Vulkane gepackt. Und davon gibt es im kleinen Costa Rica etliche. Arenal, Tenorio, Poás und Irazú sind nur vier von ihnen, die wir für unser Besichtigungsprogramm auswählen. Speiende Lava, wunderlich eingefärbte Flüsse, rauchende Krater und giftgrüne Seen versprechen diese vier berühmten Nationalparks.

Mit dem Vulkan Arenal kommt die Ernüchterung. Lange galt er als erloschen. Doch im Jahre 1968 erwachte er mit einer Eruption aus seinem Schlaf und riss 78 Menschen in den Tod. Als einer der aktivsten Vulkane der Welt waren die Eruptionen im Mai 2010 noch so stark, dass der Nationalpark evakuiert wurde. Eines der beliebtesten Fotomotive Costa Ricas war die orange glühende Lava, die an seinen steilen Flanken hinabfloss und die Nacht erhellte. Trotz klarer Sicht bekommen wir zwar einen tollen Vulkankegel, jedoch kein Naturspektakel zu sehen. Vor etlichen Monaten hat der Arenal eine Ruhepause eingelegt: keine Lava, noch nicht einmal Rauchschwaden! So bleibt uns nur eine Wanderung durch wildes Zuckerrohr hinauf zu den erkalteten Lavaströmen der Vergangenheit.

Der Nationalpark des Vulkans Tenorio entschädigt uns. Dabei ist es hier nicht der Vulkan, der für Aufsehen sorgt, sondern ein kleiner Fluss. Sollten die Werbefachleute dieser Welt je nach der schönsten Farbe für die Hochglanzprospekte ihrer Schwimmbäder suchen, im Río Celeste werden sie fündig. Ist Wasser im Normalfall klar, so färbt es sich in diesem kleinen Fluss an einer deutlich sichtbaren Grenze durch eine Laune der Natur – eine chemische Reaktion – in ein milchiges Blaugrün. Seinen weiteren Weg bahnt er sich unterhalb des dichten Blätterdachs des Dschungels, wo die Brüllaffen in den Baumwipfeln sitzen und pfeilschnelle Kolibris umherschwirren. Er fließt vorbei an heißen Quellen, bis er über einen breiten Wasserfall in einen türkisfarbenen Pool stürzt.

Beim Verlassen des Parks machen wir einen kurzen Zwischenstopp an einer verwegen aussehenden Holzbrücke. Für uns ist es ein tolles

Achtung – defekte Brücke!

Fotomotiv, wie unser Wagen über eine abenteuerlich zusammengehämmerte Brücke aus quer gelegten Holzbrettern mit einer Fahrspur aus Längsbrettern fährt. Petra steigt aus, geht vor und stellt sich mit der Kamera in Positur. Ich rolle langsam an.

Dem grünen Zweig auf der Brücke schenke ich keine Bedeutung. Fatal für Zentralamerika! Abgeschnittene, grüne Zweige auf der Straße erfüllen häufig die Funktion eines Warndreiecks und bedeuten: „Pass auf!" Entweder ist ein Auto auf der Straße liegengeblieben oder, wie hier, die Brücke ist defekt. Ich kann gerade noch kräftig Gas geben, als ich merke, wie es unter mir laut knackt. Dort, wo gerade noch unser Auto fuhr, klafft ein großes Loch in der Brücke. Die unteren Bretter waren bereits weggebrochen, nun hat unser Wagen auch noch das andere Brett zerbröselt. Das war knapp!

Für den Vulkan Poás sind wir zu spät. Nachdem wir uns stundenlang über enge und steile Straßen in die Höhe gequält haben, stehen wir vor dem verschlossenen Parktor.

„Können wir hier irgendwo übernachten?", frage ich einen Wächter am Tor.

„Stellt euch ruhig direkt vors Tor. Bis morgen um acht muss keiner durch."

Na, uns soll es recht sein. Costa Rica ist ein Land, wo uns wildes Campen problemlos erscheint. Nicht nur an den Stränden, die staatlich sind, sondern auch in abgelegenen Gegenden fühlen wir uns sicher.

Die Nacht wird kalt, wir befinden uns auf zweieinhalbtausend Meter Höhe. Nebelschwaden hüllen uns ein, Regen trommelt auf das Dach. Das lässt nichts Gutes für unsere Kraterbesichtigung am nächsten Morgen erahnen. Wir sind die ersten am Eingangstor, erhalten vom Ranger den Hinweis, dass die Sicht nur eingeschränkt ist und spazieren die letzten sechshundert Meter vorbei an riesigen Gunnera Insignis. Während der lateinische Name dieser Pflanze für den Laien wenig aussagekräftig ist, umschreibt die spanische Bezeichnung „Sombrilla de Pobre", Sonnenschirm der Armen, es besser: Es handelt sich um riesige Blätter an einem langen Stiel, ähnlich unserem Rhabarber, der tatsächlich als Sonnen- oder Regenschirm genutzt werden kann.

Wir benötigen weder das eine noch das andere. Dicke Nebelschwaden wabern über den Krater hinweg. Glücklicherweise hoch genug, dass wir einen guten Blick auf die Mondlandschaft des Poás mit seinem grauen See und den Fumarolen, dampfenden Löchern, haben. Nebel oder Dampf? Für uns ist es schwer auseinanderzuhalten. Da bricht mit einem Male die Sonne durch, fegt die Wolken beiseite und enthüllt für kurze Zeit einen traumhaften Ausblick auf den tiefen Krater, die ihn umschließenden, zerklüfteten Felswände, den grün bewachsenen Hang im Hintergrund und die heißen Wasserdampf speienden Öffnungen im Gestein. Wie ein gigantischer Höllenschlund öffnet sich vor uns die Erde.

Wie anders präsentiert sich uns der letztmalig im Jahr 1994 aktive Vulkan Irazú. Wieder verbringen wir eine eisige Nacht in 3269 Meter Höhe direkt neben dem Eingangstor. Erneut sind wir die ersten, die am nächsten Morgen erwartungsvoll am Kraterrand auf 3400 Meter stehen und bei schönstem Sonnenschein hinab in die runde, steile Öffnung schauen. Es ist wie ein Blick aus dem Flugzeug. Dichte Wolkenfelder liegen unter uns im Tal, während wir eine perfekte Sicht auf den grünen, in der Sonne leuchtenden Kratersee haben.

Für uns sind die Vulkane, insbesondere die aktiven, eine Quelle der Begeisterung, schlagen uns die tektonischen Aktivitäten in ihren Bann. Für die Bevölkerung sind sie jedoch häufig mit großem Leid und menschlichen Dramen verbunden, wie wir an der Geschichte der zu Fuße des Irazú liegenden Stadt Cartago erkennen können. Immer wieder wurde die ehemalige Hauptstadt von schweren Erdbeben völlig zerstört, zuletzt 1910. Sechzehn Jahre nach diesem schrecklichen Ereignis wurde hier die wichtigste Pilgerstätte Costa Ricas errichtet, die an den wundersamen Fund einer Marienstatue durch ein Indianermädchen erinnert. Deren Schutzpatronin, die Negrita, die schwarze Madonna, wird für viele wundersame Heilungen verantwortlich gemacht. Tausende kleine in Silber gegossene Arme, Beine und Augen bezeugen die Dankbarkeit derer, die ihre Wunder erlebt haben.

Auf Knien rutschen die Gläubigen durch die Kirche zum Altar und trinken aus den heiligen Quellen, die an der Kirche entspringen. Wie viele von ihnen werden wohl einen Wunsch äußern, der entgegengesetzt zu unserer Begeisterung ist: „Lieber Gott, lass die Erde und die Vulkane ruhen und beschütze unser Land!"

24. Kapitel: Auge in Auge mit dem Göttervogel

Ananas so weit das Auge reicht. In unendlichen Reihen wächst eine der tropischen Früchte neben der anderen. Ein Honduraner erklärte mir vor einiger Zeit, dass man nur das obere Grün der reifen Frucht abdrehen und auf die Erde setzen muss, damit daraus innerhalb von 15 bis 18 Monaten erneut eine Ananas wächst. Im heimischen Deutschland dürfte das wegen des unterschiedlichen Klimas kaum von Erfolg gekrönt sein. Hier bekommen wir köstlich süße Ananas frisch vom Feld.

Die Vielfalt, Frische und Geschmacksfülle der Früchte Zentralamerikas begeistern uns immer aufs Neue.

„Wie werden wir uns je wieder an exotisches Obst aus deutschen Supermärkten gewöhnen können?"

In der Sonne gereifte Mangos, die man nur vom Boden aufheben muss. Avocados, die so butterweich sind, dass man sie aufs Brot schmieren kann. Ananas und Erdbeeren, die man direkt nach der Ernte am Straßenrand kaufen kann. Oder sattgelbe Bananen, die zwar auch grün gepflückt werden, aber in der ganzen Staude an der frischen Luft reifen und nicht wie in den großen Distributionszentren Europas durch Besprühen mit einem Gas.

Hat der Tourismus mittlerweile auch der Banane und dem Kaffee den ersten Rang als wichtigstes Wirtschaftsgut Costa Ricas abgelaufen, so treffen wir trotzdem im Hochland auf ausgedehnte Kaffeeplantagen, die meist von großen Laubbäumen beschattet werden.

Als Mitte des 19. Jahrhunderts die Nachfrage nach Kaffee auf dem Weltmarkt stieg, begann auch die Ära der berühmten, bunten Ochsenkarren von Sarchí, die für den Transport der Kaffeesäcke benötigt wurden. Waren die ersten Ochsenkarren noch schmucklose Holzwagen, so entwickelte sich anfänglich über das Bemalen der großen Holzräder und später über die farbliche Gestaltung des ganzen Wagens ein wahrer Wettbewerb um den schönsten Ochsenkarren von Costa Rica. Schnell setzte sich Orange als die Grundfarbe durch, geschmückt mit floralem Dekor aus hellem Grün, Gelb, Rosa, Blau und Weiß.

Wir schauen zu, wie in einer Fabrik ein solcher Ochsenkarren von einem Künstler mit ruhigen Pinselstrichen gestaltet wird. Heutzutage nicht mehr für die Straße, sondern fast ausschließlich für Touristen, die sich ein solches Gefährt in den heimischen Vorgarten oder gar ins Wohnzimmer stellen. Auch wenn man von Zeit zu Zeit noch einen Ochsenkarren auf der Straße sieht, so sind diese im Straßenverkehr bei weitem nicht mehr so selbstverständlich, wie wir es noch in Nicaragua und Honduras beobachtet haben.

Ein anderer Künstler war nur wenige Kilometer weiter in der Stadt Zarcero aktiv. Statt mit dem Pinsel wird hier fleißig mit der Gartenschere gearbeitet. Auf dem zentralen Platz vor der Kirche ist in den letzten Jahrzehnten ein Park mit fantasievollen Figuren entstanden, die Gärtner aus den Zypressen geschnitten haben. So gibt es einen langen Bogengang, der zum Hauptportal der Kirche führt und flankiert wird von Dinosauriern und Vögeln, Fantasiefiguren und Gesichtern. Zwar ist der Park ganz nett, doch uns zieht es heute zu anderen Abenteuern: Wir besuchen den größten Supermarkt Costa Ricas! Und der kann nur wo sein? Klar, in der Hauptstadt, in San José!

Waren riesige Einkaufszentren in den USA und in Mexiko noch eine Selbstverständlichkeit, so werden sie, je weiter man nach Süden reist, eine Seltenheit. Für uns sind sie ein Highlight, das schon mal verlockender sein kann als beschnittene Hecken. Rund zwei Monate ist es her, dass wir das letzte Mal einen Supermarkt der gleichen Kette in Tegucigalpa, der Hauptstadt Honduras, besucht haben. Entsprechend lang ist auch der Einkaufszettel. Ganz oben auf der Liste steht eine neue Matratze für unser Bett. Nach zwei Jahren Dauereinsatz ist unsere in Deutschland maßgefertigte Matratze durchgelegen und wir wachen jeden Morgen mit Rückenschmerzen auf.

„Wie breit ist denn die Matratze?", fragen wir den Verkäufer.

„1,40 Meter." Das ist perfekt.

„Und wie lang?"

„1,90 Meter."

Das ist ja unglaublich! Exakt die Größe, die wir benötigen. Ist in Deutschland zwei Meter die Standardlänge, so profitieren wir hier davon, dass die Lateinamerikaner kleiner und daher auch die Matratzen kürzer sind.

„Dann hätten wir gerne die Matratze. Aber die alte müssen wir dafür hier lassen. Für die haben wir keine Verwendung mehr."

Das stößt jetzt nun doch auf Probleme. Unser Verkäufer schaut ein wenig ratlos. Vielleicht liegt es aber auch daran, dass meine spanischen Sätze etwas unbeholfen herüberkommen und ungefähr so lauten:

„Neue Matratze gut. Kaufen. Alte Matratze hier lassen. Nicht mehr wollen. Alles klar?"

Der Verkäufer schaut uns fragend an. Ich wiederhole:

„Alte Matratze Müll, sonst nicht brauchen neue."

Er wendet sich an seine Kollegin und fragt, ob sie eine Matratze brauchen kann. Sie scheint zu sagen „Ich nicht, aber ...". Es dauert nicht lange und immer mehr Angestellte stehen um uns herum. Es wird diskutiert und telefoniert. Es geht nicht mehr darum, ob unsere alte Matratze hier bleiben kann, sondern wer in diesem riesigen Supermarkt sie bekommen darf.

Endlich wieder eine Nacht zum Durchschlafen. 1200 Höhenmeter und eine neue Matratze versprechen einen kühlen und erholsamen Schlaf. Ununterbrochen trommelt der Regen auf unser Dach. Die

Regenzeit hat uns wieder. Fast täglich regnet es nun, meist ab dem späten Nachmittag bis in die Nacht. Doch besonders viel Regen erwartet uns im Nationalpark Tapantí. Über 6500 Millimeter pro Jahr machen den Park zur regenreichsten Gegend Costa Ricas.

„Stell dir mal diese unglaubliche Menge vor. Sechseinhalb Meter Wasser kommen hier jedes Jahr vom Himmel. Das würde ausreichen, um bei einem durchschnittlichen Einfamilienhaus Erdgeschoss und ersten Stock komplett zu überfluten!"

Entsprechend erwartet uns auf unserer Wanderung zum blutroten Fluss des Parks ein Wald mit vom Moos überzogenen Baumstämmen, dichtem Farn am Wegesrand, Bromelien auf den Ästen und Lianen, die wie Taue aus den Wipfeln hängen. Riesige blaue Schmetterlinge flattern vor uns über den Weg, Eidechsen fliehen ins Unterholz. Wieder einmal sind wir tief im Regenwald.

Im Hochland Costa Ricas geht es immer wieder auf und ab. Konnten wir in Nicaragua noch einen einzigartigen Spritverbrauch von nur 12,5 Liter pro hundert Kilometer registrieren, so schnellt er in den Bergen auf über fünfzehn Liter hoch. Ob es wirklich die extremen Steigungen und die Fahrten in der dünnen Luft sind oder ist der Diesel von schlechterer Qualität?

Entlang der Südflanke des Vulkans Irazú, der hinter tief hängenden Wolken versteckt liegt, kommen wir zurück auf die Panamericana. Sie windet sich stetig bergauf, um mit dem Cerro de la Muerte den höchsten Punkt der Panamericana in Zentralamerika zu erklimmen.

Wir sind nicht auf der Jagd nach neuen Rekorden, sondern nach dem sagenumwobenen Göttervogel, dem Quetzal. In den Gebirgswäldern Mittelamerikas, etwas unterhalb von dreitausend Metern, hat er den für sich optimalen Lebensraum gefunden. Da er nur sehr schwer zu finden ist, buchen wir einen Führer, der für uns diesen berühmten Vogel aufspüren soll. Um sechs Uhr in der Früh sind wir bereits im Wald unterwegs. Die Bedingungen sind optimal. Überall wachsen die wilden Avocados, von deren Samenkörner sich der Quetzal bevorzugt ernährt. Die Sonne geht auf und beleuchtet die Baumwipfel, auf denen wir nach ihm Ausschau halten.

Bereits die Maya und Azteken haben den Quetzal als Göttervogel verehrt. Seine bis über ein Meter langen, grünen Schwanzfedern schmückten die Federkrone des Aztekenherrschers Montezuma, in Guatemala ist er der Nationalvogel und sogar die Währung ist nach ihm benannt. Gnadenlos wurde er wegen seiner Federn gejagt, sein natürlicher Lebensraum vom Menschen immer stärker vernichtet. Kein Wunder, dass es nur noch wenige Exemplare gibt.

Dann sehen wir ihn, sogar ein besonders farbenprächtiges Männchen. Schillernd grün sind Kopf und Flügel, der Bauch leuchtend rot. Die kurzen, eng am Körper anliegenden Schwanzfedern sind strahlend weiß, während die darüber liegenden, grünen Deckfedern den Körper fast um einen Meter verlängern. Ganz strubbelig ist sein Kopfgefieder. So als wäre er gerade erst aus dem Nest gestiegen und hätte noch keine Zeit gehabt, sich zu frisieren. Ruhig sitzt er über uns, oben in den Zweigen. Wie groß ist doch unser Glück, dass wir auf unserer Tour auch dieses Highlight erleben dürfen.

„Euch geht es wohl zu gut!"

„Ihr solltet mal soviel arbeiten wie wir, dann wüsstet ihr, was es bedeutet, urlaubsreif zu sein!"

Ja, ja, ist schon richtig. Wir klagen auf hohem Niveau, aber wir benötigen eine Auszeit! Die letzten Wochen und Monate waren für uns ein straff organisiertes Besichtigungsprogramm. Reiseführer studieren, Routen ausarbeiten, Besichtigungen durchführen, Fotos schießen und auswählen, Berichte fürs Internet schreiben und während der Fahrt durch das eine Land schon den Reiseführer für das nächste Land lesen. Wenn wir uns mit anderen Reisenden darüber unterhalten, dann ist diese Situation bekannt. Für die Daheimgebliebenen in Deutschland sind es Luxussorgen und viele würden wohl gerne mit uns tauschen.

Wir befinden uns an der Pazifikküste Costa Ricas in unmittelbarer Nähe zu den Traumstränden des Nationalparks Manuel Antonio und dem Nationalpark Marino Ballena. Ein Ort, an dem sich viele reiche Amerikaner traumhafte Villen in die Berghänge gebaut haben, mit Blick auf das Meer.

„Na, so etwas könnte mir schon gefallen. Ein schönes Haus mit Meerblick, großer Terrasse, Waschmaschine und vor allen Dingen einer heißen Dusche!"

Gerade die heiße Dusche ist in unseren Gesprächen immer stärker zu einem Synonym für Luxus geworden. Zwei Monate ist es her, dass wir das letzte Mal warmes Duschwasser hatten. Mittlerweile sind wir schon froh, wenn überhaupt irgendwo eine Dusche ist oder fließendes Wasser aus einem Rohr in der Wand kommt. Der Mensch wird bescheiden. Eine heiße Dusche, das wäre wirklich genial. Möglichst noch eine, bei der nicht der Boiler nach zwei Minuten leer ist oder der elektrische Heizkopf das Wasser nur bis maximal 25 Grad erhitzt.

„Aber das können wir uns wohl kaum leisten."

„Lass uns doch einfach mal zu einem Makler gehen und fragen. Die meisten Häuser stehen doch eh leer."

Also stehen wir schon kurze Zeit später in einem Immobilienbüro und schauen uns wunderschöne Hochglanzbilder von prächtigen Villen an: mehrere Schlafzimmer, tolle Pools, riesige Terrassen, Blick aufs Meer.

„Das Haus ist aber schön."

„Und wie teuer?"

„650 Dollar die Woche."

Nein, das ist definitiv zu viel für uns, obwohl der Preis für ein solches Anwesen wirklich gerechtfertigt ist. Die Konjunktur in den USA ist nach wie vor schlecht und viele müssen im Moment unter Wert vermieten.

„Also, bei siebenhundert Dollar für zwei Wochen nehmen wir es!"

Das kann die Maklerin nicht entscheiden und muss erst den Besitzer in den USA kontaktieren. Das „o.k." kommt drei Stunden später. Schon versuchen wir, noch ein wenig mehr zu handeln.

„Wir würden es sogar einen ganzen Monat mieten. Dann dürften es aber nicht mehr als tausend Dollar inklusive aller Nebenkosten sein."

Erneut wird telefoniert und der Handel steht. Den kompletten nächsten Monat sind wir Mieter einer tollen Villa, zweihundert Meter oberhalb der Pazifikküste, haben zwei große Terrassen mit Blick auf das Meer, drei Schlafzimmer, zwei Badezimmer – natürlich mit heißer Dusche – eine voll ausgestattete Küche, ein Wohn- und Esszimmer, einen großen Keller mit Waschmaschine und Trockner und für uns ein weiterer Luxus – ein schnelles Internet. So einen Urlaub lassen wir uns gefallen, einen Monat ohne Fahren, ohne Besichtigungen. Eigentlich ist alles perfekt.

Dann erreicht uns am Tag unseres Einzugs eine dramatische Mail. Jörg, mit dessen Frau Ingrid wir zwei wunderschöne Wochen gemeinsam durch Guatemala gereist sind, schreibt uns. Ingrid ist vor fünf Tagen in Argentinien tödlich verunglückt! Wir sind geschockt. Wir verfolgen den Reiseblog der beiden kontinuierlich, profitieren von ihren Tipps und Ratschlägen und stehen in regelmäßigem Mailkontakt. Es vergeht kaum eine Woche, in der wir nicht von den beiden sprechen. Wie lustig und schön war die Zeit, die wir miteinander verbracht haben. Immer haben sie mit soviel Enthusiasmus und Lebensfreude ihre Tour durchgeführt, hat Ingrid so begeistert im Internet von ihren Erlebnissen berichtet. Die beiden waren voller Pläne.

Und nun ist das alles vorbei. Ist durch einen winzigen Moment der Unachtsamkeit, Pech oder Tragik nicht nur die Tour abgebrochen, sondern ein Leben für immer verloren. Wir trauern von ganzem Herzen um einen Menschen, den wir kennenlernen durften und haben tiefstes Mitleid mit ihrem Mann Jörg. Wir sind froh, dass wir unsere Reise nun für einen Monat unterbrechen können. Auch für uns brauchen wir Zeit, um dieses schreckliche Erlebnis zu verarbeiten.

25. Kapitel:
Reiches Panama – armes Panama

„Wir sind aus Deutschland – Alemania. Nicht aus Costa Rica. Sie müssen das ändern." Ich bin verzweifelt. Die Dame an der Grenze zu Panama ist zwar sehr freundlich, doch leider nicht die fähigste. „Wir brauchen die korrekte Angabe im Zollpapier."

Sie verdreht die Augen und demonstriert für mich noch einmal ganz langsam was passiert, wenn sie für die Zollformalitäten unseres Autos das Länderkürzel für Deutschland in ihre Computermaske eingibt.

„Schau her, ich gebe jetzt ALE für Alemania ein."

Erneut erscheint auf dem Bildschirm eine Fehlermeldung, der Computer hängt sich auf und muss neu gestartet werden. Zum dritten Mal beobachten wir nun schon, wie unser Herkunftsland die EDV der Grenzabfertigung zum Absturz bringt. Unsere deutsche Ordnungsliebe lässt sich einfach nicht mit panamaischer Programmierkunst vereinbaren. Nach einer dreiviertel Stunde resignieren wir: Tatsächlich klappt nur das Kürzel CR für Costa Rica – na gut, dann reisen wir durch Panama halt als Bürger Costa Ricas!

Zwei Büros weiter müssen wir die obligatorische Autoversicherung abschließen. Die Dame ist ebenfalls sehr bemüht. Darüber hinaus darf man jedoch auch von ihr nur wenig erwarten. Sie reicht mir das ausgedruckte Formular mit unseren persönlichen Daten zur Unterschrift. Meine Name ist falsch geschrieben, die Fahrzeugnummer hat einen Zahlendreher und das Nummernschild ist ebenfalls fehlerhaft aus den Papieren übertragen. Ich greife nach dem Kugelschreiber, verbessere die Fehler und ernte wütende Proteste.

„Da dürfen Sie nicht drauf schreiben. Das ist das Original!"

„Aber es sind doch Fehler drin."

„Das ist egal. Sie dürfen nur unterschreiben. Nichts korrigieren."

Diese Logik erschließt sich mir zwar nicht, doch erleben wir solche Situationen häufig in Zentralamerika. Insbesondere die Offiziellen an der Grenze sind oft überfordert, die für sie fremden Namen zu entziffern und die deutschen Papiere zu interpretieren. Statt zu fragen, werden die Felder im Computer auch mal kreativ gefüllt. Weist man sie jedoch auf Fehler hin, reagieren sie eher ungehalten. Das bedeutet ja, ihre Autorität in Frage zu stellen. Aus diesem Grunde versuchen wir an jeder Grenze die Beamten in ein Gespräch zu verwickeln, mit ihnen zu lachen und nebenbei mit Argusaugen darauf zu achten, was sie am Bildschirm eingeben. Und wenn man bereit ist, Fünfe auch mal gerade sein zu lassen, klappt das eigentlich ganz gut. Mal sind wir gebürtige Albaner, ein andermal lautet unser Nachname Bundesrepublik Deutschland.

„Woran denkst du, wenn du Panama hörst?"

„Natürlich an Bananen!"

Kein Wunder! Wie heißt es doch in Janoschs Bilderbuch „Oh, wie schön ist Panama": „Panama riecht von oben bis unten nach Bananen."

Und tatsächlich sind die Tropenfrüchte bis heute das wichtigste Exportgut des Landes. Doch die mit Abstand meisten Arbeitsplätze gibt es nicht in der Landwirtschaft, sondern im Dienstleistungsbereich. So erinnert die Hauptstadt Panama City mit ihrer beeindruckenden Skyline aus Hochhäusern an Manhattan in New York City. Panama ist nicht nur Bananenexporteur, sondern auch Heimat eines der größten Finanzzentren der Welt. 104 internationale Banken haben hier ihren Sitz. Acht der zehn höchsten Hochhäuser Lateinamerikas ragen im Stadtzentrum in den Himmel. 22 Wolkenkratzer sind höher als zweihundert Meter. Doch wie in New York City liegt auch hier die Glitzerwelt der Finanzen direkt neben den Armenvierteln.

Schon in anderen Großstädten haben wir die Erfahrung gemacht, dass man das städtische Leben und seine Gegensätze am besten bei einer Fahrt im Linienbus beobachten kann. Vor dem Fenster verändert sich das Bild der Stadt. Wir lassen die Bürotürme und die Menschen im Businesslook hinter uns. Offene Marktstände verkaufen nicht nur Obst und Gemüse, sondern auch gebrauchte Werkzeuge, Kleidung oder Potenzmittel. Hinter uns sitzen drei Muchachas – junge Frauen. Vielleicht sind sie Reinigungskräfte in einer der Banken? Sie schnattern laut miteinander, lachen und rufen ab und zu den Leuten auf der Straße etwas zu. Der Verkehr ist mörderisch. Innerhalb der nächsten halben Stunde fährt unser Busfahrer einem Lieferwagen den Außenspiegel ab und wird selber von einem Fahrzeug an der hinteren Stoßstange gerammt.

„Hier dürft ihr nicht aussteigen!", warnt uns unsere Sitznachbarin, „das ist ein gefährliches Stadtviertel."

Tatsächlich hat sich das Bild erneut gewandelt. Wir sehen große Wohnblöcke, von denen die Farbe abblättert und die mit Graffiti

Skyline von Panama City

beschmiert sind. Fensterscheiben gibt es fast nirgendwo mehr, nur noch dunkle Öffnungen im Mauerwerk. Aus ihnen oder von den Balkonen flattert die Wäsche zum Trocknen. Die Kleidung der Menschen ist verschlissen. An den geöffneten Bierflaschen in den Händen der Männer auf der Straße wird eines der sozialen Probleme deutlich. Andere Drogen sind zwar für uns unsichtbar, doch ebenfalls präsent. Wer hier keine Wohnung hat, schläft auf Pappkartons unter der Brücke. Unser Bus brettert ohne anzuhalten in hohem Tempo durch dieses Viertel. Nur ein paar Kilometer weiter erreichen wir die größte Einkaufsmall Zentralamerikas. Teure Markenkleidung direkt neben den Slums, die Gegensätze zwischen arm und reich liegen in Panama ganz dicht beieinander.

Diese erschreckende Erfahrung haben wir schon vor einigen Tagen kurz nach Überquerung der Landesgrenze gemacht. Wir bewundern die farbenfrohen, langen Kleider der Guaymí-Frauen. Bei ihnen handelt es sich um einen indigenen Stamm im Nordwesten Panamas, der sich über die Jahrhunderte nicht mit den spanischen Eroberern vermischt hat, sondern auch in der heutigen Zeit versucht, sein traditionelles Leben zu führen. Die meisten der indigenen Kulturen haben sich südlich von Guatemala zu einem homogenen Erscheinungsbild vermischt. Amerikanische Einheitsmode ersetzt heutzutage fast überall die individuellen Trachten. Umso mehr freuen wir uns, endlich wieder stolze Indígenas zu sehen.

Doch von einem respektvollen Leben kann leider nicht die Rede sein. Sie führen ein ärmliches Dasein als Knechte auf den Kaffeeplantagen. Kleine Holzverschläge, ausrangierte Container oder verfallene Baracken geben ihnen ein Dach über dem Kopf. Ohne fließendes Wasser und in katastrophalen hygienischen Verhältnissen leben sie in Sichtweite der prachtvollen Villen ihrer Arbeitgeber. Es ist für uns ein beklemmendes Gefühl, bei der Wanderung im Nationalpark Barú, an solchen Unterkünften vorbeizukommen. An den steilen Bergflanken des Vulkans wird der fruchtbare Boden bis in die letzten Winkel von Hand beackert. Unter extremen Bedingungen bringen die Menschen für die reichen Grundbesitzer die Ernte ein. Als Zeichen ihres Stolzes sind ihnen nur die leuchtend bunten Trachten geblieben.

Vor unseren Füßen windet sich eine Schlange über die Straße. Ihr schlanker Körper ist von etlichen farbigen Ringen gezeichnet.

Spontan fällt mir der bekannte Pfadfinderspruch ein: „Red over yellow kills a fellow, red over black friend of Jack."

Das bedeutet, wenn die roten Ringe der Schlange direkt an die gelben grenzen, dann handelt es sich um die tödliche Korallenotter. Kommt zwischen roten und gelben Ringen ein schwarzer Ring, dann ist es eine harmlose Variante. Hier ist jeder Zweifel ausgeschlossen: Wenn wir jetzt gebissen werden und innerhalb der nächsten 24 Stunden kein Gegengift erhalten, sind wir tot! Ich kann mich an keine Situation in meinem bisherigen Leben erinnern, in der ich einer tödlichen Gefahr so nahe war wie in diesem Moment.

Zwar keine Gefahr für Leib und Seele, jedoch für den Lack unseres Autos, drohen von den wilden Pisten hinauf zum Vulkan. Völlig aufgeweicht durch die täglichen Regenmassen geht es durch tiefe Fahrspuren steil den Berg hinauf. Eine Liane hängt tief aus dem dichten Blätterdach hinab und verfängt sich an unserem Außenspiegel. Wir reißen mit ihr gleich den ganzen Ast vom Baum, der krachend auf unsere Motorhaube schlägt. So groß wie der Unterschied zwischen arm und reich bei den Menschen, so groß ist der Unterschied zwischen guten und schlechten Straßen. Einer Autobahn ähnlichen Panamericana mit vier Spuren stehen unpassierbare Wege mit großen Felsbrocken oder knietiefem Lehm gegenüber.

Wir besichtigen die größte Rumfabrik des Landes, übernachten an einsamen Stränden und besuchen die einzige Wüste Panamas. In wenigen Tagen werden wir die Verschiffung unseres Autos nach Kolumbien organisieren. So langsam kommt die Zeit, Abschied von Zentralamerika zu nehmen.

„Warum müsst ihr eigentlich nach Kolumbien verschiffen? Gibt es denn keine Brücke über den Panamakanal?"

Diese Frage hören wir häufig aus der Heimat, wenn wir von der bevorstehenden Verschiffung berichten. Mit Panama wird automatisch das wohl berühmteste Bauwerk des Landes in Verbindung gebracht: Der Kanal, der den atlantischen mit dem pazifischen Ozean verbindet.

Am 3. November 1903 spaltete sich Panama von Kolumbien ab und unterzeichnete kurz darauf einen Vertrag mit den Vereinigten

Staaten von Amerika, in dem sie das Hoheitsrecht für das zukünftige Areal des Kanals an die USA gegen eine jährliche Mietzahlung abtraten. Das Bauprojekt ist tatsächlich gigantisch. Auf einer Länge von 83 Kilometern wurde eine künstliche Wasserstraße angelegt. 153 Millionen Kubikmeter Erde und Felsgestein wurden bewegt. Würde man das ursprünglich ausgebaggerte Material in einen Güterzug laden, erreichte dieser den vierfachen Erdumfang. Ein riesiger See wurde künstlich aufgestaut, um die Landverbindung schiffbar zu machen. 75.000 Menschen arbeiteten am Bau des Kanals, 25.000 von ihnen starben durch Krankheit und Unfälle.

Seit dem 31. Dezember 1999 ist der Kanal wieder fest in der Hand der Panamaer. Jährlich durchqueren 14.000 Schiffe den Panamakanal und bezahlen für die Durchfahrt im Schnitt 48.000 US-Dollar. Bei den riesigen Kreuzfahrtschiffen kann sich diese Summe auf bis zu 400.000 US-Dollar für eine einzige Passage addieren. Und doch ist das Einsparpotenzial wegen der verkürzten Wegstrecke so groß, dass im Jahr 2015 sogar eine Erweiterung des Kanals eingeweiht wird, um zukünftig noch mehr und noch größeren Schiffen die Fahrt durch den Panamakanal zu ermöglichen.

Auf unsere Verschiffung nach Kolumbien hat der berühmte Kanal jedoch keinen Einfluss. Er liegt recht genau in der Mitte Panamas und trennt das Land in einen westlichen und einen östlichen Teil. Da die Fahrrinne nur 153 Meter breit ist, gibt es auch eine ausreichende Anzahl von Brücken.

Wenn wir von der Verschiffung sprechen, dann meinen wir die Landbrücke zwischen Panama und Kolumbien.

„Aber wenn es eine Landverbindung gibt, dann könnt ihr sie doch mit dem Auto überwinden!"

Leider fehlen genau 110 Kilometer Straße zwischen den beiden Ländern. Im berüchtigten Tapón de Darién, besser bekannt als Darien Gap, ist die Panamericana unterbrochen. Das Darien Gap ist von undurchdringlichen Sümpfen durchzogen und mit dem größten zusammenhängenden Regenwaldgebiet Zentralamerikas bewachsen. Nicht die Regierungen von Kolumbien oder Panama haben hier das Sagen, sondern Schmuggler, Drogenhändler und kolumbianische Widerstandskämpfer. Hier herrscht Anarchie und die Durchquerung ist aufgrund der fehlenden Straße für Autos unmöglich und selbst für abenteuerlustige Wanderer ist die Gefahr zu groß, seinen Wagemut mit dem Leben zu bezahlen. Das Darien Gap zählt zu den gefährlichsten Gegenden der Welt.

So endet unsere Durchquerung von Mexiko und Zentralamerika nicht an der Grenze zu Kolumbien, sondern in der atemberaubenden Metropole Panama Stadt.

26. Kapitel: Willkommen in Kolumbien

„Können wir unsere Wertsachen im Hotelsafe einschließen?" „Kein Problem", meint die junge Frau an der Rezeption und lächelt mich aus ihren tiefschwarzen Augen freundlich an.

Gerade sind wir nach rund einer Stunde Flugzeit aus Panama City kommend in Cartagena gelandet. Was für uns mit dem Flieger nur einen Katzensprung ist, bedeutet für unser Fahrzeug eine mehrtägige Reise auf dem Frachtschiff.

Die Zeit ohne Auto verbringen wir daher im Hotel, nicht traurig darüber, mit Muße die faszinierende Stadt genauer kennenzulernen.

Cartagena de Indias, so der volle Name, ist die ehemals wichtigste Hafenstadt Südamerikas. Hier wurde zur Zeit der spanischen Kolonialisierung der Transport so wertvoller Güter wie Gold, Silber, Perlen und Edelsteine abgewickelt. Das führte zu einem extremen Reichtum der Stadt, aber auch zu einer ständigen Bedrohung durch Piraten, Freibeuter und die europäischen Großmächte. Eine elf Kilometer lange und meterdicke Festungsmauer schließt noch heute die Stadt ein. Die riesige Festung San Felipe und 29 kleinere Festungen machten sie nahezu uneinnehmbar. Doch stets war die Begierde der Eindringlinge groß und Cartagena ständiger Belagerungen ausgesetzt. Einer der größten Angriffe erfolgte im Jahr 1740 durch die Engländer. Mit 188 Schiffen und 18.000 Soldaten belagerten sie drei Monate lang die Hafenstadt, bis sie schließlich erfolglos abziehen mussten.

Auch wenn wir weder Gold, Silber noch Edelsteine mit uns führen, wollten wir unsere Wertsachen nicht im unbewachten Auto auf dem Schiff lassen. Daher haben wir alles dabei: Wagenpapiere, Pässe, Kreditkarten sowie Bargeld für die Auslösung des Fahrzeuges im

Hafen. So etwas möchte ich weder im Zimmer lassen noch durch die Stadt tragen.

Ordentlich füllt die junge Frau an der Rezeption eine Inventarliste aus, trägt alles genau ein. Das Geld muss ich ihr extra vorzählen, damit sie weiß, dass die Summe, die ich ihr nenne, auch stimmt.

„Einhundert, zweihundert, dreihundert, vierhundert, fünfhundert." Ihre Augen fangen an zu leuchten, als mit jedem Zwanzig-Dollar-Schein der kleine Papierstapel auf dem Tresen der Rezeption wächst. Fünfhundert Dollar haben in diesem Land, wo viele von einem solchen Monatslohn träumen, einen völlig anderen Wert als in Deutschland.

Alles wird säuberlich in einen großen, braunen Briefumschlag gesteckt, mit unserer Zimmernummer versehen und in die oberste Schreibtischschublade der Hotelrezeption gelegt.

Ich stutze. Auch wenn wir nun schon seit zwei Jahren auf Reise sind, kann ich mich mit der lateinamerikanischen Unbekümmertheit nicht immer abfinden.

„Packen Sie das nicht direkt in den Safe? Das sind wichtige Unterlagen und viel Geld."

„Tranquilo – ganz ruhig", sie lächelt mich wieder an, „kein Problem, ich bringe das gleich hinüber zum Safe."

„Bitte, es ist wirklich wichtig für uns. Die Papiere dürfen auf keinen Fall wegkommen."

Mir ist doch ein wenig mulmig zumute. Weder sind wir im touristischen Zentrum noch in einer Nobelherberge abgestiegen. Das Taxi vom Flughafen brachte uns in das Arbeiter- und Handwerkerviertel Cartagenas. Die Häuser stehen dicht aneinander gedrängt, ragen drei Stockwerke in die Höhe und haben ihre besten Jahre längst hinter sich. Der Putz blättert von den Wänden, die Fensterläden sind wegen der brutalen Hitze geschlossen, fahrende Kaufleute schieben in primitiven Holzkarren Obst und Gemüse durch die Gasse. Die ungeölten Holzräder quietschen und rattern über das unebene Pflaster.

Der unscheinbare Eindruck unseres Hotels setzt sich im Inneren fort. Wir haben ein Zweibettzimmer mit Ventilator gebucht, bekommen jedoch, da nichts anderes frei ist, ein Dreibettzimmer mit Klimaanlage. Dieses hat jedoch keine Fenster und so sind wir hermetisch von der Außenwelt abgeschlossen. Wir fühlen uns wie in der Innenkabine eines Schiffes. Auch das winzige Badezimmer ist gewöhnungsbedürftig. Zwischen Decke und Türwand wurde ein halber Meter freigelassen und die Dusche spendet nur kaltes Wasser. Doch das Personal ist herzensgut und hilfsbereit.

„Wie viel Uhr haben wir denn?"

„Keine Ahnung, es ist alles dunkel."

„Und wie ist das Wetter?"

Wir gehen mit leichten Sommersachen aus dem Zimmer während die Stadt gerade von einem tropischen Wolkenbruch heimgesucht wird.

Das Zentrum von Cartagena wurde von der UNESCO zum Weltkulturerbe erklärt und ist für uns zusammen mit Antigua in Guatemala die schönste Kolonialstadt, die wir bisher gesehen haben. Herrschaftliche, mehrstöckige Häuser liegen rechts und links der engen Kopfsteinpflastergassen. Kräftige Ockerfarben wechseln sich ab mit strahlendem Weiß. Hölzerne Balkone, teils mit reich verzierten Geländern, ragen über die Straßen. Immer wieder bieten kleine Parks mit wasserspeienden Brunnen ein schattiges Plätzchen zum Ausruhen. Cafés laden dazu ein, ein kleines Tässchen kolumbianischen Kaffee zu genießen. Eine Statue des berühmten kolumbianischen Bildhauers Fernando Botero ziert den zentralen Platz: Gertrudis, eine liegende, nackte Frau mit den typisch üppigen Kurven, die allen Kunstwerken Boteros zu eigen ist.

Wir lieben es, durch die engen Gassen Cartagenas zu schlendern und lernen dabei auch den klassischen kolumbianischen Imbiss kennen. Was in Deutschland die Bratwürste und in den USA die Hamburger sind, ist in Kolumbien der *arepa con queso:* Ein Teigfladen aus feingemahlenem Maismehl vermischt mit Wasser und Käse, in Form und Größe vergleichbar mit einer zusammengedrückten Semmel. Er wird an kleinen Imbissständen auf einer heißen Stahlplatte von beiden Seiten goldgelb gebacken, zum Schluss an einer Seite aufgeschnitten, um ein Stück Butter im warmen Fladen zu schmelzen, bevor man ihn zum sofortigen Verzehr in ein Stück Papier gewickelt bekommt.

Die berühmte, von Festungsmauern eingeschlossene Altstadt verlassend gelangen wir in die Randbezirke und beobachten Tätigkeiten, die es in dieser Form in Deutschland nicht gibt.

Da sind zum Beispiel die Handyverleiher an den Straßenecken. Auf kleinen Tischchen vor ihnen liegen drei bis vier Mobiltelefone. Alle mit einer Schnur sicher am Tisch gegen Diebstahl gesichert. Gegen eine kleine Gebühr können nun die Kunden mit diesen Handys telefonieren, wobei man eigentlich von „schnurloser" Mobiltelefonie nicht mehr sprechen kann.

Etwas weiter im Park sehen wir den Schachbrettverleiher. Auf kleinen Tischen sind Schachbretter aufgebaut, die Figuren säuberlich platziert, zwei Stühle davor aufgestellt.

Oder es gibt die Kaffeeverkäufer, die durch die Straßen ziehen, mal den Wartenden an der Bushaltestelle, mal den Kunden vor den Geschäften einen Kaffee anbieten. In der Hand halten sie ein Holzgestell, in dem mehrere Thermoskannen, Milch und Zucker sowie winzige Kaffeebecher für den typisch kolumbianischen *cafecito* verstaut sind.

Doch ein „Beruf" übt eine besondere Faszination auf mich aus. Wobei mir zuerst nicht klar ist, was hier eigentlich angeboten wird.

„Schau mal diese wunderschönen, alten Schreibmaschinen." Ich bin ganz verzückt. Erinnern mich die mechanischen Geräte doch an meinen ersten Kurs im Maschinenschreiben, den ich Anfang der 80er-Jahre besucht habe – auf genau solchen Maschinen. Bei jedem Tastenanschlag wird nicht nur ein kleiner Typenhebel mechanisch auf das Papier gedrückt, sondern nach jedem Buchstaben bewegt sich der Wagen ein Stückchen weiter nach links, um am Ende der Zeile mit einer energischen Handbewegung wieder nach rechts geschoben zu werden.

Fein säuberlich stehen diese Schreibmaschinen neben ihren Besitzern auf einem Mäuerchen vor dem Verwaltungsgebäude.

„Ob die wohl verkauft werden?", denke ich mir noch, als ich beobachte, wie ein Mann mit einem handgeschriebenen Zettel auf den Stand zugeht. Ein anderer Mann setzt sich vor die kleine Schreibmaschine, greift sich die handschriftliche Notiz und formuliert daraus ein amtliches Schreiben, das er sauber auf einen Briefbogen tippt. Brief und Geld wechseln den Besitzer und kurze Zeit später verschwindet der Kunde im Verwaltungsgebäude, um seinen Brief an offizieller Stelle abzugeben.

Nach drei Nächten in unserer „Dunkelkammer" buchen wir uns in ein anderes Hotel ein. Die Ankunft unseres Autos im Hafen hat Verspätung und für die nächsten Nächte erscheint uns ein Zimmer mit Fenstern die bessere Alternative.

„Vergiss nicht, dir die Dokumente aus dem Hotelsafe geben zu lassen", ermahnt mich Petra, „ohne die Papiere bekommen wir unser Auto nicht aus dem Hafen."

Die junge Dame an der Rezeption schaut mich wieder freudestrahlend an. Natürlich habe sie gut auf unsere Dokumente aufgepasst. Sie zieht die oberste Schublade am Schreibtisch auf, in die sie vor drei Tagen den Umschlag mit all unseren Papieren und dem Geld gelegt hat und legt ihn mir auf den Empfangstresen. Noch nicht einmal abgeschlossen hatte sie den Schreibtisch, geschweige denn unsere Unterlagen in einen Safe gelegt. Die ganzen Tage und Nächte lagen sie für jeden zugänglich an der Rezeption. Oben darauf die Quittung mit der detaillierten Aufzählung, was im Umschlag verschlossen ist.

Sprachlos blicke ich auf das große Poster, das hinter der Rezeptionistin an der roten Backsteinwand hängt: „Willkommen in Kolumbien!"

Neben dem bunten und fröhlichem Leben in der Altstadt erleben wir auch die Kehrseite der Großstadt. Wir können endlich, wenn auch mit zwei Tagen Verspätung, unser Auto aus dem Hafen abholen. Auf der Suche nach einem Supermarkt gelangen wir in das Armenviertel der Stadt. Abfallberge türmen sich entlang des Flussufers an der rechten

Cartagena umgibt eine massive Festungsmauer

Straßenseite, während auf der linken Seite Marktstände ihre Produkte anpreisen. Große Fleischstücke liegen ungeschützt in der Hitze, das Blut tropft seitlich herunter und Fliegenschwärme umschwirren die einfachen Holztische. Daneben spielen Kinder im Dreck, ein alter Mann verrichtet im Müll seine Notdurft. Hunde und Geier balgen sich um den stinkenden Abfall, Männer laufen barfuß hindurch und suchen nach Dingen, die sie noch verwenden können.

Nach offiziellen Angaben leben in Kolumbien fast die Hälfte der Menschen in Armut. Davon sind rund sieben Prozent absolut arm. Das heißt, sie verfügen umgerechnet über weniger als einen US-Dollar pro Tag. Auch mit Kolumbien erwartet uns wieder ein Land der sozialen Gegensätze.

27. Kapitel: Nett und neugierig

Dass die Bewohner der Touristenstadt Cartagena sehr freundlich sind, können wir ja verstehen. Besteht doch häufig ein direkter Zusammenhang zwischen gutem Service und gutem Trinkgeld. Doch bei unserer Fahrt durch das Hinterland bemerken wir schnell, dass die Kolumbianer auch ohne Aussicht auf unsere Touristen-Peso über alle Maßen nett und zuvorkommend sind.

Der Blick auf die Uhr zeigt, dass der erste Reisetag im neuen Land zu Ende geht. Zwar steht die Sonne noch über dem Horizont, doch die Erfahrung hat uns gelehrt, dass die Dämmerungsphase so nah am Äquator nur sehr kurz ist. Auf den Sonnenuntergang folgt eine kurze Zeit des Zwielichtes und nach rund dreißig Minuten herrscht bereits absolute Dunkelheit.

Heute käme ein Übernachtungsplatz an einem Restaurant genau richtig. Wir haben schnell festgestellt, dass Kolumbien in seiner Größe in einer völlig anderen Liga spielt als die Länder Zentralamerikas. Obwohl wir den ganzen Tag ohne Pausen gefahren sind, haben wir uns auf der Landkarte nur wenige Zentimeter in Richtung Osten bewegt. Kein Wunder, vergleicht man es beispielsweise mit unserem letzten Reiseland Panama, dann ist Kolumbien mehr als fünfzehn Mal so groß! Zur Müdigkeit kommt heute noch ein guter Appetit dazu.

Übernachtungsplatz neben einem Feinschmecker-Restaurant

„Dann ist wohl mal wieder Einheitsessen angesagt."

Was Restaurants betrifft, ist Petra recht desillusioniert. Häufig haben wir schon erlebt, dass essen gehen in Lateinamerika zwar sehr preiswert, dafür aber auch sehr einfach ist. Der Fokus liegt auf Reis, Kartoffeln und Bohnen. Da Fleisch der kostspielige Teil einer Mahlzeit ist, hat es entweder eine mindere Qualität oder wird nur in sehr kleinen Portionen serviert.

Freundlich winkend werden wir auf dem Parkplatz eines kleinen Restaurants neben der Hauptstraße begrüßt.

„Dürfen wir über Nacht hier stehen bleiben, wenn wir bei Ihnen zu Abend essen?"

„Klar, gar kein Problem. Herzlich Willkommen."

Der Koch persönlich weist uns in eine Parklücke ein. Fast nehmen wir eine tiefhängende Leitung mit und hätten damit beinahe schon beim Einparken die Stromversorgung des kleinen Restaurants gekappt. Was nicht dramatisch gewesen wäre, denn die Mahlzeiten werden auf einem riesigen, mit Holz befeuerten Ofen in der offenen Küche zubereitet.

Die Bedienung repräsentiert nahezu perfekt den typischen Kolumbianer. Wir sind kaum aus dem Auto gestiegen, da steht sie schon mit gezücktem Bestellblock neben uns und strahlt uns aus leuchtend schwarzen Augen begeistert an.

„Para servirle“ oder „a la orden“ sind zwei der wichtigsten Ausdrücke kolumbianischer Gastfreundschaft: „Zu Ihren Diensten“ beziehungsweise „Auf Ihren Befehl“. Und das ist nicht nur dahergesagt, sondern kommt aus tiefster Überzeugung.

Doch zuerst hat unsere junge Freundin einen ganz anderen Wunsch. „Darf ich mal hinten in die Kabine schauen? Lebt ihr da drinnen?“

Wir haben wenig Berührungsängste den Menschen zu zeigen, wie wir leben. So schließen wir die Tür zu unserer Wohnkabine auf und werden schon kurz darauf Zeuge kolumbianischer Begeisterung. Ihre Freundin kommt aus der Küche herbeigelaufen und steht nur ein paar Sekunden später ebenfalls an unserer Türe. Die beiden kriegen sich vor lauter Begeisterung gar nicht mehr ein. Wir fühlen uns ein wenig wie zwei Promis, die auf ihre begeisterten Groupies gestoßen sind.

Tisch und Stühle werden im Restaurant für uns zurechtgerückt, Ventilatoren um uns platziert und kurz darauf stehen zwei Flaschen Bier vor uns.

Was wir denn zu Essen wollen, werden wir gefragt. Was sie denn haben, können wir nur antworten. Wie in den meisten Restaurants gibt es keine Speisekarte. Es folgt eine schnelle Aufzählung unterschiedlicher Gerichte. Petra entscheidet sich für Huhn. Damit kann man nie etwas falsch machen. Ich ringe mich zu einem Gericht durch, von dem ich nur verstanden habe, dass es sehr umfangreich sein soll.

„Wollt ihr auch eine Suppe vorab?“

Heute nehmen wir alles mit, wir sind hungrig.

Schon die Suppe hätte uns zeigen müssen, welch ein Abendessen uns heute bevorsteht: Sämig mit Gemüse und Kräutern, perfekt gewürzt und mit viel Fleisch. Ich weiß nicht, wann ich das letzte Mal eine so gute Suppe gegessen habe. Ich bin schon satt, nachdem ich den letzten Löffel zum Mund geführt habe. Doch der Höhepunkt folgt erst. Die Hauptspeise wird serviert.

In zwei große Holzbretter ist eine im Feuer erhitzte Stahlplatte eingelassen, auf der für Petra ein saftiges Hühnchen brutzelt, bei mir ein riesiges, sicherlich vierhundert Gramm schweres Steak. Dazu gibt es einen grünen Salat garniert mit Erdbeeren und Sternfrüchten. Auf weiteren Tellern werden Pommes, Reis und Nudeln aufgetischt. Selten habe ich etwas vergleichbar Gutes gegessen.

Die ganze Zeit sind beide Mädels fleißig bemüht, uns jeden Wunsch von den Augen abzulesen. Kein Wunder, dass sich der Tisch nach und nach mit sechs leeren Bierflaschen füllt. Selbst der Koch gesellt sich zu uns und freut sich sichtbar über unser Kompliment. Was wir für eine Fernfahrer-Kneipe an der Hauptstraße hielten, entpuppt sich als ein Feinschmeckertempel.

„Ich dachte immer, in Kolumbien wird an jeder Ecke Rauschgift angebaut und die Drogenkartelle bekriegen sich untereinander."

Das Wissen zu Kolumbien im Ausland wird immer noch stark durch das Bild der Narco-Republik geprägt, das zwischen den 70er- und 90er-Jahren entstand. Maßgeblich verantwortlich war dafür der kolumbianische Drogenhändler Pablo Escobar, der achtzig Prozent des internationalen Kokainmarktes kontrollierte. Während seiner „erfolgreichsten" Jahre hat er nicht nur bis zu 1,5 Millionen Dollar pro Tag verdient, sondern sein Medellín-Kartell war in den 1980er-Jahren für zwanzig Morde pro Woche verantwortlich.

Wen wundert es da, dass wir bei einem Telefonat nach Deutschland von Petras Mutter gefragt werden:

„Verdienen die denn wirklich alle ihr Geld im Drogengeschäft?"

Nicht nur in den dunklen Kapiteln der Geschichte wartet das nördlichste Land Südamerikas mit berühmten Namen auf, sondern auch weltbekannte Künstler haben ihre Wurzeln in Kolumbien: So kommen der jüngst verstorbene Literaturnobelpreisträger Gabriel García Márquez und der Maler und Bildhauer Fernando Botero genauso von hier wie die Musiker Shakira und Juanes oder der Formel-1-Fahrer Juan Pablo Montoya.

Wie bei der Formel 1 kommen wir uns auch auf den Straßen vor. Sind die Kolumbianer normalerweise herzensgute und höfliche Menschen, so verwandeln sie sich in Rowdys, sobald sie ein Lenkrad in der Hand halten. Es wird gehupt, gedrängelt und gnadenlos überholt. Eine zweispurige Straße wird an der roten Ampel schon mal bis auf fünf Spuren erweitert. Schilder zur Geschwindigkeitsbegrenzung werden als Verschönerung der Umwelt betrachtet und Überholverbote auf kurvigen Bergstraßen als Herausforderung.

Wir sind jedes Mal froh, unfallfrei durch den Verkehr zu kommen und unser Auto sicher abstellen zu können. Doch mit Verlassen ihrer

Fahrzeuge werden auch die Kolumbianer wieder lammfromm und vor allen Dingen neugierig.

Unser Auto fordert diese Neugierde geradezu heraus. Für einige Tage übernachten wir auf dem Parkplatz eines kleinen Naturparks mit dem Namen Los Estoraques. Dieser Park darf nur mit einem Führer betreten werden und begeistert durch seine erodierten Sandsteinsäulen. Doch was noch mehr begeistert ist unser Auto. Jeder Besucher – und davon gibt es an diesem Wochenende viele – schlendert an unserem Fahrzeug vorbei. Doch während wir aus den anderen Ländern eine eher zurückhaltende Neugier gewohnt sind, steuern die Kolumbianer zielgerichtet auf uns zu.

„Dürfen wir hineinschauen?", fragen die Höflichen.

Doch das Fragen liegt nicht jedem. Eine Frau ist das Selbstbewusstsein in Person. Petra und ich sitzen in unseren Campingstühlen vor dem Auto. Die rund 35-jährige Frau, modisch gekleidet und mit Goldschmuck behangen, grüßt freundlich zu uns herüber, macht die Türe zu unserer Wohnkabine auf und verschwindet im Inneren.

Während wir noch mit offenen Mündern in Richtung unseres Fahrzeuges schauen, folgen ihre zwei Kinder.

Von innen ruft ihnen ihre Mutter zu: „Schuhe ausziehen bevor ihr reinkommt!"

Trotzdem kann man ihnen einfach nicht böse sein. Wir stürzen in unser Auto mit der festen Absicht, dieser allzu großen Dreistigkeit einen Riegel vorzuschieben. Kaum stehen wir in unserer Kabine, springt die Frau von unserem Sofa hoch, auf dem sie sich bereits gemütlich niedergelassen hat, umarmt uns stürmisch und erzählt, wie schön wir es doch hätten.

Alles wird fotografiert, alles interessiert angeschaut und angefasst. Wir werden in den Arm genommen, in die Familie eingereiht und zusammen mit unserem Auto für das Fotoalbum abgelichtet. Familienväter platzieren sich vor unserem Wagen, lehnen sich lässig auf unsere Motorhaube und lassen sich von Mutter fotografieren. Danach müssen sich die Kinder der Größe nach vor Papa aufstellen und werden ebenfalls aufs Foto gebannt. Einer bittet mich sogar kurz aus dem Bild zu gehen, damit er alleine mit unserem Auto auf dem Foto wäre.

Sogar die Führer ändern ihre gewohnte Route und führen alle Besucher nun zusätzlich an unserem Auto vorbei.

„Das Auto gehört Deutschen. Die wohnen darin. Sie haben ein Badezimmer, eine Kochgelegenheit, ein Bett. Hier draußen durch diese Öffnung kann man Wasser in den Wassertank füllen."

Woher er die letzte Information hat, ist mir schleierhaft. Aber er versteht es, seine Führung mit allen möglichen interessanten Details zu bereichern. Nur auf sein Klopfen an unser Fenster und die Frage „Darf ich den Leuten mal kurz das Innere zeigen?" müssen wir irgendwann einschreiten und die Erlaubnis verweigern. Manchmal brauchen auch wir ein paar Minuten Ruhe vor den extrem neugierigen Kolumbianern.

28. Kapitel: „Sehr schlecht?" – „Nein, schlimmer!"

Die Grenze nach Venezuela ist nur wenige Kilometer entfernt. Dafür braucht man keinen Blick auf die Landkarte zu werfen, sondern kann im wahrsten Sinne des Wortes seiner Nase folgen. Es stinkt! Der schwere Geruch von Benzin und Diesel hängt in der Luft und zwingt uns, die Fenster zu schließen.

Venezuela verfügt über riesige Erdölvorkommen und versorgt seine Bürger mit dem billigsten Sprit des gesamten amerikanischen Kontinents. Preise von 0,10 Euro pro Liter liegen für uns Europäer schon außerhalb der Vorstellungskraft. Auch für die kolumbianischen Nachbarn sind diese Preise paradiesisch.

Geschäftstüchtig kaufen die Kolumbianer den billigen Sprit in großen Mengen im Nachbarland, bringen ihn über die Grenze und verkaufen ihn dann am Straßenrand an die vorbeifahrenden Autos.

„Denen ist aber auch jeder Behälter recht, um den Treibstoff zu lagern." Mit großen Augen schaue ich auf die wilde Mischung von großen, alten Ölfässern und ehemals weißen Kunststoffkanistern.

„Der da vorne verkauft den Diesel sogar in alten Coca-Cola-Flaschen." Petra zeigt mit dem Finger auf einen Mann im ölverschmierten blauen Overall am Straßenrand. Und tatsächlich, zu seinen Füßen stapeln sich mehr als Hundert zwei Liter PET-Flaschen, an denen noch nicht mal der rote Aufkleber mit der weißen geschwungenen Schrift entfernt wurde.

Um einen Trichter zum Befüllen der Fahrzeugtanks zu basteln, wird bei einer leeren PET-Flasche der untere Teil abgeschnitten und der

Flaschenhals mit einem Stück Gartenschlauch verlängert. Wenn dann die großen Kanister geschultert werden, um den Tank eines Lkw zu befüllen, wird mit zitternden Armen schon mal der ein oder andere Liter verschüttet und versickert langsam im Boden. Das kümmert hier niemanden. Alle paar Meter ist die Erde am Straßenrand ölig schwarz durchtränkt von Diesel und Benzin. Der Geruch hängt bleiern über der Straße.

Eher unsere Nerven als unsere Nasen werden bei der Durchfahrt der Großstadt Bucaramanga beansprucht. Die Stadt ist ein Moloch rücksichtsloser Autofahrer. Die rechte Spur ist mit Bussen verstopft, also versuchen wir unser Glück auf der linken. Gnadenlos werden wir überholt. Von allen Seiten schießen Mopeds an uns vorbei. Jede noch so kleine Lücke wird zum schnelleren Durchkommen genutzt.

Ich bin recht angespannt und werde noch gestresster, als unser Navi mich auf der Suche nach einem Supermarkt von der Hauptstraße ab- und in ein Gewirr von kleinen Nebenstraßen hineinführt. Doch aus dem ersehnten Großeinkauf wird schon wieder nichts. Tiefgaragen unterhalb des Supermarktes mit einer maximalen Einfahrtshöhe von 2,50 Metern versperren uns die Durchfahrt. Die kleinen Straßen um das Einkaufszentrum herum sind verstopft, an einen Parkplatz ist dort nicht zu denken. Ich bin froh, als wir unbeschadet aus diesem Verkehrschaos herauskommen.

Es ist schwierig, in Kolumbien Lebensmittel zu kaufen. Es gibt zwar viele kleine Geschäfte, die wie ein Tante-Emma-Laden ihre Waren über den Tresen hinweg verkaufen oder kleine Gemüsehändler, die Obst, Salat und Gemüse anbieten, doch einen Supermarkt suchen wir bisher vergeblich. Wie schön wäre es, einen Einkaufswagen durch die Regalreihen zu schieben, sich in Ruhe umzuschauen und die Preise studieren zu können. So sind wir im Moment auf die begrenzte Auswahl der kleinen Straßenstände angewiesen, um unsere Vorräte aufzustocken.

Erstmalig auf unserer Abenteuertour arbeiten wir uns hinauf in die Anden. Auch wenn wir noch nicht im Hochgebirge angelangt sind, so unterscheidet sich die Cordillera Oriental bereits deutlich von den Bergen Zentralamerikas. Statt tropischer Vegetation und Regenwald erwartet uns eine karge Bergwelt mit niedrig wachsenden Bäumen und Büschen. Bereits auf 1500 Höhenmeter hat man das Gefühl, sich im alpinen Hochland zu befinden.

Unser erstes Highlight in dieser Bergwelt ist der Cañon de Chicamocha. Die Kolumbianer haben ein ausgezeichnetes Gespür, aus einer eher durchschnittlichen Attraktion etwas Besonderes zu machen. Im Cañon de Chicamocha ist das eine Seilbahn. Diese führt über mehr als sechs Kilometer von der einen Seite des Berges von 1490 Meter hinunter ins Tal auf 542 Meter, bevor sie den Fluss überquert und auf der anderen Seite des Canyons langsam, entlang der steilen Berghänge, wieder auf 1612 Meter hinaufgleitet. Damit ist sie eine der längsten Seilbahnen der Welt und wahrlich ein Highlight, das uns in 45 Minuten fast lautlos durch die wunderschöne Bergwelt führt.

Ein anderer Höhepunkt sind die kleinen Bergdörfer La Playa und Barichara. Beide verzaubern uns durch ihre wunderschöne Kolonialarchitektur und die schmalen Straßen mit ihrem grobem Kopfsteinpflaster. Die weiß getünchten Häuser sind liebevoll restauriert. Die grünen Fensterrahmen und die dunklen Balkonbrüstungen kontrastieren mit den rotbraunen Dachziegeln, die jedes Haus und jede Mauer bedecken. Wie schon in Zentralamerika wird der zentrale Platz von der Kathedrale und dem Bürgermeisteramt eingerahmt. Wir schlendern in aller Ruhe durch die schönen Gassen, lassen uns hier ein Eis und dort einen Kaffee schmecken.

Nach dem positiven Erlebnis unserer ersten Übernachtung an einem Restaurant unternehmen wir einen zweiten Versuch. Diesmal weist sogar das kleine Schild „Camping" am Eingangstor offiziell auf eine Übernachtungsmöglichkeit hin. Petra fragt die etwa 35-jährige Frau, die im Restaurant arbeitet:

„Können wir hier für eine Nacht kampieren?"

„Camping? Hier? Ich weiß nicht."

„Aber da steht doch ein Schild, dass hier Camping möglich ist."

„Ach, wirklich? Das Management hat gewechselt. Ich kenne mich hier nicht so genau aus."

Sie wendet sich von Petra ab und einem etwa 16-jährigem Mädchen zu.

„Frag doch mal die Oma, ob man hier campen darf!"

Das junge Mädchen läuft über die Straße zum gegenüberliegenden Haus. Kurz darauf schallt es von der anderen Straßenseite: „Kind, mach das Tor auf. Mach das Tor auf, damit die Leute mit dem Auto herein fahren können.“

Aha, das „neue Management“ ist also unsere 35-jährige Gesprächspartnerin, ihre Mutter im Haus gegenüber die Geschäftsführerin und ihre Tochter die einzige Mitarbeiterin. Das Organigramm dieses „Unternehmens“ habe ich schnell verstanden. Das ausgeschilderte Leistungsangebot muss dem „Management“ aber noch bewusst gemacht werden und hat, wie man im weiteren Verlauf sehen wird, noch Optimierungspotential.

„Was kostet denn die Übernachtung?“, mische ich mich jetzt auch noch ein.

„Äh ja, ich weiß nicht.“ Sie wirft einen hilflosen Blick hinüber zu ihrer Mutter, die mittlerweile herbeigeeilt ist. „Mama, was soll es denn kosten?“

„Geben Sie uns, was Sie für richtig halten.“

„Ich mache Ihnen einen Vorschlag: Wir essen hier zu Abend und dafür dürfen wir kostenlos übernachten.“

Dieser Vorschlag stößt auf Zustimmung bei der Mutter und somit auch bei ihrer Tochter.

Hätten wir vorab gewusst, auf was wir uns da einlassen, wären ein paar Peso die bessere Alternative zum Abendessen gewesen.

Wir sitzen bei einem Bier im Restaurant, als das „Management“ fragt, was wir denn gerne zum Abendessen hätten.

„Was gibt es denn?“ Auch hier bekommen wir keine Speisekarte. Man kennt also weder die Alternativen noch die Preise.

„Huhn!“

„Auch etwas anderes?“

„Nein!“

„Gut, dann nehmen wir Huhn.“

Sie geht hinüber zum Haus ihrer Mutter und kehrt ein paar Minuten später mit einer Plastiktüte zurück, aus der ein gefrorenes Huhn herausschaut. Wir haben gerade das zweite Bier bestellt, als sie zwei Tassen extrem süßen Tee vor uns stellt. Auf der Untertasse liegt ein rautenförmiges Stück weißer Masse.

„Was ist das denn?“ Ich stupse die Scheibe mit dem Teelöffel an.

„Käse?“, fragt Petra.

„Zum Tee? Wieso bekommen wir überhaupt Tee, wir trinken doch gerade Bier?“ Ich hebe das wabbelige Stück von meinem Teller und beiße vorsichtig hinein. Es hat die Konsistenz von Käse, ist aber völlig geschmacksneutral.

Kurz darauf wird das Hühnchen serviert. Es hat in den letzten zwanzig Minuten nicht nur sein Leben, sondern auch seinen Geschmack im siedenden Fett verloren. Dazu gibt es einen Arepa con Queso – eigentlich eine kolumbianische Spezialität. Leider hat auch dieser bis zur geschmacklichen Unkenntlichkeit in der Pfanne gelegen. Schade, auf ein grandioses Restaurant folgt der totale Reinfall.

Am nächsten Morgen wollen wir unseren ersten Andenpass überqueren. Da die Strecke als Nebenstrecke auf der Karte verzeichnet ist und wir bei anderen Reisenden von einer versuchten Entführung auf kleinen Bergpisten gelesen haben, fahren wir zur Polizeistation, um uns über die Sicherheitslage zu informieren. Es wird telefoniert und gefragt, nach einer halben Stunden bekommen wir den Hinweis, die Strecke sei sicher.

Im „Schlammassel“ über den ersten Andenpass

„Aber", so teilt uns der Polizist mit, der Zustand der Straße sei „mala, mala, mala – schlecht, schlecht, schlecht."

„Also muy mala – sehr schlecht?", will ich wissen.

„Nein, mala, mala, mala!"

Dieser kleine aber feine Unterschied erschließt sich uns erst, als wir den Weg, nicht besser als ein Eselspfad, bergauf schaukeln. Tiefe Schlaglöcher, große Felssteine und dicker Schlamm lassen uns häufig nur in Schrittgeschwindigkeit vorankommen. Belohnt werden wir durch eine wunderschöne Panoramastraße, die uns bis auf 3600 Meter Höhe führt.

Auf halber Strecke erreichen wir bei einer kleinen Brücke ein Dorf. Drei Männer mit langen Bärten und Wollmützen lehnen am Geländer. Irgendwie kommt uns das nicht geheuer vor. Normalerweise sieht man keine Männer mit Bärten in Südamerika und erst recht nicht so ungepflegt. Sind wir etwa mitten in ein Rebellenlager der FARC, der revolutionären Streitkräfte Kolumbiens und der gefährlichsten terroristischen Organisation des Landes, geraten?

In großen roten Buchstaben leuchtet vor unseren inneren Augen die Warnung vor den Entführungen in Kolumbien wieder auf. Ist es jetzt soweit? Wie immer haben wir während der Fahrt beide Seitenfenster herunter gekurbelt. Ich mache gute Miene zum bösen Spiel, ringe mir ein Lächeln ab und winke freundlich aus der Fahrerkabine.

„Hola, que tal? – Hallo, wie geht's?"

Wir ernten nur abweisende Blicke.

Petra fährt und lässt sich ihre Gefühle mit keiner Regung anmerken. Wir fahren vorbei an wild zusammen gehämmerten Bretterbuden und Notunterkünften aus Plastikplanen.

Immer wieder passieren wir junge Männer mit langen Bärten, denen wir freundlich zuwinken. Erst als uns ein älterer Mann mit zum Zopf zusammengebundenen langen grauen Haaren freundlich zulächelt, sich vor uns verbeugt und die Hände wie zum Gebet vor seinem Gesicht faltet, sehen wir auf der linken Seite das große Plakat eines indischen Gurus. Wir sind nicht bei der berüchtigten FARC, sondern in einem kolumbianischen Ashram gelandet.

29. Kapitel: Der Feuerwehrmann von Villa de Leyva

In Kolumbien teilen sich die Anden in drei Gebirgszüge, die das Land von Süden nach Norden durchziehen. Der östlichste Bergzug ist die Cordillera Oriental, wo wir auf die bildhübsche Kolonialstadt Villa de Leyva treffen. Hier, auf über 2000 Meter Höhe, hat der deutsche Auswanderer Marco zusammen mit seinem kolumbianischen Freund vor sechs Jahren eine neue Heimat gefunden.

Wir treffen Marco in seiner prachtvollen Villa. Um einen wunderschönen Innenhof mit blühenden Pflanzen und einem plätschernden Brunnen gruppieren sich die einzelnen Räume: ein riesiges Wohnzimmer mit offenem Kamin, hohen, von Holzbalken getragenen, Decken und einer Fensterfront mit herrlichem Ausblick auf das Schwimmbad im Garten. Direkt daneben liegt ein überdurchschnittlich großes Esszimmer mit einem weiteren Kamin. Die Wände sowohl zum Garten als auch zum Innenhof sind komplett verglast. Ein Turm, ähnlich einer Ritterburg im Moseltal, überragt das Anwesen und krönt eines der schönsten Privathäuser, das ich gesehen habe.

„Hier in Kolumbien können wir zu zweit von 1000 Euro im Monat leben. In Deutschland wäre das nie möglich", klärt uns Marco über einen der Gründe auf, wieso er nach Kolumbien gezogen ist.

„Fühlst du dich denn nicht ab und zu einsam, so weit weg von Deutschland?", will ich wissen.

„Nein, zum einem gibt es hier eine sehr nette deutschsprachige Kolonie, zum andern habe ich hier meine Feuerwehr."

„Du meinst sicher ‚die' Feuerwehr?"

„Nein, du hast richtig verstanden, ‚meine' Feuerwehr. Ich habe früher in Deutschland hauptberuflich im Katastrophenschutz gearbeitet und in meiner Freizeit zusätzlich beim Roten Kreuz. Diese Erfahrungen wollte ich als Rentner meiner neuen kolumbianischen Heimat zu Gute kommen lassen."

Marco ist einer der Menschen, denen man das Alter nicht ansieht. Er hat zwar bereits graue Haare, doch diese krönen sein Haupt in einem dichten Schopf. Um seine Augen haben sich tiefe Lachfalten gebildet und er strahlt nicht nur einen schelmischen Humor, sondern auch eine große Ruhe aus.

„Aber man baut doch nicht mal eben eine Feuerwehr auf", meine ich, „hier gab es doch sicherlich schon eine?"

„Klar, als wir das erste Mal durch den Ort fuhren, kamen wir an den *bomberos,* der Feuerwehr, vorbei. Ich sagte, halt mal an, sprang aus dem Auto und stellte mich den Kollegen vor." Diese Spontanität kann man sich bei Marco gut vorstellen. Nur nicht schüchtern sein, sondern spontan auf die Leute zugehen. „Sie waren total nett und haben mir alles gezeigt. Doch der Zustand der Ausrüstung war katastrophal."

„In welcher Hinsicht?"

„Na, es gab zum Beispiel viel zu wenig Schläuche. Und die komplette Ausrüstung war statt im Feuerwehrwagen im Schuppen des Nachbarn eingeschlossen." Er verdreht die Augen, als könne er das bis heute noch nicht glauben.

„Es gab keine Schlösser an den Staufächern im Feuerwehrwagen. Und wenn man die Sachen nicht einschließt, dann werden sie geklaut. Also lag alles sicher im Schuppen. Daher habe ich zuerst acht Schlösser in Bogotá gekauft und diese in die Stauklappen am Einsatzfahrzeug gebaut. Nun konnte die Ausrüstung im Wagen gelagert werden und war im Ernstfall sofort griffbereit. Doch dann gab es immer noch das Problem mit dem Benzin."

„Was war denn damit?"

„Die Mopeds der Feuerwehrleute fahren mit dem gleichen Sprit wie das Einsatzfahrzeug. Also wurde von diesem solange Benzin abgezapft bis der Tank leer war. Vor jedem Einsatz musste daher erst zur Tankstelle gefahren werden, was zusätzlich Zeit kostete. Also habe ich noch einen abschließbaren Tankdeckel spendiert.

Doch mit dem Tempo bei Einsätzen nehmen sie es sowieso nicht so genau wie in Deutschland. Ich habe mich direkt als freiwilliger Feuerwehrmann gemeldet. Als ich das erste Mal den Anruf zum Einsatz erhalte, springe ich in meinen Löschanzug, sprinte zum Feuerwehrhaus und will sofort auf das Einsatzfahrzeug klettern."

Er macht eine kleine Pause und an seinem verschmitzten Blick ist zu erkennen, dass er die Szene gerade noch einmal in seinem Kopf erlebt.

„Doch was machen die Kollegen, die mich zum ersten Mal sehen? Sie kommen strahlend auf mich zu, schütteln mir die Hand, stellen sich langatmig vor, fragen, wie es mir hier gefällt. Wie auf einer Grillparty und nicht wie bei einem Einsatz! Diese Ruhe und Gelassenheit war einfach unglaublich. Das habe ich dann zum Anlass genommen, eine freiwillige Feuerwehr in Villa de Leyva zu gründen."

Stolz führt er mich zur Garage seines Hauses. Dort hängen acht komplette Einsatzuniformen an der Wand, Atemschutzgeräte sind sorgsam in Metallkoffern verstaut, Schläuche hängen zum Trocknen an Haken neben der Hauswand. Doch der ganze Stolz ist ein komplett ausgestatteter Hänger für den Einsatz: Pumpe, Schläuche, Äxte. Alles ist so eingerichtet, dass es sofort einsatzbereit ist.

„Wir üben immer wieder den Ernstfall. Den Jungs macht es Spaß und mittlerweile sind wir auch richtig schnell. Sogar eine Feuerwehrsirene habe ich jetzt auf dem Haus. Beim letzten Feuer waren wir bereits sechs Minuten nach dem Alarm am Brandort. Das ist schon richtig gut."

„Aber wo hast du denn die ganze Ausrüstung her?", will ich wissen.

„Von meinen ehemaligen Kollegen in Deutschland. Als sie hörten, dass ich in Kolumbien eine freiwillige Feuerwehr aufbauen will, haben sie mich perfekt unterstützt. Vier Container mit Material haben wir von Deutschland hergebracht. Einer wurde bereits im Hafen geklaut, doch drei kamen an. Die besten Sachen habe ich an die Kollegen der Berufsfeuerwehr weitergegeben, mit dem verbleibenden Material die freiwillige Feuerwehr aufgebaut."

Marco ist einer der Einwanderer, dessen Engagement ich bewundere. Mit einer tollen Idee, Unterstützung aus Deutschland, viel persönlichem Engagement und einem guten Gefühl für das fremde Land hat er in seiner neuen Heimat etwas Wertvolles aufgebaut und sich Ansehen und Respekt erarbeitet.

In jedem Dorf gibt es einen Dorfheiligen, fast immer Frauen, und diese ausnahmslos Jungfrauen – also eine *virgen*. Für diese Heiligen wird einmal im Jahr ein großes Patronatsfest veranstaltet, das an eine Mischung aus Pfingstprozession, Jahrmarkt und Schützenfest erinnert. In Villa de Leyva ist die Dorfpatronin die Virgen del Carmen, die jedes Jahr Mitte Juli mit einem großen Fest geehrt wird.

„Also ich schaue, dass ich dann woanders bin. Da kommen sie aus den umliegenden Bergdörfern, saufen, singen und pinkeln in die Ecken." Unser deutscher Freund Manfred nutzt die Feierlichkeiten, um in seinen Zweitwohnsitz in die Hauptstadt Bogotá zu flüchten. Wir dagegen freuen uns, die Kolumbianer hautnah beim Feiern zu erleben.

Schon Tage vorher wird der riesige Platz vor der Kirche und der beeindruckenden Bergkulisse zu einem Rummelplatz umgestaltet. Ein Süßigkeitenstand reiht sich an den nächsten. Bergeweise türmen sich die klebrig-süßen Leckereien auf den Tischen.

Ausgangspunkt der kirchlichen Feierlichkeiten ist das Konvent der Karmeliterinnen, deren Orden die Virgen del Carmen ehrt. Jeden Tag starten von hier die Prozessionen durch die Kopfsteinpflastergassen der bereits im 16. Jahrhundert gegründeten Stadt Villa de Leyva. Während die Menschen einem tragbaren Altar mit der Figur der heiligen Jungfrau folgen, gehen drei Männer vorweg, die alle paar Sekunden selbstgebastelte Raketen in die Luft schießen.

Auf dem Marktplatz geht es unterdessen hoch her. Ein gigantischer Ochse wird am Nasenring durch die Menschenmasse geführt, auf seinem Rücken ein Pferdesattel. Für ein paar Peso darf der Mutige eine Runde auf einem echten Bullen reiten. Daneben ein Lama mit hawaiianischer Blumengirlande um den Hals, das ebenfalls als Reittier herhalten muss.

Die Bühne ist mit Musikern vollbesetzt. Die Lautsprecherboxen würden ausreichen, ein Fußballstadion zu beschallen. Es wird getanzt und gesungen. Eine Bauersfrau in knielangem Rock, derben Schuhen, dicken Strümpfen und einem braunen Filzhut tanzt mit ihrem Mann, der über seiner verschlissenen Kleidung einen dicken Wollponcho trägt. Beide halten sie eine Flasche Bier in der Hand. Generell spielt der Alkohol eine wichtige Rolle während dieser Feierlichkeiten. Mindestens so hoch wie die Anzahl der Süßigkeitenstände ist die Summe der Bierbuden. Und wem die umgerechnet 0,75 Euro für eine Dose Bier zu teuer sind, der investiert im Supermarkt nebenan 2,50 Euro in einen Liter hochprozentigen Industriealkohol.

Für die Unterhaltung sind etliche Karussells und Schießbuden aufgebaut. Wobei eher von Schießständen als von Schießbuden gesprochen werden muss. Auf einer Malerstaffelei steht ein große Brett, auf dem Schießscheiben und kleine Tüten mit Süßigkeiten befestigt sind. Die Kunden stellen sich wenige Meter vor der Staffelei auf, bekommen ein Luftgewehr in die Hand gedrückt und versuchen, einen der Gewinne zu treffen. Das Ganze ist nicht abgetrennt von den Menschenmassen, die sich über den Platz schieben, sondern verteilt sich wahllos dazwischen. Geht der Schuss daneben oder kreuzt ein unachtsamer Zuschauer die Schussbahn, dann geht die Kugel schon mal ins Hinterteil des Ochsentreibers oder in den Filzhut der Bäuerin.

Ein weiteres Phänomen ist für uns die Stromversorgung der einzelnen Buden. In der Mitte des Marktplatzes, versteckt unter einem Gullydeckel, verläuft die Hauptstromleitung. Der erste Schaubudenbesitzer, der Strom benötigt, entfernt den Deckel, knipst die vorhandenen Stromkabel durch, verzwirbelt die Enden mit seinem Draht und umwickelt alles dick mit Isolierband. Dann führt er seinen Draht locker am Boden liegend über den Marktplatz und häufig mehr als dreißig Meter bis zur Glühbirne an seinem Stand. Kurz darauf folgen die anderen Schaubudenbesitzer. Irgendwann gleicht die Hauptleitung im Gulli einem dick mit Isolierband umwickelten Knäuel und das Kopfsteinpflaster ist mit dünnen Kabeln übersät, die für Licht, Musik und Schwung für die Karussells sorgen.

Eigentlich interessiert es uns schon zu beobachten, zu welch skurrilen Szenen sich die Kombination aus reichlich Alkohol, schießwütigen Besuchern und freiliegenden Stromleitungen in der Nacht entwickelt. Andererseits wollen wir am nächsten Tag unsere Reise unbeschadet fortsetzen. So lauschen wir aus sicherer Entfernung, wie nachts eine Rakete nach der anderen in die Luft geschossenen wird. Alles zu Ehren der heiligen Jungfrau Carmen.

Nach einem Abstecher über das Töpferdorf Raquira mit seinen pastellfarbenen Häuserfassaden erreichen wir die berühmteste Sehenswürdigkeit Kolumbiens: die Salzkathedrale. 180 Meter tief in der Erde, inmitten eines schon seit Jahrhunderten von der Urbevölkerung ausgebeuteten Salzbergwerks, öffnen sich die Gänge zum riesigen Gewölbe einer unterirdischen Kirche. Wo früher der Bergbau große Höhlen im Inneren des Berges hinterlassen hat, stützen jetzt vier dicke Steinsäulen das grob aus dem Salzfels gehauene Kirchenschiff ab. Gedämpftes blaues Licht umhüllt das meterhohe Kreuz hinter dem Altar. Die aus dem Salz gehauenen Figuren von Maria, Josef und dem Jesuskind stehen in einer Seitenkapelle der Kathedrale, überragt von einem Engel mit Posaune. Die vierzehn Stationen des Kreuzweges verteilen sich auf die ehemaligen Abbaustollen des Salzbergwerkes und wurden von bekannten Künstlern gestaltet und modern interpretiert.

Noch weiter in die Vergangenheit des Landes, lange vor der Entdeckung und Eroberung durch die Spanier, werden wir in der Hauptstadt Bogotá geführt. Wir folgen der Einladung von Manfred, einem ehemaligen Taxiunternehmer aus Deutschland, der vor etlichen Jahren nach Kolumbien auswanderte und am Marktplatz von Villa de Leyva die legendäre „Dorfkneipe" eröffnete.

Staunend besichtigen wir das berühmte Goldmuseum mit seiner riesigen Sammlung historischen Goldschmucks. Beim Anblick dieser Schätze versteht man, warum die Spanier ein so großes Interesse an Lateinamerika hatten: unerschöpfliche Goldfunde, die, nachdem sie der Urbevölkerung entwendet wurden, die Macht Spaniens in Europa sicherten und Kriege finanzierten.

Wieder einmal steht uns eine stressvolle Autofahrt über die Zentralkordilleren bevor. Die voll beladenen Lkw, die quälend langsam den Berg hinaufkriechen, sind für uns eine Herausforderung. Da wir uns auf der engen und kurvenreichen Strecke nicht mit fünf Stundenkilometern hinter den Lkw den Berg hinauf schieben möchten, müssen wir immer wieder zum Überholen ansetzen. Jeder Überholvorgang wird zum Nervenkitzel. Schaffe ich es bis zur nächsten Kurve? Zieht hinter mir schon jemand an uns vorbei? Überholt gerade jemand im Gegenverkehr? Die größte Gefahr in Kolumbien liegt für uns bisher nicht in den Rebellengruppen der FARC, sondern im Straßenverkehr.

Wen wundert es da, dass wir an unserem Hochzeitstag recht erschöpft in Río Claro ankommen und die Energie gerade noch für ein Glas Wein im Kerzenschein ausreicht. Richtig genießen können wir erst den nächsten Tag. Entspannt wandern wir durch den engen, mit tropischer Vegetation bewachsenen Canyon des Río Claro. Wir lassen uns in der Strömung des glasklaren Flusses treiben und faulenzen auf den riesigen, von der Sonne aufgewärmten Felsen aus reinem Marmor.

Dass alle Sehenswürdigkeiten und Campingplätze an den Wochenenden gut besucht sind, haben wir schon bemerkt. Kolumbianer reisen gerne und haben Spaß daran, ihr Geld auszugeben. Doch als sich bereits am Donnerstag Nachmittag der Park füllt, weist dies auf ein verlängertes Wochenende hin. Und der Festtagskalender gibt uns recht: Der 20. Juli ist der kolumbianische Unabhängigkeitstag.

Auf dem wunderschönen Campingplatz des Dorfes Guatapé ergattern wir den letzten freien Platz. Guatapé bezeichnet sich selbst als „Pueblo de los Zócalos". Doch mit Zócalos sind hier nicht wie in Mexiko die zentralen Plätze vor der Kirche gemeint, sondern die Mauersockel, die jede Hauswand vom Bürgersteig bis auf etwa einen Meter Höhe bedecken. Diese sind kunstvoll bunt gestaltet, stellen entweder religiöse Motive dar, Szenen der Dorfgeschichte oder geben Aufschluss über den Beruf des Hausbesitzers.

Kurze Zeit später ist der Campingplatz völlig überfüllt. Der Geräuschpegel hebt sich. Die Kofferraumklappen der Autos sind geöffnet, damit die Musik der Anlagen besser nach draußen schallen kann. Nicht die maximale Kapazität der Lautsprecherboxen definiert die Lautstärke, sondern der Regler am Radio. Das Ergebnis ist ein Schnarren und Knacken der völlig überforderten und übersteuerten Boxen. Außer uns scheint sich niemand daran zu stören. Der Alkohol fließt in Strömen, die Stimmung ist ausgelassen.

Wir flüchten vor dem Lärm ins kleine Städtchen, in dem ebenfalls das Patronatsfest zu Ehren der Virgen del Carmen gefeiert wird. Statt wie in Villa de Leyva vier Tage wird hier zehn Tage gefeiert. Interessiert verfolgen wir die Prozession quer durch das Dorf. Von Militärs mit Maschinenpistolen streng bewacht, wird die Statue der Jungfrau durch die engen Gassen getragen. Der Pastor ist zwischen den Soldaten kaum zu erkennen. Auch wenn die Zeit der Drogenkartelle in der direkten Nähe zu Medellín vorbei ist, so scheint die Gefahr durch Anschläge noch nicht gebannt.

Bis tief in den Abend lassen wir uns im Trubel treiben. Wir schlendern entlang des Seeufers vorbei an handbetriebenen Karussells und lassen uns im „Palacio del Colesterol" eine Bratwurst schmecken. Auf dem Kirchplatz beobachten wir die Menschen um uns herum, lauschen der Musik, die aus allen Ecken an unsere Ohren dringt. Als wir schließlich zurück zum Campinglatz kommen, werden wir von

El Palacio del Colesterol – Würstchenbude in Kolumbien

ohrenbetäubender Musik begrüßt. Ein Autobesitzer hat sich schließlich als Platzhirsch behauptet und beschallt mit seiner Anlage nicht nur den Platz, sondern auch noch weite Teile des fünfhundert Meter entfernt liegenden Dorfes. Leider steht sein Auto nur einen Meter neben unserem Fahrzeug.

Tief drücke ich mir die Ohrstöpsel ins Ohr. Doch es hat keinen Zweck. Die Schallwellen sind so extrem, dass durch die Vibration meines Trommelfells die Ohrstöpsel regelrecht aus der Ohrmuschel geschossen werden und sich zu tödlichen Geschossen gegen den Nachbarn entwickeln.

So wünsche ich es mir wenigstens in dieser Nacht. Ich liege im Bett und stelle mir vor, wie ich den Verantwortlichen für den Lärm langsam und qualvoll umbringe. Wäre ich Daniel Düsentrieb, würde ich eine Strahlenkanone entwickeln, mit der ich seiner Autobatterie den Saft entziehen könnte. Doch selbst dies würde nichts bringen. Als um halb drei in der Früh die Batterie endlich leer ist, wird sie kurzerhand überbrückt, der Wagen gestartet und mit gleicher Lautstärke geht es weiter bis um sechs Uhr am frühen Morgen.

Strandfeeling

Mexiko

Zentral-amerika

Tropen

Märkte und Essen

Welt der Maya, Azteken und Inka

PUESTO
Café Orgánico

Kolumbien und Ecuador

Peru und Bolivien

Anden

LEV PK 410

NISSAN
Life is good
Coca-Cola
claro

Unterwegs entlang der Straße

Unterwegs abseits der Straße

Menschen

Chile und Argentinien

TANGO
TANGO BAR
BUENOS AIRES
Argentina

Uruguay und Brasilien

Tierwelt

Leben auf Reisen

Entwicklungshilfe in Nicaragua

30. Kapitel: Kaffee – vom Strauch in die Tasse

Petra lässt bei einer älteren Dame im Dorf unsere Wäsche waschen. Von dieser wird sie stets mit „Reina", Königin, angesprochen. Als ich dazustoße und Petra mich als ihren Ehemann vorstellt meint die Frau in meine Richtung gewandt: „Oh, que rico – wie lecker!"

Inwieweit ein Adjektiv wie „lecker" auf mich zutrifft, will ich nicht beurteilen. Richtig lecker ist dagegen der berühmte kolumbianische Kaffee. Doch welche Arbeiten und wie viel Zeit sind notwendig, bis man einen genussvollen Schluck aus der Tasse nehmen kann?

Wir besuchen eine Kaffeefarm in der Zona Cafetera im Hochland Kolumbiens. Unser Führer Pablo spricht zwar ausschließlich Spanisch, doch das so akzentuiert, langsam und mit einfachen Worten, dass wir es sehr gut verstehen können. Wir steigen einen Hang hinab und zwängen uns durch die engen Reihen der hüfthohen, immergrünen Kaffeesträucher.

„Ein Kaffeestrauch dieser Sorte trägt zweimal im Jahr Früchte. Einmal im Mai und einmal im Dezember. Nach zehn bis zwölf Jahren muss der komplette Strauch am untersten Stamm gekürzt werden, schlägt dann erneut aus und trägt für eine weitere Dekade wieder Früchte", erklärt uns Pablo.

„Zweimal wird der Strauch während seiner Lebenszeit komplett herunter geschnitten, um neue Triebe zu bekommen. Die maximale Lebensdauer beträgt also rund dreißig Jahre."

Wunderbar süßlich duften die weißen Blüten des Strauches, die schließlich zu kleinen, grünen Früchten von der Größe eines Fingernagels heranwachsen. Im reifen Zustand verfärben sie sich rot oder gelb und bedecken die komplette Länge des Zweiges. Mühsam werden die Beeren von Hand gepflückt. Pablo zerquetscht für uns eine Frucht zwischen seinen Fingern. Zum Vorschein kommen zwei kleine Kerne, deren Aussehen exakt einer Kaffeebohne entspricht. Noch sind sie jedoch von hellbeiger Farbe und so hart, dass man sie kaum zerbeißen kann. Auch vom vollmundigen Geschmack ist in diesem Zustand noch nichts zu spüren. Wird ein Kern in die Erde gepflanzt, entspringt daraus nach kurzer Zeit ein zartes Kaffeepflänzchen, das nach weiteren zwei Jahren Früchte trägt.

„Zwischen dem Kaffee pflanzen wir hohe Bananenstauden. Die spenden nicht nur kostbaren Schatten für die empfindlichen Kaffeesträucher, sondern tragen ebenfalls Früchte und zerfallen später zu kostbarem Humus."

Brombeeren und Ananas, Yucas und Sonnenblumen – der Schwerpunkt der kleinen Farm liegt zwar im Kaffeeanbau, doch jeder verfügbare Platz wird genutzt, um weitere Früchte für den Verkauf oder persönlichen Bedarf anzupflanzen.

Nach der Ernte werden die Kaffeekirschen in den Trichter einer Mühle gefüllt. Eine große Handkurbel setzt eine genoppte Walze in Bewegung, welche die Schale von den Fruchtkernen löst. Danach werden sie ordentlich gewaschen, zum Trocknen etliche Tage in der Sonne ausgelegt und dabei regelmäßig gewendet. Durch diesen Prozess bricht eine weitere Schutzschicht auf, die im nächsten Schritt über eine andere und ebenfalls handbetriebene Mühle entfernt wird.

„An dieser Stelle", so erklärt uns Pablo, „endet im Normalfall die Arbeit auf der Kaffeefarm. Der Rohkaffee ist in diesem Zustand sehr lange haltbar. Wir verpacken ihn in große Säcke für die Kooperative, ein Zusammenschluss von vielen kleinen Kaffeebauern. Die großen Kaffeeröstereien in den Vereinigten Staaten oder Europa verhandeln mit diesen Kooperativen und beziehen von dort ihren Rohkaffee."

Doch wir wollen unsere Tour über die Farm natürlich mit einem Kaffee beenden, der den kompletten Lebenslauf vom Samenkorn bis zur aufgebrühten Tasse Kaffee durchlaufen hat. So beobachten wir, wie auf einem Ofen, der mit den Stämmen alter Kaffeebüsche befeuert wird, langsam die Bohnen unter ständigem Rühren geröstet werden bis sie die typische, dunkelbraune Färbung erhalten. Erst jetzt hat die Bohne die knusprige Konsistenz, den vollmundigen Geschmack und den unverwechselbaren Geruch.

Fein gemahlen, in ein Baumwollnetz gelöffelt und durch eine Kanne mit kochendem Wasser geschwenkt, kommt der frisch aufgebrühte Kaffee auf unseren Tisch. Selten trug eine Tasse einen treffenderen Aufdruck: Café de Colombia.

Kaffee enthält zwar keinen Alkohol, doch wer unseren Weg durch Kolumbien auf der Landkarte verfolgt, könnte meinen, wir sind betrunken unterwegs. Statt dem geraden Verlauf der Panamericana von Nord nach Süd zu folgen, queren wir auf einer Länge von zehn Breitengraden fünfmal den Río Magdalena. Von seiner Mündung in das Karibische Meer folgen wir seinem Lauf bis hinauf zu seiner Quelle bei den archäologischen Stätten von San Agustín. Quälen uns viermal über die Zentralkordilleren der kolumbianischen Anden, die, je weiter wir nach Süden kommen, immer höher und steiler werden. Die Straßen werden schlechter und die an den Berghängen hinaufkriechenden Lkw langsamer. Die Überholmanöver werden immer riskanter.

Eine der eher unbekannten Sehenswürdigkeiten Kolumbiens ist die Tatacoa-Wüste. Zweimal folgen wir der Ausschilderung entlang der Hauptstraße nach links, beide Male landen wir am Ufer des Río Magdalena. Keine Brücke weit und breit, die einzigen Boote gerade so groß, dass sie Personen transportieren können. Die einzige Möglichkeit ist eine Brücke im über siebzig Kilometer weiter südlich gelegenen Neiva. Obwohl wir die Wüste auf der anderen Seite des Flusses bereits erahnen können, müssen wir 140 Kilometer Umweg in Kauf nehmen, um den knapp zweihundert Meter breiten Fluss zu überqueren.

Doch damit nicht genug. Ein kolumbianisches Phänomen ist die hervorragende Ausschilderung der Sehenswürdigkeiten entlang der Hauptstraße, die schlagartig aufhört, sobald auf Nebenstraßen abgebogen wird. Die Tatacoa bildet hier keine Ausnahme. Wir folgen der Beschilderung, landen inmitten des Feierabendverkehrs der Großstadt Neiva und sind von da an verloren. Nur dem Gefühl nach orientieren wir uns an der Himmelsrichtung. Wir müssen auf rücksichtslose Motorrad- und Busfahrer aufpassen, das falsche Abbiegen in Einbahnstraßen vermeiden und kontinuierlich aufgrund falsch parkender Autos die Fahrspur wechseln. So tasten wir uns langsam auf die richtige Zubringerstraße Richtung Wüste.

In dem relativ kleinen Areal haben über die letzten Jahrhunderte Wind und Regen eine aufregende Geländestruktur geschaffen. Während die Berge im Osten die schweren Wolken abregnen lassen, bleibt die Tatacoa-Wüste vom Niederschlag verschont, wird jedoch immer wieder von den die Berge hinunterschießenden Wassermassen heimgesucht.

So wurden kleine Canyons in die steinharte, rote Erde gegraben und es hat sich eine faszinierende Gebirgslandschaft aus steilen

Schluchten und vom Wind abgeflachten Tafelbergen gebildet. Große Kakteen sowie kleine Sträucher wachsen überall in der kargen Landschaft, erblühen immer wieder zu einer bunten Pracht, wenn genügend Wasser aus den umliegenden Bergen in die Wüste fließt.

Wie kleine Oasen sprudeln an einigen Stellen kristallklare Quellen aus dem Boden, bilden natürliche Wasserreservoirs, lassen Palmen und Bananenstauden wachsen, füllen natürliche oder von Menschenhand angelegte Pools. Wir verbringen mehrere Nächte an diesem mystischen Ort, schauen von einem Hochplateau hinab in die Wüste, suchen tagsüber Schatten unter den Zweigen der Kakteen, die wie Orgelpfeifen meterhoch in den Himmel ragen. In der Nacht liegen wir in unserem Bett und bewundern durch die Dachluke über unseren Köpfen den mit silbernen Punkten übersäten Sternenhimmel.

Im völligen Gegensatz zu dieser kargen Vegetation steht nur einen Tag später der Besuch in den heißen Quellen von Rivera. Die vulkanischen Aktivitäten der Anden zeigen sich nicht immer nur in dramatischen Vulkanausbrüchen mit Lavaströmen und Aschewolken, sondern auch in der angenehmen Ausprägung heißer Thermalquellen.

Umrahmt von Kakaosträuchern, deren braunrote Früchte wie Lampions im Schatten der großen, fächerförmigen Blätter aus dem Stamm wachsen, liegen wir im heißen Wasser der Quellen. Durch den Sand am Boden drückt es sich in die aus Naturstein gemauerten Becken. Faul räkeln wir uns über Stunden in der riesigen Badewanne. Doch anders als zu Hause läuft kontinuierlich frisches, heißes Wasser nach.

In Rivera machen wir auch die Bekanntschaft von Ernst. Vor sieben Jahren ist er mit seiner kolumbianischen Frau Alba in ihr Heimatland ausgewandert. Die IT-Firma, in der er gearbeitet hat, wurde von einem anderen Unternehmen aufgekauft. Wie bei so vielen Übernahmen stand beim Kauf nicht das Know-how der übernommenen Mitarbeiter im Vordergrund, sondern die Einverleibung eines Mitbewerbers und die Marktbereinigung.

So wurde er arbeitslos mit 55, als Betriebsratsmitglied schwer zu vermitteln. Einfach den Kopf in den Sand stecken? Sich mit der Situation abfinden und mit dem Schicksal hadern?

„Nicht mit mir!", teilt uns Ernst mit.

Immer wieder erleben wir auf unserer Reise Menschen, die, ganz wie der Baron von Münchhausen, sich am eigenen Schopf aus dem Dreck ziehen. Die sich unabhängig vom Alter und den finanziellen Möglichkeiten ein neues Leben aufbauen.

Ernst wohnt – nein, in Wirklichkeit residiert er – in einem wunderschönen, riesigen Haus mit großem Garten direkt am Fluss. Eine offene Terrasse sowie mehrere kleine Pavillons bieten Platz für festlich eingedeckte Tische. Ernst betreibt in seinem neuen Leben ein kleines, exklusives Restaurant mit zwei Gästezimmern. Zaubert mehrgängige deutsche Gerichte auf den Tisch seiner kolumbianischen Gäste. Bietet romantische Wochenenden mit einer Flasche Wein im Kerzenschein, Rosenblättern auf dem Bett und – besonders wichtig bei den beengten Wohnverhältnissen so mancher Kolumbianer – ungestörte Nachtruhe im geschmackvoll eingerichteten Gästezimmer.

Doch damit nicht genug. Wenn die Zeit es zulässt, begleitet er als Reiseleiter europäische Gäste durch den kolumbianischen Bundesstaat Huila. Und zwar sehr erfolgreich, wie wir uns bei einem Abendessen überzeugen können. Während wir gerade mit griechischem Hühnchen verwöhnt werden, klingelt es an der Tür. Bullterrier Sharky hat zwar die Gestalt eines Kampfhundes, doch das Gemüt eines Schoßhundes. Er stürzt auf eine wunderschöne junge Frau zu.

In keinem anderen Land haben wir je so schöne Frauen gesehen wie in Kolumbien. Die Mischung lateinamerikanischer und europäischer Gene sowie, so munkelt man, die Verwendung von Silikon an den richtigen Stellen, verwöhnt das Auge mit Frauen, die bei jedem Schönheitswettbewerb Chancen auf die ersten Plätze hätten.

Und um eine Art Schönheitswettbewerb geht es auch hier. Die Tourismusbehörde veranstaltet einen Wettbewerb. Die Gewinnerin darf im nächsten Jahr offiziell den Bundesstaat repräsentieren. In fünf Tagen findet die Ausscheidung statt und Lea wurde erst am gestrigen Abend von der Stadt Rivera als Kandidatin nominiert. Dem Aussehen nach ist sie auf jeden Fall eine Favoritin. Doch um den Tourismus zu repräsentieren, ist gutes Aussehen nicht genug. Deshalb gibt es heute Abend ein bisschen Nachhilfe bei Ernst, dem Deutschen. Im Ort gibt es nur wenige, die ein solch profundes Wissen über die touristischen Highlights der Region haben.

Das liegt nicht daran, dass die Kolumbianer uninteressiert oder ignorant gegenüber der eigenen Kultur und Geschichte sind. Vielmehr ist es das Fehlen der Möglichkeiten. Reisen sind für die meisten Kolumbianer ein unvorstellbarer Luxus. Ihnen fehlen sowohl die Finanzen als auch die Zeit.

Für Lea liegt in der Nominierung als „Schönheitskönigin" der Tourismusbehörde eine große Chance. Drei Millionen kolumbianische Peso erhält sie von der Gemeinde für die Nominierung. Das sind rund 1500 Euro. Die Hälfte davon muss sie investieren in Kleider, Bikini, Make-up und die Vorbereitung für die Ausscheidungsrunde. Doch die andere Hälfte bedeutet für sie das Startkapital in die Zukunft. Denn Lea ist nicht nur hübsch, sie ist auch intelligent. 750 Euro ermöglichen es ihr, eine Universität zu besuchen. Sichern ihr wenigstens das erste Jahr an der Hochschule. Schönheitswettbewerbe, die in Deutschland eher etwas verruchtes an sich haben, können hier das Fundament für ein selbstbestimmtes Leben sein. Wir drücken ihr auf jeden Fall die Daumen!

Vor 5300 Jahren landete ein Raumschiff vom Mars in San Agustín. An Bord waren viele kleine Männlein mit dreieckigen Gesichtern, runden Kulleraugen, Segelohren sowie zwei Reihen quadratischer Zähne. Weil sie für die damaligen Erdbewohner wie eine göttliche Erscheinung wirkten, meißelte man ihr Antlitz in große Steinblöcke, platzierte sie zu Hunderten in den umliegenden Wäldern, nutze sie als Zeremonialzentren und bettete bei ihnen die toten Angehörigen zur ewigen Ruhe.

Natürlich steht das UNESCO-Weltkulturerbe im kolumbianischen San Agustín nicht wirklich im Zusammenhang mit einem Besuch vom Mars.

Marsmännchen bei San Agustín?

Doch bis heute ist man über seinen wahren Hintergrund im Ungewissen. Viele Spekulationen ranken sich um das Volk, das in dieser Region von 3300 vor Christi bis kurz vor der Ankunft der Spanier gelebt hat. Allein 130 der oben beschriebenen, wie moderne Kunst anmutenden Steinköpfe wurden auf dem Areal des heutigen archäologischen Parks gefunden, Hunderte weitere an den umliegenden Berghängen. Bisher sind erst dreißig Prozent der Stätten erforscht, weitere Figuren und Gräber warten noch auf ihre Entdeckung.

Zum letzten Mal überqueren wir in Kolumbien die Zentralkordilleren. Wieder einmal geht es weit hinauf auf über 3000 Meter. Zwar hat man mit dem Ausbau der Strecke zu einer asphaltierten Straße begonnen, doch der größte Teil der Bergpiste durch den Nationalpark Puaracé besteht aus großen Schlaglöchern und mit Regenwasser gefüllten Pfützen. Immer wieder kommt es zu politischen Unruhen in dieser Region, doch das Militär versichert uns, im Moment sei alles sicher.

Wir fahren durch ein unberührtes Hochmoor. Die heutige Tagesetappe beträgt zwar nur hundert Kilometer, doch diese ziehen sich wie Kaugummi. Der für diese Nacht angepeilte Übernachtungsplatz an den Thermalquellen von Coconuco ist aufgrund eines Feiertages völlig überfüllt, daher fahren wir weiter.

Nicht alle haben heute einen Feiertag. Zwei junge Burschen haben alle Hände voll zu tun und daran sind wir Schuld: Nach der Fahrt durch den tiefen Matsch ist unser Auto von oben bis unten verdreckt und benötigt dringend eine gründliche Wäsche.

Mit unvorstellbarem Eifer schrubben die zwei Jungs mit ihren Bürsten jeden Dreckklumpen unter dem Auto weg. Der Auspuff wird genauso intensiv bearbeitet wie die Blattfedern und die Radkästen. Mit Hingabe werden die Reifen poliert bis der Schriftzug auf den Flanken blinkt und das Profil frei von jeglichem Dreck ist.

Hunderte Liter von Wasser werden aus dem benachbarten Fluss auf unsere Kabine gespritzt und mit langen Bürsten und mit Seife getränkten Lappen bearbeitet. Die Scheiben werden geputzt, die Chromleisten poliert. Im Ergebnis blitzt unser Auto aus jedem Blickwinkel. Die Jungs sind völlig durchgeweicht, die Erde mit Wasser getränkt. Fast schämen wir uns, die verlangten fünf Euro für soviel Arbeit zu zahlen. Selbst inklusive der zwanzig Prozent Trinkgeld, die strahlend entgegen genommen werden, sind es nur sechs Euro. Dafür haben zwei Leute eine ganze Stunde intensiv geschuftet.

Danach hoffen wir natürlich, dass wir mit unserem blitzblanken Auto wenigstens heute nicht mehr durch den Regen müssen. Über eine steile, ausgewaschene Piste geht es hinauf zum Vulkan Azufral. Der Übernachtungsplatz auf 3600 Meter Höhe erwartet uns mit Temperaturen um den Gefrierpunkt. Der Sauerstoffgehalt in der Luft ist so gering, dass wir unsere Dieselheizung nicht in Betrieb nehmen können. Langsam passt sich die Innentemperatur in unserer Wohnkabine der Außentemperatur an. Wir liegen in der Nacht unter mehreren Decken, waschen uns in der Früh mit eiskaltem Wasser und während des Frühstücks ist bei jedem Bissen der kondensierende Atem in der Luft zu sehen.

Für die Entbehrung werden wir reich belohnt. Bei strahlendem Sonnenschein erklimmen wir auf einer zwölf Kilometer langen Wanderung den Viertausender. Unser Ziel ist die Laguna Verde: Ein See, der sich in einem erloschenen Vulkankrater gebildet hat und dessen Name sich vom leuchtend grünen Wasser ableitet. Blasen, die aus dem Wasser aufsteigen, sowie ein strenger Schwefelgeruch zeigen, dass der erloschene Vulkan in seinem Innern noch immer brodelt.

Laguna Verde am Vulkan Azufral

Wie Gletscherzungen schieben sich die von weißem und gelbem Schwefel bedeckten Felsen die Kraterwände hinab in den eiskalten See. Um uns herum scheinen sich die Andengipfel bis in die Unendlichkeit auszudehnen. Statt mit Bäumen oder Büschen sind die Berghänge mit ockergelbem Moos, winzigen Koniferen, Flechten und kleinen, bunten Blumen bewachsen.

Nur ein Abstecher trennt uns noch von unserem nächsten Reiseland. Direkt an der Grenze zu Ecuador wurde die Wallfahrtskirche von Las Lajas erbaut. Eine Marienerscheinung war der Grund für den Bau der Kirche. Da die Erscheinung an der Felswand eines tiefen Canyon erfolgte, gestaltete sich der Bau der Kirche zu einer architektonischen Herausforderung. Wie eine riesige Brücke aus grauem Backstein überspannt ein hoher Bogen den Canyon. Auf ihm wurde die gotische Kirche zu Ehren der Jungfrau von Las Lajas errichtet, die Wand des Altars befindet sich genau an der Stelle der Heiligenerscheinung. Nahtlos geht das Gewölbe der Kirche in den grauen Stein der Felswand über. Nach Lourdes soll es hier die meisten offiziell bestätigten Wunder gegeben haben. Noch heute legen unzählige Tafeln mit Danksagungen, die auf dem Weg vom Dorf bis hinunter zum Kirchenportal in die Felswände eingelassen sind, Zeugnis davon ab.

31. Kapitel:
Regenwald statt Erdöl

„Kneif mich mal. Ich glaube, ich träume!" Mein Blick wird von der Anzeige an der Zapfsäule wie von einem Gummiband angezogen.

Sind wir im Himmel für Autofahrer gelandet? So kommt es uns wenigstens vor, als wir mit den letzten Litern Diesel die Grenze zwischen Kolumbien und Ecuador überqueren und die erste Tankstelle ansteuern. Mit 1,02 US-Dollar ist der Preis an der Anzeigentafel angeschlagen. 1,02 US-Dollar sind umgerechnet 0,82 Euro. Aber dieser Preis gilt nicht etwa für einen Liter, sondern für eine Gallone. Eine Gallone entspricht 3,785 Litern. Wir zahlen also nur 21,5 Eurocent für den Liter Diesel!

Einige Wochen später lese ich in der Online-Ausgabe der Berliner Zeitung: „September teuerster Tankmonat aller Zeiten". So richtig nachvollziehen können wir dies im Moment nicht. Für 140 Liter Diesel zahlen wir knapp dreißig Euro. In Deutschland hätte uns die gleiche Tankfüllung über 210 Euro gekostet, siebenmal so viel wie in Ecuador.

Das kleine Ecuador, dessen Fläche nur zu siebzig Prozent der Deutschlands entspricht, hat Erdölreserven von rund 4,6 Milliarden Barrel. Damit spielt es zwar nicht in der ersten Liga der Erdölförderländer – Saudi Arabien und Kanada halten insgesamt über 450 Milliarden Barrel der weltweiten Reserven –, doch das 13,5-Millionen-Einwohner-Land schaffte es mit einem unkonventionellen Vorschlag trotzdem weltweit in die Schlagzeilen.

Unter dem Nationalpark Yasuní, einem Regenwald im Amazonasbecken, der viermal so groß wie das Saarland ist, lagern 850 Millionen Barrel Öl mit einem Gesamtwert von rund 7,2 Milliarden Dollar. Im September 2007 trat der ecuadorianische Präsident Rafael Correa vor das Mikrofon im Sitzungssaal der Vereinten Nationen in New York und machte der Staatengemeinschaft ein denkwürdiges Angebot: „Wir wären bereit, das Öl im Yasuní nicht anzutasten und auf die Hälfte unserer Einnahmen zu verzichten, wenn uns die Welt die andere Hälfte erstattet."

Der Ausstoß von 407 Millionen Tonnen des schädlichen Treibhausgases Kohlendioxyd hätte vermieden werden können, wenn man die Erdölreserven für immer im Boden belassen hätte. In Zeiten, in denen der Klimawandel auf der Weltbühne heftig diskutiert wird, ist dies sicherlich ein interessanter Vorschlag, der jedoch unter anderem am Einspruch Deutschlands scheiterte.

Doch auch sonst macht der knapp 50-jährige Correa von sich reden. Er pflegte eine enge Beziehung mit dem inzwischen verstorbenen Präsidenten Venezuelas, Hugo Chavez, und bekannte sich mit diesem zum „Sozialismus des 21. Jahrhunderts". Darin lehnt er beispielsweise ein Handelsabkommen mit den USA ab, um die Zerstörung Tausender Arbeitsplätze in der Landwirtschaft zu vermeiden. Die Rechte auf die Förderung weiterer Erdölreserven hat er an China verkauft und investiert das eingenommene Geld in die Infrastruktur des Landes.

In keinem anderen Land auf unserer Reise haben wir so ausgezeichnete Straßen vorgefunden wie in Ecuador. Es wird intensiv in ein Schulsystem investiert, um die Bevölkerung auf die Anforderungen des 21. Jahrhunderts vorzubereiten. Vielleicht gelingt es dem Land diesmal mit den richtigen Ideen und zukunftsweisenden Investitionen die Fehler vergangener Jahre zu verhindern.

Anfang des 20. Jahrhunderts war das Land am Äquator der wichtigste Kakaoexporteur der Welt. Siebzig Prozent des Warenexportes fielen auf die Kakaobohne. Doch 1920 stagnierte die Nachfrage und Konkurrenten aus Brasilien und Afrika verdrängten Ecuador. In Folge dessen stürzte das Land in eine schwere wirtschaftliche und politische Krise.

Ende 1940 zeichnete sich eine wirtschaftliche Entspannung ab. Mit der weltweit gestiegenen Nachfrage nach Bananen wurde Ecuador zum weltgrößten Bananenexporteur, geriet jedoch wieder in die Abhängigkeit vom Erfolg eines einzelnen Produktes. 42 Prozent betrug der Anteil der Bananen am Gesamtexport. Mit dem Überangebot auf dem Weltmarkt brach 1960 die Wirtschaft erneut dramatisch ein.

Wird es dem neuen Präsidenten gelingen, die Fehler, die beim Kakao und bei den Bananen gemacht wurden, zu verhindern? 1962 wurden im Amazonasgebiet Ölfelder entdeckt. 2007 wurden schon wieder sechzig Prozent der Exporte durch ein einziges Produkt erwirtschaftet: Erdöl. Als 1981 ein internationaler Preisverfall beim Öl einsetzte, wurde Ecuador erneut an den Rand des finanziellen Ruins getrieben. Ursache war stets, dass sich aus den Rohstoffeinnahmen des Landes nur eine kleine Gruppe korrupter Herrscher und Diktatoren freizügig bediente, statt in die Zukunft des Landes zu investieren.

Fehler, die der neue Präsident im Moment nicht zu machen scheint. Die zukunftsweisenden Investitionen, die wir mit dem perfekten Straßennetz und dem Ausbau der Schulbildung in Ecuador erleben dürfen, sprechen eine vernünftige Sprache. Und eine Zukunft braucht Ecuador. Liegt das Durchschnittsalter in der Bundesrepublik Deutschland bei 45 Lebensjahren, so ist der durchschnittliche Ecuadorianer gerade 26 Jahre alt.

Wir nisten uns für einige Tage in einem kleinen Ort im Chota-Tal ein und unternehmen Ausflüge in die nähere Umgebung. In diesem abgeschotteten Tal leben noch die Nachfahren ehemaliger

Sklaven, die auf den Baumwollfeldern der Jesuiten gearbeitet haben. An der dunklen Hautfarbe sind sie leicht zu erkennen.

Unser erster Ausflug geht in den Nationalpark El Ángel. Bereits am Eingang werden wir positiv überrascht. Seit kurzem ist in Ecuador der Eintritt in alle Nationalparks kostenlos, sowohl für Einheimische als auch für Touristen. Am großen Eingangsportal mit Informationszentrum finden wir auch ein liebevoll gestaltetes Museum vor.

Wir starten auf eine Panorama-Tour durchs Páramo. So wird eine spezielle Vegetationsform im Hochgebirge der Tropen bezeichnet, die sich zwischen Costa Rica und dem Norden Perus erstreckt. Auf diesen Hochplateaus weht häufig ein kräftiger Wind, der nach Regen, Schnee und Hagel innerhalb weniger Minuten die tropische Sonne vom Himmel strahlen lässt. Diesen dramatischen Wetterverhältnissen haben sich die Pflanzen angepasst, die als hohe Gräser oder krüppelige Sträucher den extremen Bedingungen trotzen.

Eine Pflanze überragt sie alle: die *frailejones,* Mönchsgewächse. Sie haben dicke, fleischige Blätter die sich anfühlen wie der Filzstoff einer Kutte. Rosettenförmig wachsen die Blätter in einem dichten Kranz

Frailejones – Mönchsgewächse

um den unverzweigten und teilweise mehrere Meter hohen Stamm und bilden mit den frischen Blättern auf der Spitze einen Haarkranz, der an die Tonsur eines Mönches erinnert.

Von hier haben wir einen grandiosen Ausblick auf die Bergwelt Ecuadors, die wir in Kürze noch intensiver besuchen möchten. Während wir auf knapp 4000 Metern durch die Hochgebirgslandschaft wandern, schweift unser Blick in die Ferne. Wolkengebirge umhüllen Gipfel, die Hunderte und sogar Tausende Meter höher liegen. Und das, obwohl wir an einem Punkt stehen, der bereits höher liegt als viele Alpengipfel.

Wir fahren über eine abenteuerliche Piste. Sie windet sich entlang steiler Felswände und wenige Zentimeter neben unseren Reifen stürzt der Hang Hunderte Meter tief in eine Schlucht, an deren Grund ein rauschender Fluss fließt. Eine Leitplanke gibt es nicht. Im Schritttempo fahren wir über das Jahrzehnte alte Kopfsteinpflaster zu einem kleinen Wallfahrtsort.

An dieser Stelle verschwindet der reißende Fluss in einer Öffnung im Felsgestein, um auf der anderen Bergseite in einer mit Stalaktiten übersäten Höhle wieder zu entspringen. Hier wurde der Jungfrau von La Paz eine Kirche gebaut, direkt neben den Thermalquellen, die aus dem vulkanisch aktiven Untergrund mit heißem Quellwasser versorgt werden.

Vulkanischen Ursprungs ist auch die Laguna Cuicocha. Der ehemals Feuer speiende Krater ist heute von einem riesigen See bedeckt, der so groß ist, dass sogar zwei Inseln daraus herausragen. Vierzehn Kilometer wandern wir um diesen Kratersee herum, auf dem wir auch noch 600 Höhenmeter überwinden müssen. Es ist erstaunlich, wie gut wir uns bereits an diese Höhen akklimatisiert haben. Was das Wunderwerk des menschlichen Körpers durch Zeit und körperliche Betätigung hinbekommt, das bleibt unserem Auto verwehrt: die Anpassung an die dünne Höhenluft.

Wir treffen überraschend unsere Reisefreunde Swantje und Stefan sowie Toni und Felix wieder und planen einen gemeinsamen Ausflug zum Refugio des Vulkans Cayambe auf 4800 Meter Höhe. Bisher lag der Höhenrekord für unser Auto bei 3911 Metern am Mount Evans in den USA. Heute soll er gebrochen werden. Die Fahrt wird zu einer echten Herausforderung. Bis 3600 Meter folgen wir einer Kopfsteinpflasterpiste, die immer häufiger von tiefen, mit Schlamm gefüllten

Schlaglöchern unterbrochen wird und schließlich komplett in Matsch übergeht.

Felix und Toni fahren vor, wir folgen in der Mitte, Stefan und Swantje bilden die Nachhut. Unser Wagen wird auf dem rutschigen Untergrund immer unkontrollierbarer. Wären wir alleine unterwegs, dann wäre es jetzt an der Zeit umzukehren. So stellen wir uns der Herausforderung, da die anderen uns Sicherheit geben. Im schlimmsten Fall bleiben wir stecken und müssen uns mit Schaufel, Blechen und Bergegurten befreien.

Irgendwann passiert es dann. Der Wagen rutscht mit dem Vorderteil in den rechten Straßengraben, der von einem kleinen Wasserlauf durchströmt wird. Jetzt wird es zum ersten Mal kritisch. Ich legen den Rückwärtsgang ein und versuche mich langsam aus dem Graben zu befreien. Doch das Heck führt ein Eigenleben und schiebt sich nun ebenfalls immer stärker Richtung Straßengraben. Petra und Stefan weisen mich zentimetergenau. Sagen mir, wie ich das Lenkrad drehen soll, wie dosiert ich Gas geben muss. Vor, zurück. Langsam bewegt sich der Wagen mit der schweren Kabine aus seiner geneigten Stellung im Graben und steht wieder in der matschigen, tief durchwühlten Spur.

Weiter geht es, immer geradeaus, immer höher hinauf auf den Cayambe. Mittlerweile haben wir den Äquator überquert, sind von der nördlichen Hemisphäre in die südliche gefahren. Haben auf einen Schlag den Sommer gegen den Winter getauscht. Welch ein berauschendes Gefühl, mit dem eigenen Auto bis zum Äquator gefahren zu sein. Doch zum Feiern ist jetzt keine Zeit. Das werden wir nachholen, wenn wir auf der Panamericana das offizielle Äquatordenkmal ansteuern.

Die Strecke bleibt durchgehend schlecht. Jetzt setzt zu allem Überfluss auch noch Regen ein, der sich mit zunehmender Höhe in Schneeregen verwandelt. Den Winter auf der Südhalbkugel können wir also wörtlich nehmen. Erst als die völlig aufgeweichte Piste beginnt sich in Serpentinen steil die Bergflanken des schneebedeckten und immer wieder aus dem Nebel auftauchenden Cayambe hinaufzuwinden, weiß ich, dass nun definitiv Schluss für uns ist. War die bisherige Fahrt für das Wohl unseres Autos maximal riskant, so ist jetzt der Zeitpunkt erreicht, wo es für uns beide – und nicht nur für das

Auto – gefährlich wird. Wenn jetzt der Wagen unkontrolliert rutscht, dann geht es im schlimmsten Fall über den Rand der Böschung und im freien Fall in die Tiefe.

In der dritten Kurve setzen wir zurück und versuchen uns am Hang in eine gute Ausgangsbasis zum Wenden zu bringen. Kurzfristig steht unser Wagen nur noch auf drei Reifen, der vierte hängt weit in der Luft. Doch die Wende gelingt. Regen und Schnee werden heftiger, das Wasser läuft in Strömen die Piste und den Berg hinunter. Bereits die verbleibenden zwei Kurven fordern fahrerisch viel ab. Jetzt nur nicht das Heck ausbrechen lassen. Alles läuft glatt. 4316 Höhenmeter bedeuten trotz allem ein neuer Rekord.

Auf dem kompletten Rückweg spielt unser Motor verrückt. Weißblauer Qualm wird ununterbrochen und in dicken Wolken aus unserem Auspuff gestoßen. Teilweise kann ich die Spur nicht mehr vor unserer Motorhaube erkennen. Der Sauerstoffgehalt der Luft ist so dünn geworden, dass ein Großteil des Diesels unverbrannt aus dem Auspuff gepustet wird, statt in Energie umgewandelt zu werden.

Felix, der alte Offroad-Profi, gibt mir noch ein paar Ratschläge: „Bergab immer in der tiefsten Spur fahren und nie die Kupplung treten, wenn du im Matsch hängst!"

Ich pflüge meinen Weg hinunter durch die schlammige Piste. Teilweise schleift das Differential im Matsch, so tief ist die Piste bereits durchwühlt.

Die Nacht verbringen wir an einem kleinen Bergbauernhof. Es regnet und die Temperatur liegt um 17 Uhr nur noch bei sechs Grad. Ein erneuter Versuch, den schneebedeckten Cayambe zu befahren, kommt nicht mehr in Frage. Es regnet die ganze Nacht in Strömen. Sicherlich ist der Matsch dadurch noch tiefer geworden.

Auch heute fährt Felix wieder vor und das bedeutet erneut, wir fahren Offroad. Statt von der Ortschaft Cayambe über Otavalo zur Laguna Mojanda zu fahren, wählen wir die Strecke über Tabacundo und klettern von dort mit unseren drei geländegängigen Fahrzeugen wieder auf über 4000 Meter hoch.

Es geht vorbei am Cerro Negro zur Laguna Mojanda am Fuße des Vulkans Fuya-Fuya. Wieder ist die Strecke für uns eine echte Herausforderung. Waren es gestern der tiefe Matsch und die Höhe, so sind es heute die extrem ausgewaschenen Wege. Auch wenn die Grenzen für unser Auto noch nicht erreicht sind, unsere persönlichen Grenzen sind mit der heutigen Strecke fast überschritten.

Die Laguna Mojanda liegt wunderschön in einem von mehreren Viertausendern umrahmten Tal. Steil ragt der Vulkan Fuya-Fuya im Süden in den Himmel. Genau das richtige Ziel, um die Anspannung des Autofahrens in positive Energie umzuwandeln. 520 Höhenmeter gilt es zu überwinden, bis der Gipfel auf 4263 Metern erreicht ist. Mal eben einen Viertausender am Nachmittag besteigen, so etwas macht man auch nur in den Anden. Steil windet sich der zwar technisch nicht anspruchsvolle, doch konditionell anstrengende Pfad in die Höhe. Immer grandioser wird mit dem Aufstieg der Blick auf die Lagune und unsere an seinem Ufer parkenden Autos.

Nach zwei Stunden ist der Gipfel erreicht. Erstmalig sehen wir den schneebedeckten, 5790 m hohen Vulkan Cayambe deutlich vor unseren Augen. Und dort wollten wir mit dem Auto hoch?

32. Kapitel: Phänomene am Äquator

Ganz früh sind wir schon auf den Beinen. Um den berühmten Samstagsmarkt von Otavalo noch möglichst ursprünglich und ohne Tausende andere Touristen zu erleben, sind wir schon um sieben Uhr unterwegs zum Viehmarkt.

Schon auf dem Weg dorthin kommt uns eine alte Bäuerin in ihrer traditionellen Kleidung entgegen. In ihrem Rückentuch, in dem normalerweise kleine Kinder von ihren Müttern getragen werden, hat sie ein kleines, rosiges Ferkel. Dieses schaut mit dem Kopf aus dem bunt gemusterten Tuch, blinzelt uns aus seinen dunklen Äuglein lustig zu und scheint uns anzugrinsen.

Je näher wir dem Markt kommen, desto häufiger sehen wir Bauern mit Kühen oder Kinder mit kleinen Ferkeln, die ihre Tiere so selbstverständlich an der Leine führen wie Hundebesitzer ihr Haustier. Wir tauchen mal wieder ein in eine für uns völlig fremdartige Welt. Hier ist nichts touristisch, sondern alles authentisch. Die Frauen tragen weiße, am Ausschnitt kunstvoll mit Blumen bestickte Blusen. Dazu einen knöchellangen, blauen Rock. Um den Hals haben sie Ketten mit Hunderten winzigen, vergoldeten Perlen. An den Handgelenken Armbänder aus Korallen. Ein zusammengefaltetes Tuch auf dem Kopf schützt sie vor der Sonne. Alte Bauern tragen Ponchos über ihrer Kleidung, häufig Gummistiefel an den Füßen. Zahnlos lächeln sie uns an.

Der Tiermarkt ist in Gattungen aufgeteilt. In kleinen Gehegen tummeln sich die Meerschweinchen, die in Ecuador nicht als Haustiere, sondern zum Verzehr gezüchtet werden. Alte Frauen greifen in einen großen Sack, der sich vor ihren Füßen hin- und herbewegt, schnappen sich eines der Meerschweinchen, umklammern es am Nacken und halten uns die possierlichen Tierchen direkt vor die Nase.

„Muy rico – sehr lecker", preisen sie ihre Ware an, „und schön fett. Schaut doch mal!"

Kleine Hundewelpen machen tapsend ihre ersten Schritte durchs Leben und warten genauso auf Kundschaft wie kleine Kätzchen. Käfige mit Hunderten Küken stehen übereinander. Andere sind voller Enten. Lebende Hühner sind jeweils zu fünft an den Krallen zusammengebunden und liegen achtlos am Boden oder werden prüfend von der Kundschaft begutachtet. Hähne, die vielleicht eine Zukunft als Kampfhahn haben, werden von den Verkäufern stolz im Arm gehalten und wie Haustiere gestreichelt.

Größer werden die Tiere an der nächsten Ecke. Riesige Eber liegen teilnahmslos am Boden. Kleine Ferkel wechseln den Besitzer. Lamas stehen neben Kühen, Ochsen und kleinen Kälbchen. Direkt daneben sind Fressbuden aufgebaut, die gegrilltes Spanferkel anbieten.

Nachdem wir genug Tiere gesehen haben, lassen wir uns mit den Menschenmassen in Richtung Innenstadt treiben. Links und rechts der Straße sind Marktstände für die einheimische Bevölkerung aufgebaut: Kleidung, Kochgeschirr, Drogerieartikel, Werkzeuge. Dazwischen immer wieder fahrende Händler, die Zahnpasta oder Seifen anpreisen, frisches Obst oder Getränke. Alles scheint bei ihnen nur einen Dollar zu kosten, ein Bruchteil von dem, was im Geschäft zu zahlen ist.

Extra für die Touristen gibt es noch einen großen Kunsthandwerksmarkt, der sein buntes Angebot von Alpakapullovern, Schals, Socken, Wandbehängen, kunstvoll geschnitzten Kürbissen, Schmuck, Mützen,

Teppichen, Haarbändern und Hüten auf dem Plaza de Ponchos und den angrenzenden Seitenstraßen anbietet. Das Einkaufen macht großen Spaß und erinnert uns wieder an die farbenfrohen Märkte im Süden Mexikos und in Guatemala. Wir genießen es, das Angebot an filigranem Kunsthandwerk zu durchstöbern und feilschen wie die Araber um den Preis jedes noch so kleinen Souvenirs.

Viel zu früh brechen wir aus dem quirligen Otavalo auf, durchfahren erneut eine traumhafte Páramo-Landschaft und gelangen zu den heißen Quellen von Oyacachi. Kleine, heiße Wasserfälle prasseln in unseren Pool. Die Temperatur liegt bei 38 bis 40 Grad. Träge liegen wir im heißen Wasser, schauen hinauf in die steil aufragenden Berge mit der kargen Páramo-Vegetation und hinab in einen Fluss, der nur zwei Meter entfernt an unserem Becken vorbeirauscht.

Wohlig entspannt brechen wir am frühen Nachmittag wieder auf und fahren zurück auf die Panamericana, wo wir ausgiebig am Äquatordenkmal den Übergang von der Nord- auf die Südhalbkugel zelebrieren.

Es ist schon ein erhebendes Gefühl, als wir gebannt die Anzeige unseres GPS-Gerätes beobachten. Erst im Minuten-, später im Sekundentakt nähern wir uns der geografischen Breite S/N 0° 00′ 00″. Mit dem eigenen Auto zum Äquator – ein weiterer Meilenstein unserer Abenteuertour ist erreicht.

Zur Krönung stellen wir genau hier am Äquatordenkmal unseren absoluten Geschwindigkeitsrekord auf: Unser 3,5 Tonnen schwerer Wagen wird auf sage und schreibe 1670 km/h beschleunigt!

„Dir ist wohl das Bad in den heißen Thermalquellen nicht bekommen. Was soll denn der Quatsch? Unsere lahme Kiste hebt ja schon fast ab, wenn sie über hundert Stundenkilometer fährt."

„Du hast ja recht", lenke ich ein, „aber ich habe auch ein wenig recht. Die Erde ist bekanntlich eine Kugel, die sich in 24 Stunden ein Mal um ihre Achse dreht und am Äquator in dieser Zeit 40.075 Kilometer, also ein Mal ihren eigenen Umfang, zurücklegt. Die Rotationsgeschwindigkeit erreicht hier ihre höchste Geschwindigkeit, nämlich besagte 1670 Stundenkilometer. Zum Nord- und Südpol hin nimmt die Umlaufgeschwindigkeit ab, beträgt am 30. Breitengrad nur noch 1440 km/h, am 60. Breitengrad 830 km/h und liegt an den Polen bei 0 km/h. Da die Erde sich Richtung Osten dreht, könnten wir unseren Geschwindigkeitsrekord sogar noch mal steigern. Wenn wir mit 130 Stundenkilometern genau auf der Äquatorlinie Richtung Osten rasen würden, dann kämen wir auf gigantische 1800 km/h."

Der Äquator steht für viele physikalische Phänomene, aber auch für etliche Gerüchte. So kann man angeblich nur am Äquator ein rohes Ei hochkant auf einen Nagel stellen. Noch hartnäckiger hält sich das Gerücht, dass sich Wasser im Abfluss auf der Nordhalbkugel gegen den Uhrzeigersinn drehend in die Kanalisation entleert und auf der Südhalbkugel mit dem Uhrzeigersinn.

Doch wie so oft, liegt in jedem Gerücht auch ein Körnchen Wahrheit. Tatsächlich beeinflusst die Corioliskraft die Bewegungsrichtung von Winden und Wasser. Dadurch steuert sie globale Meeresströmungen, Wetterphänomene und Wasserkreisläufe. Zurückzuführen ist sie auf die Erdrotation. Luftmassen, die vom Äquator nach Norden wehen, werden dabei nach Osten abgelenkt, während Winde, die von Norden zum Äquator strömen – und somit in Gegenden mit einer schnelleren Rotation gelangen – nach Westen abgelenkt werden. Entgegengesetzt sind die Bewegungen auf der Südhalbkugel. Sehr gut zu beobachten ist dieses Phänomen übrigens bei Hoch- und Tiefdruckgebieten auf der Wetterkarte. Durch die Corioliskraft gerät die aufsteigende Luft auf der Nordhalbkugel in eine Drehung gegen den Uhrzeiger- und auf der Südhalbkugel mit dem Uhrzeigersinn.

Um jedoch Einfluss auf die Fließrichtung des Wassers im Abfluss zu nehmen, ist die Corioliskraft zu gering. Da sind andere Faktoren, wie zum Beispiel die Beschaffenheit der Oberfläche im Waschbecken, wesentlich ausschlaggebender. Doch wenn sich schon das Wasser im Abfluss dreht wohin es will, so ist es wiederum korrekt, dass wir am Äquator weniger wiegen, als an jedem anderen Ort der Welt.

Dies wiederum hat mit der auf die Schwerkraft zurückzuführenden Fallbeschleunigung zu tun. Die Gravitation ist am Äquator schwächer als am Nord- oder Südpol, weil die Erde am Äquator dicker ist als an den Polen. Während diese Fallbeschleunigung in Deutschland rund 9,809 m/s^2 beträgt, liegt sie am Äquator bei lediglich 9,78 m/s^2. Bringe ich in Deutschland stattliche achtzig Kilogramm auf die Waage, so sind das am Äquator nur noch 79,76 kg (80 x 9,78/9,809). Ein gutes

Argument, ganz ohne Reue auf die Schnelle eine Tafel Schokolade zu naschen.

Die unterschiedliche Dicke der Erde hat übrigens auch Auswirkung auf die höchsten Berge der Welt. Jeder weiß, der Mount Everest im Himalaja ist 8848 Meter hoch. Doch der höchste Berg ist er nur, weil man seine Höhe ab dem Meeresspiegel misst. Würde man die Höhe ab dem Erdmittelpunkt definieren, dann wäre der Vulkan Chimborazo in Ecuador (6310 Meter über dem Meeresspiegel) der höchste Berg der Welt. Da die Erde aufgrund ihrer Fliehkraft keine Kugel, sondern eine Ellipse ist, beträgt der Umfang am Äquator 40.075 Kilometer und an den Polen 39.940 Kilometer. Vom Erdmittelpunkt aus betrachtet überragt der Chimborazo den Mount Everest um fast zwei Kilometer!

Schon faszinierend, was diese kleine Linie, die Nord- und Südhalbkugel voneinander trennt, für interessante Auswirkungen hat. Darüber habe ich mir im Vorfeld nie Gedanken gemacht. Jetzt habe ich so viel über die Auswirkung des Äquators auf unsere Erde geschrieben, da kann ich es mir nicht verkneifen, auch noch drei Phänomene zu ergänzen, die mit der Sonne am Äquator zu tun haben.

Am Äquator – ein Kuss zwischen Nord- und Südhalbkugel

So steht beispielsweise die Sonne am Frühlings- und Herbstanfang um 12 Uhr Mittags so genau über einem, dass man mitten auf seinem eigenen Schatten steht. Während die Dämmerung in Deutschland rund 45 Minuten beträgt, ist sie am Äquator schon nach 20 Minuten vorbei. Und wer zuschauen möchte, wie die Sonne romantisch im Meer versinkt, hat dafür am Äquator nur rund zwei Minuten Zeit, während es an der Nordsee vier Minuten sind.

Ach ja, wir sind übrigens gerade vom Sommer auf der Nordhalbkugel in den Winter auf der Südhalbkugel gewechselt. Die Jahreszeiten sind hier natürlich auch vertauscht. Während es in Deutschland in Kürze Herbst wird, fängt bei uns demnächst der Frühling an. Und ganz chaotisch wird es dann, wenn Ende Oktober die Uhren in Deutschland auf Winterzeit und somit eine Stunde zurückgestellt werden, während sie auf der Südhalbkugel wegen der Sommerzeit um eine Stunde vorgestellt werden. Kann da noch jeder mithalten?

33. Kapitel:
Die Giganten der Meere

Unsere Routenplanung ist stets eine Kombination aus guter Vorbereitung und spontaner Flexibilität. Bevor wir ein Land bereisen, studieren wir zuerst die Reiseführer und markieren die interessantesten Sehenswürdigkeiten. Danach übertragen wir diese in die Landkarte, um einen Eindruck zu bekommen, wo sich die Attraktionen befinden. Im letzten Schritt wird dann auf der Karte eine Route ausgearbeitet, die alle Punkte optimal miteinander verbindet. So vermeiden wir Umwege, sparen Zeit und Sprit.

Doch es gibt auch Situationen, da schmeißen wir die ganze Planung einfach über den Haufen. So auch jetzt wieder. Wir lassen alles links und rechts liegen, denn wir haben einen Termin am Meer, der sich nicht verschieben lässt: Wir wollen Wale beobachten. Die antarktischen Buckelwale tummeln sich nur in der Zeit von Juni bis September an der Küste vor Puerto Lopez.

Um von der 2800 Meter hoch gelegenen Hauptstadt Quito in das Küstentiefland des Pazifiks zu gelangen, müssen wir zuerst zwei 4000 Meter hohe Pässe der Ost-Kordilleren mit dem Auto erklimmen, bevor es dann innerhalb von nur drei Stunden auf Meeresniveau hinabgeht. Waren es am frühen Morgen noch kühle fünf Grad bei strahlendem Sonnenschein, so klettert das Thermometer auf schwüle 25 Grad in Küstennähe.

Bei einem Straßenhändler kaufen wir direkt von der Ladefläche des Lkw für 50 US-Cent eine der besten Ananas, die ich je gegessen habe und erstehen für weitere 30 US-Cent leckere *arepa de yuca*. Dabei handelt es sich um frisch gebackene, kleine Brötchen aus Maniok, die entweder mit Käse oder mit Gehacktem gefüllt sind. Zubereitet direkt am Straßenrand. Einfach köstlich!

In meiner Vorstellung sehe ich in jeder Meeresbucht die Buckelwale im Wasser herumtollen. Ganz so publikumsverliebt sind die riesigen Meeressäuger dann doch nicht. Im Gegenteil, es ist sogar sehr schwer, sie überhaupt vom Ufer aus zu sehen.

Christian ist ein Schweizer, der in Salango eine Halbinsel am Meer gekauft und diese in den letzten sechzehn Jahren zu einem wunderschönen kleinen Ferienparadies mit ein paar Cabañas und Stellplatzmöglichkeiten für Camper ausgebaut hat.

„Früher konnte man tatsächlich von hier oben die Wale beobachten." Wir stehen auf einem Aussichtspunkt, von dem man weit auf das Meer und die davor liegende Insel schauen kann. „Doch in den letzten Jahren kommen sie immer seltener und unregelmäßiger", erklärt er uns.

Schon in jungen Jahren kam er nach Südamerika und hat in unterschiedlichen Ländern gelebt. Schließlich hat er sich mit seiner ecuadorianischen Frau diese fast hundert Meter über dem Meer aufragende Halbinsel gekauft, die von drei Seiten von traumhaften Stränden und dem offenen Meer umgeben ist. Mit viel Geschick und in unzähligen Arbeitsstunden hat er neben seinem Job das riesige Grundstück als Bauland hergerichtet, Straßen und Wege gebaut, kleine Gästehäuser und ein Restaurant errichtet. Für seinen Sohn, der damals gerade geboren war, baute er einen kleinen Erlebnispark, der über die Jahre immer mehr erweitert wurde: Klettersteige, Piratenhütten, Dschungelpfade, Totempfähle. Immer wieder entdecken wir neue Geheimnisse auf dem riesigen Gelände.

„Leider habe ich noch nicht die Zeit, um hier zu leben. Irgendwo muss das Geld für die Investitionen herkommen. Mit dem Tourismus verdiene ich nicht genug."

Im Moment lebt und arbeitet er in Caracas, der Hauptstadt Venezuelas. Dort baut er eine Lehrwerkstatt auf, in der Fachkräfte für ein Zementwerk ausgebildet werden.

„Meine Frau und der 15-jährige Sohn leben auch nicht mehr hier, sondern in der Schweiz."

Was sich erst wie ein typisches Trennungsszenario anhört, klärt sich im nächsten Satz auf.

„Die Möglichkeiten für eine qualifizierte Ausbildung sind für meinen Sohn in der Schweiz um Klassen besser. In Ecuador gibt es nur das Studium an der Universität. Die klassische duale Ausbildung kennt man nicht. Wer in gewerblichen Berufen arbeitet, ist meist ungelernt und bekommt das, was er für den Job braucht, neben der Arbeit beigebracht. Oder die Kinder lernen von ihren Eltern. Deshalb wird aus dem Sohn eines Automechanikers meist ebenfalls ein Automechaniker."

Wir starten das Abenteuer Walbeobachtung. Das Fischerboot schnellt über die Wellen. Immer weiter entfernen wir uns vom Land auf der Suche nach den Buckelwalen. Bis zu sechzehn Meter messen diese Giganten der Meere und sind bis zu dreißig Tonnen schwer. Das herausragende Merkmal der Buckelwale ist ihre extrem lange Seitenflosse, die fast ein Drittel der Körperlänge erreichen kann. In den vier Monaten Juni bis September suchen sie für Balz, Paarung und Geburt die Küste entlang des Äquators auf, bevor sie wieder in die antarktischen Gewässer zurückkehren.

Endlich zeichnet sich vor uns eine Wasserfontäne ab. Das Boot macht eine Wendung und jagt auf die Wale zu. Geschmeidig durchbrechen die riesigen Meeressäuger die Wasseroberfläche. Fast schwerelos gleiten sie durch das Meer. In einem steten auf und ab schieben sie sich ähnlich wie die Wellen durch den Pazifik.

Ab und zu tauchen sie für einige Minuten hinab in die Tiefe des Ozeans. Dabei krümmen sie ihren Rücken zu einem Buckel, dem sie auch ihren Namen verdanken und winken zum Abschied mit ihrer riesigen Schwanzflosse.

Im Zeitalter der analogen Fotografie hätten wir schon etliche Male die Filme wechseln müssen. So füllen sich nur die Chipkarten unserer

Digitalkameras. Über die kleinen Displays werden die schönsten Schnappschüsse den Banknachbarn präsentiert. Doch niemand fotografiert so professionell wie Swantje und Stefan.

„Schau mal hier, ein schönes Bild mit Winkelflosse." Ich blicke ganz neidisch auf die Kamera.

„Oder dieses Foto!" Swantje zeigt mir ganz verzückt ein Bild, auf dem man groß das von Seepocken übersäte Gesicht des Wals erkennen kann.

„Schade nur, dass wir keinen springenden Wal zu Gesicht bekommen haben!"

Dieser Aussage stimmen wir alle mit Bedauern zu. Die Buckelwale sind bekannt dafür, dass sie fast komplett aus dem Wasser springen. Vom Ufer aus konnten wir das Schauspiel bereits ein paar Mal in weiter Entfernung beobachten.

Die kleine Gruppe der Wale, die wir beobachtet haben, hat sich verabschiedet. Das Wasser ist wieder ruhig, die Fotoapparate sind sicher verstaut.

Plötzlich schnellt etwas aus der Tiefe des Meeres. Erst erkennt man nur einen riesigen Schatten. Dann öffnet sich die Wasseroberfläche wie bei einer Explosion und völlig unerwartet schießt nur wenige Meter vor uns ein Buckelwal fast senkrecht aus dem Wasser. Höher und höher schraubt sich der tonnenschwere Leib in die Luft.

Erst schiebt sich der Kopf aus dem Wasser, der größer ist als ein ausgewachsener Mensch. Danach folgt die meterlange Seitenflosse. Weiter und weiter steigt der Körper des Wals in die Höhe. Erst folge ich dem Sprung nur mit den Augen, doch muss ich unwillkürlich den Kopf heben, um diese Explosion der Naturgewalt im wahrsten Sinne des Wortes in seiner ganzen Länge aufnehmen zu können.

Halb dreht sich der Wal während des Sprungs um seine Längsachse und präsentiert uns dabei die weiße Bauchdecke, die im Kontrast zu seiner sonst schwarzgrauen Haut steht. Krachend lässt er sich dann auf seiner vollen Länge ins Wasser fallen. Grünweiß schäumt das Meer von der Wucht des Aufschlages und lässt eine große Welle gegen den Bug unseres Bootes anrollen.

Sprachlos und mit offenem Mund verfolgen wir dieses Schauspiel. Niemand von uns hatte in diesem Moment seinen Fotoapparat griffbereit. Nur unsere Augen konnten diesen magischen Moment einfangen. Der Gigant der Meere, der scheinbar sein eigenes Körpergewicht überlistet, um direkt vor uns eine Pirouette zu drehen. Wohl für mein ganzes Leben wird dies die faszinierendste Tierbegegnung bleiben: Auge in Auge mit einem springenden Wal.

Nach diesem Erlebnis der Extraklasse verbringen wir noch einige entspannte Tage am pazifischen Ozean. Wir spazieren am Strand, genießen frischen Fisch und Meeresfrüchte und campen nur wenige Meter neben den Wellen der anrollenden Flut. Nur Schwimmen im Meer ist leider nicht mehr möglich. Eigentlich hatten wir erwartet, dass die Wassertemperatur wegen der Nähe zum Äquator höher liegt als in Zentralamerika. Wir werden überrascht von der Auswirkung des Humboldtstromes, der entlang der Westküste Südamerikas kaltes Wasser aus der Antarktis bis zum Äquator spült.

Wir fahren weiter die Küste entlang Richtung Norden. Armselige, aus schiefen Brettern zusammengehämmerte Hütten säumen den Straßenrand. Wie so häufig, treffen auch hier drei Gegebenheiten aufeinander: Armut, Schmutz und dunkle Hautfarbe. Die Stadt Esmeraldas ist nicht nur bekannt für seinen hohen Anteil an afro-ecuadorianischer Bevölkerung, sondern gehört auch zu den ärmsten Regionen des Landes, in denen das Auswärtige Amt vor Überfällen warnt. So schlagen wir zügig den Weg ins Landesinnere ein.

Große Felder mit Kakaosträuchern wechseln sich mit Ölpalmen-Plantagen ab. Immer wieder ist der Randstreifen der Straße mit Kakaobohnen bedeckt, die zum Trocknen ausgelegt sind. Nach 320 Kilometern erreichen wir Mindo. Das kleine Dorf ist nicht nur für sein angenehmes Klima auf knapp 1300 Meter Höhe bekannt, sondern vor allen Dingen für seine Vogelvielfalt. Mit etwa fünfhundert verschiedenen Spezies ist Mindo bereits mehrfach Arten-Weltmeister bei der jährlich um die Weihnachtszeit stattfindenden Vogelzählung geworden.

Hier treffen wir in einem kleinen Café auf Barbara, geboren in Dessau, die schon seit acht Jahren in Ecuador lebt, mit einem Ecuadorianer verheiratet ist und eine süße kleine Tochter hat. In Mindo eröffnete sie erst eine Saftbar, verließ das Städtchen jedoch, als ihre Tochter zur Welt kam, um gemeinsam mit Mann und Tochter ein Jahr am Pazifikstrand zu leben. Nach dem Jahr zog es die kleine Familie

Café Oasis in Mindo

wieder zurück nach Mindo, wo sie kurz darauf das kleine deutsche Café Oasis eröffnete. Ein Glücksfall für uns. So kommen wir nicht nur zu selbstgebackenem Apfel- und Brombeerkuchen, sondern auch zu einem ofenfrischen Roggenbrot.

Im Café Oasis treffen wir auch auf Frank. Durch Freunde landete er vor einigen Jahren in Ecuador, um Spanisch zu lernen. In Esmeraldas am Pazifik lernte er ein Kinderhilfsprojekt kennen und beschloss spontan, sich ehrenamtlich zu engagieren. Doch statt wie viele andere ihre Hilfe auf Geldspenden zu beschränken, krempelte Frank sein Leben komplett um.

Er gründete nicht nur mit Freunden im deutschen Ort Velbert einen Unterstützungsverein, dessen erster Vorsitzender er ist, sondern kündigte auch seinen Job in der Werbung, um sich in den folgenden Jahren voll auf seine neue, ehrenamtliche Aufgabe als Entwicklungshelfer in Ecuador zu konzentrieren.

Das Projekt konzentriert sich auf die schulische und berufliche Ausbildung von Kindern aus armen Verhältnissen. Deren Lebensbedingungen und Zukunftschancen sollen mit gezielter, außerschulischer Betreuung verbessert werden.

„Wir arbeiten aus der Überzeugung, dass Weiterentwicklung und Wohlstand ohne Bildung nicht möglich sind", erklärt uns Frank.

Wir lauschen begeistert, mit welchem Enthusiasmus er von seinem Projekt erzählt. Gerade baut er mit weiteren Freiwilligen an einem Schulgebäude. Parallel ist er in Europa und Ecuador auf der Suche nach finanzieller und personeller Unterstützung. Doch das Leben als selbsternannter Entwicklungshelfer ist nicht immer nur Sonnenschein und innere Erfüllung.

„Die Leute sind sehr einfach gestrickt. Wenig Bildung, raue Sitten und kaum gemeinsame Gesprächsgrundlagen. Es sei denn, man will sich über Saufen, Titten und Fußball unterhalten. Da die anspruchsvollen Gespräche fehlen, habe ich das Gefühl, mich zurückzuentwickeln."

„Und was machst du dagegen?", wollen wir wissen.

„Alle sechs bis acht Wochen muss ich einfach mal raus und fahre nach Mindo oder nach Quito, in die Hauptstadt. Hier sind die Gespräche für mich qualitativ viel besser. Da ist die Auswahl der Themen größer, ich kann mich besser ausdrücken und rede viel mehr. Quito ist die Hauptstadt, das geistige Zentrum, und allein dadurch ist die Anzahl gut gebildeter Menschen dort viel höher als in den unterentwickelten Randgebieten. Wenn ich aber größtenteils nur mit Leuten auf dem unteren Level zusammen bin, fehlt mir die intellektuelle Herausforderung, was unbefriedigend ist."

Interessant ist auch, was uns Frank über das Leben am Wochenende erzählt.

„Gerade auf dem Land ist von Freitagabend bis Montagmorgen Dauersaufen bis zum Verlust der Muttersprache angesagt. Die Leute werden unangenehm, aufdringlich und oft auch aggressiv. Dazu kommen noch die Alkoholtouristen aus den umliegenden Städten. Das ist die Folge des sonntäglichen Alkoholverbots in Ecuador. In den Städten achtet die Polizei schon darauf, dass die Geschäfte und Bars keinen Alkohol verkaufen, doch auf dem Land kümmert das keinen."

Und trotzdem ist Frank mit vollem Eifer bei der Sache. Vielleicht ist es gerade der momentane Frust und die Ehrlichkeit mit der er seine Arbeit sieht, was uns den größten Respekt abverlangt. Aus der Geborgenheit deutscher Wohnzimmer verbindet man Entwicklungshilfe oft mit missionarischer Aufklärung und tiefer Dankbarkeit durch die Hilfeempfänger. Die Praxis sieht ganz anders aus. Entwicklungshelfer stoßen häufig auf Unverständnis und Widerstand. Sie sind Eindringlinge aus einer fremden Kultur, die gelernte Strukturen aufbrechen wollen und das gewohnte Leben kritisch hinterfragen. Trotz aller Widrigkeiten, trotz Frust – Frank macht weiter. Seit vielen Jahren und mit großem Erfolg. Einige Wochen später können wir auf seiner Homepage das fertige Schulgebäude bewundern.

34. Kapitel: Die Straße der Vulkane

Wenn man über Monate zusammen auf Reisen ist, Tausende Kilometer zurücklegt und täglich Stunden hinter dem Steuer sitzt, dann bekommt Autofahren etwas Meditatives. Es kommt vor, dass wir stundenlang schweigend unseren Gedanken nachhängen. Es ist keine unangenehme Stille, sondern eher eine zufriedene Ruhe.

Doch plötzlich werden wir von einem scheppernden Geräusch aus unseren Gedanken gerissen. Wir haben irgendetwas Metallisches an unserem Auto verloren. Ich stoppe mitten auf der schmalen Straße, springe aus dem Wagen und suche die Piste hinter uns ab. Nichts.

Beide spähen wir in den Straßengraben und den Hang hinunter. Auch hier nichts.

„Was war das denn bloß?"

Ich knie auf den staubigen Boden nieder und suche unser Fahrzeug von unten ab. Doch Fehlanzeige.

„Ich weiß nicht, was wir gerade verloren haben, ich kann es nicht zuordnen. Lass uns weiterfahren. Irgendwann wird es sich klären."

Das Problem zeigt sich schneller als gedacht. Beim Losfahren ertönt ein metallisch schepperndes Geräusch von der Front, das so dramatisch klingt, dass es mir den Magen zusammenzieht. Lenkung? Bremse? Petra steigt aus, ich fahre vorsichtig an.

„Das kommt vom Vorderrad auf der Beifahrerseite", informiert sie mich.

„Mist", denke ich, „die Bremse."

Es hört sich an, als hätte sich die Bremsscheibe gelöst. Und das hier, mitten auf der Bergpiste. So weit wie möglich manövriere ich unser Auto nach rechts an den Straßenrand.

Tranquilo – nur nicht nervös werden!

Zuerst muss das Rad herunter. Ich bocke den Wagen auf. Darin habe ich mittlerweile Übung.

Bevor wir auf Reisen gingen, hatte ich von Autos keine Ahnung. Ich wusste, wie die Motorhaube zu öffnen und der Ölstand zu messen ist. Das war es. Den ersten Reifen meines Lebens habe ich gewechselt, als wir auf der Baja California in Mexiko einen Platten hatten.

Doch auf einer solchen Tour bekommt man die Chance, sein Fahrzeug richtig kennenzulernen. Wir haben viele Reisende getroffen, die sich mit Autos perfekt auskennen und mir immer wieder Tipps gegeben haben. In allen Werkstätten bin ich beim Auto geblieben und habe dem Mechaniker über die Schulter geschaut. Mittlerweile rotiere ich nicht nur regelmäßig alle Reifen, checke Ölstände und Flüssigkeiten, sondern wechsle auch Bremsbeläge und Keilriemen.

Doch dieser Schaden hört sich gar nicht gut an. Ich drehe den Reifen. Da ist definitiv irgend etwas kaputt. Schnell ist der Reifen von der Achse. Ich rüttle an der Bremsscheibe, alles fest.

„Hm, was kann es denn nur sein?"

Schließlich entdecke ich ein kleines Steinchen, das zwischen die Bremsscheibe und die hintere metallene Schutzabdeckung gerutscht ist. Mit nur einem halben Zentimeter im Durchmesser hat dieser kleine Stein ein Geräusch verursacht, als würde unser Auto auseinanderfallen. Ich hole es mit dem Schraubendreher heraus und das Problem ist gelöst. Schön, wenn es so einfach geht.

Nach einem Abstecher über den Pululahua-Krater biegen wir auf die „Avenida de los Volcanes", die „Straße der Vulkane", ein. Die Bezeichnung geht auf den deutschen Naturforscher und Universalgelehrten Alexander von Humboldt zurück, der während seiner Lateinamerikareise dieses Gebiet 1802 intensiv erforschte.

22 Vulkane reihen sich an der „Avenida de los Volcanes", teils noch aktive. Doch wie entstanden eigentlich so riesige Gebirge wie die Anden, und warum gibt es hier so viele Vulkane?

Fährt ein Auto gegen eine Mauer, dann beult sich die Motorhaube entweder kräftig aus oder der vordere Teil des Chassis wird so kräftig eingedrückt, dass die Motorhaube aufspringt. Nicht anders verhält es sich bei der Entstehung großer Gebirge. Doch statt Mauer und Motorhaube treffen bei der Entstehung von Gebirgen große tektonische Platten aufeinander. Seit Millionen Jahren bewegen sich diese Platten wie in einer riesigen Badewanne aufeinander zu oder voneinander weg.

An der Pazifikküste Südamerikas tauchte vor 150 Millionen Jahren die ozeanische Nazca-Platte unter die kontinentale Südamerikanische Platte. Dabei wurde die Kontinentalplatte gehoben und gefaltet – die Gebirgszüge der Anden bildeten sich heraus. In der Tiefe schmolz durch die enorme Hitze Gestein zu flüssigem Magma. Diese explosive Mischung stieg an die Erdoberfläche und ist bis heute für die extremen vulkanischen Aktivitäten in den Anden verantwortlich. Das wäre so, als würde das Auto beim Auffahrunfall so stark zusammengedrückt, dass die Motorhaube auffliegt. Der Motor quillt nach draußen, Wasserdampf entweicht, heißes Öl fängt Feuer – wie die Geysire, Thermalquellen und Vulkane in den Anden.

Einen der höchsten aktiven Vulkane der Welt besuchen wir im Nationalpark Cotopaxi. Tapfer schiebt sich unser Auto bis auf 4600 Meter Höhe. Weitere 200 Höhenmeter legen wir in der dünnen Luft zu Fuß zurück, bis wir an der letzten Schutzhütte des Vulkans mit 4810 Metern die für uns bisher maximale Höhe erreichen.

Majestätisch liegen die Gletscher bläulich glitzernd vor uns in der

Sonne. Wir campen direkt am Fuße des Vulkans und verfolgen am Abend atemlos, wie die dichten Wolken aufziehen und einen glasklaren Blick auf den schneebedeckten Krater ermöglichen. In solchen Momenten bekommt man einen Eindruck von der unbändigen Kraft, die in diesem Vulkankegel schlummert. Vulcanus, der römische Gott des Feuers, ist zwar im Moment gebannt, doch ein Ausbruch des Cotopaxi ist jederzeit möglich.

Heute Nacht kommt der einzige Feuerschein von einem großen Lagerfeuer, um das wir gemeinsam mit unseren Freunden Swantje und Stefan sitzen und das uns etwas vor der eisigen Kälte schützt. Hell strahlt der Vollmond von einem wolkenlosen Himmel, die Silhouette des Cotopaxi zeichnet sich am Sternenhimmel ab. Die Nacht hat etwas Magisches.

Der Name des Ortes klingt schon nach Erholung: Baños, „Bäder". Wir liegen in den heißen Quellen des Vulkans Tungurahua, blicken hinauf zu dem großen Wasserfall, der nur wenige Meter neben uns über die Felsen stürzt und lassen die letzten Wochen Revue passieren.

Während einer solchen Reise gibt es kaum etwas schöneres, als jede Pore des Körpers einweichen und durchspülen zu lassen. Wann kommen wir schon mal in den Luxus einer Badewanne? Wir sind ja bereits glücklich, wenn unsere Übernachtungsplätze eine Dusche haben. Petra gilt heute noch meine ganze Bewunderung dafür, dass sie sich auf dem Campingplatz am Cotopaxi unter die Dusche stellte, um sich auf 3600 Metern bei sechs Grad Außentemperatur und mit sechs Grad kaltem Wasser die Haare zu waschen.

Schlagartig ändern sich dann wieder Klima und Temperatur als wir die Anden Richtung Osten verlassen, um ins Amazonasgebiet zu gelangen. Hier entspringen die unzähligen Quellen des umfangreichsten Flusssystems des Welt. Die Lunge unseres Planeten breitet sich vor unseren Augen aus, als wir aus dem kargen Andenhochland in das Amazonastiefland hinabfahren. Urwaldriesen, Piranhas, Giftspinnen und Riesenschlangen sind hier so alltäglich wie Birken, Amseln, Schafe und Kühe in Deutschland.

Im Schaufenster eines Reiseveranstalters sehen wir Fotos von riesigen Insekten, Eingeborenen in Einbäumen und einer Würgeschlange, so dick wie mein Oberschenkel. Doch es schüttet wie aus Eimern. An Ausflüge ist nicht zu denken und schon kurz darauf sind wir wieder unterwegs nach Westen, zurück in die Berge.

Und diese Berge haben es in sich. Der höchste Berg Deutschlands, die Zugspitze, ist noch nicht einmal 3000 Meter hoch. Solche Höhen sind für uns mittlerweile schon alltäglich. Faszinierend, wie gut sich unsere Körper an diese Extreme gewöhnt haben. Der erste 3000er in Mexiko nahm mir noch den Atem und ließ mich auf der kurzen Wanderung schnaufen. Den ersten 4000er haben wir nur auf allen Vieren erreicht und fühlten uns dem Erstickungstod nahe. In Ecuador liegt ein Drittel unserer Übernachtungsplätze auf über 3000 Metern. Wir wandern stundenlang durch die Natur, ohne dass wir Schwierigkeiten mit der Höhenkrankheit haben. Am Vulkan Chimborazo übernachten wir auf 4400 Meter Höhe, fahren mit dem Auto bis auf 4800 und wandern dann weiter Richtung Gletscher bis auf 5100 Meter. Drei Höhenrekorde an einem Tag. Und bei keinem haben wir das Gefühl, unsere Körper zu überfordern.

Vielleicht ist es aber auch die faszinierende Natur, die uns die körperlichen Strapazen vergessen lässt. Ein weiteres Highlight erleben wir im Nationalpark Cajas. Zwischen 3200 und 4500 Metern breitet sich hier inmitten einer der seenreichsten Gegenden der Welt die Páramo-Landschaft Südecuadors aus: Hohe Gräser, moosbewachsene Felsen, jahrhundertealte Polylepsis-Bäume, Wasserfälle, Moorlandschaften und schroffe Berghänge bestimmen das Bild. Sonnenschein und Wolken malen immer wieder neue Bilder in den Himmel. Die Blüten der Bergastern leuchten in kräftigem Gelb oder Lila und setzen kleine Farbakzente in der auf den ersten Blick so karg erscheinenden Landschaft.

Nachdem wir in Mexiko und Zentralamerika unzählige Mayaruinen besichtigt haben, treffen wir in Ecuador auf die Zeugnisse einer anderen Hochkultur: die Inka. Als Einstimmung auf die große Geschichte des Volkes, das seine Wurzeln im peruanischen Cusco hat, besuchen wir mit Ingapirca die wichtigste Ausgrabungsstätte Ecuadors. Sogar aus heutiger Sicht haben die Inka bauliche Wunder vollbracht.

Ehrfürchtig lasse ich meine Finger über eine Mauer gleiten. Große Felsquader mit einer Kantenlänge von mindestens vierzig Zentimetern sind so perfekt gearbeitet, dass sie sich fugenlos an den Nachbarstein schmiegen. Doch es sind keine geformten und später gebrannten Ziegelsteine, sondern aus Felsen geschlagene Steine. Kein Sandstein, den man mit einfachen Mitteln formen kann, sondern Felsen, die teilweise mit Hilfe von extremer Kälte und Hitze an der richtigen Stelle auseinander gesprengt werden müssen. Jeder Stein für sich ist ein maßgefertigtes Unikat, das genau neben den Nachbarstein passt. Eine unglaubliche Millimeterarbeit.

Millimeterarbeit ist für uns auch die anschließende Fahrt durch das Dorf. Drei erhebliche Ereignisse treffen für uns aufeinander: Es ist Feiertag, es findet ein großes Fest statt und der Kirchgang ist gerade beendet. Hunderte Menschen kommen uns auf der Straße entgegen. In ihren leuchtend bunten Trachten schieben sie sich an unserem Auto vorbei. Die Frauen tragen einen Tirolerhut mit Pfauenfeder, einen feuerroten Faltenrock, dazu eine türkisfarbene Bluse, einen leuchtend blauen Poncho und weiße Strümpfe. Ein prächtiges Farbenspiel entfaltet sich direkt vor unseren Augen.

Ich komme mir vor, als würde ich am letzten Samstag vor Weihnachten mit dem Auto durch die Kölner Fußgängerzone fahren. Langsam schieben wir uns durch die Menschenmassen. Zentimeter für Zentimeter lasse ich den Wagen nach vorne rollen, während Petra schützend ihre Hand vor unseren Außenspiegel hält, damit wir niemanden am Kopf treffen. Zu allem Übel kommt auch noch Gegenverkehr. Wie ein Fischschwarm, der von unsichtbaren Impulsen geleitet wird, teilen sich die Menschen vor uns, streifen an unserem Auto vorbei, um sich dahinter wieder als kompakte Masse zu schließen.

Nach einer halben Stunde ist der Spuk vorbei, das Dorf liegt hinter uns und unser Wagen ist an seinen Seiten blitzblank poliert.

Eines unserer großen Hobbys ist das Kochen. Kaum ein Tag vergeht, an dem wir nicht eine gute Mahlzeit aus frischen Zutaten auf den Tisch zaubern. Dies ist sicherlich eine der schönsten Veränderungen, die mit unserer Reise einhergeht. Waren wir früher häufig nach der

Arbeit zu müde, um uns hinter den Herd zu stellen oder der Kühlschrank leer, so investieren wir in unserem neuen Leben viel Zeit in unser kulinarisches Wohlergehen.

Entsprechend viel Energie, diesmal im wörtlichen Sinne, benötigen wir. Spätestens alle sechs Monate ist unsere Gasflasche leer und muss gefüllt werden. In Deutschland weiß ich, wo ich das machen kann, auf der Reise ist das manchmal eine Herausforderung.

Diesmal versuchen wir unser Glück in Cuenca, eine der größten Städte Ecuadors. Wir werden problemlos vom bewaffneten Sicherheitspersonal durch ein großes Fabriktor gewunken.

„Fahren Sie zum nächsten Pförtner, immer links den Schildern nach!"

Wir haben eine deutsche Standard-Gasflasche an Bord, für die wir einen speziellen Adapter besitzen, damit er an die amerikanischen Abfüllanlagen angeschlossen werden kann.

„Guten Tag", strahle ich den Pförtner an, „kann ich bei Ihnen unsere Gasflasche befüllen?"

„Da muss ich fragen, einen Moment bitte."

Er greift zum Telefonhörer und gibt unser Begehren weiter. Munter erzähle ich ihm, dass wir aus Deutschland kommen, dass Ecuador ein wundervolles Land ist, dass die Menschen so hilfsbereit sind.

„Das wird mit dem Befüllen schon klappen", ermutigt er mich.

Ich warte und warte. Es kommt jemand vorbei, schaut sich die Flasche an und verschwindet wieder. Unterdessen passieren große Tanklastzüge den Pförtner und verschwinden auf dem riesigen Fabrikgelände. Alle zwei Minuten schüttle ich jemand anderem die Hand. Ich fühle mich schon wie der Azubi vom Pförtner.

„Tut mir leid, aber wir können die Flasche hier nicht befüllen", informiert mich ein Mann mit Schutzhelm und Blaumann.

Der Pförtner schaut beschämt zur Seite, als hätte er nichts gehört.

„Aber wir brauchen Gas", wende ich mich mit vorwurfsvollem Blick an die zwei Männer, die um mich herum stehen, „wir müssen doch kochen!" Riesige, runde Gastanks ragen vor mir auf dem Gelände auf.

Der arme Pförtner fühlt sich persönlich für mein Wohlergehen verantwortlich. Er läuft in ein Bürogebäude auf der anderen Straßenseite. Kurze Zeit später sehe ich einen Mann im Anzug aus dem Fenster schauen. Ich winke lächelnd hinüber. Der Pförtner redet auf ihn ein.

Erst schüttelt der Anzugträger den Kopf, dann greift er sich einen Schutzhelm und geht zielstrebig aufs Werksgelände und verschwindet hinter dem nächsten Gebäude.

Weitere zehn Minuten vergehen. Der Mann im Anzug kommt auf mich zu. „Wir verkaufen kein Gas an Endverbraucher. Wir liefern nur in großen Mengen."

„Aber wir sind doch aus Deutschland und brauchen Gas zum Kochen", bringe ich wieder mein durchschlagendes Argument. Aus Erfahrung weiß ich, das hilft immer. Deutschland finden alle ganz toll und der Lateinamerikaner versucht immer einen flexiblen Weg zu finden, uns zu helfen. So auch diesmal.

„Das Problem ist, dass wir einen extrem hohen Druck auf den Leitungen haben. Wir befüllen hier Tanklastzüge, keine kleinen Gasflaschen. Aber ich schau mal, wie wir Ihnen helfen können."

Fast zwei Stunden stehe ich am Pförtnerhäuschen. Ich lerne noch mehr Mitarbeiter des Unternehmens kennen, ich schüttle noch mehr Hände. Doch irgendwann steht meine Gasflasche gefüllt neben mir. In dem Moment stelle ich mir vor, wie groß der Erfolg eines Ecuadorianers wohl wäre, wenn er am Pförtnerhäuschen meines ehemaligen Arbeitgebers, den Bayer-Werken in Leverkusen, stände und sagte: „Ich hätte gerne eine Aspirin. Ich habe Kopfschmerzen."

35. Kapitel:
Vergänglicher Lehm – ewiges Eis

„War das jetzt wirklich schon alles?" Ich schaue Petra verdutzt an und kann es kaum fassen.

Gerade haben wir die Grenze nach Peru überquert und dafür nur knapp eine Stunde gebraucht: Ausreisestempel aus Ecuador, Einreise ins südliche Nachbarland, Abmeldung des Autos beim einen Zoll und Neuanmeldung in Peru. Ich schaue noch einmal auf die Uhr. Tatsächlich, es sind nur fünfzig Minuten vergangen. So schnell war noch kein Grenzübergang zuvor. Selbst zwischen Kanada und den USA haben wir mehr Zeit für die Formalitäten benötigt.

„Und niemand hat sich für den Inhalt unserer Schränke und des Kühlschrankes interessiert", ergänzt Petra mit einem breiten Grinsen.

Nachdem wir gehört haben, dass aus Europa importierte Lebensmittel in Peru sehr teuer sein sollen, haben wir unsere Vorräte in Ecuador aufgefüllt und gebunkert was das Zeug hält. In der Kühlbox können wir kaum den Deckel schließen, die Türen der Vorratsschränke beulen sich nach außen.

Was hält Peru für uns bereit? Was ist daran an dem Gerücht, dass an jeder Ecke korrupte Polizisten lauern, um Touristen gnadenlos abzuzocken? Werden wir in einigen Wochen das Vorurteil entkräften oder bestätigen können? *A ver,* mal sehen!

Zunächst überrascht uns Peru. Wie dramatisch verändern sich wieder einmal Landschaft und Kultur durch einen Grenzübertritt. Wie oft haben wir nun schon erlebt, dass sich nach dem Schlagbaum eine neue Welt vor unseren Augen enthüllt. Sowohl im positiven als auch im negativen Sinne.

Ecuador hat uns mit dramatischen Landschaften, aber nicht mit schönen Dörfern verwöhnt. So braucht es in Peru nur wenig, um uns zu überraschen. Wie leicht ist es doch, ein nettes Ambiente zu schaffen. Schön gestaltete kleine Plätze und mit Blumen bepflanzte Promenaden lockern das Straßenbild auf, das ansonsten von staubigen Straßen und unverputzten Häuserfassaden geprägt ist.

Die dreirädrigen Tuc-Tucs transportieren sowohl Personen als auch Waren

Sobald wir die kleinen Orte am Meer verlassen, verändert sich das Bild. Bittere Armut und Menschen, die in unwürdigen Behausungen leben müssen. Geflochtene Bambusmatten und Dächer aus Wellblech bieten vielleicht noch Schutz vor der Sonne, doch der überall präsente Staub dringt durch die Ritzen dieser elenden Hütten genauso wie der Lärm der vorbeidonnernden Lkw. Welch eine Behausung ist das, die maximal einen Sichtschutz bietet, aber nicht mehr? Was auf den ersten Blick wie blühende Blumen aussieht, entpuppt sich auf den zweiten Blick als die überall präsenten Plastiktüten, die über die Straße geweht werden und sich in jedem noch so kleinen, verdorrten Ästchen verfangen und munter im Wind flattern.

Obwohl wir wegen der Regenzeit Peru recht schnell durchqueren wollen, bleiben wir gleich am ersten Strand für einige Tage hängen. Ich dachte immer, Peru steht für Anden und Inka. Aber weit gefehlt: Die Strände im Norden des Landes sind die schönsten, die wir seit langem zu Gesicht bekommen.

Zwar fehlen die Palmen, dafür locken weißer Strand, blaues Wasser und strahlender Sonnenschein. Sogar das Wasser ist trotz des Humboldtstroms überraschend warm. Wir kaufen im quirligen Markt Thunfischsteaks, frische Ananas, Mangos und Kokosnüsse. Wandern den Strand entlang, erledigen fällige Arbeiten am Auto, waschen unsere Wäsche und ich hole mir einen schlimmen Sonnenbrand. Auch wenn aufgrund der frischen Brise die Temperaturen angenehm sind, so ist die Tropensonne nicht zu unterschätzen und bestraft Nachlässigkeit sofort.

Auf der Weiterfahrt entlang der Küste durchqueren wir Hunderte Kilometer Wüste. Der Sommer beginnt hier im Dezember und dauert bis in den April. Während diese Monate von sonnigen Tagen und klarer Sicht geprägt sind, sorgt der kalte Humboldtstrom in den anderen Monaten dafür, dass die warme Pazifikluft abkühlt und zu Nebel und feinem Nieselregen kondensiert, der die Küstenwüsten einhüllt.

Wir besichtigen mit den gigantischen Pyramiden der Mochica bei Trujillo, dem UNESCO-Weltkulturerbe Chan Chan und der Pyramidenstadt Túcume drei herausragende Beispiele für die lange Geschichte Perus. Bereits im ersten Jahrhundert nach Christi entwickelte sich an der Nordküste die Mochica-Kultur, der von 1270 bis 1470 n. Chr. die Chimú-Kultur folgte.

Die riesige Huaca del Sol, die Sonnenpyramide, geht auf die Mochica zurück und ist rund eintausend Jahre alt. Noch heute ist sie mit einer Grundfläche von 340 mal 220 Metern sowie einer Höhe von 41 Metern das größte massive Bauwerk Amerikas. Rund 140 Millionen Adobeziegel wurden in dieser gigantischen Pyramide verbaut.

Man stelle sich einmal die Arbeit vor: Der Lehm wird von Hand gemischt, in Formen gepresst, in der Sonne zum Trocknen ausgelegt und dann als Lehmziegel einzeln zu einer Pyramide aufeinander geschichtet. Und zwar 140.000.000 Mal!

Die ihr zeitlich nachfolgende Chimú-Kultur kann nicht weniger imposante Zahlen vorweisen. Chan Chan war die Hauptstadt ihres riesigen Reiches und die wahrscheinlich größte Stadt der damaligen Zeit auf dem südamerikanischen Kontinent. Zu ihrer Blütezeit beherbergte sie zwischen 60.000 und 100.000 Einwohner und war vollständig aus Lehm errichtet. Aus dem gleichen Baustoff wie die etwas weiter nördlich gelegenen Tempelberge von Túcume, die das weitläufigste Adobebauwerk der Welt waren.

Doch was geschieht mit Lehm, wenn er über Hunderte von Jahren den klimatischen Einflüssen ausgesetzt ist? Entlang der Westküste Südamerikas tritt in langen, unregelmäßigen Abständen immer wieder die Klima-Anomalie „El Niño" auf und verursacht durch sintflutartige Regenfälle gewaltige Naturkatastrophen. Dann „schmilzt" Lehm im Sinne des Wortes wie Wachs in der Sonne. Genau dieses Schicksal ereilte auch die gigantischen und so faszinierenden Bauwerke an der peruanischen Küste. Wie eine reich verzierte Schokoladentorte, die zu nah an der Heizung stand, lief der weich gewordene Lehm an den Wänden der Gebäude herunter, hat die reichhaltigen Verzierungen über die Jahrhunderte in die Tiefe gerissen und eine Kraterlandschaft aus zerlaufenem Lehm hinterlassen. Was einst die prächtigsten Bauwerke Südamerikas waren, ist heute nur noch mit viel Fantasie als solche zu erkennen.

Genau das ist es, was häufig von großen Kulturen zurückbleibt: Geschichten, Fantasien, Mythen und Erinnerungen. Im Jahr 1470 wird der letzte König der Chimú besiegt und das Herrschaftsgebiet in das riesige Inka-Reich eingegliedert.

Gigantisch, spektakulär, atemberaubend! Es fehlt nicht an Worten, um die neben uns aufragende Bergkulisse mit Adjektiven zu beschreiben, und doch ist keines dieser Worte in der Lage, den Anblick treffend wiederzugeben. Wie arm ist doch unsere Sprache, wenn es darum geht, Naturwunder vor den Augen des Lesers mit Bildern zu füllen. Wie schwer ist es, das Glitzern der zerfurchten Gletscher im Sonnenlicht zu beschreiben. Geradezu unmöglich, die Farbe der smaragdgrünen Lagunen in Worte zu fassen. Die Fahrt durch einen Canyon wiederzugeben, dessen Straße sich einspurig durch grob in den Felsen gesprengte Tunnel windet.

„Schau mal da vorne!"

„Und links der Fluss!"

„Oder erst die steilen Berge neben uns!"

Unsere Begeisterung kennt keine Grenzen, als wir uns von den kargen Küstenwüsten hinauf in den Andenzug der Cordillera Blanca bewegen. Über eine Schotterpiste fahren wir durch die trockenste Gegend Perus, die Binnenwüste. Diese liegt in einem schmalen Streifen zwischen der Küste und den Berghängen der Anden. Sie profitiert weder vom Nebel der Küste, noch von den heftigen Niederschlägen der Berge. Obwohl 70% der peruanischen Bevölkerung westlich der Anden lebt, fließen nur zwei Prozent des Wassers über die Westhänge ins Tal, während der überwiegende Anteil ins Amazonasgebiet nach Osten strömt.

Das Land ist trocken und öde. Geprägt von blanken Felsen, die steil neben unserem Auto in die Höhe ragen. Wir können ihre Spitze noch nicht einmal erkennen, wenn wir uns aus dem Fenster lehnen. Doch es ist auch das Gebiet des Staubes. Schließen wir beim Anhalten nicht schnell genug die Fenster, dann holt uns unsere eigene Staubfahne ein und legt sich in dichten Schwaden über jede Fläche unseres Fahrerhauses. Reflexartig geht der Griff zur Fensterkurbel, wenn eine Staubwolke entgegenkommende Autos anzeigt. Dabei ist der Staub in solchen Situationen höchstens lästig, das größere Problem stellen die fehlenden Ausweichmöglichkeiten dar.

Wir fahren durch den Cañón del Pato, den Enten-Canyon. Die Schlucht ist so eng, dass die Berge an der schmalsten Stelle bis auf fünfzehn Meter zusammenrücken. Die Schotterpiste ist nicht nur einspurig, sondern führt auch noch durch enge und stockdunkle Tunnel.

Als wäre das nicht schon Herausforderung genug, führen viele dieser 35 Durchbrüche auch noch in Kurven durch den Berg. Das bedeutet, bei der Einfahrt in den Tunnel sind noch nicht einmal die Scheinwerfer entgegenkommender Fahrzeuge zu erkennen. Das einzige Signal, das wir senden können, ist ein akustisches: kontinuierlich hupend bahnen wir uns den Weg durch das finstere Tunnelsystem des Canyons.

Gerade noch rechtzeitig vor der Dunkelheit kommen wir in das kleine Städtchen Caraz am Fuße der Cordillera Blanca. Sonntag ist Markttag und somit eine gute Gelegenheit, die farbenfrohen Trachten der regionalen Bevölkerung zu bestaunen. In dieser Bergregion sind sie einzigartig. Insbesondere die Frauen scheinen der Filmkulisse einer Westernparodie entsprungen. Knielange Röcke in grellen Farbkombinationen werden von weißen, mit Spitzen besetzten Unterröcken weit nach außen gebauscht. Darunter leuchten Wollstrumpfhosen in knalligen Farben. Die Oberteile nehmen nicht etwa diese Töne auf, sondern ergänzen sie durch andere, nicht weniger bunte Stoffe.

Doch es ist nicht der Farbenrausch, der uns so fasziniert, sondern es sind die Hüte der Frauen: Cowboyhüte. Nicht etwa die klassischen Modelle, die wir aus dem Fernsehen kennen, sondern überdimensionierte Riesenhüte. Die Hutschale ist mindestens genauso hoch, wie das Gesicht seiner Trägerin und lässt aus einer 1,50 Meter kleinen Indígena auf einmal einen 1,80 Meter großen Cowboy vor uns stehen. Das selbstbewusste Äußere scheint dabei auch auf das innere Selbstbewusstsein auszustrahlen. Sind normalerweise wir diejenigen, die während der Fahrt aus dem Fenster grüßen, so ist es im Bergland Perus häufig genau andersherum. Begeistert winken uns die Frauen vom Straßenrand zu und lachen uns freundlich an.

Die Cordillera Blanca ist das faszinierendste Gebirge, das wir bisher auf unserer Reise durch Lateinamerika durchquert haben. Auf einer Länge von 180 und einer Breite von 20 Kilometern reihen sich über fünfzig Schneegipfel und Eisgletscher aneinander, die höher als 5700 Meter sind. Insgesamt 663 Gletscher bilden das größte Reservoir tropischen Eises der Welt.

Von unserem traumhaften Übernachtungsplatz auf 4200 Metern genießen wir den Ausblick auf eine Bergkulisse mit insgesamt zehn schneebedeckten Berggipfeln und auf eine smaragdgrüne Lagune.

Wir befinden uns auf einer so großen Höhe, dass wir bei jedem Atemzug vierzig Prozent weniger Sauerstoffmoleküle einatmen und in der Nacht wegen der dünnen Luft kaum ein Auge zu tun. Wir schauen hinauf auf die riesigen Berge, die mit ewigem Eis überzogen vor uns aufragen: Der spitz nach oben zulaufende Pirámide mit seinen 5885 Metern und der 6390 Meter hohe Huandoy.

Das klare und sonnige Wetter der letzten Tage bleibt uns auch weiterhin treu. Wir verbringen einen Tag im Hochtal an der türkisblauen Lagune von Llanganuco mit Blick auf den Huascarán. Mit 6655 Metern ist er der höchste Berg Perus.

Am nächsten Morgen direkt nach Sonnenaufgang fahren wir höher in die Andenwelt hinein als je zuvor. In engen Haarnadelkurven schlängelt sich die Piste in die Berge. Serpentine für Serpentine klettert unser Auto den Berg hinauf. Nach jeder Kurve öffnet sich ein neuer, immer imposanterer Ausblick vor unseren Augen. Das Eis der Gletscher rückt zum Greifen nah. Immer stärker wird unser Sichtfeld von der weißen Wand ausgefüllt. Wir haben das Gefühl, mit dem Wagen regelrecht in das ewige Eis hineinzufahren.

Leider erfordert die einspurige Piste meine ganze Konzentration, aber Petra kann den Blick von den Giganten der Anden nicht lösen. Bei über 4700 Metern über dem Meeresspiegel passieren wir den ersten Pass des heutigen Tages. Die Berggipfel liegen nicht etwa zu unseren Füßen, sondern ragen immer noch weit über uns in den Himmel.

„Der Camino de la Muerte, die Todesstraße in Bolivien, ist nicht schlimmer als die Punta Olímpica im Nationalpark Huascarán." Die Stimme von Gabriel, einem jungen Schweizer, den wir vor einigen Tagen am Meer getroffen haben, klingt uns noch in den Ohren, als wir die nächste Passüberquerung ansteuern.

„Ihr solltet euch gut überlegen, ob ihr die Pässe dort fahren wollt. Macht es am besten vom Wetter abhängig", teilten uns Reisefreunde vor einigen Tagen per Mail mit.

Was wird uns denn bloß erwarten? Wir sind wirklich gespannt. Meter für Meter zählt sich unser Höhenmesser nach oben. Erst bewegen wir uns auf einen Gletscher zu, irgendwann später lassen wir die Schneegrenze unter uns. Das hier soll die gefürchtete Strecke sein? Ruhig gleiten wir über eine frisch asphaltierte Straße. Außer der dünnen Luft und den entgegenkommenden Baulastern lässt uns hier nichts verkrampfen.

„Man sollte wirklich nicht immer auf das Gerede der Leute hören und sich verrückt machen lassen“, denke ich mir.

Mit einem Male endet die Straße vor uns abrupt. Wir landen auf einer großen Baustelle. Mit Erdreich beladene Trucks kommen uns entgegen. Riesige Bagger und Baumaschinen versperren den Weg. Was ist denn hier los? Die dunkle Öffnung eines Tunnels ragt wie eine tiefe Wunde in den Berg hinein. Einige hundert Meter darüber erkennen wir den Passrücken. Doch der Tunnel ist noch nicht fertig. Wir müssen die alte Passstraße nehmen, um die letzten fünf Kilometer auf die andere Seite des Berges zu bewältigen.

Nun verstehen wir auch die Warnungen der anderen. Die Straße oberhalb des zukünftigen Tunnels erweist sich als eine Todespiste. Ein dramatischerer Wechsel zwischen einer guten asphaltierten Straße und einer Offroad-Strecke ist kaum vorstellbar. Über die vom Regen ausgewaschene Piste müssen wir uns den Weg über das blanke Felsgestein suchen. Schon die erste Steigung ist so steil, dass der

Auf abenteuerlicher Piste über den Paso Punta Olímpica

Motor im ersten Gang nicht mehr die Kraft hat weiterzufahren. Nur mit Viergang und im Untersetzungsgetriebe können wir uns in Schrittgeschwindigkeit nach oben schieben. Keine Leitplanken schützen uns, noch nicht einmal ein Bordstein würde unseren freien Fall in die Tiefe aufhalten, sollten wir jetzt wegrutschen. Auf der einen Seite ragt der Fels steil in die Höhe, auf der anderen Seite fällt die Straße ins Bodenlose. Bei einem Weg von knapp drei Metern Breite schießt das Adrenalin durch den Körper und lässt die Nervenenden zittern. Nur mit einem Tunnelblick, die Augen starr auf den Punkt direkt vor der Motorhaube geheftet, gelingt es mir, hinter dem Steuer ruhig zu bleiben, während sich Petra leichenblass an den Haltegriff klammert.

Fahrfehler werden an einem solchen Ort nicht verziehen. Das ist keine Fernsehreportage und auch kein ADAC-Sicherheitstraining. Fünfzig Zentimeter neben dem Reifen lauert der Tod. Unsere Kabine schwankt bei jedem Stein und jedem Schlagloch bedrohlich von rechts nach links. Wir bleiben vor einer persönlichen Katastrophe verschont und stellen am Pass mit 4890 Höhenmetern einen neuen Rekord auf.

Doch Katastrophen suchten die Gegend hier immer wieder heim. 1941 riss die Flut aus einem überlaufenden See 5000 Menschen in den Tod. 1962 begrub eine Eis- und Schlammlawine 4000 Menschen. 1970 forderte das bis dahin schlimmste Erdbeben der westlichen Hemisphäre mit einer Stärke von 7,8 auf der Richterskala 70.000 Tote. Welche Rolle spielten bei solchen Größenordnungen schon die vereinzelten Autos und Busse, die einen Berghang hinabstürzten?

Wir genießen den Abend mit einem peruanischen Festmenü: gegrilltes Meerschweinchen zur Vorspeise, Alpakasteaks in Physalissauce zur Hauptspeise, dazu das Nationalgetränk Pisco Sour. Das haben wir uns nach diesem Abenteuer wirklich verdient.

36. Kapitel: Ein bisschen Staatsgast in Lima

Gerade standen wir noch vor den gigantischen, fast sechs Meter hohen Ananasgewächsen der *Puya raimondii* auf fast 5000 Höhenmetern. Einige Stunden später fahren wir mit unserem Auto schon wieder durch die unendliche Küstenwüste Perus am Meer entlang. Nur in einem Flugzeug haben wir bisher solche Höhenunterschiede in so kurzer Zeit überwunden, nie zuvor mit dem eigenen Fahrzeug.

Die Natur sorgt für Abwechslung in der Küstenwüste, die nicht so unendlich ist, wie sie auf den ersten Blick erscheint. Wie aus dem Nichts taucht ein großer grüner Fleck zwischen den gelb leuchtenden Sanddünen auf. Erst zeigt sich nur ein zartes Grün im Sand, dann kristallisieren sich Büsche und blühende Frühlingswiesen heraus. Bäume ragen aus diesem Blütenteppich und schaffen eine Atmosphäre, die prähistorisch anmutet. Mit ein wenig Fantasie kann man hier einen Archaeopteryx durch die Lüfte gleiten und einen Velociraptor durchs Gelände pirschen sehen.

Weder ein Fluss noch eine unterirdische Quelle lassen diese grüne Oase aus dem Wüstenboden entspringen, sondern eine Laune der Natur. Genau hier und an keiner anderen Stelle Perus kondensiert der tägliche Küstennebel zu kleinen Wassertropfen und spendet damit die für das Überleben der Pflanzen notwendige Feuchtigkeit. Eine Flora, die wiederum die Vogelwelt anzieht: von kleinen, leuchtend roten Vögeln bis hin zu großen Adlern.

Wie ein Spuk endet nach nur wenigen Kilometern die blühende Wunderwelt der Lomas de Lachay und macht wieder Platz für die karge Sandwüste, die nun nicht mehr von Pflanzen, sondern nur noch von den trostlosen Bambushütten der hier lebenden Menschen durchbrochen wird. Je näher wir der Hauptstadt Lima kommen, desto dichter stehen diese Bambushütten beieinander, desto enger umschließen die Slums der Zehn-Millionen-Metropole wie ein Ring die Stadt. Von hier wurde während der spanischen Kolonisation einmal ganz Südamerika regiert.

Doch die größte Regierungsgewalt geht im Moment von dem Polizisten aus, der uns gerade zielstrebig aus dem dichten Großstadtverkehr herausfischt. Gebieterisch hält er uns mit einer Handbewegung an und geht dann wiegenden Schrittes um unser Auto herum.

„Hola, buenas días. Saludos de Alemania", schieße ich meine übliche Begrüßungssalve ab. „Guten Tag, viele Grüße aus Deutschland", so als wäre ich der Botschafter der Bundesrepublik Deutschland, der einem peruanischen Polizisten einen Besuch abstattet. Dabei strecke ich meine Hand aus dem Fenster und schüttle ungefragt die Hand meines Gegenüber, als hätte ich gerade meinen besten Freund getroffen.

Auch hier führt diese Art der Begrüßung zu einem typischen Reflex. Ich konnte dies bereits Hunderte Male bei Straßenpolizisten in Lateinamerika beobachten. Statt mich über ein von mir begangenes Delikt aufzuklären und um Bargeld zu erleichtern, fühlt sich nun jeder Polizist ebenfalls zum persönlichen Botschafter seines Landes bestellt. Er schüttelt begeistert meine Hand und antwortet in 98 Prozent der Fälle mit einem „Bienvenidos en ...", wobei sich die Auslassungspunkte beliebig durch Mexiko, Guatemala, Nicaragua, Kolumbien oder, wie jetzt gerade, Peru ergänzen lassen.

Wir tauschen ein paar Höflichkeiten aus, danach kommt der freundliche Hinweis, dass unser Auto nicht vorschriftsmäßig mit Leuchtaufklebern an allen vier Seiten versehen ist. Eine Strafe gibt es natürlich nicht. Was anderes hätte ich auch nicht erwartet. Wir reden ja hier als Botschafter unseres jeweiligen Landes und nicht als Delinquent und Polizist. Ein abschließender fester Händedruck, ein staatsmännisches Nicken und wieder haben wir eine Polizeikontrolle unbeschadet überstanden.

Generell hat sich das Gerücht der korrupten Polizei in Peru nicht bestätigt. So wie übrigens die meisten Gerüchte unter Reisenden, die man nicht aus erster Hand hört, sich fast immer als Schall und Rauch erweisen.

Ein Stadtrundgang durch Lima offenbart uns eine der schönsten Städte Lateinamerikas. Fantastische Kolonialgebäude reihen sich in der von der UNESCO 1991 zum Weltkulturerbe ernannten historischen Altstadt. An der Plaza Mayor, dem zentralen Platz von Lima, befindet sich nicht nur der Präsidentenpalast, sondern mit dem gelb gestrichenen und von weißen Arkadengängen umsäumten Gebäude auch der Sitz des Bürgermeisters von Lima.

Wir werfen einen kurzen Blick durch das Eingangstor des Rathauses. Sofort kommt eine junge Dame auf uns zu. Ich erwarte schon einen Rüffel für meine Neugierde, als sie sich bei uns vorstellt und hereinbittet. Spontan bekommen wir von ihr eine persönliche Führung durch das Amtsgebäude. Wir besichtigen den Ratssaal, bekommen die Gastgeschenke ausländischer Botschafter gezeigt und anschließend wird uns die Bibliothek präsentiert.

Vorsichtig betrachte ich mich im nächsten Spiegel.

„Ich glaube, die verwechselt uns mit irgend jemandem“, flüstere ich Petra zu, „wir sind doch nur Touristen. Wieso führt sie uns hier durchs Gebäude?“

„Pass auf, gleich werden wir noch dem Bürgermeister vorgestellt.“

In solchen Situationen mache ich mir zu viele Gedanken. Was, wenn die Dame uns wirklich verwechselt und wir gleich eine Audienz beim Bürgermeister in einer der größten Städte der Welt bekommen? Wäre schon gut, wenn wir dann ein offizielles Geschenk unserer Heimatstadt Leverkusen dabei hätten.

„Du kannst ja das nächste Mal eine vergoldete Aspirin-Schachtel von Bayer mitbringen“, kommentiert Petra meine Gedanken.

Doch so weit kommt es dann doch nicht. Uns bleibt die Ankündigung „So, der Bürgermeister hätte jetzt Zeit für Sie“ erspart. Die nette Dame bringt uns noch bis zum Eingang, verabschiedet sich mit Handschlag und wünscht uns weiterhin einen schönen Aufenthalt in Lima.

Als ob sich hier alle miteinander abgesprochen hätten, tritt schon das nächste Mädel auf uns zu. Ob wir eine Frage hätten, ob wir noch Ausflugsziele bräuchten. Ohne auf unsere Antwort zu warten, überreicht sie uns einen Stadtplan und erklärt uns die Sehenswürdigkeiten Limas, händigt Broschüren aus, gibt uns Tipps.

Der Limeño ist wahrhaftig ein gastfreundlicher Mensch. Im Laufe des Tages werden wir das noch häufiger erleben. Auch in der Kirche und im Kloster San Francisco bekommen wir wieder eine persönliche Führung und entdecken auf diesem Wege die riesigen Katakomben unterhalb der Klostermauern, in denen sich die Knochen von über 70.000 Toten stapeln.

Ein prächtiges Kolonialgebäude grenzt an das nächste. Der Palast des Erzbischofs konkurriert mit dem Palacio Torre Tagle um die schönsten Holzerker. Beide erinnern an das Heck alter, königlicher Galeeren.

Doch zu unserer Schande müssen wir gestehen, dass die größte Anziehungskraft von den riesigen Einkaufszentren mit ihrer großen Auswahl an deutschen Produkten wie Schokolade, Meerrettich, Rotkohl und Gewürzgurken ausgeht. Was wünscht man sich mehr nach fast zweieinhalbjähriger Abwesenheit von Deutschland? Lima ist nicht nur in unserem Herzen, sondern auch in unseren Bäuchen angekommen!

Seelöwen auf den Islas Ballestas

Nach vier ereignisreichen Tagen geht es für uns dann weiter Richtung Süden, immer dem Küstenverlauf folgend. Wir wollen Seelöwen sehen sowie in freier Wildbahn lebende Pinguine. Beide und noch viele Tierarten mehr erleben wir bei einer Bootstour im Nationalpark Paracas. Schon um acht Uhr in der Früh, als das Meer noch spiegelglatt ist, brechen wir zu einer Bootstour zu den Islas Ballestas auf.

Wir werden mit dem Anblick Hunderter Seelöwen belohnt, die zum Greifen nah neben uns auf den Felsen dösen. Wir bewundern Pinguine, die im schwarzen Frack über die Klippen watscheln, Pelikane, die auf der Jagd nach Fischen wie ein Speer vom Himmel ins Meer schießen und Tausende Seevögel, die jeden Meter der Inseln bedecken und aus deren Exkrementen sich Guano bildet, der teuerste Naturdünger der Welt.

Nur wenige Kilometer entfernt auf dem Festland erwartet uns dann ein riesiger Sandkasten und eine riesige Spielwiese für unser Auto. Kreuz und quer düsen wir mit dem Wagen durch eine menschenleere Wüste, gelangen an einsame Strände, beobachten hoch oben von den Felsen die Seelöwen, die in der Sonne dösen, bevor sie sich wieder in den kalten Humboldtstrom gleiten lassen.

Dessen Namensgeber, Alexander von Humboldt, beschwerte sich übrigens damals an offizieller Stelle, als die kalte Antarktisströmung ihm zu Ehren als Humboldtstrom bezeichnet wurde:

„Die Strömung kennt man schon seit Hunderten Jahren. Das einzig besondere, was ich gemacht habe, war die Temperatur zu messen. Das reicht wohl kaum aus, ihn nach mir zu benennen."

37. Kapitel: Der Leuchtende Pfad

Das sieht jetzt nicht gut aus: Schon seit einigen Kilometern liegen immer wieder große Steine und kleinere Felsblöcke auf der Fahrspur und zwingen uns, im Zickzack über die Straße zu fahren. Gerade vor den Kurven ist häufig eine Fahrbahn gesperrt und lässt uns blind in den entgegenkommenden Verkehr fahren.

Es sieht nicht so aus, als hätten die kräftigen Regenfälle der letzten Tage einen Erdrutsch verursacht. Diese hatten wir gestern auf unserem Weg von Ayacucho durch das peruanische Hochland häufig erlebt. Immer wieder hatte der Regen die durchweichten Hänge mitgenommen und Schlamm und Geröll auf die Straße gespült.

Einige Tage zuvor müssen wir bei der Routenplanung zwischen zwei besonderen Sehenswürdigkeiten Perus wählen. Wir entscheiden uns schweren Herzens gegen die geheimnisvollen Bodenlinien von Nasca mit den teils Hunderte Meter großen Tiermotiven, die vor mehr als zweitausend Jahren von einem präkolumbischen Volk in den Wüstenboden gekratzt wurden und noch heute aus dem Flugzeug deutlich sichtbar sind. Wir wählen den direkten Abstecher von Paracas in die Anden, um uns über Ayacucho, Andahuaylas und Abancay einem dunklen Kapitel in der neueren Geschichte Perus zu nähern: Der Entstehungsregion der Guerilla- und Terrororganisation *Sendero Luminoso,* „Leuchtender Pfad"!

Das Gebiet um Ayacucho gehörte schon immer zu den ärmsten Regionen Perus. Es gab keine Straßen, kaum Schulen, keine Unterstützung durch den Staat. Die Indios mussten unter menschenunwürdigen Bedingungen wie Sklaven auf dem Land arbeiten, das ihnen von Staat und Großgrundbesitzern abgenommen wurde.

Immer wieder kämpften die Bauern für eine gerechtere Landverteilung, höhere Löhne und bessere Arbeitsbedingungen, wurden von den Regierungstruppen jedoch immer wieder blutig niedergeschlagen. Was sich anhört wie soziale Unruhen zur Zeit der spanischen Invasion Perus, spielte sich in Wirklichkeit vor dreißig Jahren ab.

Am 18. Mai 1980 löste sich die kommunistische Partei Perus mit ihrer Hochburg an der Universität in Ayacucho auf. Aus ihr gründete sich der Sendero Luminoso.

Die Zeit des unbewaffneten Widerstandes gegen die Staatsgewalt wurde für beendet erklärt, eine 5000 Personen starke Rebellenarmee aus Studenten, Kindern und Bauern gegründet und in einem Krieg aufgerieben. Insgesamt mehr als 20.000 Tote mussten nicht nur bei den Rebellen-, Regierungs- und Polizeitruppen betrauert werden, sondern auch unter der unschuldigen Landbevölkerung.

Terror erzeugte Gegenterror. Verhaftungen durch die einen, führte zu Kidnapping und Folter durch die anderen. Bombardierte die Regierung Andendörfer, so antwortete der Sendero Luminoso mit dem Mord an Touristen oder der Sabotage von Staatsprojekten in der Region. Keiner vertraute mehr dem anderen. Zum Krieg in den Anden kam der Psychoterror in den Dorfgemeinschaften, der schließlich dazu führte, dass mehr als 300.000 Andenbewohner ihre Dörfer und das Hochland verließen.

1992 wurde der Führer der Rebellenorganisation Guzmán verhaftet und zu lebenslanger Haft verurteilt. Doch auch ohne ihren charismatischen Führer kommt es immer wieder zu vereinzelten Anschlägen, so dass sich auch zwanzig Jahre später die Andenbewohner von Ayacucho und die peruanische Regierung mit großen Spannungen gegenüberstehen.

Auch wenn man als Tourist in der Andenregion nicht mehr um sein Leben fürchten muss, so schlägt uns eine völlig andere Mentalität entgegen, als wir sie in anderen Regionen Perus erleben durften. Unser Winken aus dem Fenster wird genauso wenig beantwortet wie das freundliche Lächeln. Man ist zwar nicht unhöflich uns gegenüber, doch sehr verschlossen. Entweder wird der Blick abgewandt oder geht durch uns hindurch.

Doch wen wundert das? Die andine Bevölkerung wollte mehr Gerechtigkeit, eigenes Land und bessere Arbeitsbedingungen, wurde jedoch zerrieben zwischen Rebellen- und Staatsterror. Wie soll da Offenheit gegenüber Fremden gedeihen? Nicht die Menschen, die wir sehen sind unfreundlich, sondern diejenigen, die sie seit Jahren und Jahrhunderten ausnutzen.

Durch die Kenntnis dieser Geschichte sensibilisiert, haben wir daher schon ein mulmiges Gefühl im Bauch, als die Straße durch immer größere Felssteine blockiert ist. Auf natürlichem Weg sind die hier nicht hingekommen. Jemand hat sie dort absichtlich platziert, um den Autoverkehr zu stören.

Fünfhundert Meter weiter, an einer strategisch wichtigen Stelle, stoppt der Verkehr vor einem quer über der Fahrbahn liegenden Baumstamm. Das auch dieser nicht von alleine dort gelandet ist, zeigen die frischen Sägespuren an seinem Stamm. Und die Menschenansammlung dahinter, die sich hauptsächlich aus Jugendlichen, aber auch aus Bäuerinnen und Männern mit schwieligen Arbeiterhänden zusammensetzt, hat sich nicht durch Zufall hinter dem gefällten Baum versammelt.

Immer wieder skandieren sie für uns unverständliche Parolen in Quechua, ihrer Sprache. Fäuste werden drohend in den Himmel gestreckt. Worum es ihnen genau geht, wissen wir nicht. Polizei kommt vorgefahren, schaut sich die Szenerie aus der Sicherheit des Autos an, dreht um und verschwindet wieder. Dreimal wiederholt sich diese Szene, sie greifen nicht ein. Sicherlich die richtige Entscheidung, um eine Eskalation der Situation zu vermeiden.

Nach einer fünfstündigen Straßenblockade steigen die ersten Demonstranten in Busse und fahren davon. Einen halben Tag kann es sich ein Bauer in den Anden vielleicht noch leisten, nicht zu arbeiten, danach muss er wieder für seinen Lebensunterhalt kämpfen. Zurück bleiben die jungen Leute, die nun beginnen, die gefällten Bäume von der Fahrbahn zu ziehen, um die Straße wieder für die vielen Lkw und Busse frei zu machen, die geduldig über Stunden vor der Barriere ausgeharrt haben.

Auch wir nähern uns der Blockadestelle und fahren im Schritttempo durch die Gruppe, die ganz dicht um unser Auto herumsteht. Keiner lächelt, einige wedeln drohend mit den Armen, andere rufen uns etwas in Quechua zu. Wir schauen die Menschen um uns herum ausdruckslos an, heben nur kurz die Hand zum Gruß.

Noch heute fühlen sich diese Jugendlichen als Menschen zweiter Klasse in Peru. Anders als ihre Vorfahren, die häufig nicht wussten, dass andere Menschen um sie herum in viel besseren Verhältnissen leben, hat diese Generation Zugang zu Fernsehen, Radio und Internet. Regelmäßig bekommen sie die Ungerechtigkeit vor Augen gehalten, in der sie leben. Dass sie gegen das Unrecht ankämpfen? Wer kann es ihnen verdenken?

Was ist schlimmer als eine katastrophale Bergpiste, die sich am schwindelerregenden Abgrund entlangschlängelt? Es ist eine relativ gute Schotterpiste, die sich am schwindelerregenden Abgrund entlangschlängelt! Wir sind nun schon so viele Strecken gefahren, bei denen wir nur durch einen Tunnelblick davon abgelenkt wurden, dass einen Meter neben dem Reifen der Absturz in eine tiefe Schlucht drohte.

Vielleicht klingt es überheblich, aber wir gewöhnen uns an solche Strecken. So stellt uns die Fahrt über den Huayllaccasa-Pass mit seinen 4100 Höhenmetern erst einmal vor keine Herausforderungen. Ganz im Gegenteil, sie ist gut geschottert, hat nur wenige Schlaglöcher, ist rund fünf Meter breit. Dass sie extrem kurvig und unübersichtlich ist, nehmen wir billigend in Kauf. Dass sie direkt neben uns ins Bodenlose fällt, was soll's?

Was sie jedoch für uns zu einer der schlimmsten und gefährlichsten Strecken unserer bisherigen Tour macht, ist der Gegenverkehr. Wir befinden uns auf keiner touristischen Panoramastrecke, sondern auf der Hauptverbindungsstraße, welche die Andenregionen Perus miteinander verbindet. Entsprechend nutzen viele Lkw und Busse diese Strecke. Ständig unter Zeitdruck stehend und die aufkeimende Müdigkeit durch das Kauen von Kokablättern eindämmend rasen sie im Höllentempo über die unbefestigte Piste.

Vor den Kurven wird, wenn überhaupt, nur durch ein kurzes Hupen das Kommen signalisiert. Nur Millimeter brettert ein Lkw an uns vorbei. Uns bleibt fast das Herz stehen. Sind die alle verrückt geworden? Wir machen auf der engen Piste Platz für einen großen Bus, stehen dabei halb im Graben und kippen bedenklich auf die Seite, während der Bus sich nur Zentimeter vom Abgrund entfernt ganz langsam an uns vorbei arbeitet.

Fast einhundert Kilometer, unzählige Serpentinen sowie Haarnadelkurven und zweitausend Höhenmeter dauert für uns diese Höllenfahrt. Mein Handballen liegt vor jeder Kurve sekundenlang auf der Hupe, trotzdem wissen wir nie, ob sich der Gegenverkehr dafür interessiert und sein Fahrverhalten anpasst. Meine Jeans ist so durchgeschwitzt, dass sich dunkle Ränder bilden. Der Körper ist über Stunden extrem angespannt, jegliches Gespräch im Auto verstummt. So langsam haben wir von dieser Art Todesstraße, Death Road oder Camino de la Muerte wirklich genug!

Wie es scheint, haben wir für den heutigen Tag noch nicht genug Herausforderungen bestanden. Wir wollen unbedingt noch unser Tagesziel Cusco, die berühmte alte Inka-Stadt, erreichen. Es wird dunkel und schließlich senkt sich schwarze Nacht über das Land. Immer noch haben wir etliche Kilometer vor uns. Am Tag bleiben wir meist vor Verkehrskontrollen verschont, sobald die Polizei die für sie fremden Nummernschilder und die Deutschland-Aufkleber sieht. Doch heute Nacht werden wir mehrfach gestoppt. Unglaublich, wie hoch die Polizeipräsenz auf den Straßen Perus ist. Wie immer werden wir freundlich und zuvorkommend behandelt.

Endlich landen wir in Cusco, doch leider nicht dort, wo wir hin wollen, sondern in den engen Sträßchen und Gassen der historischen Altstadt. Der Blick geht nach links und nach rechts.

Passen wir da überhaupt zwischen?

Kommen wir unter dem Vordach dieses Hauses oder dem Balkon dort drüben mit unseren drei Metern Höhe durch?

Ist das gerade eine Einbahnstraße, gegen die wir fahren? Hier passen doch keine zwei Fahrzeuge aneinander vorbei!

Wir schlängeln uns langsam durch den Pulk der nachtschwärmenden Touristen, die anders als die Einheimischen nicht unserem Auto ausweichen, sondern stur ihren Weg fortsetzen. Unser GPS fällt zu allem Übel aus, so dass Petra mich im schummrigen Licht der Innenbeleuchtung mit Hilfe unseres Reiseführers über unzählige kleine Gässchen zu unserem heutigen Übernachtungsplatz führen muss.

Aber Cusco entschädigt uns für diese Misslichkeiten. Nur Antigua in Guatemala und Cartagena in Kolumbien haben uns bisher ähnlich begeistert.

Einst war Cusco die Hauptstadt des Inkareiches und als solche mindestens so wichtig wie Rom für das römische Reich. Zwischen dem 13. und 16. Jahrhundert beherrschten die Inka den größten Teil des südamerikanischen Kontinents. In ihrer Blütezeit erstreckte sich das riesige Reich vom heutigen Ecuador bis nach Chile und Argentinien. Eine Distanz, weiter als vom südlichsten bis zum nördlichsten Punkt Europas.

Sein unermesslicher Reichtum zeigte sich in der reichhaltigen Auskleidung der Tempel und Paläste mit purem Gold. Dies verschlug den spanischen Konquistadoren unter der Führung von Francisco

Pizarro erst den Atem und weckte anschließend die Gier auf das Gold der Inka. Was die über Mittelamerika eingeführten und für die Inka tödlichen Krankheiten Pocken und Masern begonnen hatten, vollendete der spanische Konquistador durch einen listigen Überraschungsangriff. Im November 1532 wurde der Inkaherrscher gefangen genommen. Das Reich war erobert und in spanischer Hand.

Die prächtige Inka-Architektur verbindet sich in Cusco mit der nicht minder faszinierenden Baukunst der kolonialen Spanier. Keine Baumeister verstanden es so gut wie die Inka, riesige Steinquader so fugenlos miteinander zu verblocken, dass keine Rasierklinge mehr dazwischen passt. Tonnenschwere Felsklötze wurden so fein bearbeitet und miteinander verzahnt, dass kein Erdbeben der letzten Jahrhunderte die langen Felsmauern auch nur einen Millimeter bewegt hätte.

Diese Basis haben die Spanier genutzt, um auf die prachtvollen Fundamente ihre eigenen Paläste mit nicht minder prächtigen und filigranen Holzerkern zu setzen. So sind heute in der Architektur Cuscos zwei große Völker, die einst bis auf das Blut verfeindet waren, für immer miteinander verschmolzen.

Eine andere, heute weltberühmte Stätte der Inkas, blieb den kolonialen Spaniern jedoch verborgen: Machu Picchu, die Felsenstadt. Anders als die berühmten Tempel und Pyramiden der mexikanischen und guatemaltekischen Maya, die irgendwann von ihren Bewohnern verlassen und dessen Bauten vom Urwald überwuchert wurden, war Machu Picchu bis ins 17. Jahrhundert ständig bewohnt.

Dies blieb den Spaniern jedoch verborgen. 1697 wurde das Land um Machu Picchu herum sogar vom katholischen Augustinerorden gepachtet, ohne dass die Mönche von der geheimnisvollen Felsenstadt wussten. Was nicht wirklich wundert, steht man unten am Ufer des reißenden Río Urubamba und blickt hinauf auf den Wayna Picchu, den Machu Picchu überragenden und auf jeder Postkarte abgebildeten Hausberg der Anlage. Von unten ist die Stadt unsichtbar.

Wir entschließen uns zu einem besonderen Erlebnis, das nur von wenigen Touristen genutzt wird. Wie die alten Inka werden wir die Strapaze auf uns nehmen und zu Fuß hinauf auf die Felsplattform von Machu Picchu wandern.

Ein tropischer Urwald umschließt uns, sobald wir die Hängebrücke über den wild schäumenden Río Urubamba überquert haben. Während die Touristen in modernen Reisebussen über etliche Serpentinen den Berg hinaufgefahren werden, folgen wir den noch von den Inkas angelegten Steinstufen. Steil, fast senkrecht geht es den Berg hinauf. Stufe für Stufe arbeiten wir uns in die Höhe. Fast zweitausend werden es letztendlich sein. Nicht gleichmäßig, sondern unterschiedlich hoch und tief.

Immer neue und grandiosere Ausblicke eröffnen sich vor unseren Augen. Nebelschwaden umwabern die wie Zuckerhüte geformten Berggipfel um uns herum. Der nächtliche Regen liegt noch auf dem Blätterdach und tropft auf uns herunter. Vögel umschwirren uns, es raschelt im Gebüsch. Wir genießen eine magische Atmosphäre, die ihrem Höhepunkt entgegensteuert, als sich nach über zweistündiger Wanderung vor uns der Ausblick auf Machu Picchu eröffnet.

Eine richtige Stadt, erbaut aus grauen Felssteinen und immer wieder von grünen Rasenflächen und terrassierten Gärten unterbrochen, liegt zu unseren Füßen. Es ist nicht die Größe, die Machu Picchu in der Welt so einzigartig macht, sondern die Lage. Wie ein Adlerhorst liegt sie auf einem großen Felsplateau, wird auf der einen Seite vom 3140 Meter hohen Wayna Picchu fast dreihundert Meter überragt, während auf den drei anderen Seiten die Felswände fast senkrecht achthundert Meter zum Río Urubamba hin abfallen. Die mystische Stadt der Inkas ist nicht nur uneinsehbar, sondern auch uneinnehmbar.

Die Verteidigungsstrategie eines anderen Volkes beobachten wir viele, viele Kilometer weiter südöstlich. Es ist das Volk der Uro, die sich selber „Seemenschen" nannten. Wir befinden uns am Ufer des Titicacasees, von dem gesagt wird, der höchste schiffbare See der Welt zu sein. Bei 3810 Metern über dem Meeresspiegel ist das gut vorstellbar. Die Uro waren nicht nur das wildeste Volk des damaligen Inkareiches, sie wurden auch von den Inka nie unterworfen. Ihre Verteidigungsstrategie waren die schwimmenden und künstlich angelegten Schilfinseln im Titicacasee.

Hierfür wurden quadratische Blöcke der Wurzelballen des in einigen Meter Tiefe schwimmenden Totora-Schilfes abgestochen und durch Seile miteinander verknotet, um so das Fundament riesiger Inseln zu schaffen. Diese wurden nun durch dicke Lagen des frisch geschlagenen, grünen Totora-Schilfes abgedeckt. Immer wieder wurde kreuzförmig Schicht für Schicht des schwimmbaren Materials aufeinandergestapelt, bis die Insel sich über den Wasserspiegel des Titicacasees erhob und mit Hütten bebaut werden konnte.

Da das Schilf jedoch kontinuierlich verrottet und seine Schwimmfähigkeit verliert, muss zweimal im Monat neues Schilf geschnitten und auf der kompletten Oberfläche verteilt werden, um die Insel vor dem Untergang zu retten. Doch es rettete auch das Volk der Uro vor dem Untergang. Denn bei jedem Angriff der Inka konnten sie sich auf ihre schwimmenden Inseln zurückziehen und waren somit außerhalb der Reichweite ihrer Verfolger.

Auch wenn das Volk der Uro mittlerweile ausgestorben ist, so wird das Andenken an sie auch heute noch im Titicacasee am Leben gehalten. Wie in einem riesigen Freilichtmuseum leben heute viele Familien auf schwimmenden Inseln und praktizieren das traditionelle Leben der Ureinwohner.

Mit dem Schilfboot über den Titicacasee

Auch wir lassen uns zu einer der Inseln übersetzen. Was für ein Gefühl, als wir aus dem Boot aussteigen und auf die leicht schaukelnde Oberfläche der Schilfinsel treten. Es riecht nach frisch geschnittenem Heu, das an der Sonne trocknet. Durch eine kreisrunde Öffnung von vielleicht drei Meter Durchmesser wird in der Mitte der Insel gefischt. Das erinnert uns daran, dass wir uns nicht auf einer Festlandinsel befinden, sondern auf einer Art riesigem Boot. Unter uns gibt es nur 25 Meter tiefes und neun Grad kaltes Wasser.

Es gibt fünf kleine Schlaf- und Wohnhütten auf der Insel.

„Das größte Übel, mit dem die Menschen hier zu kämpfen haben", erklärt unser Reiseführer, „ist das Rheuma. Das Leben nur knapp über der kalten Wasseroberfläche schmerzt in den Knochen."

Das Leben der alten Uro wird hier nicht nur für die Touristen nachgestellt, sondern ist für viele Familien die Lebensbasis. Kleine Kinder tollen mit triefender Nase über die Insel, freuen sich über die von uns mitgebrachten Luftballons. Eine alte, zahnlose und fast erblindete Oma sitzt auf dem Boden und bettelt um ein paar Münzen. Frauen besticken mit traditionellen Mustern Tischdecken oder basteln kleine Mobiles mit Schilfbooten. Von den Männern der kleinen Familiengemeinschaft werden wir in einem selbstgebauten Schilfboot über den Titicacasee gerudert. Ein weiteres, spannendes Erlebnis, das unseren durchgehend positiven Eindruck von Peru unterstreicht.

38. Kapitel: Unberechenbares Bolivien

Bolivien ist dreimal so groß wie Deutschland, hat aber nur knapp zehn Millionen Einwohner. Das Land ist sehr reich an Bodenschätzen, doch der größte Teil der Menschen lebt in bitterer Armut. Die Arbeitslosenquote liegt bei rund fünfzig Prozent. Viele von ihnen leben in einfachsten Lehmhäusern, haben selbst auf 4000 Meter Höhe keine Heizung. In den Kriegen mit seinen Nachbarn verlor Bolivien in den letzten 150 Jahren große Teile seines Landes an Chile, Brasilien und Paraguay, darunter auch den wichtigen Zugang zum Meer.

Was kann man von einem Land erwarten, das in den letzten fünfzig Jahren immer wieder von Militärputschen, Aufständen und blutigen

Guerillakämpfen heimgesucht wurde? Das in den 80er-Jahren einen einmaligen Weltrekord aufstellte, nämlich eine Inflationsrate von 24.000 Prozent? Dessen wichtigstes Agrarprodukt, Coca, der Grundstoff für die Herstellung von Kokain, ist? Und dessen charismatischer Präsident Evo Morales mit Beginn seiner Präsidentschaft nicht nur eine Vielzahl von Unternehmen verstaatlicht hat, sondern auch die Führungsfigur der Cocabauern ist?

Bolivien kann man nicht bereisen wie die anderen Länder Südamerikas. Bolivien ist anders, Bolivien ist unberechenbar. Das erleben wir bereits an der Grenze. Statt 90 Tage Aufenthalt bekommen wir nur 30. Langzeittouristen sind derzeit nicht willkommen. An der Tankstelle sind wir Menschen zweiter Klasse. Als Ausländer müssen wir fast den dreifachen Preis bezahlen wie die Bolivianer. Die Polizei engagiert sich erfolgreich als Privatunternehmer: Ab und zu spannen sie eine Kette über die Straße, kontrollieren entweder umständlich sämtliche Fahrzeugpapiere oder winken einen nach Zahlung von umgerechnet 0,50 Euro freundlich durch.

Doch all das macht Bolivien nicht zu einem unangenehmen Reiseland. Ganz im Gegenteil, es wird uns immer als eines der ursprünglichsten, überraschendsten und abenteuerlichsten Länder in Erinnerung bleiben.

„Wusstest du eigentlich, dass der berühmte Copacabana-Strand in Rio de Janeiro seinen Namen von dem winzigen Ort Copacabana am Titicacasee in Bolivien herhat? Und dass die Ra II, das Papyrusboot, mit dem der norwegische Wissenschaftler Thor Heyerdahl 1970 von Marokko nach Barbados segelte, von vier Aymara vom Titicacasee erbaut wurde?"

Auch wir finden uns schon kurz nach Grenzübertritt auf einem wackligen Floß wieder – und zwar samt unseres Autos. Statt eine achthundert Meter breite Stelle des Titicacasees mit einer Brücke zu überspannen, werden die Fahrzeuge auf kleine Holzplattformen verladen. Der einzige Fortschritt besteht darin, dass nur noch im Uferbereich mit langen Holzstangen gestakt wird, während auf dem offenen Wasser ein Außenbordmotor das Vorankommen beschleunigt.

Wir nähern uns La Paz, dem Regierungssitz Boliviens und auf 3600 Meter Höhe die höchstgelegene Großstadt der Welt. Mit einem Male wird der Himmel tiefschwarz und erinnert uns daran, dass Regenzeit herrscht. Wir fahren in die Wolkenfront hinein und innerhalb von Sekunden prasselt es wie aus Eimern. Der Regen ist durchmischt mit Hagelkörnern und kurz darauf hat sich die Fahrbahndecke in eine Eisbahn verwandelt. So plötzlich, wie der Spuk begonnen hat, hört er wieder auf.

Dann erwartet uns auf der Fahrt in den Moloch La Paz der chaotischste Straßenverkehr, den wir auf unserer Reise kennengelernt haben. Alle Verkehrsregeln scheinen abgeschafft. Aus zwei Spuren werden vier gemacht. Jeder wechselt willkürlich die Fahrbahn. Es wird beschleunigt und zwei Meter später abrupt abgebremst. Polizisten pfeifen und versuchen, den Verkehr zu regeln. Dabei werden sie fast über den Haufen gefahren. Mittendrin immer wieder Busse, die auf offener Strecke ihre menschliche Fracht ein- und ausladen.

Es ist ein Gewusel von Tausenden Autos und Fußgängern. Auf einmal steht eine Musikbühne mitten auf der Straße und zwingt den kompletten Verkehr zu einer Umleitung. Oder ein Gemüsehändler errichtet seinen Stand auf der Kreuzung, weil er sich bei so vielen Autofahrern wohl ein besonders gutes Geschäft erhofft. Hier gilt noch die Regel, dass man aggressiv und rücksichtslos in jede Lücke hineinfahren muss. Häufig trennen uns nur Millimeter vom Lack des anderen Fahrzeuges. Rücksichtnahme wird gnadenlos bestraft, indem man sich mit einem Male hinter einem in zweiter Reihe parkenden Lkw wiederfindet. Es ist wie im Autoskooter auf der Kirmes. Doch statt aufeinander zuzufahren, um zusammenzustoßen, fährt man hier aufeinander zu, um im letzten Moment die Richtung zu ändern und den Zusammenstoß zu vermeiden.

Einer der wichtigsten Treffpunkte von Overlandern in Südamerika ist das unter Schweizer Leitung stehende Hotel Oberland in La Paz. Hier verbringen auch wir einige Tage und treffen dort auf das deutsche Paar Evi und Hans-Hermann, die bereits seit Jahren immer wieder sechs Monate durch Südamerika reisen und diesmal von ihrem Sohn Björn begleitet werden.

Die nächsten Tage reisen wir gemeinsam und müssen uns schon nach kurzer Zeit der ersten Herausforderung stellen. Auf der Fahrt Richtung Süden lässt ein langer Lkw-Stau auf der Panamericana schon Schlimmes befürchten. Langsam tasten wir uns über die linke Fahrspur an den Lastern und Bussen vorbei, bis wir von einem großen Sandhaufen quer über der Straße abrupt gestoppt werden.

Seit Peru wissen wir, was dies bedeutet: eine Straßenblockade! Diesmal protestieren die Campesinos für die Wassernutzungsrechte. Dabei gießt es mal wieder in Strömen und Wasserknappheit ist wirklich nicht zu befürchten. Doch die Ungerechtigkeit zwischen Arm und Reich, der herrschenden Klasse und den wie Leibeigene ausgenutzten Bauern ist immer noch ein Problem in Bolivien wie zur Zeit des berühmtesten Revolutionärs der Geschichte: Che Guevara.

Nachdem Che Guevara gemeinsam mit Fidel Castro im Befreiungskampf Kubas erfolgreich war und dort als Minister ins Kabinett einzog, gründete er 1966 eine Partisanengruppe in Bolivien und erklärte ein Jahr später den bewaffneten Kampf gegen den US-Imperialismus. 1967 wurde er vom bolivianischen Militär erschossen. Bis heute blickt er von Millionen Plakaten weltweit herab, ziert T-Shirts und Merchandising-Artikel, wurde reduziert zu einer Symbolfigur von „Stammtisch-Revoluzzern". Doch die Revolution findet nach wie vor noch in Bolivien statt.

Neunzehn Stunden verbringen wir in der Blockade. Immer wieder fliegen Feuerwerkskörper durch die Luft. Ab und zu werden Dynamitstangen gezündet, was zu ohrenbetäubenden Detonationen führt. Es wird dunkel und wir bereiten uns auf eine Nacht im Stau der Blockade vor. Wie gut, dass wir unsere Wohnung auf Rädern haben. Wir können kochen, Karten spielen und haben ein eigenes Bad. Hunderte von Reisende, die in Bussen und Lkw festhängen, können davon nur träumen. Es ist kalt, nass und ungemütlich. Doch das gleiche gilt auch für die Demonstranten, die unter großen Plastikplanen der Witterung trotzen. Alles für das Recht auf Wasser.

Vor Jahrmillionen gab es auf dem Altiplano von Bolivien ein riesiges Binnenmeer. Doch das Wasser versiegte, der See trocknete aus und zurück blieben abflusslose Lagunen und Salare – riesige Salzpfannen. Heutzutage füllen sie sich in der Regenzeit mit Wasser und trocknen in der anderen Jahreshälfte aus. Dann enthüllen sie eine schneeweiße Salzkruste. Die größte Salzfläche der Welt mit einer Länge von rund 160 Kilometern, einer Breite von 135 Kilometern und einer Dicke von zwei bis sieben Metern ist der Salar de Uyuni.

Hier erwartet uns auch eine vorgezogene Weihnachtsüberraschung: Wir treffen erneut auf unsere Reisefreunde Swantje und Stefan. Nachdem wir eigentlich dachten, uns in Ecuador endgültig voneinander verabschiedet zu haben, kommt es in Bolivien zu einem Wiedersehen.

Gemeinsam befahren wir die unendlich erscheinenden und weiß in der Sonne leuchtenden Salzflächen des Salars. Ohne Sonnenbrille könnte man in kürzester Zeit nur noch ein Flimmern vor Augen sehen. Es gibt keinen Orientierungspunkt am Horizont, nur eine absolut ebene, weiße Fläche. Mitten auf diesem Salzsee erhebt sich eine Insel, auf der in einer der unwirtlichsten Gegenden der Welt jahrtausendealte Kakteen wachsen. Folgt man nicht genau den Reifenspuren im Salz oder den GPS-Daten, kann man sich in kürzester Zeit auf der riesigen Fläche verfahren. Wer nicht aufpasst, fährt mit dem Auto in eines der berüchtigten Wasserlöcher, die sich von unten durch das Salz bohren, bricht ein und versinkt.

39. Kapitel: Die berühmteste Hochlandstraße der Welt

Die Luft ist so trocken, dass die Lippen aufplatzen und die Nase beim Schneuzen blutet. Kontinuierlich windet sich die Strecke der bolivianischen Lagunenroute durch den Altiplano, immer auf einer Höhe zwischen 4000 und 5000 Metern. Kein Baum, kein Busch wachsen hier, nur vertrocknete Grasbüschel. Sie sind die Nahrungsquelle der goldfarbenen Vikunjas, einer Wildform des Alpakas, dessen Wolle die teuerste Naturfaser der Welt ist.

Rechts und links von uns ragen die Anden in die Höhe. Felsbrocken, Sand und Kiesel bilden den Untergrund. Die Bergspitzen sind wie mit Puderzucker von einer dünnen Schneedecke bestäubt. Mit zwei weiteren Autos sind wir auf der berühmtesten Hochlandstraße der Welt unterwegs, die Einsamkeit und Stille um uns herum ist beinahe perfekt.

So stottern nur die Dieselmotoren unserer Fahrzeuge und schwarzer Qualm quillt aus dem Auspuff. Höhen von über 4000 Metern bedeuten für jeden Motor eine Qual. Der für die Verbrennung so dringend benötigte Sauerstoff kommt in diesen Höhen nur in einer viel zu geringen Konzentration vor. Somit weist der in den Zylinder komprimierte Kraftstoff einen viel zu hohen Dieselanteil im Verhältnis zum Sauerstoff auf und entweicht zu einem guten Teil unverbrannt als schwarze Rauchwolke aus dem Auspuff.

Doch hier, im abgelegenen Bergland von Bolivien, stört sich niemand an dieser Umweltverschmutzung. Über Hunderte von Kilometern gibt es weder eine menschliche Behausung noch existieren vernünftige Straßen. Und genau dies macht den Reiz der Lagunenroute für alle Reisenden aus, die mit einem geländegängigen Fahrzeug unterwegs sind. Statt Straßen gibt es mörderische Wellblechpisten und weil diese eine Qual für Mensch und Material sind, sucht sich jeder Fahrer eine neue Ideallinie. So verläuft neben der ursprünglichen Piste schnell eine zweite Piste, dann eine dritte und eine vierte. Lässt die Breite des Hochtals es zu, dann haben sich über die Jahre unzählige Fahrspuren nebeneinander in den Untergrund gegraben. Irgendwann existiert keine erkennbare Piste mehr, jeder fährt wie er will.

450 Kilometer zieht sich die Lagunenroute von Uyuni in Bolivien bis nach San Pedro de Atacama in Chile. 450 Kilometer, auf denen sich Offroad-Fans im atemberaubenden bolivianischen Altiplano austoben können. Im ersten Gang des Untersetzungsgetriebes quälen wir uns auf 4600 Höhenmetern durch sandigen Untergrund einen steilen Berg hinauf. Krampfhaft klammere ich mich ans Lenkrad. Als könnte ich so verhindern, dass der Motor auf dem Steilstück abstirbt. Lieber nicht daran denken, was das bedeuten würde.

Über uns am Hang steht Hans-Hermann und schießt begeistert Fotos wie wir uns den Berg hinauf quälen. Lieber wäre mir, wir würden am Haken seiner Seilwinde hängen. Im Moment fühle ich mich wie ein Bergsteiger ohne Sicherungsseil, der an einer Felswand nach dem richtigen Griff für Hände und Füße sucht.

Hans-Hermann mit Frau Evi und Sohn Björn fahren neben Swantje und Stefan das dritte Fahrzeug unserer kleinen Altiplano-Expedition. Mit Hans-Hermann haben wir das Glück, einen Vollprofi dabei zu haben. Er kennt nicht nur die Lagunenroute wie seine Westentasche, sondern tourt seit Jahren privat durch Südamerika, wenn er beruflich nicht gerade Offroad-Rallyes organisiert.

Angefangen hat es bei ihm als Teilnehmer der Camel Trophy. Später wurde aus der Berufung ein Beruf. Er wurde zum Mitorganisator der berühmtesten Abenteuerrallye und arbeitet nun freiberuflich an der Durchführung der Nachfolgeveranstaltung, der „Land Rover Experience Tour". Seitdem ist er in der ganzen Welt unterwegs, immer auf der Suche nach neuen Abenteuern, spektakulären Pisten, atemraubenden Herausforderungen und persönlichen Grenzen.

Gnadenlos wird unser Fahrzeug in den nächsten vier Tagen durchgeschüttelt. Die Wellblechverformung des Untergrundes wird zur Tortur. Dass ein Auto überhaupt unbeschadet über so viele Stunden eine solche Rüttelei übersteht! Jeden Abend wird ein prüfender Blick unter die Motorhaube und das Chassis geworfen. Sind noch alle Schrauben da? Ist nichts verbogen? Wurde etwas verloren? Der Luftfilter hat sich wieder mit dem feinen Wüstenstaub zugesetzt und muss ausgeblasen werden.

Doch wir werden für die Strapazen mehr als belohnt. Über Hunderte von Kilometern treffen wir auf keine Menschenseele. Wo auf der Welt findet man noch eine solche Einsamkeit?

In den Nächten ist der Sternenhimmel grenzenlos. Keine Lichtquelle und keine Wolke stören den kristallklaren Blick auf die Milchstraße. Am Tag brennt die Sonne gnadenlos auf uns herab. Körperstellen, die in dieser extremen Höhe nicht ordentlich mit Sonnenschutzmittel eingecremt sind, verbrennen innerhalb weniger Minuten. In der Nacht gehen die Temperaturen rapide runter. Dabei können wir uns noch glücklich schätzen, dass das Thermometer nur knapp unter die Nullgrad-Grenze sinkt und sich nur eine dünne Eisschicht auf unserer Dachluke bildet. Nachttemperaturen von minus zwanzig Grad sind auf dieser Strecke keine Seltenheit.

Ihren Namen hat die Lagunenroute von den vielen kleinen Seen, die wir im Laufe der nächsten Tage ansteuern: Laguna Cañapa, Laguna Hedionda, Laguna Colorada und Laguna Verde. Eine Lagune ist schöner als die andere, bevölkert von Hunderten Andenflamingos, die direkt neben uns durch den flachen Uferbereich staken und nach Futter suchen.

Die Landschaft wird überragt von schneebedeckten Vulkanen und die Berge werden in ein surrealistisches Rostrot oder leuchtendes Grün eingefärbt. Daneben entdecken wir brodelnde Geysire, die den

Wasserdampf meterhoch in die Luft pressen. Oder passieren blubbernde Schlammlöcher, in denen es kocht und dicke Schlammblasen zerplatzen. Kein Zaun, keine Barriere hindern uns daran, uns bis auf wenige Zentimeter diesem Naturspektakel zu nähern. Das ist Faszination auf der einen Seite, birgt aber auch Gefahren auf der anderen Seite: Wenn jetzt die Erde unter uns nachgibt, dann fallen wir direkt in eines der brodelnden Höllenlöcher.

Da baden wir doch lieber ganz geruhsam in einem kleinen Becken, das kontinuierlich mit heißem Wasser aus einer Thermalquelle gefüllt wird. Die Luft ist kühl und das Wasser sehr heiß. Unser Kreislauf sackt nach unten, so dass mir schwarz vor Augen wird, als ich verschrumpelt aus dem Wasser steige. Die letzten Kilometer vor dem Grenzübergang nach Chile liegen vor uns.

Doch vorab müssen wir die Ausreiseformalitäten für unser Auto abwickeln. Wo können wir das in dieser Einöde erledigen? An dem kleinen Schlagbaum auf 4500 Metern, der Bolivien von Chile trennt und dessen Schalter von einem einsamen Beamten besetzt ist, geht es nicht. Wir müssen wegen der Zollabfertigung für das Fahrzeug einer gewundenen Straße hinauf zu einer Mine folgen. Auf dem Weg dorthin stellen wir auch den absoluten Höhenrekord unserer Reise auf: Der Zöllner residiert in einem kleinen Bürogebäude auf 5020 Meter Höhe.

450 Kilometer zieht sich die Lagunenroute von Uyuni in Bolivien bis nach San Pedro de Atacama in Chile

Und ein letztes Mal zeigt sich Bolivien von seiner spannenden Seite. Dass der Grenzbeamte, der hier alleine in einer gottverlassenen Hütte auf Kundschaft wartet, von uns fünfzehn Bolivianos, umgerechnet rund 1,60 Euro, für die Grenzformalitäten verlangt, die ihren Weg sicherlich nicht ins Steuersäckel des bolivianischen Staates finden, lässt uns recht kalt.

Als wir kurze Zeit später erfahren, dass dieser Grenzübergang eigentlich seit fünf Tagen wegen Grenzstreitigkeiten zwischen Bolivien und Chile komplett gesperrt ist und niemand hier mehr ein- und ausreisen kann, wird uns im Rückblick noch ein wenig mulmig. Bolivien bleibt wirklich bis zur letzten Minute unberechenbar!

40. Kapitel: Sommerzeit zur Weihnachtszeit

Unser Auto wird gnadenlos gefilzt. Jede Klappe wird geöffnet, jeder Schrank durchwühlt, unsere Kleidung abgetastet, an Vorratsdosen gerüttelt, Lebensmittel untersucht. „Bienvenidos en Chile" kann ich aus dem Augenwinkel auf dem Schild lesen, während ich mit dem anderen Auge fest den Zöllner im Blick habe. Ruhig aber gewissenhaft untersucht er jede Ecke unserer Wohnkabine auf Lebensmittel.

„Haben Sie Obst und Gemüse dabei?"

„Nein!"

„Fleisch oder Wurstwaren?"

„Auch nicht!"

„Samenkörner?"

„Nein!" Dabei muss ich an die Tüte mit Leinsamen denken, die unter Petras Pullovern versteckt im Schrank liegt.

„Wirklich nicht? Keine Samenkörner?" Durchdringend schaut er mich an. Ahnt er was? Jetzt nur nicht schwach werden.

„Nein, wirklich nicht!", antworte ich mit fester Stimme. Die Schweißtropfen auf meiner Stirn ignoriere ich. Die kann ich ja auf die extreme Hitze schieben, die uns nach der Passabfahrt von Bolivien im über zweitausend Meter tiefer liegenden San Pedro de Atacama in Chile erwartet.

„Warum dürfen wir eigentlich nach Chile keine frischen Produkte mitbringen?", frage ich neugierig den Zöllner.

„Nicht zuletzt deshalb, damit wir unsere Produkte in die Europäische Union liefern können", erklärt er. „Chile ist das einzige Land in Südamerika, das weitestgehend frei von Schädlingen ist. Deshalb kontrollieren wir sehr genau, dass über die Landesgrenzen kein Ungeziefer, keine Pilze, Sporen, Bakterien oder sonstige Schädlinge eingeführt werden. Das könnte katastrophale Folgen für unseren Export haben."

„Sind denn die anderen Länder in Südamerika auch so streng bei den Kontrollen?"

„Nein", beruhigt er mich lachend, „da kann ich euch beruhigen. Nur an der chilenischen Grenze werdet ihr so genau kontrolliert."

Wie falsch er doch mit seiner Aussage liegt! Wochen später, als wir schon viele Male die chilenisch-argentinische Grenze in beide Richtungen überquert haben, können wir mit Sicherheit sagen, dass die argentinischen Zöllner als Retourkutsche auf die chilenische Kontrolle unser Auto jedes Mal noch viel extremer kontrollieren. Mit Begeisterung konfiszieren sie all die Lebensmittel, auf die sie persönlich gerade Appetit haben.

Bedauerlich, wenn eine eigentlich vernünftige Kontrolle der einen Seite von der Gegenseite als Schikane genutzt wird, dem unbeliebten Nachbarn eins auszuwischen. Die Argentinier haben es den Chilenen bis heute nicht verziehen, dass sie sich im Konflikt um die Falklandinseln auf die Seite der Engländer gestellt haben.

Eine Zwiebel und drei Knoblauchzehen ärmer steuern wir unseren ersten Campingplatz in Chile an. Staub, so fein, dass er bei jedem Schritt aufgewirbelt wird und in der Luft verharrt, bedeckt jeden Flecken des Platzes. Die Ausläufer der Atacama-Wüste ziehen sich bis hinauf ins Hochland. Absolute Trockenheit, die nur von wenigen Oasen aufgelockert wird, in denen kleine Dörfer liegen. San Pedro de Atacama empfängt uns mit weißgetünchten Adobegebäuden. Dicke Mauern und kleine Fensteröffnungen schützen vor der unnachgiebigen Hitze. Arkadengänge entlang der Gebäude im Zentrum bieten Schatten und Platz für die Tische der kleinen Cafés. Die Atmosphäre ist völlig entspannt und die Kulisse erinnert an ein Westernstädtchen. Das Einzige, das ein wenig fremd wirkt, ist der große, festlich geschmückte Weihnachtsbaum in der Mitte des Platzes, der uns daran erinnert, dass heute Heiligabend ist.

Deutschland ist fern, Weihnachtsmärkte, Glühwein, Adventskranz und Lebkuchen ebenfalls. Weihnachtsstimmung will nicht so recht aufkommen. Kurze Hosen und Hemden, glühende Sonne und staubige Straßen sind einfach zu weit entfernt von Winterkleidung, langen Abenden und schneebedeckten Tannen. Statt die gefüllte Gans aus dem Ofen zu holen, feuern wir den Grill an. Statt Rotwein gibt es eisgekühltes Bier. Aber auch in der Ferne zelebrieren wir liebgewonnene Traditionen. Am Nachmittag gibt es eine festlich gedeckte Kaffeetafel. Eine kleine Girlande mit „Feliz Navidad" ziert unser Auto. Weihnachtsdecken und -servietten schmücken die Campingtische, festliche Musik kommt dezent aus dem Hintergrund. Evi hat Weihnachtsplätzchen gebacken, der Duft frischen Kaffees liegt in der Luft.

Doch das Schönste ist, dass wir auch in diesem Jahr Weihnachten nicht alleine feiern müssen. Mit Evi, Hans-Hermann und Björn haben wir eine nette Familie kennengelernt, mit Swantje und Stefan haben wir im letzten Jahr zwei tolle Freunde gewonnen. Es wird ein fröhliches Weihnachtsfest.

Die Adventssonntage haben wir in Peru und Bolivien verbracht, Weihnachten in Chile und für Silvester werden wir nach Argentinien reisen, vier Länder in vier Wochen. Wir machen einen Abstecher in das Valle de la Luna, wahrlich ein Mondtal. Riesige Sanddünen, bizarre, enge Schluchten, filigrane Figuren, die durch Erosion aus dem Sandstein geschaffen wurden.

Genauso abwechslungsreich geht es weiter, als wir am Paso de Jama die Grenze nach Argentinien überqueren. Immer wieder aufs Neue können wir uns an dem Anblick der kleinen, grünen Bergseen erfreuen, den Guanako-Herden, den Salzpfannen, den neben uns aufragenden Andengipfeln. Immer wieder geht es auf und ab. Die Bergwelt auf über dreitausend Meter Höhe wird innerhalb kürzester Zeit ersetzt durch Flusstäler zweitausend Meter tiefer.

Über Hunderttausende und Millionen von Jahren hat sich hier die Natur als Baumeister betätigt. Hat mit Wasser, Wind und Sand aus glattem Fels filigrane Muster geschmirgelt, Säulen entstehen lassen und enge Canyons geschaffen. Hat durch die Mineralien im Gestein eine Farbenwelt aus unterschiedlichen Rottönen in den Fels gezaubert. Die Palette reicht von leuchtend rot über karminrot bis zu einem gedeckten Rot. Die Natur hat schließlich mit der Quebrada de Humahuaca eine Märchenwelt erschaffen, die ergänzt durch das Spiel von Licht und Schatten, von Wüste und Vegetation eine solch einzigartige Landschaft ist, das sie von der UNESCO zum schützenswerten Weltkulturerbe ernannt wurde.

Am 31. Dezember landen wir schließlich in der argentinischen Stadt Salta. Doch nicht etwa auf irgendeinem Campingplatz, sondern in einem riesigen Freibad. Ich stelle mir vor, wie es wäre, wenn man in Deutschland das Campen in städtischen Freibädern erlauben würde. Wir stehen mit unserem Auto zehn Meter neben dem Beckenrand. Neben uns hält ein VW Jetta, aus dem immer mehr Personen aussteigen. Es ist ein neuer Rekord: 13 Erwachsene und Kinder klettern aus diesem Auto!

Schnell wird klar, was das liebste Hobby der Argentinier ist: Grillen. Es ist zwar erst zehn Uhr in der Früh, aber schon glüht bei unseren Nachbarn die Kohle. Während die Tasse mit Mate-Tee von Hand zu Hand gereicht wird, landen die ersten dicken Rindersteaks über dem Feuer. Argentinien ist ein Paradies für Grillfreunde. Das Fleisch ist nicht nur absolut zart und geschmackvoll, sondern auch noch unglaublich preiswert. Für acht Euro bekommen wir hier ein Kilo des besten Rinderfilets. Wen wundert es da, dass auch unsere Silvesternacht in einer Grillorgie ausartet. Würstchen quetschen sich neben Steaks, dazwischen liegen die Hühnerbrüste, in der Glut garen die Grillkartoffeln. Pünktlich um zwölf Uhr knallen nicht nur bei uns die Sektkorken, sondern um uns herum brennt ein fantastisches Feuerwerk ab. Wir stehen Arm in Arm am Beckenrand und beobachten, wie die Raketen abgeschossen werden und in leuchtenden Farben am Himmel zerplatzen.

Das vergangene Jahr war für uns einfach gigantisch. Wir sind durch dreizehn Länder gereist, haben tolle Bekanntschaften gemacht, haben die Tropen bereist, in der Karibik gebadet, exotische Tiere beobachtet, Vulkane bestiegen, die Anden erklommen. Wir blieben von jedem Unglück verschont, wurden im Gegenzug mit Herzlichkeit und Hilfsbereitschaft überschüttet. Doch das Wertvollste war, dass wir – Petra und ich – ein ganzes Jahr, 24 Stunden am Tag miteinander verbringen durften. Ich weiß nicht, wie das neue Jahr noch besser werden soll, doch wir lassen uns überraschen.

„Wo ist hier eigentlich das bis zum Horizont reichende Grasland? Wo die riesigen Rinderherden, die azurblauen Flüsse und Seen? Wo die schroffe Bergwelt und die riesigen Gletscher?"

„Ich habe mir Argentinien auch völlig anders vorgestellt", stimmt mir Petra zu.

„In den letzten zwei Wochen haben wir immer nur Wüstensteppe gesehen."

Statt der Gauchos, die auf ihren Pferden die Rinder hüten, sehen wir Guanakos, die zur Familie der Kamele gehören. Statt einer Seenlandschaft erblicken wir vereinzelt in den Bergen liegende, türkisfarbene Lagunen. Statt wilder Bergwelten fahren wir durch einsame Mondlandschaften. Statt der Gletscher erwartet uns im Hochgebirge der Anden der Büßerschnee, vom Wind geschaffene Eisskulpturen. Nichts ist so, wie ich es erwartet habe, doch trotzdem unendlich reizvoll.

Vorbei an Tausenden Kandelaberkakteen in der Cuesta del Obispo gelangen wir in das kleine, gemütliche Dörfchen Cachí. Immer wieder stoßen wir hier auf Gebäude, an denen das löchrige Holz dieser einzigartigen Kakteen verbaut wurde. In der Kirche des Ortes sind die Beichtstühle gleichfalls daraus gefertigt, auch die Decke und Kanzel. Das Holz ist hell, aber fast schwarz an den Rändern der kleinen Wasseradern, die sie durchziehen.

„In diesen Kanälen speichern die Kakteen das Wasser, das sie zum Überleben benötigen", werden wir aufgeklärt. „Dadurch bekommt das Holz eine ganz besondere Struktur und spezielle Färbung."

Weiter südlich reihen sich mit einem Male die Weinstöcke aneinander. Über Kilometer wachsen die Reben auf riesigen Feldern und bestätigen den Ruf Argentiniens als einen der weltweit größten Weinexporteure. Die Gegend um Cafayate ist bekannt für den Anbau der Torrontés-Reben, aus deren Trauben ein im ganzen Land beliebter Weißwein gekeltert wird.

Immer weiter geht es entlang der Ruta 40, der *cuarenta.* Sie zieht sich über 5000 Kilometer vom Norden bis in den Süden Argentiniens und ist damit die längste Landesstraße der Welt. Vielfach wurde sie asphaltiert, doch häufig nur mit einer Schicht Schotter bedeckt. Wir ziehen eine über hundert Meter lange Staubfahne hinter uns her.

Mit dem Paso San Francisco überqueren wir erneut einen Andenpass, kratzen mit 4727 Höhenmetern knapp an der 5000er-Marke und erleben erneut die überwältigende Landschaft des Altiplano. Wir verbringen zwei Nächte in eisigen Höhen an den Ufern der Laguna Verde und der Laguna Santa Rosa, bevor wir am nächsten Tag am Pazifikstrand in Chile stehen.

In Chile genießen wir die Vielfalt im Supermarkt. Während Argentinien mit sehr hohen Einfuhrzöllen den Import ausländischer Produkte fast völlig unterbindet, gibt es in Chile einfach alles. Wir schwelgen in Leckereien. Verschämt wird uns bewusst, dass wir in jedem Land Ausschau nach Lebensmitteln halten, die uns an die Heimat erinnern.

Auch in Chile begleiten uns riesige Weinanbaugebiete. Prall hängen die Trauben an den Reben. Der Boden sieht ausgedörrt, karg und trocken aus.

„Kaum zu glauben, dass hier so süße Trauben wachsen."

Während an der Straße die Weinfelder kilometerweit an uns vorbeiziehen, reihen sich im Supermarktregal die Weinflaschen aneinander. Der Liter Wein ist preiswerter als der Liter Bier. Hier kann man es sich endlich einmal leisten, Wasser zu predigen und Wein zu trinken.

Über den nächsten knapp 5000 Meter hohen Andenpass, den Paso Agua Negra, geht es zurück nach Argentinien. Wieder einmal werden wir gnadenlos auf Lebensmittel gefilzt. Enttäuscht wühlt sich der Grenzer durch unseren Kühlschrank. Da ist ja gar nichts drin, was er brauchen könnte! Resigniert greift er schließlich zu einem angebrochenen Päckchen Butter.

„Die dürfen sie nicht nach Argentinien einführen!" Spricht es und nimmt sie an sich.

„Halt", sagt Petra, „die Butterdose brauchen wir aber noch!"

Sie nimmt dem Beamten die Dose aus der Hand, geht zum Müllcontainer und schmeißt die Butter rein. Den Blick des Zöllners werden wir so schnell nicht vergessen, als er entsetzt zusehen muss, wie die für das Frühstück schon eingeplante Butter einfach im Dreck landet. Tja, auch wir verstehen etwas von Retourkutsche!

41. Kapitel: Marxisten, Folterknechte und der CIA

Ich habe beschlossen, mir eine Angel zu kaufen. Mit großen Augen stehe ich im Supermarkt vor der riesigen Auswahl.

„Hättest du gedacht, dass die alle so teuer sind?"

Meine Augen wandern über die Preisschilder. Da kann ich mir ja bis an mein Lebensende frischen Fisch kaufen. Beim Kinderspielzeug sticht mir schließlich ein Angebot ins Auge: 171 argentinische Peso, rund 26 Euro. Das ist schon eher die Preisklasse, die ich mir vorgestellt habe. Teleskoprute, Angelrolle, Schnur, zwei Köder – alles, was der passionierte Anfänger braucht. Ich kann sogar unter zwei Modellen wählen, zwischen „Bob der Baumeister" oder „Barbie"! Da das leuchtendes Pink nicht zu meiner Augenfarbe passt, entscheide ich mich für das männliche Blau mit den kleinen Baggeraufklebern.

Zwei Tage später stehen wir im Andenhochland an der Laguna Diamante. Ihren Namen verdankt sie nicht der türkisen Wasserfarbe, sondern dem über 5000 Meter hohen, schneebedeckten Vulkan Maipo. Dessen gespiegelte Silhouette bildet im Wasser die Form eines Diamanten. Um mich herum wird bereits fleißig geangelt. Ähnlich wie die Amerikaner sind auch die Argentinier eine begeisterte Camper- und Anglernation. Ist auch nur in der Ferne ein Fluss oder See zu erkennen, dann wird die Angel ausgepackt.

Doch es wird nicht nur vom Ufer geangelt. Der wahre Argentinier kann seinen Jagdinstinkt selten bremsen und wandert mit seiner Ausrüstung häufig in das Gewässer hinein, steht bis zur Hüfte und manchmal sogar bis zur Brust im kalten Wasser.

Irgendwie ist es mir da ein bisschen peinlich, mich mit Bob dem Baumeister zwischen die Profis zu stellen. Im Stundentakt ziehen sie 25 Zentimeter große Forellen aus dem Gewässer. Ein wenig verschämt hole ich meine neue Angel aus dem Auto. Teleskopangeln haben den Vorteil, dass man sie so klein ineinander schieben kann, dass sie fast keinen Platz wegnehmen. Meine Angel in der Altersklasse für Kinder bis zehn Jahre passt glatt in eine durchschnittliche Damenhandtasche.

Doch Bob der Baumeister macht seinem Namen alle Ehre. Er muss vor dem ersten Gebrauch bereits repariert werden.

„Kann es sein, dass du doch mehr als 26 Euro hättest anlegen sollen?" Petra schaut kritisch zu mir herüber.

Ein großer Riss in der Rute verhindert, dass sich die Teleskopstangen beim Herausziehen in der Führung verkeilen und eine stabile Einheit bilden. Da hilft nur Klebeband, um die Angel zu schienen. Eine Operation, die etwas an Bobs Selbstbewusstsein kratzt. In den folgenden Wochen sieht er aus, als würde er an Potenzstörung leiden.

Während mein Flickwerk trocknen muss, gehen wir wandern. Die Bewegung ist in den letzten Wochen und Monaten definitiv zu kurz gekommen. Durch die lange Zeit im Gebirge haben wir uns perfekt für die Höhe akklimatisiert. Wir haben keine Schwierigkeiten mehr, auf über 4000 Metern problemlos zu atmen oder in der Nacht zu schlafen. Doch dafür müssen wir einen Preis bezahlen: Je länger man sich in der Höhe aufhält, desto mehr schwindet die Muskelmasse und die Kondition verschlechtert sich.

Das bekommen wir im Moment deutlich zu spüren. Vor einigen Tagen waren wir am Cerro Aconcagua, dem mit 6962 Metern höchsten Berg des amerikanischen Kontinents. Ich war bei einer Wanderung schon nach zwei Stunden so erschöpft, dass wir zum Auto zurückkehren mussten.

Diesmal geht es entlang des Río Diamante hinein in die faszinierende Bergwelt. Hier im Süden haben die Anden ihr Aussehen im Vergleich zu den Ausläufern in Peru und Bolivien deutlich verändert. Waren sie dort meist sanft geschwungen und bestachen durch das Wechselspiel der Gesteinsfarben, so sind sie hier zerklüftet und schroff. Steile Abbrüche im grauen Granit werfen kantige Schatten. Schnee- und Eisfelder klammern sich an den glatten Fels. Im Tal entlang des Flusses dehnen sich große Grasflächen aus, auf denen die Guanako-Herden grasen.

Doch plötzlich wird mein Blick magisch von einem Glitzern am Fluss eingefangen. Das ist doch nicht etwa? Das kann doch nicht sein! Ich finde im Gras einen Angelköder, den wohl irgendjemand hier verloren hat. Der Haken ist zwar ein wenig verrostet, aber den bekomme ich schon wieder hin. Genau mit solchen Ködern ziehen die Angler hier reihenweise die Forellen aus der Lagune. Na, wenn das mal kein Glücksfund ist. Da wird sich „Bob der Baumeister" aber freuen.

Die große Bewährungsprobe kommt drei Tage später. Wir fahren entlang des Río Neuquén und irgendwie bin ich heute in Angellaune. Seit über dreißig Jahren habe ich nicht mehr geangelt. Mit dem Angeln ist es wie mit dem Radfahren, das verlernt man nicht. Glaube ich jedenfalls. Ich ziehe die Rohre auseinander, verkeile sie, zieh die Angelschnur durch die Ösen, knote meinen tollen Köder vorne an, drehe die Kurbel an der Rolle und …

„Verdammt, das darf doch wohl nicht wahr sein!" Ich drehe und drehe, doch die Schnur wird einfach nicht aufgewickelt.

„Petra", brülle ich zu meiner besseren Hälfte herüber, die schon mit der Pfanne am Flussufer steht, „das Teil ist auch kaputt!"

„Welches Teil?"

„Die Rolle!"

Ich schraube die komplette Rolle auseinander und versuche, den Fehler zu finden. Ist irgendetwas abgebrochen? Fehlt ein Teil? Auf den ersten Blick erkenne ich nichts.

„Kann es sein, dass man die Schnur durch diesen Bügel führen muss, der sich beim Betätigen der Kurbel dreht?"

Während ich Probleme meist durch Ausprobieren löse, geht Petra mit Logik heran. In diesem Fall hat sie mal wieder recht. Die Schnur muss nur anders eingefädelt werden.

Wie ein Angelprofi stolziere ich endlich Richtung Flussufer. Köder auswerfen und wieder einholen. Auswerfen, einholen, auswerfen, einholen. In jeder Minute rund zehnmal. Das sind in zehn Minuten schon einhundert Mal. Mittlerweile tut mir die Schulter weh. Mir war nicht bewusst, dass Angeln Schmerzen verursacht.

„Da ist was dran! Schau, wie sich die Angel durchbiegt."

Petra hüpft nervös von einem Fuß auf den anderen. Doch das Einzige, was am Haken hängt ist ein dicker Stein. Zwischen dem hat sich der Köder verkantet und kommt erst wieder frei, nachdem einer der rostigen Drillingshaken abgebrochen ist.

Was soll's, um einen Fisch zu fangen, reichen die verbleibenden zwei Haken aus. Doch nach diesem Malheur leidet meine Angel noch stärker an erektiler Dysfunktion, sprich Impotenz. Da, wo ich sie mit Klebeband geflickt habe, hängt sie bedenklich durch und hat an Schwungkraft verloren.

Doch plötzlich wird es ernst. Da zappelt etwas an meinem Haken.

Forelle, „Bob" und ich

Summmmm, fliegt die Leine von meiner Rolle. Hektisch drehe ich an der Kurbel. Wie ein Haken schlagender Hase zischt er durchs Wasser. Mal ist Spannung auf der Schnur, mal ist sie weg. Jedes Mal, wenn ich denke, jetzt ist die Leine gerissen, zappelt es mit einem Male wieder. Plötzlich springt er vor mir aus dem Wasser.

„Mann, das ist ja ein richtiges Prachtexemplar", brüllt Petra.

Die Rute knackt und knarzt. Bob der Baumeister gibt sein Bestes, doch das ist einfach nicht gut genug. Ich drehe zwar an der Kurbel, doch die Schnur wickelt sich nicht mehr auf. In meiner Not mache ich das Einzige, was mir einfällt: Mitsamt der in alle Einzelteile zerfallenden Angelrute laufe ich vom Flussufer weg und ziehe den armen Fisch an Land. Ich schleife ihn durch den Sand und stoppe erst, als ich vor dem Auto stehe und der Fisch fast zehn Meter vom rettenden Wasser entfernt am Ufer liegt.

Petra hat recht. Ich habe wirklich ein Trumm geangelt. Eine Forelle, die vom Kopf bis zur Schwanzflosse 48 Zentimeter misst. Ganz stolz posiere ich mit dem Fisch und Bob dem Baumeister vor der Kamera. Gerade ist das Foto im Kasten, als der rostige Haken im Maul des Fisches abbricht und die Forelle auf den Boden fällt. Bis heute bin ich mir nicht sicher, ob ich den Fisch wirklich mit meiner Angel gefangen habe oder ob er sich totgelacht hat, als er mich zusammen mit Bob am Ufer sah.

Wie anmaßend können Menschen sein?

Wir schreiben das Jahr 2013: Man stelle sich einmal vor, Australier segeln über den Ozean Richtung Amerika. Sie kommen vom Kurs ab und stranden in Portugal. Dort gehen sie kurz an Land, stecken ihre Fahne in den Boden und behaupten nun, Europa entdeckt zu haben. Der Papst segnet die Entdeckung ab, Europa wird besetzt und seiner Rohstoffe beraubt. Die Menschen werden entweder ermordet oder versklavt. Dass es schon seit Jahrtausenden Hochkulturen in Europa gibt, dass Staatsstrukturen, Gesetze, Forschung, Kultur und Bildungssysteme existieren, wird einfach verleugnet. Die „Wilden" gehören jetzt zu Australien.

Was ein bisschen zynisch klingt, beschreibt nichts anderes, als die Entdeckung und Besetzung Lateinamerikas durch die Spanier vom 15. bis zum 19. Jahrhundert. Die Ressourcen wurden geplündert, die Bewohner versklavt und die existierende Kultur verleugnet. Nicht die Entdeckung der Menschlichkeit ermöglichte schließlich die Unabhängigkeit der zentral- und südamerikanischen Staaten, sondern europäische Querelen, in dessen Folge die außenpolitischen Schwerpunkte verschoben wurden.

Diese Geschichte spielte sich vor Hunderten von Jahren ab. Heute sind wir natürlich zivilisierter und aufgeklärter. Das Gute hat letztendlich über das Böse gesiegt. Doch wer definiert eigentlich, was gut und böse ist? Wer Sieger und Besiegter ist, wer Freund oder Feind? Sind es nicht Politik und Wirtschaft, die sich zu Richtern über richtig und falsch erheben? Kirchen, die versuchen unsere Moralvorstellungen zu prägen? Medien, die mit ihrer Berichterstattung Einfluss auf unser Rechtsempfinden nehmen?

Warum mich gerade jetzt diese Gedanken beschäftigen? Weil wir wieder in Chile sind. Eigentlich ein Land, das am Rande des Weltgeschehens liegt. Ein Land, das 4300 Kilometer lang ist, aber durchschnittlich nur 180 Kilometer breit. Ein Land, das auf der linken Seite am pazifischen Ozean endet und auf der rechten Seite von den teilweise über 6000 Meter hohen Anden komplett vom lateinamerikanischen Festland abgeschottet ist. Ein Land, das 1878 mit seinen Nachbarn Peru und Bolivien einen blutigen Krieg geführt hat, um sich die Salpeter-Vorkommen in der Atacama-Wüste zu sichern, doch schnell auf dem Rohstoff sitzen blieb, da man schon kurz darauf ein alternatives Produkt zur Stickstoffgewinnung fand. Ein Land, das jedoch bis heute wegen dieses Krieges eine angespannte Nachbarschaft zu Peru und Bolivien pflegt und sich darüber hinaus mit dem dritten Nachbarn Argentinien schon aus Prinzip nicht vertragen will.

Das alles wäre noch kein Grund, um in der Weltöffentlichkeit aufzufallen. Erst Chiles Entschluss, freiwillig ein kommunistisches Land zu werden, legalisiert durch demokratische Wahlen, brachte Aufmerksamkeit. Zu dieser Zeit war es ein wichtiger Kupferlieferant für die USA und die Minen waren in den Händen US-amerikanischer Unternehmen. Dadurch erfuhr es das gleiche Schicksal, das es heutzutage mit vielen erdölfördernden Ländern des Nahen Ostens teilt: Es geriet in den Fokus der amerikanischen Politik.

1959 ist der Kalte Krieg auf seinem Höhepunkt. In Kuba hat die Revolution gesiegt. Die Amerikaner sind geradezu panisch, dass auch andere der von den USA traditionell als „Hinterhof der USA" betitelten Staaten Mittelamerikas „umkippen" und kommunistisch werden.

Neben Fidel Castro auf Kuba wurde Salvador Allende in Chile zum Feindbild stilisiert. Der 1908 geborene Arzt saß bereits von 1939 bis 1942 als Gesundheitsminister im chilenischen Parlament. 1952 wurde er erstmals Präsidentschaftskandidat, scheiterte aber genauso wie bei den folgenden Wahlen 1958 und 1964. Stets wurde er Zweiter. Mit vielen Millionen Dollar griff der amerikanische Auslandsgeheimdienst CIA in den Wahlkampf ein und unterstützte die antikommunistische Propaganda.

Doch wie so viele andere Staaten Lateinamerikas war auch Chile stark durch die wirtschaftliche Ausbeutung ausländischer Unternehmen gebeutelt. Einer kleinen Oberschicht stand bittere Armut gegenüber. Letztlich führte dies am 4. September 1970 zur Wahl Salvador Allendes zum chilenischen Staatspräsidenten. Er war der erste Marxist weltweit, der in freien Wahlen zum Staatsoberhaupt gewählt wurde.

Bereits 1971 wurden die chilenischen Kupferminen verstaatlicht und die US-amerikanischen Firmen enteignet. Mindestlöhne wurden erhöht, Preise für Grundnahrungsmittel festgelegt, ein kostenloses Gesundheitswesen eingeführt, in ein Bildungssystem investiert. Zur gleichen Zeit steckte der amerikanische CIA Millionen US-Dollar in die Destabilisierung des chilenischen Staatshaushaltes und die Abspaltung von der internationalen Staatengemeinschaft.

Unterstützung bekommen die USA letztendlich von einem alten Bekannten: Augusto Pinochet. 1956 bereits chilenischer Militärattaché in Washington ließ er über die folgenden Jahre den Kontakt mit den USA nicht abreißen. 1971 ernennt ihn Salvador Allende zum General, im August 1973 wird er Chef des chilenischen Heeres. Am 11. September 1973 – auf den Tag genau 28 Jahre vor dem verheerenden Attentat auf das World Trade Center in New York – putscht das Militär unter Führung von Pinochet gegen die vom Volk gewählte Regierung. Noch am gleichen Tag begeht Salvador Allende Selbstmord, jedoch nicht ohne sich ein letztes Mal mit den folgenden Worten an das Volk zu wenden: „Man kann weder durch Gewalt noch durch Verbrechen die gesellschaftlichen Prozesse aufhalten. Die Geschichte lehrt uns, es sind die Völker, die sie machen."

Mit Pinochet startet eine der grausamsten Militärdiktaturen der Menschheitsgeschichte. Terror, Folterungen, Ermordungen und Konzentrationslager gehören zur Tagesordnung. Zwischen 600.000 und 800.000 Chilenen werden gefoltert, über 250.000 gehen ins Exil. Die Verstaatlichungen werden zurückgenommen, die Sozialleistungen drastisch gekürzt. Chiles Liedermacher Victor Jara wird im Stadion gefoltert und dann erschossen. Erst 1990, nach fast siebzehnjähriger Schreckensherrschaft, wird die Militärdiktatur beendet. Doch erst 1998 legt Pinochet sein Amt als oberster Befehlshaber des Heeres nieder. Ungeachtet der massiven Proteste durch die Bevölkerung tritt er umgehend seinen Posten als Senator auf Lebenszeit an, den er sich selber durch ein Gesetz während seiner Militärherrschaft geschaffen hat.

Ein Klinikaufenthalt 1998 bereitet der chilenischen Tragödie ein Ende. Der mit internationalem Haftbefehl gesuchte Pinochet wird in London unter Hausarrest gesetzt und an Chile ausgeliefert. Der Prozess gegen ihn wird jedoch nie zu Ende geführt, sondern 2002 wegen Pinochets Altersdemenz eingestellt.

42. Kapitel: Kaffee und Kuchen

„Darüber darfst du nicht schreiben. Das ist mir peinlich!" Petra wischt sich die Sahne aus dem Mundwinkel.

„Was sollen denn die Leute von uns denken!" Ich versuche dezent zu rülpsen, was mir jedoch nicht gelingt.

„Das wäre der totale Imageschaden!" Die heiße Schokolade schwappt über den Tassenrand.

„Gut, dass uns hier keiner kennt!" Ich kratze die letzten Krümel von meinem Teller.

„Aber wenn es keiner mitbekommt, dann könnten wir doch eigentlich noch eins, oder?" Trotz der Schweißtropfen auf ihrer Stirn hat Petra immer noch diesen gierigen Blick.

Ich lächle meine Frau glücklich an und winke ein weiteres Mal nach der Bedienung. „Wir hätten gerne noch einmal das Gleiche, einmal Sahne-Nuss, einmal Schwarzwälder-Kirsche."

Das chilenische Seengebiet ist für uns gleichbedeutend mit Kaffee und Kuchen. Typisch deutsche Traditionen, die sich von den deutschen Einwanderern erhalten haben, die im 19. Jahrhundert in dieser Gegend siedelten.

Riesige, tiefblaue Seen reihen sich aneinander. Elegante Villen am Seeufer, Segelboote auf dem Wasser und bullige Geländewagen machen deutlich, dass nicht nur die Gegend sehr deutsch anmutet,

Typisch deutsch im chilenischen Seengebiet: Kaffee und Kuchen

sondern auch der Wohlstand mit Europa vergleichbar ist. Alles ist überfüllt, touristisch und sehr teuer.

Man könnte sich wie auf einem Bauernhof im Alpenvorland fühlen, wären da nicht die schneebedeckten Vulkane im Hintergrund. Wälder aus Laub- und Nadelbäumen wechseln sich ab mit Weiden, auf denen schwarz-weiße Kühe grasen. Die Hotels tragen Namen wie „Suizandina", „Andenrose", „Edelweiß" oder „Camping Suizo". Gezielt wurden ab 1846 von der chilenischen Regierung deutsche Auswanderungswillige ins Land geholt, um mit ihnen Chiles dünn besiedelten „Kleinen Süden" wirtschaftlich voranzubringen. Bis zur Jahrhundertwende trafen mehr als 10.000 Kolonisten ein.

Bis zum Zweiten Weltkrieg haben die Einwanderer sehr stark in ihren deutschen Enklaven gelebt und sich in deutschen Vereinen organisiert. Doch im Zweiten Weltkrieg schlug sich Chile auf die Seite der alliierten Streitkräfte und das „Deutschsein" wurde unpopulär.

Ein Blick auf den Lageplan des deutschen Freilichtmuseums in Frutillar lässt erkennen, wie weit sich mittlerweile Deutsch als Sprache aus dem Alltag entfernt hat. Das Wort *mirador,* der Aussichtspunkt, wird in der Übersetzung zum „Erker", die *baños,* die öffentlichen Toiletten, zur „Badeanstalt".

„Aber solange sie hier einen so guten Kuchen backen, ist mir das egal."

„Was meinst du, sollten wir vielleicht auch noch ein Stück vom Streuselkuchen probieren?"

Einen See nach dem anderen steuern wir an. Besonders beeindruckt uns der Nationalpark Conguillío, der nicht nur einen der aktivsten Vulkane Chiles, sondern auch große Araukarienwälder schützt. Wie der Panzer einer prähistorischen Eidechse ist der Baum komplett mit schuppigen Stacheln bedeckt. Über zweitausend Jahre alt und über fünfzig Meter hoch können diese Urzeitbäume werden. Sie muten nicht nur prähistorisch an, sondern gehören zu den ältesten Baumarten der Welt. So sind beispielsweise die 150 Millionen Jahre alten, versteinerten Bäume in Ecuador und Argentinien Araukarien. Eine Gattung, die schon existierte, als es die Anden noch nicht gab.

In einem anderen Nationalpark genießen wir mal wieder das heiße Bad in vulkanischen Quellen. Petra bezeichnet sie gerne als die

„Badewanne der Andenreisenden" und hat sie in einem Internetbeitrag mal wie folgt beschrieben:

„Wer wie wir als Camper von Mittelamerika bis in den Süden Argentiniens unterwegs ist, hat früh aufgehört, Ansprüche an Duschen zu stellen. Man ist froh, überhaupt eine zu finden. Hat sie noch heißes Wasser, bedeutet dies Luxus pur. Ist sie obendrein auch als Dusche zu bezeichnen und hängt nicht nur ein blankes Rohr aus der unverputzten Wand, ist nicht völlig verdreckt und auch noch frei von Fröschen und Kröten, so gibt man sich dem Luxus einige Augenblicke hin. Da von einer Badewanne zu träumen, grenzt an Wirklichkeitsverlust. Und doch – überall in den Anden sind sie zu finden: die Badewannen der Andenreisenden!"

Gerade wähnten wir uns bei Kaffee und Kuchen wie in Deutschland, als wir gefühlt auch schon die Grenze zur Schweiz überqueren. Eine Grenze haben wir tatsächlich überquert, doch die von Chile nach Argentinien. Fast nahtlos setzt sich das chilenische Seengebiet auf der argentinischen Seite fort. Die riesige Lagune Nahuel Huapi wird von steil aufragenden Bergen umrahmt. An den Hängen liegen selbst im argentinischen Sommer noch vereinzelte Schneefelder. An den Skiliften wird deutlich, dass Bariloche das wichtigste Wintersportgebiet der Anden ist.

Fast allen Städten Lateinamerikas sieht man das spanische Erbe an. Schachbrettartig gruppieren sich die Straßen und Häuserblöcke um den zentralen Platz herum. Doch nirgendwo liegt dieser Platz so malerisch wie in Bariloche, der „Schokoladen-Hauptstadt" Argentiniens. Nur wenige Meter vom Seeufer entfernt und mit einer traumhaften Aussicht auf die Lagune und die dahinter aufragenden Berge wird er auf den anderen drei Seiten von Gebäuden eingerahmt, die der Kulisse eines Heimatfilms entsprungen sein könnten.

Wie ein Luxushotel in den Schweizer Alpen sehen Rathaus und Polizeistation aus. Aus dicken Bruchsteinen gemauert, die Sprossenfenster mit Fensterläden aus hellem Holz verkleidet, kleine hölzerne Balkone, Giebel und Erker. Die Spitzdächer, aus denen kleine, gemauerte Schornsteine ragen, sind mit grauem Schiefer gedeckt und die Außenwände teilweise mit massiven Holzstämmen im Blockhausstil verkleidet. Unter Arkadengängen findet sich der Eingang zum Museum der patagonischen Geschichte. Große, runde Torbögen öffnen den Platz zur dahinterliegenden Einkaufsstraße.

Auch hier setzt sich diese für Lateinamerika so fremde Architektur fort, gipfelt sogar in einer weiteren, typisch schweizerischen Tradition: Nicht etwa das kleine Restaurant, das Schweizer Fondue anbietet, sondern die Geschäfte, in deren Auslagen sich eine gigantische Auswahl von Schokoladenprodukten türmen. Schokolade in allen Formen, Farben und Geschmacksrichtungen, als Praline oder als Bruchschokolade. Mir läuft das Wasser im Munde zusammen. Wären da nicht überall die Preisschilder, die ebenfalls problemlos mit dem Schweizer Niveau mithalten könnten, unser Wagen hätte soeben hundert Kilogramm Zuladung erhalten.

Nach der Stadt folgt das Kontrastprogramm. Wie eine Märchenwelt präsentieren sich die dichten Wälder, Berge, Seen, Wasserfälle und Flüsse im Nationalpark Los Alerces. Patagonien zeigt sich hier von seiner fruchtbaren Seite. Verschlungene Wege führen durch das dichte Unterholz, vorbei an knorrigen, moosbedeckten Bäumen und entlang der Lagunen, die durch fast unnatürlich wirkende, türkisfarben leuchtende Flüsse miteinander verbunden sind. Das Wetter wechselt von Regen am Vormittag zu strahlendem Sonnenschein am Nachmittag. Unsere Übernachtungsplätze liegen ausnahmslos direkt am Seeufer mit grandioser Aussicht auf die gegenüberliegenden Berge. Der kräftige Wind treibt die Wolken über uns hinweg.

Argentinien ist das perfekte Reiseland – aber ist es das wirklich? Die Landschaft ist atemberaubend, doch häufig müssen Hunderte von Kilometer durch langweilige Steppenlandschaft zurückgelegt werden, bevor die Natur-Highlights erreicht werden. Die Camping-Möglichkeiten sind unbegrenzt, doch stehen die Preise häufig in keinem Verhältnis zur Ausstattung. Die Waschräume sind marode und von Vandalismus gezeichnet, es fehlen Wasserhähne und Spülkästen. Die Sauberkeit liegt am unteren Ende der Skala, Müll und zerfallene Anlagen trüben nur allzu häufig das Bild.

Die Auswahl in den Supermärkten reicht zwar aus, um satt zu werden, doch sie ist eingeschränkt. Die Straßen sind vielfach sehr gut und doch gibt es immer wieder Hauptverbindungsstrecken, die wegen der schlechten Qualität und des tiefen Lehms sogar für unser Allradfahrzeug fast unpassierbar sind. Bei Nebenstraßen ist das noch verständlich, bei Hauptverkehrsstraßen nicht.

Doch mit all dem könnten wir leben, wäre da nicht die für uns ungewohnte Distanziertheit der Menschen. Als zahlende Touristen fühlen wir uns willkommen, doch wenn wir dafür auch eine Gegenleistung erwarten, sieht man in uns den Störfaktor.

Doch woher kommt es, dass Argentinien so völlig anders ist? Noch in den 1990er-Jahren ging es dem argentinischen Volk relativ gut. Nach der Koppelung des Peso an den US-Dollar im Verhältnis 1:1 konnte die gigantische Inflation gestoppt werden und das Wirtschaftswachstum erreichte Rekordwerte. Doch gerade hatte der Internationale Währungsfond noch großzügige Kredite bewilligt, da wurde Argentinien mit voller Wucht von einer Rezession getroffen. Durch die Koppelung an den US-Dollar verteuerten sich die Exporte, die Wirtschaft brach zusammen. Der überdimensionierte und häufig ineffiziente Staatsapparat verstärkte die Krise nur noch mehr. Die Reichen brachten ihr Geld aus dem Land, die Steuermoral sank auf den Nullpunkt.

Der von den internationalen Kreditgebern diktierte Sparkurs im Sozialsystem trieb das schwächste Glied des Staates in den Abgrund, nämlich diejenigen, die sowieso kaum etwas zum Leben hatten. Gleichzeitig förderte er die generelle Unzufriedenheit der Bevölkerung. Doch der Super-GAU kam am 1. Dezember 2001, als die Spareinlagen der Argentinier eingefroren wurden. Zu einem Zeitpunkt, als die Reichen des Landes ihr Geld schon sicher ins Ausland geschleust hatten, wurde dem Volk der Zugang zu umgerechnet zwanzig Milliarden US-Dollar ihres Vermögens versperrt. Nur noch maximal 250 US-Dollar durften pro Woche von der Bank abgehoben werden. Die Wirtschaft brach endgültig zusammen und gipfelte schließlich in der Bankrotterklärung des Staates im Januar 2002. Innerhalb kürzester Zeit wurde der Peso um rund 70% abgewertet. Diese Abwertung wurde jedoch nicht im gleichen Verhältnis auf die Schulden angewandt. Hypothekendarlehen wurden im Verhältnis 1:1 in US-Dollar umgewandelt.

Ein Drama für die argentinische Mittelschicht. Die Kluft zwischen Arm und Reich wurde immer größer. Wen wundert es, dass nicht nur das Vertrauen in das Bankensystem, sondern in die Wirtschaftspolitik des Landes generell zerstört wurde? Wie heißt es doch: Gewinne werden privatisiert, Schulden sozialisiert! In kaum einem anderen Land hat die Wahrheit dieses Spruches ein Volk so hart getroffen wie die Argentinier. Wegen falscher Entscheidungen der Politiker, jedoch auch wegen der Geldgier von Finanzjongleuren und der internationalen Staatengemeinschaft, konnte es erst zur Überbewertung der argentinischen Wirtschaft in den 90er-Jahren kommen.

Kann man jetzt verstehen, warum die Argentinier so introvertiert sind? Warum sie sich in der Hauptsache auf den Familienverband verlassen? Warum in öffentlichen Einrichtungen randaliert wird und auch der Hooliganismus im argentinischen Fußball so berüchtigt ist? Soziale Ungerechtigkeit resultiert in sozialem Unfrieden. Ein Volk, das meint, ungerecht behandelt worden zu sein, wehrt sich gegen die Einflussnahme von außen. Wer so etwas wie wir im Moment miterlebt, für den bekommt die Finanzkrise in Europa und die hierzu geführte Diskussion über Griechenland, Zypern, Spanien und Italien eine völlig andere Dimension.

43. Kapitel: 1000 Tage bis ans Ende der Welt

Womit haben wir das bloß verdient? Der Schmerz zieht senkrecht durch die ganze Wirbelsäule.

„Das ist ja, als würde man beim Spazieren eine Bordsteinkante übersehen. Plötzlich sackt der Fuß zwanzig Zentimeter tiefer als vom Gehirn einkalkuliert."

„Mich erinnert das eher an meine Kindheit", stöhne ich, während mein Körper auf dem Fahrersitz wie auf einem galoppierenden Pferd durchgerüttelt wird. „Das fühlt sich an, als würde man sich auf dem Schulhof schlagen und einen Hieb in den Magen versetzt bekommen. Da bleibt einem die Luft zum Atmen weg."

Wie eine stundenlange Prügelei fühlt sich die Fahrt über die chilenische Carretera Austral an. Der Name leitet sich nicht etwa von Australien ab, sondern von dem spanischen Wort für südlich. 1200 Kilometer misst die Verbindung zwischen den Orten Puerto Montt und Villa

O'Higgins. Die Bezeichnung „Straße" hat sie nur auf kleinen Teilstücken verdient. Meistens ist sie eine einzige Tortur für die Fahrzeuge und ihre Insassen. Ein Schlagloch reiht sich an das nächste.

Die Schläge, die man in der Wirbelsäule spürt, sind vergleichbar mit Tausenden übersehenen Bordsteinkanten. Schmerzhaft schneidet sich der Sicherheitsgurt bei jeder einzelnen der harten Bodenwellen in den Magen. Hinzu kommt bei jedem Schlag in die tiefen Löcher die Angst um das Auto. Unzählige Male werden die Stoßdämpfer unbarmherzig gefordert, werden die Stöße gnadenlos auf die Karosserie, den Motor, den Aufbau übertragen. Jedes Möbelstück, jede einzelne Schraube, jedes Geschirrteil im Schrank werden im Sekundentakt über Stunden hinweg auf das Äußerste belastet.

Dabei gibt es noch nicht einmal eine Chance, dieser Tortur auszuweichen. Jeder Autofahrer versucht natürlich, eine Ideallinie zu finden. Dadurch entstehen immer neue Schlaglöcher und immer neue Bodenwellen. Irgendwann ist die komplette Breite der Straße bis hinein in den Straßengraben und hinauf in die Böschung überzogen mit Unebenheiten. So sehr man auch von rechts nach links lenkt, der Effekt ist vergleichbar mit der Schlange vor der Supermarktkasse: Wenn man meint, nebenan geht es schneller, um dann zu merken, dass es überall gleich schlimm ist.

Und doch ist die Carretera Austral ein Highlight jeder Panamericana-Reise, mindestens so mystisch wie die legendäre Route 66 in den USA. Das liegt sicherlich an den einmaligen Landschaften, durch die man fährt. Gewaltige, reißende und fischreiche Flüsse durchschneiden die waldige Gebirgslandschaft. Tannen klammern sich mit ihren Wurzeln an die Ränder der Schluchten, milchig türkisfarbene Seen werden gespeist von den gewaltigen Gletschern im Hinterland. Die Wälder sind unberührt und wirken mit den übereinander gestürzten Bäumen, dem dichten Moos, das sich auf die feuchten Stämme und Steine gelegt hat, und dem Farn, der schwer vom morgendlichen Regen auf den Boden hinab hängt, wie ein tropischer Dschungel. Immer wieder stürzen aus den Bergen, deren Gipfel noch in den tiefen Wolken hängen, Wasserfälle die Hänge hinunter.

Andererseits ist es vielleicht auch die Tortur, die von Overlandern gesucht und gefunden wird. Eine Spur von Masochismus, der einen nicht umbringt, aber doch abhärtet. Ein Erlebnis und Abenteuer, von dem man weiß, dass es nicht mehr lange Bestand hat. Denn bald wird auch das letzte Stück der Carretera Austral asphaltiert sein und somit ein weiteres Stück Kult-Straße auf der langen Panamericana für immer verloren gehen.

Auf einer Wanderung durch dieses unberührte Naturparadies donnert es immer wieder. Doch es ist kein Gewitter, das sich ankündigt, sondern der Gletscher Ventisquero Colgante. Gewaltig drücken die Eismassen von hinten, schieben den Gletscher zwischen zwei Berghänge hindurch immer näher an den Hunderte Meter tiefen Abgrund. So stark komprimiert und so hart ist das blau leuchtende Gletschereis, dass es meterweit wie eine gewaltige Felsnase über der Bergkante hängen bleibt. Doch irgendwann gewinnt die Schwerkraft und lässt gewaltige Eisbrocken abbrechen und in die Tiefe stürzen.

Die hohen Felswände verstärken den Schall der am Boden zerplatzenden Eisblöcke um ein Vielfaches. Ein gewaltiger Wasserfall ergießt sich aus dem Gletscher und rauscht in die Tiefe, Eisblöcke brechen ab, stürzen auf die Felsen, zerplatzen und hüllen das gesamte Tal für Sekunden in ein donnerndes Amphitheater.

Dann öffnet sich während der Fahrt mit einem Male vor uns das Tal. Gibt den Blick frei auf goldgelbe Weizenfelder und saftig grüne Weiden, auf denen Kühe und Pferde grasen. Die Granitfelsen der Berge treten in den Hintergrund und machen Platz für große, blaue Seen. In der Ferne ragen die Andengipfel in die Höhe. Sie sind hier zwar bei weitem nicht mehr so hoch wie in Ecuador, Peru oder dem Norden von Chile und Argentinien, jedoch fast ausnahmslos schneebedeckt.

Über einen winzigen Grenzübergang verlassen wir Chile und die berüchtigte Carretera Austral. Entlang der Lagune General Carrera geht es zurück nach Argentinien. Doch zuerst müssen wir die chilenischen Ausreiseformalitäten erledigen. Ein offizielles Grenzgebäude finden wir nicht, also schauen wir bei der örtlichen Polizei vorbei.

Ein älterer Polizist mit einem buschigen, grauen Schnauzbart salutiert lässig mit der rechten Hand, während er hinter seinem Schreibtisch weit zurückgelehnt in seinem Stuhl hängt. Neugierig blättert er durch unsere Reisepässe und die Zollpapiere des Autos.

„Und was soll ich jetzt damit machen?“, will er von uns wissen.

„Wir brauchen einen Stempel im Pass und das Zollpapier müssen Sie behalten.“

Langsam blättert er Seite für Seite durch den Ausweis. Dreht ihn mal nach rechts, mal nach links, nimmt seine Brille ab und studiert die vielen offiziellen Stempel. Schließlich greift er in die Schreibtischschublade, holt einen Stempel heraus, drückt ihn erst feste in das schwarze Stempelkissen und danach auf die nächste freie Seite in unseren Papieren. Schwungvoll unterschreibt er dort und fügt handschriftlich das aktuelle Datum hinzu. Draußen erkennen wir schmunzelnd, dass er uns statt eines offiziellen Ausreisestempels nur das Siegel der Dorfpolizei in den Pass gestempelt hat.

Bei dem kleinen Grenzposten, den wir einige Kilometer weiter in Argentinien erreichen, sieht es kaum anders aus. Waren die argentinischen Kontrollen bisher sehr formell, so werden wir hier mit einem Lachen und Handschlag begrüßt.

Ob Petra meine Schwester sei, will er wissen.

„Nein, meine Ehefrau", erwidere ich.

„Ach so. Aber Sie haben doch die gleichen Nachnamen."

„In Deutschland nimmt man nach der Hochzeit den Namen seines Ehepartners an", erklären wir.

Das ist neu für ihn. In Argentinien behält man auch nach der Hochzeit seinen Nachnamen, die Kinder bekommen dann den des Vaters.

Mit viel Akribie füllt er handschriftlich die Zollpapiere für unser Fahrzeug aus. Wir sitzen ihm in seinem winzigen Büro gegenüber. Der Schreibtisch ist alt und abgewetzt. An der Wand hängt nicht das Foto der Präsidentin Kirchner, sondern die Bleistiftzeichnung eines argentinischen Freiheitskämpfers, direkt daneben ein Bauernkalender.

Als die Formalitäten erledigt sind, werden wir wieder mit Handschlag verabschiedet, der Grenzbaum wird von Hand geöffnet und wir mit militärischem Gruß verabschiedet. Argentinien hat uns wieder und damit auch die patagonische Steppe. Die karge Graslandschaft bestimmt den Anblick. Der Regenschatten der Anden sowie die kräftigen Winde verhindern fast jegliche Vegetation. Und das, was wächst ist klein, extrem hart und vom Wind in eine Richtung gedrückt.

Zu beiden Seiten der Straße verläuft ein Zaun. Auch dies ist typisch für Patagonien. Obwohl das Gebiet fast menschenleer ist, befindet sich das Land ausnahmslos in Besitz riesiger Schaffarmen. Eine Möglichkeit, von der Straße abzufahren, gibt es fast nie. Nur die Guanakos überwinden mit grazilen Sprüngen mühelos die allgegenwärtigen Zäune.

Etwas schwerer haben es da schon die Nandus. Das sind Straußenvögel, die etwas kleiner als ihre australischen Verwandten sind und zu Hunderten die patagonische Steppe besiedeln. Sie sind überall in den weiten Ebenen und auf den Straßen, geraten jedoch in Panik, wenn wir mit dem Auto auf sie zukommen. Dann fliehen sie in riesigen Schritten über Hunderte Meter vor unserer Motorhaube her. Unglaublich wie schnell diese Riesenvögel sind. Immer wieder plustern sie ihr Gefieder auf, wenn sie bei ihren Fluchtversuchen rechts oder links von den engen Zäunen aufgehalten werden.

Die Gefahr, während der eintönigen Fahrt entlang der Ruta 40 einzuschlafen, ist groß. Doch glücklicherweise gibt es immer wieder Abstecher zu atemberaubenden Naturschönheiten. Einer dieser Abstecher führt uns in den Nationalpark Francisco P. Moreno. Auch wenn er nicht der spektakulärste Nationalpark Argentiniens ist, so wird es uns als einer der schönsten in Erinnerung bleiben. Die Parkverwaltung erlaubt uns, eine Nacht am berühmten Lago Belgrano zu übernachten. Ein großer, inmitten einer schroffen Berglandschaft

Patagonien ist berüchtigt für die kräftigen Winde

liegender, türkisfarbener See, dessen Mitte von einer riesigen Halbinsel eingenommen und von den rosaroten Anden-Flamingos bewohnt wird.

Wir genießen die Wanderungen bei strahlendem Sonnenschein und Windstille, doch in der Nacht dreht sich das Wetter und bringt ausgiebige Regenfälle mit sich. Für uns ein Grund, den Park zu verlassen. Sind wir vor zwei Tagen über eine gute Schotterstraße dorthin gelangt, so hat der Regen die Oberfläche nun in eine tiefe Schlammpiste verwandelt.

Innerhalb von wenigen Metern setzt sich das Profil unserer Reifen völlig mit Lehm zu und wir haben das Fahrverhalten eines Formel-1-Renners mit Slicks bei Regen. Nur mit der besonderen Herausforderung, dass wir über 3,5 Tonnen auf die Straße bringen, also rund sechs Mal so viel wie ein Formel-1-Auto.

Richtig bewusst wird uns dies erst, als wir vor einer Brücke mit einem Male aus der Spur rutschen und unkontrolliert auf das Brückengeländer zusteuern. Hektisch reiße ich am Steuer, trete auf die Bremse. Doch keinerlei Reaktion. Der linke Hinterreifen wühlt sich durch tiefen Matsch, spritzt eine gewaltige Lehmfontäne zur Seite und fräst eine tiefe Fahrrinne in den Straßenrand. Wie durch ein Wunder kommen wir nur Zentimeter vor der Brücke zum Stehen. Und Zentimeter sind es auch nur, die uns von dem Abgrund zum Fluss trennen.

In Schrittgeschwindigkeit tasten wir uns die nächsten einhundert Kilometer über die Schlammpiste. Irgendwann bleiben wir stecken. Nichts geht mehr, die Hinterräder lassen das Auto nur noch über die Vorderachse drehen. Wir stehen quer zur Fahrspur, blockieren die komplette Straße.

Doch das ist im Moment unser kleinstes Problem. Sowohl auf der Fahrt in den Park, als auch jetzt auf dem Rückweg ist uns keine Menschenseele begegnet. Was jedoch auch bedeutet, dass wir keine Hilfe zu erwarten haben. Im strömenden Regen steige ich aus und versuche im rutschigen Lehm Halt zu finden. Ohne unsere Sandbleche können wir uns aus eigener Kraft nicht befreien. So wuchte ich die Bleche unter die Hinterreifen und versuche, den Lehm wegzuschaufeln. Petra sitzt hinter dem Steuer, um den Wagen mit sanfter Gewalt aus seiner misslichen Situation zu befreien.

Immer stärker setzen sich die Sandbleche mit dem schweren, nassen Lehm zu. Langsam schwinden mir die Kräfte, sie immer wieder unter die sich durchdrehenden Reifen zu schieben. Meine Sandalen gleichen mittlerweile Plateauschuhen. Zentimeter hoch klebt der Schlamm unter den Sohlen und quillt mir durch die nackten Zehen. Der Matsch fliegt mir um die Ohren und endlich, nach einer halben Stunde schwerer körperlicher Anstrengung, gelingt es Petra, den Wagen freizubekommen.

Doch was da – glücklicherweise wieder in Fahrtrichtung – auf der Piste steht, gleicht nicht mehr unserem Auto. Das Fahrzeug ist über und über mit Schlamm bespritzt. Dicke Lehmklumpen hängen in den Radkästen, die Fenster sind komplett blind, die Frontpartie eine einzige braune Fläche. Ob die Scheinwerfer an- oder ausgeschaltet sind, können wir nicht mehr erkennen.

Doch das tolle am patagonischen Wetter ist der schnelle Wechsel. Auf Regen folgt Sonnenschein und dieser ausgerechnet an der berühmten Bergkulisse des Fitz Roy und des Cerro Torre. Bei Sonnenaufgang werden wir Zeuge eines einmaligen Schauspiels: dem Glühen der Berge. Während das komplette Tal noch im nächtlichen Schlaf liegt, leuchten die Granitfelsen des Fitz Roy in kräftigen Orangetönen und heben sich messerscharf vom morgendlich blauen Himmel ab.

Abgesehen von dieser kurzen Regenperiode sind wir Glückskinder oder besser gesagt Sonnenkinder. Was haben wir nicht alles im Vorfeld über das Wetter Patagoniens gehört: alle Jahreszeiten innerhalb von 24 Stunden; vernichtende Stürme; Schnee und Temperaturen unter dem Gefrierpunkt; immer nur Regen und wenn es unerwartet nicht regnet, dann schüttet es. Unsere persönlichen Erfahrungen widerlegen einmal mehr die weit verbreiteten Gerüchte.

Wir erleben Patagonien fast ausschließlich bei traumhaftem Wetter, das besser wird je weiter wir in den Süden des Landes kommen. Tagelang haben wir strahlend blauen Himmel, herrlichen Sonnenschein, Tagestemperaturen um die zwanzig Grad. Nur in der Nacht merken wir, dass wir uns der Antarktis nähern. Millionen Sterne blinken vom pechschwarzen Nachthimmel, der Atem kondensiert vor dem Mund und die Temperaturen sinken immer häufiger unter den Gefrierpunkt.

Der nächste Morgen empfängt uns erneut mit Kaiserwetter und mit ewigem Eis. Die dreißig Kilometer lange Eismasse des weltberühmten Gletschers Perito Moreno endet direkt zu unseren Füßen im Lago Argentino. Der Anblick der 70–80 Meter hohen Kalbungsfront, die senkrecht in den türkisblauen See fällt, ist atemberaubend.

Mit unvorstellbarer Kraft schieben neue Eismassen von hinten nach, lassen den Gletscher ächzen und knacken. Immer wieder brechen mit ohrenbetäubendem Getöse meterdicke Eiszacken ab. Im freien Fall überschlagen sie sich, bevor sie mit voller Wucht die Wasseroberfläche durchschlagen und in den Tiefen des Sees versinken. Begleitet wird dies von einer heftigen Flutwelle, die wie die Bugwelle eines Ozeandampfers gegen die Eiswand zurückschlägt und das optische Spektakel durch einen akustischen Donnerschlag untermalt. Wie ein großer Walfisch, der nach Luft schnappt, schießt plötzlich das abgebrochene Eisstück wieder an die Wasseroberfläche und treibt danach, als wäre nichts geschehen, ganz ruhig als weißblau leuchtende Eisscholle über die jetzt wieder spiegelglatte Oberfläche des Sees.

Erneut, und das nicht zum letzten Mal, überqueren wir die Grenze nach Chile. Die „Ruta del Fin del Mundo" erwartet uns, die Straße an das Ende der Welt. Und dieses Ende der Welt gibt es gleich dreimal: Auf dem Festland liegt es in Chile etwas südlich der Stadt Punta Arenas. Nimmt man die Insel Feuerland hinzu, erreicht man den südlichsten Punkt bei Ushuaia in Argentinien. Doch an den tatsächlich südlichsten Punkt der amerikanischen Landmasse gelangt man nur mit dem Schiff: an das berühmt-berüchtigte Kap Hoorn.

Wir begnügen uns mit den beiden ersten Optionen. Mit Punta Arenas empfängt uns nicht nur eine größere Stadt, sondern auch eine prunkvolle Kolonialstadt direkt am Ufer der Magellanstraße.

Hier residierten einst die mächtigen Schafbarone. Sie exportierten die wertvolle Schafwolle nach Europa und importierten von dort im Gegenzug die edelsten Baustoffe und Möbel. Am Ende der Welt errichteten sie sich prachtvolle Prunkbauten, die den Palästen in Frankreich und Spanien in nichts nachstanden. Selbst vor dem Tod machte der Bauboom nicht Halt. Auf dem Friedhof in Punta Arenas reiht sich ein prächtiges Mausoleum an das nächste, von den mächtigen Kuppeln blasen Engel aus Marmor die Posaune für das jüngste Gericht.

Uns zieht es weiter. So kurz vor dem Ende der Panamericana lockt Feuerland, das große Ziel, dem wir uns in den letzten Jahren Kilometer für Kilometer genähert haben. Wie eine Kompassnadel zieht es uns magnetisch an. Nur noch ein kleiner Streifen Wasser trennt uns von unserem Ende der Welt. Ruhig gleitet die Fähre über die Magellanstraße. Sie ist benannt nach Fernando Magellan, der im Jahr 1520 die alternative Route durch die patagonischen Fjorde entdeckte und so die gefährliche Fahrt um das Kap Hoorn überflüssig machte.

Übermütige Delfine schwimmen in der Bugwelle. Pfeilschnell und zum Greifen nah gleiten sie scheinbar mühelos neben uns her. Ihre Rückenflossen zerschneiden die Wasseroberfläche wie das Teleskop eines U-Boots. Nur wenige Meter vor uns springt ein Delfin elegant aus dem Meer, macht eine halbe Drehung in der Luft und lässt sich klatschend zurück ins eisige Wasser fallen. Viermal, fünfmal, als würde auch er Freudensprünge machen, weil wir es endlich bis Feuerland geschafft haben.

Wieder einmal ändert sich die Gegend. Wälder und Lagunen werden abgelöst von riesigen Weideflächen und Grasland. Doch kein saftig grünes Gras, sondern hartes, gelbes Pampagras. Keine Bäume, kein Busch, sondern nur Gras soweit das Auge reicht. Dazwischen schlängelt sich einsame eine Schotterstraße. Auch hier in der Einöde weitab von menschlichen Behausungen zieht sich der Weidezaun stetig entlang der Straße und ist unser einziger Begleiter über Hunderte von Kilometern.

Nur einmal bietet sich für uns eine Möglichkeit, die unüberwindliche Barriere zu durchbrechen und mit dem Auto Richtung Meer zu fahren. Ein riesiger Fjordarm öffnet sich vor unseren Augen. Wir schlagen unser Nachtlager auf. Uns gegenüber liegen die von Gletschern bedeckten Berge Patagoniens. Der Sonnenuntergang ist spektakulär und verwandelt die Wolken am Horizont in einen dramatischen Glutofen, der dem Namen Feuerland alle Ehre macht.

Kurz bevor wir schon wieder die Grenze nach Argentinien überqueren, entdecken wir eine Kolonie Königspinguine, die in freier Wildbahn leben. Normalerweise kennen wir Königspinguine nur aus dem Zoo. Weiß bemalte Betonplatten suggerieren, dass sie nur im ewigen Eis der Antarktis beheimatet sind. Doch hier fühlen sie sich auch im hohen Gras sichtbar wohl. Putzig wackeln sie in ihrem schwarzen Frack mit den gelben Ohrwärmern und gelben Lätzchen wie betrunkene Kellner umher. Mühsam versuchen sie, die Kontrolle über ihren schwankenden Gang zu behalten, indem sie immer wieder nach Halt suchend mit ihren Flügeln das Körpergewicht ausbalancieren. So elegant Pinguine im Wasser sind, so unbeholfen wirken sie auf dem Festland.

Und dann ist es vollbracht, nach exakt 1000 Reisetagen und über 80.000 Kilometern erreichen wir mit Ushuaia die südlichste Stadt der Welt. Auch wenn es nur eines von vielen Zielen ist, die wir auf unserer Reise ansteuern, so ist Ushuaia doch etwas Besonderes. Es ist das Ende der berühmten Panamericana, die sich über Kanada und

Nach genau 1000 Reisetagen erreichen wir in Ushuaia das „Ende der Welt"

die USA, durch Mexiko und Zentralamerika, von Kolumbien hinab durch Ecuador, Peru und Bolivien und schließlich noch Tausende Kilometer entlang der Anden in Chile und Argentinien bis hierhin zieht. Es ist ein gigantisches Gefühl zu wissen, dass wir zu den wenigen Menschen gehören, die diese unglaubliche Reise mit dem eigenen Auto bewältigt haben. Eine Strecke, die viele Strapazen von den Reisenden abverlangt, aber auch einmalige Eindrücke hinterlässt. Viele Bekanntschaften haben wir auf der Tour gemacht, viele neue Freunde gewonnen. Die Panamericana verbindet nicht nur Länder, sondern auch die Menschen, die sie bezwungen haben.

44. Kapitel: Der Kindergarten der Pinguine

David betreibt den Campingplatz Kimiri im Nationalpark Monte León an der argentinischen Atlantikküste, und David ist ein frustrierter Mann. Es bricht aus ihm heraus, als ich mich darüber beschwere, wie teuer der Campingplatz ist. 120 argentinische Peso kostet die Nacht, das sind fast zwanzig Euro.

„Gibt es denn hier Internet?"

„Nein."

„Heiße Duschen?"

„Nein."

„Kalte Duschen?"

„Auch nicht."

„Aber dann sind 120 Peso viel zu teuer. So teuer sind ja noch nicht einmal die Wohnmobil-Stellplätze in Deutschland."

Ich mag ja ungerecht sein, aber Argentinien verbindet für mich ein kubanisches Warenangebot mit der Serviceorientierung der ehemaligen Sowjetunion und dem Schweizer Preisniveau. Alles ist sehr teuer, doch es fehlt die entsprechende Leistung. Der Campingplatz ist wieder ein Paradebeispiel dafür.

Doch David klärt mich auf: „Du darfst die Preise nicht zum Bankkurs in deine Heimatwährung umrechnen. Dieser Umtauschkurs ist vom Staat vorgegeben. Für einen US-Dollar gibt es fünf Peso. Doch keine Bank tauscht mir argentinische Peso in Dollar, das geht nur anders herum. Dollar bekommt man nur auf dem Schwarzmarkt und da muss ich acht Peso für einen Dollar hinlegen – sechzig Prozent mehr!"

„Aber warum rechnet ihr Argentinier denn überhaupt zwischen Peso und Dollar hin und her?", will ich wissen. „Wir rechnen in Deutschland doch auch nur mit dem Euro und vergleichen ihn nicht bei allem mit dem Dollar oder dem Yen. Das macht doch keinen Sinn, ihr lebt schließlich in Argentinien und nicht in den Vereinigten Staaten."

„Ihr habt in Deutschland eine starke Währung und Banken, denen ihr vertrauen könnt. Bei uns sieht das völlig anders aus. Du hast doch sicherlich von der Bankenkrise Anfang 2000 gehört, oder? Wir Argentinier haben damals viel Geld verloren. Der Staat hat katastrophal gewirtschaftet, die Banken hatten kein Geld mehr und wir, das Volk, durften die Suppe auslöffeln. Über Nacht hat man uns unser Geld geraubt, alles war einfach weg. Danach hast du kein Vertrauen mehr in deinen Staat und in deine Bank, das kannst du glauben."

„Aber irgendwie muss es doch weitergehen."

„Geht es ja auch, aber halt nicht mehr, indem wir Staat oder Banken vertrauen."

David hat sich langsam in Wut geredet. Seine ruhige Stimme wird angespannter. Ich bin froh, dass wir dieses Gespräch auf Englisch führen können. Mein Spanisch reicht für solch komplexe Themen nicht aus. David war erfolgreich im Erdölgeschäft tätig, hat einiges von der Welt gesehen, war auch häufig in den USA, daher auch sein gutes Englisch. Und sicherlich gehört David zu denjenigen, die in der Finanzkrise vieles von ihrem eisern Gesparten verloren haben. Er sagt es mir zwar nicht, aber ich kann es spüren.

„Wer im Moment in Argentinien Geld sparen möchte, tauscht es so schnell wie möglich in Dollar um. Das ist eine sichere Währung. Und auf keinen Fall damit auf die Bank gehen, lieber unter die Matratze legen. Banken vertraue ich nicht mehr. Die machen, was sie wollen und nachher ist das Geld wieder weg. Nein, nicht mit mir. Aber Dollar zu kaufen ist teuer. Wie gesagt, ich muss sechzig Prozent auf den offiziellen Kurs aufschlagen. Daher kalkuliere ich auch meine Preise für den Campingplatz nach dem Schwarzmarktwert des Dollars."

Das leuchtet mir ein. Jetzt wird mir klar, warum alle Dienstleistungen und importierten Produkte so überdurchschnittlich teuer sind. Würde man die argentinische Währung frei geben, dann würde sie wahrscheinlich von einen auf den nächsten Tag die Hälfte ihres Wertes verlieren und damit einen Rattenschwanz wirtschaftlicher Konsequenzen mit sich ziehen: Ausverkauf der heimischen Industrie, steigende Arbeitslosigkeit, sinkender Lebensstandard. Also greift der Staat in sozialistischer Manier ein.

Doch nur wenige Kilometer weiter ist die Welt noch in Ordnung. Hier gibt es keine Wirtschaftskrise, keinen Bankencrash und keine Schwarzmarktkurse. Hier geht es vielmehr darum, dass endlich das Futter nach Hause kommt.

„Wo bleiben denn Mama und Papa mit dem Fisch?"

Schon von weitem hören wir durchdringendes Geschrei. Die schwarz-weißen Punkte in der Ferne werden beim Näherkommen zu niedlichen Pinguinen, Tausende und Abertausende. Je näher wir der Küste kommen, desto deutlicher können wir sie erkennen. Im Januar sind die Jungen zur Welt gekommen. Jedes Paar legt zwei Eier, so dass nun in jedem Nest zwei Jungtiere hocken. Im März sind die Kleinen schon fast so groß wie ihre Eltern. Da reicht es nicht mehr, wenn nur ein Elternteil Futter besorgt. Nein, jetzt müssen beide los, um die Vielfraße satt zu bekommen. Zurück bleiben nur ein paar ältere Tanten, die über eine ganze Horde von Baby-Pinguinen die Aufsicht führen, die Betreuerinnen im Kindergarten der Pinguine.

Völlig zutraulich und neugierig, wie kleine Kinder nun einmal sind, beobachten sie uns, als wir näher kommen. Tollpatschig kommen einige auf uns zugewatschelt.

„Hast du uns was zu Essen mitgebracht?"

Ich brauche nur meine Hand auszustrecken, dann könnte ich sie anfassen.

„Weißt du, wo meine Mama ist?" Der kleine süße Pinguin vor mir legt seinen Kopf schief und schaut mich mit fragenden Augen an.

Sie können noch nicht selber auf die Jagd gehen. Viele von ihnen tragen noch die flauschigen Daunen ihrer Geburt. Damit können sie nicht ins Wasser. Doch gerade bekommen sie ihr richtiges Gefieder, die einen mehr, die anderen weniger. Überall fliegen die weichen Pinguin-Daunen herum. Einige sehen aus wie gerupfte Hühner. Am Strand finden derweil die ersten Schwimmübungen statt. Bei dem Versuch, auf ihren Stummelbeinen so schnell wie möglich ins Wasser zu kommen, fallen sie fast auf die Nase. Sie werden aber zu grazilen und übermütigen Schwimmern, sobald sie ins Meer gleiten. Sie drehen sich in der heranrollenden Brandung und schnellen durch die Wellen. Lange wird es nicht mehr dauern, dann leert sich die Kolonie an Land und Tausende Pinguine werden erst im nächsten Frühjahr zurückkehren. Jedes Jahr wiederholt sich dieser Rhythmus seit Hunderten und Tausenden von Jahren.

Doch was sind schon tausend Jahre verglichen mit 150 Millionen Jahren. Mein Großvater hat sich mal die Mühe gemacht, den Stammbaum unserer Familie tausend Jahre in die Vergangenheit zu verfolgen. In diesem Stammbaum kam er auf vierzig Generationen. Der älteste Vertreter war mein 37-facher Urgroßvater. Hätte ein Vorfahre von mir vor 150 Millionen Jahren gelebt, dann wäre ich jetzt ein Nachkomme der sechs Millionsten Generation!

Vor 150 Millionen Jahren gab es noch keinen Atlantischen Ozean. Afrika, Südamerika, Australien, Indien und die Antarktis bildeten noch einen gemeinsamen Kontinent. Und doch liegen die Zeugnisse von dem, wie es damals auf unserer Erde aussah, direkt zu unseren Füßen. Nicht als Berge oder Seen, denn selbst die Anden gab es damals noch nicht, sondern als Baumstämme.

Wir sind zu Besuch im „Monumento Natural Bosques Petrificados", dem „Versteinerten Wald", und betrachten voller Staunen Baumstämme, dicke Äste und Holzsplitter. Sie sehen aus, als wären sie erst vor kurzem mit der Motorsäge gefällt worden. Der ganze Boden ist bedeckt mit feinen Holzspänen, so als hätte jemand mit der Axt immer wieder auf die mächtigen Stämme eingeschlagen.

Doch was wir hier sehen, ist kein Holz. Dieses wäre schon nach kurzer Zeit verrottet. Gigantische Araukarien bedeckten damals das Land. Da die Anden noch nicht existierten, konnten die pazifischen Winde Wolken und Regen ins Landesinnere treiben. Es herrschten furchtbare Lebensbedingungen. Gleichzeitig war es eine Zeit extremer vulkanischer Aktivitäten. Unvorstellbare Stürme mit Windgeschwindigkeiten von über dreihundert Stundenkilometern knickten die Urwaldriesen wie Streichhölzer. Aschewolken, die das Licht der Sonne über Jahre verdunkelten, rieselten kontinuierlich auf die Baumstämme und begruben sie tief unter sich. Nur langsam sickerte

Regenwasser durch diese dicke Schicht, reicherte sich mit Mineralien an, drang schließlich in die kleinsten Öffnungen der von der Außenwelt abgeschlossenen Bäume und kristallisierte zu einem festen Gestein. Es war wie eine Mumifizierung der Welt.

Und was die Welt über Jahrtausende vor uns versteckt hat, wird erst langsam wieder durch die Erosion ans Tageslicht geholt. Nirgendwo sonst auf der Welt haben wir diese versteinerte Geschichte so eindrucksvoll präsentiert bekommen wie hier in Argentinien. Doch noch mehr fasziniert mich, dass die Araukarien, die versteinert vor uns liegen, fast identisch sind mit den Araukarien, die wir vor kurzem im Nationalpark Conguillío in Chile gesehen haben. Diese stehen jedoch in vollstem Saft und sind maximal zweitausend Jahre alt, sozusagen der Kindergarten der Araukarien.

Langsam fährt der blaue VW-Golf an unserem Wagen vorbei. Vater und Sohn schauen beide mit großen Augen zu uns herüber. Ich kann nicht verstehen, was sie sagen, doch ich entnehme ihrer Mimik den folgenden Dialog:

Sohn: „Was machen denn die Leute hier?"

Vater: „Die campen!"

Sohn: „Auf einem Parkplatz? Mitten in Buenos Aires?"

Vater: „Tja, das müssen ganz arme Menschen sein. Darum, mein Sohn, strenge dich in der Schule immer an, damit aus dir etwas wird und du nicht so endest!"

Was haben wir uns im Vorfeld für unzählige Gedanken darüber gemacht, wie wir am besten die Hauptstadt Argentiniens besichtigen. Vor einer Metropole mit über zehn Millionen Einwohnern, mit Armenvierteln und Bandenkriminalität haben wir großen Respekt. Einen Campingplatz im Zentrum gibt es nicht, nur die Möglichkeit, das Wohnmobil weit vor der Stadt abzustellen und mit dem Bus in die Innenstadt zu fahren. Wir kontaktieren argentinische Bekannte, posten online eine Frage im Lateinamerikaforum. Eine zufriedenstellende Antwort erhalten wir nicht.

„Weißt du was", meint Petra, „wir fahren jetzt einfach in die Stadt und dann schauen wir vor Ort."

„Na, du bist gut! Als wäre ‚einfach in die Stadt' mit unserem Wohnmobil ein Kinderspiel!"

Die Stadt Köln hat eine Million Einwohner und selbst da finde ich es oft stressig, mit dem eigenen Auto ins Zentrum zu fahren. Buenos Aires ist zehnmal so groß. Wenigstens ist heute Samstag und wir bleiben im Großstadtdschungel vor dem Berufsverkehr verschont. Flüssig geht es über hervorragend ausgebaute Autobahnen hinein ins Zentrum. Ein Hochhaus reiht sich an das nächste. So eng führt die sechsspurige Autobahn an den Bauwerken vorbei, dass man im Vorbeifahren aus dem geöffneten Fenster fast die Wäsche vom Balkon nehmen könnte.

Mit einem Male teilt sich die Autobahn an einer Bezahlstation in rund dreißig Spuren. Ähnlich wie bei dem einzelnen Baum auf der Skipiste, können wir uns nicht für links oder rechts entscheiden und landen genau in der mittleren Fahrspur. Stellen dann jedoch mit Entsetzen fest, dass 27 Kassenhäuschen eine Höhenbegrenzung bei 2,20 Metern haben und nur drei Spuren ganz rechts auch für unsere Höhe zu durchfahren sind. Auf einer Distanz von fünfzig Metern versuchen wir mehr als zehn verstopfte Fahrspuren nach rechts zu wechseln. Bis wir endlich an der richtigen Station ankommen, habe ich mehr Fahrzeuge hupen hören, als in den letzten 25 Jahren zusammen.

Auch unser Navigationsgerät entpuppt sich – mal wieder – als fehlbar.

„An der nächsten Gabelung geradeaus fahren!"

Machen wir auch, das war aber genau das Falsche. Statt 1,7 Kilometer bis zum Ziel, addiert sich die Zahl wieder unaufhaltsam nach oben. Braucht man dann mal dringend eine Abfahrt, kommt natürlich keine. Ganz im Gegenteil, jetzt fahren wir auch noch über eine riesige Brücke auf die andere Seite des Flusses. Unter uns liegt ein großer Containerterminal. Die nächste Möglichkeit, von der Autobahn ab- und in die Gegenrichtung wieder aufzufahren, liegt – wie könnte es anders sein – direkt hinter der nächsten Mautstation. Wir zahlen also brav unsere zwei Euro, um den gleichen Betrag nur eine Minute später nach unserer 180-Grad-Wende noch einmal zu berappen. Wenigstens sind wir jetzt wieder in der richtigen Richtung unterwegs.

Aber es könnte schlimmer sein. Buenos Aires am Wochenende ist trotz allem eine sehr relaxte Großstadt. Keine fünf Minuten später stehen wir bereits auf einem 24-Stunden-Parkplatz. Hinter unserem Küchenfenster haben wir eine unverstellbare Aussicht auf den Hafen, aus dem Seitenfenster fällt der Blick auf die Skyline des Szeneviertels Puerto Madero. Auf der anderen Seite ragt der berühmte englische Glockenturm in den Himmel und versorgt uns mit der aktuellen Uhrzeit.

Keine Frage, hier werden wir es locker ein paar Tage aushalten! Die Jungs, die den Parkplatz bewachen, winken uns jedes Mal begeistert zu, wenn wir den Wagen verlassen. Und die Matrosen auf dem Kriegsschiff im Hafenbecken haben sich ebenfalls schnell an unseren Anblick gewöhnt.

„Buenos Aires – gute Luft – habt ihr hier!", rufe ich dem Parkwächter zu.

Lässig mit der Zigarette im Mundwinkel schlendert er auf mich zu und nimmt einen tiefen Zug.

„Nein, daher kommt der Name nicht." Wie um seine Worte zu unterstreichen, qualmt es jetzt aus seinen Nasenlöchern wie aus dem Schornstein eines Dampfschiffes.

„Um sich für die guten Winde bei der Überfahrt von Europa zu bedanken, benannten die spanischen Seefahrer die Stadt nach der Schutzheiligen Nuestra Señora del Buen Aire."

Was New Orleans für den Jazz, Nashville für die Countrymusic und Sevilla für den Flamenco ist, das ist Buenos Aires für den Tango Argentino. Überall in der Stadt stößt man auf den Zweivierteltakt. Laszivliegen die Frauen in den Armen ihrer Tänzer. Ihr Blick geht melancholisch in die Ferne oder feurig zum Partner. Unter den wagemutig geschlitzten Kleidern blitzt die nackte Haut über den Spitzen der Strümpfe. Während sich die Tänzer tief in die Augen blicken, der Oberkörper fast regungslos verharrt, bewegen sich die Füße unablässig, haken sich die Beine der Partner ineinander, folgen unbewusst Mustern, die nicht mehr vom Kopf, sondern nur noch vom Blut gesteuert werden.

Ob auf dem Flohmarkt der Plaza Dorrego, bei einem spontanen Asado auf dem Parkplatz im Stadtteil San Telmo, in den Touristenlokalen von Caminito oder bei einer professionellen Tanzvorführung im Kulturzentrum Borges – wir lassen kaum eine Gelegenheit aus, einen Blick in die Welt des Tangos zu werfen.

Tango Argentino

Ursprünglich war es der Tanz der Armen. Die Texte waren zur damaligen Zeit so verrucht wie heute die Hip-Hop-Musik aus den schwarzen Ghettos der USA. Doch Anfang des zwanzigsten Jahrhunderts fand der Tango seinen Weg aus den Hafenkneipen und Bordellen in die Mittel- und Oberschicht. Wandmalereien und Denkmäler erinnern überall daran, von welcher Stadt sich der Tango in die ganze Welt verteilt hat. Sogar die UNESCO hat Musik und Tanz mittlerweile als ein schützenswertes Erbe der Menschheit offiziell anerkannt. Und somit wird sichergestellt, dass sich auch zukünftige Generationen nach dem einzigartigen und schwermütigen Klang des Bandoneons im Zweivierteltakt über die Tanzflächen bewegen.

Uns qualmen nach den Ausflügen durch die Stadt am Nachmittag die Füße und wir sind froh, unseren Übernachtungsplatz direkt im Zentrum zu haben. Wir genießen die frische Brise, den strahlend blauen Himmel und Temperaturen von 25 Grad. Seit über zwei Monaten begleitet uns dieses prächtige Wetter ohne einen einzigen Regentropfen.

Direkt vor unserer Haustür lockt Puerto Madero, das ehemalige Hafen- und heutige Szeneviertel der Stadt. Die alten Lagerhallen aus rotem Backstein wurden in faszinierende Büros und moderne Lofts umgebaut. Breite Wege und weiträumige Plätze zwischen dem neuen Yachthafen und der alten Bausubstanz laden zum Flanieren und Verweilen ein. Im Schatten der herbstlich verfärbten Laubbäume setzen wir uns auf eine Bank und schauen hinüber zu den Segelbooten und Motorjachten der Oberschicht.

Die alten Lastkräne wurden restauriert und müssen heute keine schwere Lasten mehr von Hochseeschiffen heben, sondern fristen ein unbeschwertes Rentnerdasein als Schauobjekt. Ein Restaurant reiht sich an das nächste. Der Blick in die Speisekarten verrät schnell, dass wir nicht in Deutschland sind. Das kleinste Steak in der Karte wiegt dreihundert Gramm, doch auch welche mit achthundert oder gar tausend Gramm sind keine Seltenheit.

Viel zu schnell geht für uns die herrliche Zeit in einer der schönsten Städte der Welt zu Ende. Als wir nach einer Woche Buenos Aires mit der Fähre über den Río de la Plata in Richtung Uruguay verlassen wollen, biegt wieder ein Pkw auf den Parkplatz ein. Hinter den schwarz getönten Scheiben kann ich niemanden erkennen, doch ich stelle mir vor, es sind Vater und Sohn und zwischen den beiden entwickelt sich der folgende Dialog:

Sohn: „Was machen denn die Leute hier?"

Vater: „Die campen!"

Sohn: „Auf einem Parkplatz? Mitten in Buenos Aires?"

Vater: „Tja, das müssen sehr glückliche Menschen sein. Darum, mein Sohn, strenge dich in der Schule immer an, damit aus dir etwas wird und du auch so endest!"

45. Kapitel: Man spricht Deutsch

Der Río de la Plata trennt Buenos Aires vom benachbarten Uruguay. Doch können wir bei dieser riesigen Meeresbucht wirklich noch von einem Fluss sprechen? Als wir in Colonia de Sacramento den Boden Uruguays betreten, geht unser Blick bis zum Horizont über eine unendlich scheinende Wasserfläche. Von Buenos Aires ist nichts mehr zu sehen.

Enrique vom Heimatmuseum erklärt uns den Grund für den Reichtum der kleinen Stadt: „Von portugiesischen Siedlern Ende des siebzehnten Jahrhunderts gegründet, war Colonia de Sacramento lange Zeit eine Schmugglerhochburg, von der begehrte Waren über den Río de la Plata in das britische besetzte Buenos Aires verschoben wurden."

In der heutigen Zeit würde sich der Schmuggel eher in die entgegengesetzte Richtung lohnen. Der Diesel kostet hier genauso viel wie ein preiswerter Tischwein: 1,30 Euro pro Liter. Wie gut, dass wir in Argentinien für die Hälfte des Geldes noch einmal die Tanks gefüllt haben. Uruguay ist so klein, dass 180 Liter reichen, um ohne Tankstopp entlang der Atlantikküste nach Brasilien zu fahren.

Es ist Ende April, vergleichbar mit Ende Oktober in Europa. Doch statt kühlem Herbstwetter empfängt uns das kleinste Land Südamerikas mit strahlendem Sonnenschein, blauem Himmel und sommerlich warmen Temperaturen. Nur die bunt verfärbten Blätter und das raschelnde Laub unter unseren Füßen verraten, dass der Winter vor der Tür steht.

Die Kolonialstadt Colonia de Sacramento erwartet uns nicht nur mit buckligen Kopfsteinpflastergassen, alten Stadtmauern und einem imposanten Leuchtturm, sondern vor allen Dingen mit seinen prächtigen Oldtimern aus den dreißiger, vierziger und fünfziger Jahren. Viele sind wunderschön restauriert, an anderen nagt deutlich der Zahn der Zeit.

Uns kommt es vor, als ob es insbesondere die Eidgenossen der Alpen in die Sonnenrepublik Uruguay verschlagen hat. In der neuen Schweiz, im Ort „Nueva Helvetica", zieren die Wappen der Schweizer Kantone die Touristeninformation und im Käseladen bekommen wir von großen, runden Käselaibern aromatischen Schweizer Käse. Die Straßen heißen „Frau Vogel" und in der kleinen Kapelle wird „unsere heilige Jungfrau von Schonstatt" verehrt. Wären da nicht die menschenleeren Sandstrände, wir würden uns fast wie daheim in Europa fühlen.

Die Zeit in Uruguay vergeht wie im Flug. Lange Spaziergänge an den endlosen Stränden wechseln sich ab mit Besuchen im botanischen Garten oder im Nationalpark. Wir bewundern die Architektur der berühmten Casa Pueblo, Atelier und Wohnhaus des Malers Carlos Páez Vilaró, die geschwungene Brücke des Seebades Punta del Este oder das im 18. Jahrhundert erbaute Fort Santa Teresa. Wir verbringen romantische Nächte am Meer und lassen uns vom Blinken gewaltiger Leuchttürme in den Schlaf begleiten.

Deutlich leuchtet das helle Band der Milchstraße über unseren Köpfen. Mittendrin liegt das Kreuz des Südens. Die Seefahrer früherer Zeiten sahen darin nicht nur das christliche Kreuz, sondern es diente auch der Positionsbestimmung auf dem Meer. Der Herbst holt uns jetzt langsam ein. Die Abende werden länger, bereits um 18 Uhr ist es stockdunkel.

Mit dem Grenzübertritt nach Brasilien in Chuí kehren wir zurück in eine Welt Lateinamerikas, die wir in Chile, Argentinien und Uruguay etwas vermisst haben: es wird chaotischer, bunter, lebhafter und ärmlicher. Am Straßenrand kann wieder Obst und Gemüse gekauft werden und nicht nur Autos, sondern auch Pferdegespanne nutzen die Straße. Die Menschen sind sehr offen und suchen immer wieder das Gespräch. Doch gerade Letzteres ist für uns schwierig.

Im Jahr 1494 bestätigte Papst Alexander VI. das spanische Gesuch, den neu entdeckten amerikanischen Kontinent in spanischen und portugiesischen Besitz aufzuteilen. Das heutige Brasilien ging an Portugal und damit wurde Portugiesisch als Amtssprache durchgesetzt. Nachdem wir uns in den letzten zwei Jahren an das Spanische gewöhnt haben, erwartet uns jetzt eine neue Sprache, bei der jede zweite Silbe nach „dschi" oder „tschao" klingt.

Entspannt geht es bei der Grenzabfertigung zu. Nach den peniblen und bürokratischen Beamten in den letzten drei Ländern empfängt uns Brasilien erst einmal mit dem Gewühl eines kleinen, quirligen Ortes. Eine Grenzabfertigung auf brasilianischer Seite suchen wir vergeblich. „Bem-vindo ao Brasil" heißt uns das riesige Schild über der Straße willkommen, doch dahinter kommt ein Gewirr aus Straßen, Geschäften, Tankstellen und Straßenständen.

„Und wo können wir offiziell einreisen und unser Fahrzeug beim Zoll deklarieren?" Ich blicke mich etwas ratlos um.

Ähnlich wie in Zentralamerika kommt das Chaos vor der Bürokratie. Nach dem Tanken gehen wir zur Bank, danach zum Einkaufen. Ganz

Die Rainha do Mar am Strand von Cassino

entspannt machen wir uns dann daran, die Grenzstation zu suchen. Schließlich entdecken wir sie einige Kilometer hinter der Stadt am Straßenrand.

Die erste typische Brasilianerin erwartet uns kurze Zeit später am Strand von Cassino. Doch nicht etwa als schokoladenbraune Bikini-Schönheit, denn dafür ist es im Moment definitiv zu kalt. Es weht ein frischer Wind, nur ab und zu blitzt die Sonne zwischen den Wolken hervor. Die Quecksilbersäule schafft es kaum über die zehn-Grad-Marke. Die Schönheit, die mir sofort ins Auge fällt, steht auf einem Podest. Ihr Bein ist lässig nach vorne gestellt, ein dünner Umhang, der sich wie eine zweite Haut um die Rundungen ihrer Hüften und die vollen Brüste schmiegt, betont mehr als das er verdeckt. Unterwäsche trägt sie definitiv nicht. Was auf den ersten Blick wie eine Werbung für den Karneval in Rio aussieht, entpuppt sich erst bei näherem Hingucken als die marmorne Skulptur einer heiligen Jungfrau. Zu ihren Füßen wurden Kerzen, Blumen und Opfergaben abgelegt. Die einen verbinden damit ihren Dank für die Hilfe, die anderen die Hoffnung auf eine bessere Zukunft.

Auf eine bessere Zukunft hofften auch die deutschen Auswanderer, die vor rund 150 bis 200 Jahren in Scharen nach Brasilien kamen. Heute haben mehr als zehn Prozent der Brasilianer deutsche Vorfahren.

„Vielen Deutschen ging es zu dieser Zeit wirtschaftlich sehr schlecht", erklärt uns Ricardo, ein Brasilianer, dessen Name sich von dem deutschen Richard ableitet. „Wegen der Industrialisierung einerseits und den besseren Anbaumethoden in der Landwirtschaft andererseits verloren viele einfache Handwerker ihren Job. Entweder konnten sie sich nun von den Industriellen als Tagelöhner ausnutzen lassen oder sie fanden den Mut und kehrten Deutschland den Rücken."

Immer wieder werden wir im Bundesstaat Rio Grande do Sul Zeuge der Einwanderungspolitik des brasilianischen Kaisers Dom Pedro I. Dessen Frau Leopoldine von Habsburg machte sich für die Ansiedlung von Bauern und Handwerkern aus Pommern und dem Hunsrück stark. Bis heute hat sich unter den Nachfahren der ersten Brasilianer mit deutschen Wurzeln eine Sprache erhalten, die sich „Riograndenser Hunsrückisch" nennt.

Wie selbstverständlich die deutsche Sprache auch heute noch ist, erleben wir auf den Straßen von Nova Petrópolis.

„Zu Hause sprechen wir nur Deutsch", erklärt uns eine ältere Dame im Freilichtmuseum der Stadt. Sie verkauft hier mit ihrer Schwester deutschen Streuselkuchen. „Unser Ururgroßvater ist im 19. Jahrhundert mit seinem Sohn ausgewandert. Doch obwohl es ihnen in Brasilien besser ging als im völlig verarmten Deutschland, reichte das Geld nicht aus, um die Ehefrau und den Rest der Familie nachkommen zu lassen."

Durch solche Schilderungen wird mir bewusst, dass in der damaligen Zeit das Auswandern nicht aus Abenteuerlust, sondern aus der materiellen Not heraus geschah. Wie dramatisch ist es, wenn Familien auseinandergerissen werden und nie wieder zusammen kommen?

„Aus den alten Briefen, die meine Ururgroßmutter an ihren Sohn in Brasilien schrieb und die alle mit ‚Mein lieber Sohn Heinrich' begannen, konnten wir die Geschichte unserer Familie rekonstruieren. Über den Pastor der brasilianischen Gemeinde war es damals möglich, Pakete nach Deutschland zu schicken. Diese waren monatelang mit dem Schiff unterwegs, konnten aber ein wenig die Not in der alten Heimat lindern."

„Waren Sie denn selber schon einmal in Deutschland?", will ich wissen.

„Das war immer mein größter Wunsch", antwortet sie und ihr Blick geht verklärt in die Ferne, „doch jetzt bin ich zu alt. Aber vielleicht kommen die Kinder oder Enkelkinder ja einmal zurück zu ihren alten Wurzeln. Mit der Sprache wird es keine Probleme geben. Deutsch sprechen wir alle noch."

Aus ihren Munde klingt es wie „Deitsch".

Ganz anders der junge Mann, der uns auf der Straße anspricht und stolz eine Fotomontage zeigt, auf der ein großes Fachwerkhaus mit schindelgedeckten Türmchen zu sehen ist. Es trägt den Schriftzug „Restaurant Rothenburg".

„Im Oktober mache ich mein eigenes Restaurant auf. Alles deutsche Speisen: Eisbein, Kassler, Sauerkraut – und natürlich deutsches Bier!"

Er trägt bayrische Lederhosen und einen grauen Trachtenhut, der von einer kleinen Pfauenfeder geziert wird.

„Ich bin immer wieder mal in Deutschland. Meine Familie kam irgendwann aus dem Hunsrück, da ist es recht schön, aber hier ist es noch schöner."

Und auch bei ihm klingt die Aussprache eher wie „scheen" und „scheener".

Deutsches Kulturgut überall: Aus den Lautsprechern erklingen deutsche Schlager, schwarz-rot-goldene Fahnen säumen den Straßenrand, beim Bäcker gibt es Sauerteigbrote und beim Metzger geräucherte Mettwürstchen. Das Stadtbild wird von prächtigen Fachwerkhäusern geprägt, in den gepflegten Vorgärten wachsen Geranien, Petunien, Stiefmütterchen und Fleißig Lieschen. Ab und zu blitzt sogar die Mütze eines Gartenzwerges hervor.

Doch nicht immer steht man den deutschen Bräuchen völlig unkritisch gegenüber. Blumenau preist sich, das zweitgrößte Bierfest der Welt auszurichten, das einzig vom Münchener Oktoberfest übertroffen wird. Ein riesiges Areal wurde nur für dieses Fest errichtet und erinnert mit dem Fachwerkstil seiner Häuser an Rothenburg ob der Tauber.

„Aus Blumenau selber kommen die wenigsten Besucher", klärt uns der Angestellte im Mausoleum des Stadtgründers Dr. Blumenau auf, „den Leuten geht es doch nur ums Saufen – von morgens bis abends. Da flüchten wir lieber für drei Wochen aus der Stadt und kommen zurück, wenn alles vorbei ist."

Ganz ähnliche Worte hören wir übrigens nur zwei Wochen später von einem Münchner, als wir ihn auf das Münchner Oktoberfest ansprechen.

Das lateinamerikanische Kontrastprogramm erwartet uns dann in Santa Marta, einem kleinen Fischerdorf, das auf der Spitze einer

Fischer am Strand

Halbinsel liegt. Auf der einen Seite wird es von einer riesigen Lagune eingerahmt, auf der anderen Seite vom grenzenlosen Atlantik. Weißgelbe Dünen hat der Wind nicht nur zu Hügeln, sondern zu richtigen Bergen getürmt. Graue Granitfelsen wurden von den endlos heranrollenden Wellen glatt wie Murmeln geschmirgelt.

Wir beobachten die heimkommenden Fischer in ihren bunt bemalten Holzbooten, die am Strand ihre Netze säubern. Große Seespinnen haben sich zu Dutzenden in den engmaschigen Netzen verfangen. Achtlos wie Müll werden sie auf den Strand geschmissen. Die großen Fische werden unverzüglich in mit Eis gefüllte Styroporboxen verpackt, während sich die ungeduldig wartenden Möwen auf die kleinen Fische freuen dürfen.

Über dem Strand ragt wuchtig auf einer hohen Klippe der weißgetünchte Farol de Santa Marta, ein Leuchtturm, der seit 125 Jahren jede Nacht seine Position auf das Meer hinaus blinkt. Selbst das Wetter zeigt sich wieder von seiner besten Seite: Nach dem Kälteeinbruch im äußersten Süden Brasiliens erwartet uns am Meer der Spätherbst mit strahlendem Sonnenschein und 25 Grad.

Irgendwie ist uns allen die Situation unangenehm: Der Polizei, der Feuerwehr, den Mitarbeitern der Stadtverwaltung, den Bauarbeitern und uns. Der Vertreter der Militärpolizei steht in der prallen Morgensonne und hält meinen Führerschein in der Hand. Er dreht ihn von links nach rechts, versucht die deutschen Informationen zu entschlüsseln. Mit der Zentrale versucht er zu klären, welchen Vergehens wir uns denn jetzt schuldig gemacht haben. Immer wieder zuckt er hilflos mit den Achseln. Vor ihm liegt der Knöllchenblock, daneben ein Büchlein, in dem die unterschiedlichsten Ordnungswidrigkeiten beschrieben und kodiert sind. Der Schweiß rinnt ihm über die Stirn und ungeduldig weist er seinen Kollegen an, den Polizeiwagen in den Schatten hinter unser Auto zu schieben.

Zwei Feuerwehrleute stehen in ein paar Metern Entfernung neben ihrem Auto. Drei Männer in Hemd und Krawatte begutachten den Schaden am Bürgersteig, während sie immer wieder vielsagende Blicke mit ihrer Chefin tauschen, die in einem feuerroten Hosenanzug, riesiger Sonnenbrille und unbeweglicher Miene danebensteht. Nur die beiden Bauarbeiter, die in ihrer alten, klapprigen Rostlaube herbeigerufen wurden, nehmen keinen Anteil an der allgemeinen Aufregung. Sie machen ihre Späßchen und verstehen die ganze Aufregung nicht. Genauso wenig wie wir übrigens. Warum sind wir eigentlich gerade von zehn Leuten umgeben, die vor einigen Minuten mit Blaulicht und in vier verschiedenen Autos angebraust kamen?

Seit über einer Woche reisen wir nun schon gemeinsam mit Petra und Stefan durch Brasiliens Süden. So spontan wir uns auf einer Offroad-Veranstaltung in Brusque kennen gelernt haben, so spontan beschließen wir, gemeinsam nach Rio de Janeiro zu fahren. Die Chemie zwischen uns stimmt und wir haben ähnliche Interessen. Das einzige, was so gar nicht zusammen passt, sind unsere Fahrzeuge: Ihr MAN-KAT ist ein ehemaliges Bundeswehrfahrzeug mit 6x6-Antrieb, einer Länge von über neun Metern und einem Reisegewicht von achtzehn Tonnen.

Jahrelang hat Stefan diesen Traum auf Rädern in mühseliger Detailarbeit nicht nur geplant, sondern auch selber gebaut. Auf dem Landweg ging es in den letzten vier Jahren über Indien nach China. Erst vor einigen Monaten haben sie ihr Fahrzeug von Singapur nach Uruguay verschifft und wollen nun in den nächsten Jahren Lateinamerika bereisen.

Für uns ist das Konvoifahren im XXL-Format anfangs ziemlich ungewohnt. Wir fahren vor und mit einem Male muss ich meinen Blick schärfen für Schilder mit Gewichts- oder Höhenbeschränkung. Ist der Wagen zu schwer für die Fähre? Kommen sie mit ihrer Höhe auf diesen Parkplatz? Irgendwie habe ich das Gefühl, nicht ganz so spontan sein zu können: Wenden in drei Zügen auf der Nebenstraße, mal eben an der Touristeninformation anhalten oder hundert Meter rückwärts fahren entpuppen sich nun als Herausforderungen.

Wie entspannt ist es andererseits, wenn wir uns abends bei Petra und Stefan gemütlich auf dem Sofa lümmeln und mit hochgelegten Beinen den neuesten Tatort-Krimi mit Dolby-Surround-Sound anschauen. Und wieder zeigt es sich, jeder Reisende definiert das perfekte Wohnmobil anders. Doch genau diese Individualität macht es so interessant zu beobachten, wie jeder seine Träume verwirklicht.

Eines ist allen Reisenden gemein, die wir unterwegs getroffen haben. Ob in großen oder kleinen Autos, ob in Askese oder Luxus – wir alle lieben das freie und unbeschwerte Leben auf der Reise. Die unvergesslichen Landschaften, wie zum Beispiel die Ilha São Francisco do Sul oder die Ilha do Mel, die wir mit Petra und Stefan besuchen, die prächtigen Kolonialstädte und die endlosen Sandstrände. Wir genießen die langen Abende am Lagerfeuer mit der Caipirinha in der Hand. In diesen Momenten spielt es keine Rolle, ob die Autos groß oder klein sind, die Reisenden älter oder jünger. Dann zählt nur die gemeinsame Leidenschaft für das Reisen.

Einzig die Suche nach dem richtigen Übernachtungsplatz wird durch die Größe des Fahrzeuges erschwert. Zu groß, zu schwer – häufig werden wir an offiziellen Parkplätzen abgewiesen. So geschieht es auch heute Abend. Es wird langsam dunkel und der perfekte Stellplatz für die Nacht will einfach nicht kommen. Wir stehen vor einer Kondominium-Anlage. Das sind große, bewachte und mit Zäunen abgeriegelte Wohnanlagen für Besserverdienende. Der Platz wirkt sicher, die Straße wenig befahren, die Entscheidung fällt einstimmig. Damit niemand von hinten in die geparkten Autos rauschen kann, parken wir auf dem Gehweg.

Es dauert keine halbe Stunde, als ein erregter Nachbar mit seinem kleinen, giftig bellenden Rehpinscher im Arm aus der Wohnanlage geschossen kommt.

„Hier dürfen Sie nicht stehen, das ist verboten. Sie verschandeln ja den ganzen Blick."

Fließendes Englisch und eine Engstirnigkeit, die erkennbar amerikanische Wurzeln trägt, lassen mich spontan an die Vorstadtbewohner denken, mit denen wir während unserer Zeit in den USA Tür an Tür gelebt haben.

„Außerdem machen sie unseren Bürgersteig kaputt!"

Damit hat er allerdings recht. Achtzehn Tonnen Gewicht hinterlassen ihre Spuren in den Betonplatten. In sechs Platten zeigen sich bereits deutliche Risse. Stefan erklärt immer wieder ruhig, dass wir niemanden stören, nicht laut sind und nur einen sicheren Übernachtungsplatz für die Nacht brauchen. Für den Schaden würden wir aufkommen.

Wer sich über diese deeskalierenden Worte mehr aufregt, der wild kläffende Hund oder der selbsternannte Hausmeister, lässt sich im Rückblick nicht mehr klären.

Das Ergebnis ist auf jeden Fall das Großaufgebot von Polizei und amtlichen Mitarbeitern am nächsten Morgen. Auch Mr. Kondominium ist wieder dabei und springt wie ein aufgebrachtes Rumpelstilzchen von einem zu anderem. Schließlich wird er mit deutlichen Worten von der Polizei davongeschickt.

Ab jetzt entspannt sich die Situation und die Probleme werden brasilianisch gelöst: Die kaputten Betonplatten müssen Stefan und Petra bezahlen, doch danach ist alles ganz relaxed. Der Polizist händigt mir ein Knöllchen für Falschparken auf dem Bürgersteig aus.

„Das können Sie ja mal bezahlen, wenn Sie eine Bank sehen."

Danach klopft man uns auf die Schulter, schüttelt die Hände, lacht uns an.

46. Kapitel: Ein Highlight folgt dem nächsten

Wieder einmal, diesmal aus dem Süden kommend, fahren wir in die Tropen hinein. Und was für welche! Dichte, undurchdringlich erscheinende Urwälder umfangen uns. Palmen und Bananenstauden werden von Schlingpflanzen regelrecht überwuchert. Fast wie ein Tunnel schließt sich das Blätterdach der links und rechts der Straße wachsenden Pflanzen und lässt das Sonnenlicht nur schemenhaft auf die Straße scheinen.

Über tausend Meter ragt die Serra do Mar zu unserer Linken in den Himmel, dicht bewachsen vom Mata Atlântica, den Restbeständen des beeindruckenden Küstenurwaldes. Steil fallen die Berge zur rechten Seite in die Fluten des Atlantiks ab. Ab und zu wird die Küste von langgezogenen, sichelförmigen Buchten unterbrochen, die mit feinem, gelbgoldenen Sand bedeckt sind und von unzähligen Palmen eingerahmt werden.

Kontinuierlich folgt die Straße dem Verlauf des Meeres, windet sich entlang der gewundenen Küste, führt über steile Felsklippen und durch dichten Urwald vorbei an kleinen Fischerdörfern. Die Gegend wirkt zwar nicht menschenleer, doch lässt die Besiedelung nicht erahnen, dass in einem Umkreis von dreihundert Kilometern mit São Paulo und Rio de Janeiro zwei der weltgrößten Städte liegen.

Erst 1970 wurde über die Küstenstraße das kleine Kolonialstädtchen Parati an die Außenwelt angeschlossen. Zum Glück für den

UNESCO-Weltkulturerbe Parati

kleinen Ort. Dadurch behielt es seine Ursprünglichkeit und einen großen Teil seiner alten Häuser.

Mit grobem Kopfstein gepflasterte Gassen verbinden die ein- bis zweigeschossigen, weiß getünchten Kolonialhäuser. Fenster- und Türrahmen sind durch breite Bordüren in rot, grün, blau oder gelb farbig eingefasst und werden durch Fensterläden in Komplementärfarben noch zusätzlich in Szene gesetzt. Unter den überhängenden, mit gebrannten Dachziegeln gedeckten Dächern beleuchten kleine Laternen die Hausfassaden. Schmiedeeiserne Balkoneinfassungen, geflieste Bordüren oder Stuckreliefs entlang des Dachfrieses, reich blühende Bougainville und kunstvoll gestaltete Ladenschilder setzen liebevolle Akzente. Kleine Plätze sowie die geschmackvollen Holzmöbel der Außengastronomie laden zu einem Kaffee ein, während die alten Kolonialkirchen einen Ruhepol in der von Touristen belagerten Stadt bilden.

Wir tanken ein letztes Mal für ein paar Tage Ruhe bevor wir uns in den Großstadtdschungel von Rio de Janeiro wagen. Keine andere Stadt prägt so stark das Bild von Lateinamerika wie Rio: Karneval, Samba, Fußball, Zuckerhut und Copacabana. Doch bevor wir soweit sind, kämpfen wir uns Kilometer für Kilometer durch die Vorstädte. Und die bestehen aus Autos, Autos und noch mal Autos.

Wir übernachten auf einem Campingplatz knapp dreißig Kilometer außerhalb des Zentrums. Doch die morgendliche und abendliche Busfahrt kostet uns mehr als vier Stunden. Rio erleidet einen Verkehrsinfarkt zu den Hauptstoßzeiten.

Trotzdem ist Rio de Janeiro ein absolutes Highlight für uns. Hat man erst den morgendlichen Stau hinter sich gebracht und steht am kilometerlangen Strand der Copacabana mit Ausblick auf den Zuckerhut, dann stellt sich ganz automatisch der Sambarhythmus in den Hüften ein. Keine Stadt der Welt kann mit so grandiosen Aussichten punkten wie Rio. In keiner anderen Stadt sieht eine langgezogene Kette von Wolkenkratzern am Strand so majestätisch aus. Wo sonst wirken die Sportler am Strand so cool? Kann es einen imposanteren Ausblick geben als auf den von der Morgensonne beschienenen, steil aus dem Wasser aufragenden Zuckerhut und den vor ihm in der Lagune dümpelnden Segelbooten? In Rio ist es nicht kitschig, sondern einfach nur ein Ausdruck von Lebensfreude.

Doch all dies wird noch übertroffen vom Corcovado, einem über siebenhundert Meter hohen Berg mitten in Rio, der von Urwald umwuchert ist und inmitten eines großen Nationalparks liegt. Berühmt ist der Corcovado auf der ganzen Welt durch seine auf dem Gipfel stehende Jesusstatue, die segnend ihre Arme über der Stadt ausbreitet. Auf eine Spannbreite von 28 Metern bringt es dieser mehr als tausend Tonnen schwere Betonkoloss des Erlösers. Und zu seinen Füßen erstreckt sich ein Ausblick, der schlicht unbeschreiblich ist. Die ganze Pracht Rios erschließt sich erst demjenigen, der von hier oben den Blick hinunter auf die Stadt, die langen Strände, den Zuckerhut und die im Atlantik vorgelagerten Inseln schweifen lässt.

Rio de Janeiro wird uns als einer der größten Höhepunkte unserer Tour in Erinnerung bleiben. Und wieder einmal kommen wir zu einem wichtigen Wendepunkt unserer Reise. Weiter östlich werden wir auf dieser Reise mit unserem Auto nicht mehr fahren. Südamerika hat für uns mit Rio de Janeiro seine Krönung erreicht.

Es ist später Nachmittag und wir nähern uns dem Zentrum von São Paulo. Mit über zwanzig Millionen Einwohnern ist sie eine der größten Metropolen der Welt und die bevölkerungsreichste Stadt der Südhalbkugel. Zusammen mit immer mehr Autos werden wir auf immer mehr Fahrspuren zusammengeführt. Wir befinden uns gerade auf Spur Nummer zehn einer zwölfspurigen Straße.

Doch so richtig stressig wird es erst, als das Navigationsgerät mit uns spricht.

„In dreihundert Metern bitte rechts abbiegen."

„Ist die übergeschnappt?" Ich werfe einen entsetzten Blick zuerst auf den kleinen Bildschirm und danach auf den Verkehr um mich herum.

Ich reiße das Lenkrad nach rechts und pflüge wie ein Kamikaze-Pilot des Zweiten Weltkriegs durch die Fahrzeugreihen neben mir.

Petra lässt mit ihrer verkrampften Haltung auf dem Beifahrersitz nicht gerade Wohlwollen erkennen.

„Vorsicht! Pass auf! Da ist einer neben uns!"

Begleitet wird unsere Aktion mit einem Hupkonzert, das ich mit einem schallenden Gruß aus unserer Hupe erwidere. Doch es hilft alles nichts. Als die dreihundert Meter erreicht sind, liegen immer noch drei Spuren zwischen uns und der Ausfahrt.

Hunderte Meter weiter nehmen wir spontan die nächste Ausfahrt. Doch jetzt befinden wird uns auf einer anderen, fünfspurigen Straße, die uns nach Norden führt. Unser Ziel liegt jedoch in der Gegenrichtung. Während unser Navi kontinuierlich die Route neu berechnet, suche ich nach der Möglichkeit, auf die Gegenfahrbahn zu kommen.

Was in kleinen Städten schon stressig ist, wird in São Paulo zum Nervenkrieg. Im Kopf versuche ich nach den ganzen Richtungs- und Fahrspurwechseln wenigstens die Himmelsrichtung korrekt zu bestimmen. Nach der Sonne können wir uns nicht orientieren, die ist mittlerweile untergegangen.

Der Prozessor im Navigationsgerät läuft vor lauter Routen-Neuberechnungen heiß und zeigt nur noch an, dass er gerade kalkuliert. Dabei vergisst er völlig, sinnvolle Fahrhinweise zu kommunizieren. Ich überlege ernsthaft, ob wir uns nicht auf die Genfer Konventionen für Menschenrecht berufen können. Immerhin stellen diese den Schutz von Personen sicher, die nicht an kriegerischen Kampfhandlungen teilnehmen. Ich muss mir jedoch eingestehen, dass wir uns ja freiwillig in dieses automobile Krisengebiet begeben haben.

Stunden später, die mir auch rückblickend noch wie Tage vorkommen, lassen wir São Paulo endlich hinter uns. Wir steuern den nächsten großen Rastplatz an der Autobahn an, haben gerade noch die Kraft, einen Burger im Restaurant zu vertilgen, bevor wir beide nervlich und körperlich völlig entkräftet in unser Bett fallen.

Die nächsten Tage prägen nicht nur lange Distanzen, sondern auch ergiebige Regenfälle. So sehr wir auch unsere Erinnerungen durchforsten, wir können uns nicht daran erinnern, dass es in den letzten drei Jahren einmal drei Tage hintereinander fast nonstop geregnet hat. Während wir aus der deutschen Heimat immer wieder von einem Sommer mit Überschwemmungen und Jahrhundert-Regenfällen hören, reisen wir seit über 1000 Tagen nicht nur durch ein geografisches, sondern auch durch ein meteorologisches Paradies.

Nach fast 1500 Kilometern Richtung Westen erreichen wir Iguaçu. Die Stadt im Dreiländereck zwischen Brasilien, Argentinien und Paraguay ist berühmt für die größten und spektakulärsten Wasserfälle der Welt.

Der Reiseführer macht uns richtig Lust auf die Besichtigung dieses herausragenden Naturphänomens: Auf einer Länge von 2700 Metern soll sich der Rio Iguaçu in zwanzig großen und 255 kleinen Wasserfällen bis zu 82 Meter in die Tiefe stürzen.

Rund 1300 Flusskilometer weiter östlich durften wir bei der Fahrt durch Curitiba schon einmal den Rio Iguaçu kennenlernen. An dieser Stelle war er noch ein kleines Flüsschen. Hinter den Iguaçu-Wasserfällen wird er wenige Kilometer südlich des Itaipú-Stausees in den Paraná münden, der sich schließlich bei Buenos Aires mit dem Río de la Plata und dem Atlantik vereint.

Von der UNESCO bereits 1984 zum Weltnaturerbe erhoben, stehen die Wasserfälle auf der gleichen Stufe wie zum Beispiel die Galápagos-Inseln Ecuadors, das Great Barrier Reef Australiens oder der Grand Canyon in den USA. Doch all diese interessanten Fakten können das Erlebnis nicht beschreiben, als wir uns dem Naturschauspiel nähern.

Die ergiebigen Regenfälle der letzten Tage haben den Fluss zu einer brodelnden, braunen Wassermasse anschwellen und über die Ufer treten lassen. Zuerst erinnern die Bilder vor unseren Augen an riesige Überschwemmungsgebiete, wie man sie aus den Nachrichten kennt. Ganze Landstriche stehen kilometerweit unter Wasser und nur noch vereinzelt ragen Inseln und Bäume heraus.

Ein Donnern und Brausen dröhnt ohrenbetäubend durch die Luft. Wir ahnen bereits, dass sich hier kein ruhiger Fluss durch ein Überschwemmungsgebiet windet. Vor unseren Augen entwickelt sich ein Inferno, das die Dominikanermönche vor den Augen haben mussten, als sie zur Zeit der Inquisition den Weltuntergang von der Kanzel predigten. Die Hölle hat sich geöffnet und in jeder einzelnen Sekunde ergießen sich Tausende Kubikmeter Wasser in gigantischen Fällen durch den dichten grünen Urwald. Wie eine weißbraune Wand stürzt der Rio Iguaçu vor unseren Augen in die Tiefe, als wären die Mauern eines riesigen Staudamms unter der Urgewalt der Wassermassen zerborsten. Wohin wir auch schauen, über Hunderte Meter bietet sich uns der gleiche schauerlich-schöne Anblick von Wasser, das sich seinen Weg in die Tiefe sucht.

„Garganta do Diabo“, Teufelsschlund, nennt sich das Zentrum dieses Wasserinfernos. In ein großes U von 150 Metern Breite und siebenhundert Metern Länge scheint die ganze Welt hineinzustürzen und wie vom „Rachen des Teufels" verschluckt zu werden. Vorgelagerte Inseln wirken wie kleine von Palmen bewachsene Oasen, sind jedoch von den fauchenden Wellen des Flusses und den Nebelwolken der peitschenden Gischt fast völlig vom Betrachter verborgen. Selbst der Regenbogen, der sich durch den Sprühnebel vom Rande des Wasserfalls hinunter in das rauschende Wasser zieht, scheint weder Hoffnung noch Frieden zu symbolisieren.

Die Iguaçu-Wasserfälle jagen einem vielmehr einen gruseligen Schauer über den Rücken. Sie demonstrieren, wie gewaltig und unbezähmbar die Natur sein kann. Völlig anders präsentiert sich das Leben direkt neben den Wasserfällen. Etwa achthundert verschiedene Schmetterlingsarten konkurrieren um das farbenprächtigste und filigranste Kostüm. Krasser kann der Gegensatz zwischen Untergang und Auferstehung kaum sein. In Iguaçu liegt er nur wenige Meter auseinander.

„Wir hatten seit zwanzig Jahren nicht so heftige Regenfälle wie in der letzten Zeit", erklärt uns Waldemar in gebrochenem Deutsch. Er betreibt einen Campingplatz direkt am Ufer des Zubringerflusses zu den berühmten Wasserfällen.

„Vor fünf Tagen stand hier noch alles unter Wasser. Alle Felder, die ihr von hier sehen könnt, waren eine einzige Seenlandschaft."

Noch am gestrigen Tag waren die Stellplätze direkt am Wasser komplett überschwemmt. Der Zugang zum Fluss und vor allen Dingen das Baden im Fluss ist weiterhin wegen der extremen Strömung unmöglich.

„Das Waschhaus stand über einen Meter tief im Wasser."

Waldemar deutet mit seiner Hand den Wasserhöchststand an. Kein Wunder, dass wir vor ein paar Tagen solch ein Höllenspektakel an den Wasserfällen erlebt haben. Erst jetzt wird uns bewusst, wie ungewöhnlich die extremen Wassermassen waren, die sich so brachial ihren Weg über die Bruchkanten gesucht haben.

Als brachial kann auch der Eroberungszug der spanischen Konquistadoren bezeichnet werden, als sie 1511 auf der Suche nach Gold und Silber über den Río Paraná die Gegend der heutigen paraguayischen Hauptstadt Asunción erreichten. Die dort lebenden Ureinwohner, die

Guaraní, wurden unterworfen und mehr als 100.000 von ihnen wie Leibeigene für die Arbeit auf den jetzt spanischen Besitztümern ausgebeutet. Auch wenn diese Ausbeutung und Versklavung von der katholischen Kirche offiziell gebilligt wurde, so war es eine katholische Glaubensgemeinschaft, die dieser menschenunwürdigen Behandlung der Ureinwohner ein Ende setzen wollte: Die Jesuiten und ihre Idee der Reduktionen.

1554 errichteten sie in São Paulo ihre erste Niederlassung, 1588 gelangten sie von Brasilien ins heutige Paraguay und gründeten dort Anfang des 17. Jahrhunderts mit „Paraquaria" eine Ordensprovinz der Jesuiten. Ziel war es, die Guaraní, die bis zu diesem Zeitpunkt als Wanderbauern ihren Lebensunterhalt verdienten, in der neuen Provinz sesshaft zu machen, um sie so vor der Ausbeutung durch die Konquistadoren und Sklavenjäger zu schützen.

Die Reduktionen (span. *reducir* – rück- oder zusammenführen) sollten die ideale Form des gemeinschaftlichen Lebens sein, in denen die Indígena ihre traditionelle Lebenweise behalten und von den Jesuiten zum Christentum bekehrt werden konnten. Insgesamt vierzehn Reduktionen mit über 100.000 friedlich zusammenlebenden Guaraní wurden so in den nächsten fünfzehn Jahren gegründet. Es gab jeweils eine Kirche, eine Schule, ein Hospital, Werkstätten, Vorratshäuser und Gartenanlagen. Die Oberleitung der Reduktion

Reduktion von São Miguel das Missões

unterstand meist zwei Padres, unter denen sich die Einwohner weitestgehend selber verwalten konnten. Die Jesuiten bildeten die Guaraní in handwerklichen und künstlerischen Berufen aus, sorgten für eine gerechte Verteilung von Nahrung und Kleidung.

Doch immer wieder wurden diese Lebensgemeinschaften von portugiesischen Eindringlingen in Schutt und Asche gelegt, die Guaraní versklavt. Im Gegenzug wurde von den Jesuiten eine Armee nach europäischem Muster aufgestellt und die Portugiesen 1641 vernichtend geschlagen. Bis in die Mitte des 18. Jahrhunderts bildeten sich auf dem ehemaligen Kernland der Guaraní, das sich heute auf Paraguay, Argentinien und Brasilien verteilt, rund dreißig Reduktionen.

Diese, im europäischen Sprachgebrauch als „Indianerrepublik Paraquaria" bezeichnete Region, erfreute sich in Europa hoher Anerkennung unter den Anhängern des Anti-Feudalismus, erfuhr aber erbitterten Widerstand von Seiten der spanischen Krone und letztendlich auch des Papstes. 1767 verbot König Karl III. den Jesuitenorden in allen spanischen Besitztümern, 1773 schloss sich Papst Clemens XIV. diesem Dekret an. Die Folgen? Rund 250 Jahre nach Gründung der ersten Reduktion waren die Guaraní fast vollständig ausgerottet.

Heute können wir von dieser Geschichte nur noch die Ruinen der ehemaligen Reduktion von São Miguel das Missões besichtigen. Wie zum Trotz hat der alte Kirchturm der gewaltigen, barocken Kirche allen brachialen Angriffen standgehalten und überragt noch heute das große Areal der zu Ruinen zerfallenen Gebäude. Es ist wohl weniger die Architektur der Ruinen, die 1983 von der UNESCO als erhaltenswertes Kulturgut erklärt wurden, als vielmehr der erfolgreiche Versuch der friedlichen Koexistenz zwischen Besatzern und Ureinwohner. Doch bereits damals gab es mächtige Persönlichkeiten, die nichts so sehr fürchteten wie den Frieden.

47. Kapitel:
Einwanderer und Heimkehrer

Noch die mondän anmutende Südküste Uruguays im Kopf, die wir während unseres ersten Besuches kennenlernen durften, sind wir überrascht, als wir das Land diesmal von Nordwesten betreten.

„Hier sieht es ja genauso aus wie überall in Lateinamerika", sagt Petra und meint damit die ärmlichen, unverputzten Häuser am Wegrand, die Schotterpisten neben der Hauptstraße, die wilden Hunde und frei umher laufenden Hühner und den kleinen, etwas herunter gekommenen Supermarkt in der Grenzstadt.

Vielleicht wird der Eindruck aber zusätzlich durch den Wetterwechsel geprägt, der fast zeitgleich mit dem Grenzübertritt stattfindet. Der Wind hat mal wieder gedreht, bläst diesmal aus dem Süden. Er bringt nicht nur kalte Winterluft aus der Antarktis mit sich, sondern treibt auch feinen Nieselregen vor sich her. Bei so einem Wetter wundert es wohl kaum, dass wir Verlangen nach einer warmen Badewanne verspüren. Doch auch dieser Wunsch wird uns fast unverzüglich erfüllt.

Wir steuern die Termas del Arapey an, fast 40 °C warme Thermalquellen, die aus rund eintausend Metern Tiefe an die Oberfläche strömen und etliche Innen- und Außenbecken mit herrlich warmem Badewasser füllen.

Wir haben uns gerade auf dem Campingplatz der Thermalquellen für die nächsten Tage niedergelassen, als direkt neben unserem Stellplatz ein alter Reisebus hält. Rund zwanzig Jugendliche steigen aus, die in kurzer Zeit eine kleine Zeltstadt neben uns aufgebaut haben.

„Sag mal, die sprechen aber kein Spanisch miteinander, oder?"

Wir sitzen mit einer Tasse Kaffee vor dem Auto, können die Jugendlichen nicht richtig verstehen, aber die Sprachmelodie passt weder zum Spanischen, noch zum Portugiesischen.

„Du, ich glaube, die reden Deutsch."

Während wir noch überlegen, ob es sich um eine Gruppe deutscher Austauschschüler handelt, kommt schon Erich auf uns zu.

„Deutsche Nachbarn", meint er mit einem breiten Grinsen, „herzlich Willkommen in Uruguay."

Erich stellt sich als Betreuer der Jugendgruppe vor.

„Seit ihr aus Deutschland und macht hier Urlaub?", will ich neugierig wissen.

„Nein, wir sind Uruguayer."

„Aber ihr sprecht doch alle Deutsch, und zwar perfektes Deutsch."

Es fällt mir etwas schwer, die Gruppe einzuordnen.

„Wir sind die Nachkommen deutscher Auswanderer. Die Termas von Arapey waren früher ein Auffanglager für deutsche Auswanderer nach dem Zweiten Weltkrieg. Meine Eltern und die Großeltern der Jugendlichen, die hier das Wochenende mit uns verbringen, kamen aus der Nähe von Danzig und Ostpreußen, dem heutigen Polen. Nach dem Krieg wurden sie von den Russen vertrieben und bestiegen in ihrer Not ein Flüchtlingsschiff, das sie nach Südamerika bringen sollte. Ziel war der Gran Chaco in Paraguay, eine auch heute noch fast unbesiedelte und staubige Steppe. Erst auf dem Schiff erfuhren meine Eltern, dass Uruguay für die Deutschen aus Polen ein Einwanderungskontingent freigegeben hat, aber nur für die polnischen Deutschen, nicht für die Russlanddeutschen."

So kamen dann die Eltern von Erich Claassen und die Großeltern von Henri Schroeder durch Zufall oder durch glückliche Fügung in das fruchtbare Uruguay. Henri ist 22 Jahre alt und wie seine Eltern Bauer.

„Wir sprechen in der Familie und unserer Kolonie ausschließlich Deutsch. Erst mit der sechsten Klasse kam ich in eine spanischsprachige Schule. Da habe ich rein gar nichts verstanden, musste die Klasse wiederholen und erst einmal Spanisch lernen."

„Aber die deutsche Sprache wird mit den folgenden Generationen immer mehr aussterben", erklärt uns Erich, „Henri zum Beispiel hat eine uruguayische Freundin. Mit ihr spricht er ausschließlich Spanisch. Und so wird nach und nach die deutsche Sprache in unserer Kolonie vom Spanischen verdrängt."

Dass aber auch Erich bereits Probleme hat, Anpassungen im Sprachgebrauch umzusetzen, zeigt sich, als er mit uns über die Geschichte Uruguays spricht.

„Uruguay ist ein Einwanderungsland und war es immer schon. Die ersten Einwanderer kamen aus wirtschaftlicher Not: Italiener und Spanier, das war so im 19. Jahrhundert. Heute ist die Bevölkerung zu etwa 95% europäischer Abstammung. Die Ureinwohner wurden damals komplett ausgerottet und Nachkommen von Negern haben wir auch nicht."

An dieser Stelle stockt er. „Neger sagt man ja gar nicht mehr." Sein Blick geht nach oben, als würde er im Kopf nach dem richtigen Ausdruck suchen. „Gefärbte heißt das jetzt, oder?"

Vielleicht ist es aber gerade dieser fehlende Kulturenmix, der Uruguay ein wenig farblos macht. Weder gibt es die für uns geheimnisvolle und exotische indigene Kultur, noch die ungehemmte Lebensfreude der aus Afrika eingeschleppten Nachfahren von Sklaven. In Uruguay wirkt alles etwas ruhiger, etwas strukturierter und ordentlicher. Möglicherweise ist es gerade deshalb bis heute ein beliebtes Einwandererland.

Uruguay ist halb so groß wie Deutschland, hat aber gerade einmal so viele Einwohner wie Berlin. Etwa 40% der 3,5 Millionen Uruguayer leben in der Hauptstadt Montevideo. Das Land wird auch die „Schweiz Südamerikas" genannt. Liegt es daran, dass der Kleinstaat von den riesigen Nachbarländern Argentinien und Brasilien ähnlich eingeklemmt wird wie die Schweiz Europas von den EU-Großmächten Frankreich, Deutschland und Italien? Oder kommt die Bezeichnung daher, dass Uruguay das wohlhabendste und friedlichste Land Lateinamerikas ist und ein ähnlich strenges Bankgeheimnis hatte wie die Eidgenossen? Weniger an die Schweiz, als eher an Südspanien erinnert dagegen das angenehm subtropische Klima.

Uruguay ist mit Wasser gesegnet. Unter dem Boden befindet sich eines der größten Süßwasserreservoirs unseres Planeten. Auch ein Grund dafür, dass 80% der Landfläche für die Agrarwirtschaft genutzt werden kann. Wen wundert es da, dass die Landwirtschaft zu 60% zu den Exporterlösen beiträgt. Rindfleisch, Schafwolle und Leder sind die Hauptausfuhrgüter. Der Anbau von Eukalyptusbäumen für die Papierindustrie sowie der Weinanbau gewinnen in der letzten Zeit eine immer höhere Bedeutung.

Heute leben etwa 10.000 Deutsche und 40.000 Menschen deutscher Herkunft im Land. Pro Jahr wandern rund 150 Deutsche nach Uruguay ein. Das Recht auf Einwanderung ist sogar in der Verfassung verankert.

Die letzten Tage unserer großen Lateinamerikareise verbringen wir bei Heinz und Silvia im Paraíso Suizo, dem Schweizer Paradies. Einen besseren Namen hätte man für diesen kleinen Ort wirklich nicht finden können. Vor achtzehn Jahren zog es die beiden Schweizer an dieses unberührte Fleckchen Erde.

„Unberührt war es hier im wahrsten Sinne des Wortes", versichert mir Heinz beim abendlichen Glas Wein. „Wir bekamen die einmalige Chance, ein dreißig Hektar großes Grundstück direkt am Meer zu kaufen. Damit war unser ganzes Geld auf einen Schlag weg. Um uns ein Haus darauf zu bauen, mussten wir das Land erst urbar machen, parzellieren und weiter verkaufen. Doch du musst dir das hier wie einen Dschungel vorstellen. Es gab nichts, nur hohe Bäume und undurchdringliches Unterholz. Die ersten Pfade haben wir uns noch mit der Machete durch das Dickicht geschlagen, Meter für Meter. Wir haben Bäume gefällt, Straßen gebaut, Stromleitungen gezogen. Ein alter Trecker war unser wichtigstes Arbeitsgerät."

Fast zwanzig Jahre später kann man sich kaum noch vorstellen, mit wie viel Arbeit es verbunden war, der Natur dieses kleine Paradies abzutrotzen: schmucke Einfamilienhäuser, prächtige Landsitze, ein Romantik-Hotel, ein Schwimmbad, ein Sportplatz, ein Spielplatz, verschiedene Restaurants, ein kleiner Laden. Aus dem Nichts ist ein Dorf entstanden. Heinz ist nicht nur der wichtigste Bauunternehmer des Dorfes, sondern auch eine Art Bürgermeister.

Wer die beiden kennenlernt, kann erahnen, warum sie vor rund zwanzig Jahren aus der Schweiz ausgewandert sind: Es war die Lust am Abenteuer und am Unbekannten und der Wille, aus dem Nichts etwas völlig Neues zu schaffen. Hätten sie nicht in Uruguay ein kleines Dorf aus dem Erdboden gestampft, dann hätten sie sicherlich ein

Heinz und Silvia erfüllten sich in Uruguay ihren Traum vom Schweizer Paradies

Start-up-Unternehmen gegründet oder in Australien eine Flugschule eröffnet.

Eine andere Motivation für die Auswanderung aus Europa hatten die Nachbarn von Heinz und Silvia. Alice und Herbie sind ein lebenslustiges Rentnerpaar, das sich im Alter für einige Jahre den Traum eines bezahlbaren Hauses am endlos langen Sandstrand in einem milden und sonnigen Klima gönnt.

Mit einer deutlichen Aussage, die an Klarheit keinen Zweifel aufkommen lässt, konfrontieren uns fünf Gäste, die wir im Paraíso Suizo kennenlernen: „Wir haben von der Schweiz die Nase voll!"

„Wir verdienen zwar ganz gut, aber die Ausgaben und Steuern werden immer schlimmer. Alles ist so ungerecht verteilt. Wir schuften und andere profitieren davon. Jetzt sollen schon wieder die Steuern auf Benzin um dreißig Rappen angehoben werden. Darauf haben wir einfach keine Lust und das machen wir auch nicht mehr länger mit."

Drei Wochen machen sie in Uruguay Urlaub um zu schauen, ob sich das Land nicht zum Auswandern anbietet. Vier Tage vor ihrer Heimreise kaufen sie ein Grundstück. 21 Hektar nur wenige hundert Meter vom Meer entfernt.

„Hier werden wir uns ein neues Leben aufbauen mit Landwirtschaft, mit Pferden und Tourismus."

So schnell geht das manchmal, dass man seiner alten Heimat den Rücken kehrt und in der Ferne ein neues Glück sucht.

Wir werden definitiv nicht auswandern. Uns zieht es jetzt endgültig zurück in die Heimat. Die letzten Tage sind gezählt! Am Samstag geht es auf das Frachtschiff, das uns zusammen mit unserem Auto zurück nach Deutschland bringt. Plötzlich ist alles „ein letztes Mal": Das letzte Mal einen Übernachtungsplatz oder einen Supermarkt suchen. Das letzte Mal Wäsche waschen, Auto putzen, Brot backen. Das letzte Mal die Homepage pflegen, Fotos aussuchen und Berichte schreiben.

Doch bald kommt der Morgen, da stehen wir auf und sind zurück in Deutschland. Und dann beginnt wieder alles zum ersten Mal. So als würde das Leben noch einmal neu beginnen. Und darauf freuen wir uns!

Anhang

Reisetipps zur Panamericana

Noch mehr Tipps, Informationen und Bilder auf der Homepage von Petra und Klaus Vierkotten unter: www.abenteuertour.de

Reisedauer

Die Bezeichnung „Panamericana" bezieht sich auf die rund 25.000 Kilometer lange Straßenverbindung zwischen Alaska und Feuerland. Für die meisten Reisenden ist sie jedoch mehr als die kürzeste Verbindung zwischen der Prudhoe Bay und Ushuaia. Sie ist ein Synonym für die Durchquerung des amerikanischen Kontinents, dessen Zauber sich abseits der Hauptstraße und nicht auf der schnellsten Route erschließt.

Die Fahrt entlang der Panamericana fängt in der Regel weder in Alaska noch in Feuerland an. Wer seine Reise im Norden startet, wird sein Fahrzeug nach der Verschiffung in einem kanadischen oder US-amerikanischen Hafen der Ostküste in Empfang nehmen. Beginnt die Tour im Süden, ist der Startpunkt entweder Montevideo in Uruguay oder Buenos Aires in Argentinien.

Als Reisestrecke sind mindestens 50.000 Kilometer einzuplanen. Wir haben auf unserer dreijährigen Abenteuertour knapp 100.000 Kilometer zurückgelegt. Werden viele Abstecher und Umwege eingeplant, desto öfter werden schlechte Straßen befahren. Entsprechend sinkt die durchschnittliche Kilometerleistung. Auf guten Straßen liegt sie bei 50 km/h, auf schlechten Straßen bei 30 km/h, auf Pisten bei 15 km/h. In Zentralamerika oder den Anden sind Tagesetappen von 150 bis 200 Kilometer eher die Regel als die Ausnahme.

Für die meisten stellt sich jedoch die Frage nach der Reisedauer nicht, da sie bereits durch ihr Budget oder einen festen Zeitrahmen definiert ist. Wer nur begrenzte Geldmittel zur Verfügung hat, ist genauso limitiert wie derjenige, der vom Arbeitgeber nur für einen bestimmten Zeitraum freigestellt wird. In diesen Fällen stellt sich eher die Frage, ob die komplette Strecke gefahren werden soll oder ob Teilstücke nicht die reizvollere Alternative sind.

Wem es nichts ausmacht, den ganzen Tag hinter dem Steuer zu sitzen und nur die Hauptsehenswürdigkeiten am Wegesrand zu besichtigen, muss weniger Zeit einplanen, als derjenige, der längere Zeit am gleichen Ort bleibt, nur kleine Tagesetappen fährt und große Umwege nicht scheut. Wir haben Reisende getroffen, die in zehn Monaten die komplette Nord-Süd-Verbindung gefahren sind und begeistert waren. Andere reisen bereits seit vielen Jahren und entdecken immer neue Ziele.

Vor der Reise müssen einige grundsätzliche Entscheidungen getroffen werden, die Einfluss auf die Dauer haben:

Werden nur Hauptstraßen befahren, um so schnell wie möglich ans Ziel zu kommen? Oder sind auch Abstecher in wenig erschlossene Gebiete geplant? Kleine Küstenstraßen, enge Bergpässe und schwer passierbare Dschungelpassagen sind überaus reizvoll, nehmen jedoch viel Zeit in Anspruch.

Liegt der Schwerpunkt auf der Autofahrt oder soll ein umfangreiches Rahmenprogramm in die Streckenplanung integriert werden? Sind auch Wanderungen, Vulkantouren, Stadtrundgänge und archäologische Stätten Teil des Besichtigungsprogramms?

Welche Priorität nimmt die Freizeit ein? Ist ausreichend Zeit vorhanden für einen Sprachkurs in Mexiko, Abhängen in der Karibik, Entwicklungshilfe in Nicaragua, Reitausflüge in Argentinien oder Wellenreiten in Brasilien?

Nach meiner Einschätzung sollten mindestens 18 Monate für die Befahrung der Panamericana eingeplant werden, um ohne Beeinträchtigung durch Jahres- und Regenzeiten den Kontinent zu bereisen. Die Zeit ist ausreichend, um auch touristisch wenig erschlossene Gebiete zu erkunden, die Gegend nicht nur mit dem Auto, sondern auch zu Fuß zu erleben und einen Badeaufenthalt am Karibikstrand zu genießen. Wer weniger als zwölf Monate für die gesamte Reise einplant, muss sich im Klaren sein, dass der Erholungswert eher gering ist und die vielen Eindrücke fast zu geballt kommen, um sie noch verarbeiten zu können.

Doch die Panamericana kann auch leicht in Etappen gefahren werden. Warum nicht einfach seine Reise für eine längere Zeit unterbrechen und einige Monate nach Hause fliegen, anstatt nonstop von Nord nach Süd oder Süd nach Nord zu reisen?

Von Norden nach Süden oder Süden nach Norden?

Je kürzer die Reisedauer und je unflexibler die Wahl des Starttermins, desto stärker ist man den Jahreszeiten ausgesetzt. Vor allem die klimatischen Extrema in Alaska, Kanada, entlang der Anden und in Feuerland beeinflussen die Wahl der Fahrtrichtung. Als Faustformel gilt: bei Reisebeginn im Frühling/Sommer startet die Tour im Norden bei einem Reisebeginn im Herbst/Winter im Süden. Eine Überlegung, die sich natürlich relativiert, je mehr Zeit zur Verfügung steht. Ist die Reisedauer großzügig bemessen, kann die kalte Jahreszeit im Norden für einen Abstecher entlang der US-Ostküste genutzt werden und im Süden für einen längeren Ausflug nach Brasilien und Paraguay.

Egal an welchem Ende die Reise startet, Länder mit einem hohen Lebensstandard kommen zuerst. Ob in USA/Kanada oder Uruguay/Argentinien/Chile, das Reisen ist einfach, die Straßen meistens in einem guten Zustand, die Einkaufssituation gut, die Infrastruktur für Camper hervorragend. So bekommt der Reiseneuling an beiden Startpunkten erst einmal die Möglichkeit, sich in Ruhe einzurollen und an das Reisen zu gewöhnen.

Für die Fahrt von Norden nach Süden spricht:

Gerade zu Beginn einer solch langen Reise wird häufig etwas mehr Unterstützung benötigt und fehlende Ausrüstung muss ergänzt werden. Da die meisten Reisenden sich in der englischen Sprache besser verständigen können als in der spanischen und auch die Auswahl an Outdoor-Equipment in Kanada/USA umfangreicher ist, fällt der Start im Norden leichter. Die Verschiffung von Europa nach Kanada/USA ist unkompliziert. Wegen der fehlenden Drogenkontrolle ist die Verschiffung von Panama nach Kolumbien einfacher als umgekehrt. Die Naturhighlights steigern sich von Nord nach Süd: Die Berge werden höher, die Vulkane imposanter, der Urwald größer. Dadurch erhöht sich die Dramaturgie der Reise.

Für die Fahrt von Süden nach Norden spricht:

Das Frachtschiff nach Südamerika befördert sowohl das Fahrzeug als auch die Passagiere. Die vierwöchige Überfahrt ist ideal, um vom Stress der Reisevorbereitung abzuschalten, die Reisestrecke zu planen und an seinem Spanisch zu arbeiten. Wer nicht sicher ist, ob die geplante Reisedauer für die Durchquerung bis Nordamerika ausreicht, kann kurzfristig umplanen. Auch wer auf Mittelamerika verzichtet und sich auf Südamerika konzentriert, wird mit dem Gefühl heimkehren, Lateinamerika und seine Kultur kennengelernt zu haben.

Lebenshaltungs- und Reisekosten

Die Reisekosten sind abhängig von den persönlichen Bedürfnissen, der Reisedauer, dem Spritverbrauch, der Nutzung von Campingplätzen, dem Besichtigungsprogramm, den Reiseländern und so weiter. Je länger die Reise dauert, desto stärker verteilen sich bei der monatlichen Kostenbetrachtung große Ausgabenposten wie Verschiffung und Flüge auf mehrere Monate.

Bei einem Aufenthalt in teuren Ländern wie Kanada, Chile, Argentinien oder Brasilien wird die Reisekasse erheblich stärker belastet als in Mexiko, Nicaragua, Honduras oder Ecuador. Wer immer wild campt, sich ausschließlich von landesüblichen Speisen ernährt und ein spritsparendes Auto fährt, kann Tausende Euro sparen gegenüber denjenigen, die immer auf Campingplätze fahren, sich auch mal exotische, europäische Lebensmittel gönnen und im unwegsamen Gelände viel Sprit verfahren. Selten ist es so einfach, Exkursionen zu den Galapagos Inseln oder in die Antarktis zu unternehmen, jedoch wird die Reisekasse dadurch deutlich strapaziert.

Es gibt teure und preiswerte Länder, die im Rahmen der Panamericana-Tour durchquert werden. Bezogen auf die Versorgung mit den Dingen des täglichen Bedarfs, würde ich die Länder wie folgt kategorisieren: Teurer als Deutschland sind Kanada, Brasilien, Uruguay, Chile, Argentinien und Costa Rica. Etwas preiswerter sind die USA, Kolumbien, Peru und Belize. Sehr preiswert ist das Leben in Mexiko, Guatemala, Honduras, Nicaragua, Panama, Ecuador und Bolivien.

Doch bei den sehr preiswerten Ländern, mit Ausnahme von Mexiko und Ecuador, muss die Aussage insoweit relativiert werden, dass die Auswahl und die Qualität häufig frustrierend sind und somit das Preis-Leistungs-Verhältnis nicht mit den anderen Ländern vergleichbar ist. Unschlagbar ist in allen Ländern Lateinamerikas das Preisniveau auf den lokalen Märkten.

Um einen konkreten Überblick über mögliche Reisekosten zu gewinnen, möchte ich kurz unsere Ausgaben skizzieren, die sich auf die folgenden Parameter beziehen:

- ☺ 2 Personen ⌛ 3 Jahre Reisedauer
- ⇔ 100.000 Kilometer
- Verbrauch von 15 Liter/100 km
- meistens Campingplätze
- Lebensmittelstandard auf deutschem Niveau
- viele Besichtigungen (weder Galapagos noch Antarktis)
- Verschiffung Deutschland – Kanada (nur Auto)
- Verschiffung Panama – Kolumbien (nur Auto)
- Verschiffung Uruguay – Deutschland (Auto und Personen)
- ✈ Flüge Deutschland – USA und Panama – Kolumbien

Insgesamt hatten wir Gesamtkosten von	63.000 €
also umgerechnet	1.750 €/Monat,

die sich wie folgt verteilen:

✈ Transport (Verschiffungen, Flüge)	14.000 €
Diesel und Fahrzeugkosten	16.000 €
Campingplätze	10.000 €
Täglicher Bedarf	23.000 €

Wohnmobil-Storage

Das Wohnmobil kann bei einer Reiseunterbrechung in Mexiko, Uruguay und Argentinien für längere Zeit untergestellt werden. Die maximale Aufenthaltsdauer beträgt:

in Mexiko:	10 Jahre
in Uruguay:	12 Monate
in Argentinien:	8 Monate
in Costa Rica, Kolumbien, Ecuador, Peru, Bolivien, Chile, Brasilien:	jeweils 90 Tage
in Guatemala, El Salvador, Honduras, Nicaragua:	insg. 90 Tage
in Belize, Panama:	jeweils 30 Tage

Landkarten und GPS-Navigation

In Lateinamerika haben wir nur in Mexiko und Argentinien gutes Kartenmaterial gesehen. Für die anderen Länder ist es schwierig, vernünftige Landkarten zu bekommen. Diese sind gegebenenfalls in gut sortierten Buchhandlungen der Touristenhochburgen oder Hauptstädte erhältlich. Daher sollten Landkarten bereits vorab in Deutschland gekauft werden. Gute Erfahrung haben wir mit den Karten aus dem „Reise-Know-How-Verlag" und von „ITMB – International Travel Maps" gemacht.

Wer nicht gerade überzeugter Pfadfinder der alten Schule oder Anhänger der Survival-Kultur ist, für den ist die Navigation mit dem GPS-Empfänger nahezu unverzichtbar. Für Lateinamerika ist gutes, navigationsfähiges Kartenmaterial verfügbar. Beim Kauf eines Navigationsgerätes ist darauf zu achten, dass die GPS-Koordinaten von „Waypoints" manuell eingegeben bzw. vom Computer übertragen werden können.

Reiseführer

Um sich vorab über die Reiseziele zu informieren, kann ich zwei Quellen empfehlen. Meines Erachtens geht auch heute nichts über einen gut recherchierten, aktuellen und gedruckten Reiseführer. Wir haben persönlich gute Erfahrung mit den Reiseführern aus dem „Reise-Know-How-Verlag" gemacht (insbesondere USA, Mexiko, Peru/Bolivien und Brasilien).

Darüber hinaus nutzten wir die Internetseiten anderer Reisender, da hier die aktuellsten Informationen veröffentlicht werden: Reiseempfehlungen und -warnungen, Übernachtungsplätze und Grenzformalitäten. Eine gute Quelle für Websites von Reisenden, die im Moment in Nord- und Südamerika unterwegs sind, ist das Reiseportal Panamericanainfo (http://panamericanainfo.com).

Spanische Sprache

In Lateinamerika wird größtenteils Spanisch gesprochen. Englisch sprechende Einheimische sind nur in Großstädten anzutreffen. Wer nur mit Händen und Füßen kommuniziert, kommt zwar auch zurecht, würde jedoch viel verpassen. Das lateinamerikanische Leben und seine Kultur lernt nur kennen, wer wenigstens ein bisschen Spanisch versteht und spricht. Versuche mindestens mit spanischen Grundkenntnissen einzureisen! Während der Reise wird der Wortschatz automatisch erweitert. Warum nicht einen Spanisch-Sprachkurs unterwegs besuchen? Insbesondere Mexiko und Zentralamerika bieten hervorragende Möglichkeiten, preiswerten Einzelunterricht zu buchen, der individuell auf die persönlichen Bedürfnisse und Zeitvorstellungen abgestimmt ist.

Sicherheit

Korrupte Polizei, Raubüberfälle, Entführungen, Unfälle, Fahrzeugeinbrüche – leider gibt es für einige nichts Spannenderes, als Horrorgeschichten zu verbreiten. Jeder hat schon von jemandem gehört, der einen kennt, dem einmal etwas passiert ist. Wer sich intensiver mit diesen Gerüchten beschäftigt, erkennt, dass viele Geschichten auf den gleichen Vorfällen beruhen, die immer wieder neu erzählt und ausgeschmückt werden.

Wer sich die Welt anschauen möchten, ohne ein Risiko einzugehen, der tut dies am besten vor dem Fernseher auf dem heimischen Sofa. Wer sich jedoch ein eigenes Bild von der Welt machen, die tropische Luft auf der Haut spüren, den Duft fremder Gewürze in der Nase haben, das bunte Treiben auf den Märkten mit eigenen Augen sehen und die ruppigen Pisten der Panamericana persönlich erleben möchte, der muss auch bereit sein, sich Risiken zu stellen.

Wer den gesunden Menschenverstand walten lässt und einige Ratschläge beherzigt, für den wird eine Reise auf der Panamericana nicht gefährlicher sein als ein Urlaub mit dem eigenen Fahrzeug nach Spanien.

Wir haben über drei Jahre die Panamericana bereist. In dieser Zeit sind wir weder überfallen worden noch kamen wir mit kriminellen Ereignissen in Kontakt. Die Polizei und die Grenzbeamten waren nie korrupt, sondern stets freundlich und hilfsbereit. Wir hatten keinen Unfall und nie wurde versucht, in unser Fahrzeug einzubrechen.

Das hat sicherlich viel mit Glück zu tun. Doch andererseits haben wir uns an gewisse Regeln gehalten, um das Risiko so gering wie möglich zu halten. Es liegt in der Hand des Reisenden, sich nicht unnötigen Gefahren auszusetzen. Wir kennen genug Reisende, die sich an die folgenden Ratschläge nicht gehalten haben und trotzdem ohne Zwischenfall durch die gleichen Länder gereist sind wie wir. Vielleicht sind uns durch das ein oder andere Mal, in dem wir zu vorsichtig waren, auch tolle Begegnungen und interessante Gegenden entgangen.

Umgang mit der Polizei

Was in Deutschland gilt, trifft genauso auf die lateinamerikanischen Länder zu: Gesetze im Straßenverkehr müssen befolgt werden, auch wenn manche Reisende meinen, sie wären mit ihrem ausländischen Nummernschild von diesen Regeln ausgenommen. Wer die Anschnallpflicht missachtet, rote Ampeln überfährt, in einigen Ländern am Tag das Abblendlicht nicht einschaltet, bei durchgezogener Linie überholt, sich nicht an die ausgeschilderte Geschwindigkeitsbegrenzung hält oder vorgeschriebene Sicherheitsausrüstung wie Warndreieck und Feuerlöscher nicht an Bord hat, begeht ein Verkehrsdelikt. Die Konsequenz ist ein Bußgeld der Polizei.

In den meisten Ländern Lateinamerikas besteht in solchen Situationen wenigstens noch die Möglichkeit, wie auf dem Basar die Höhe der Strafe zu verhandeln und einigen mag es sogar gelingen, durch „Aussitzen" ein Bußgeld ganz zu vermeiden.

Eines sollten wir jedoch nie vergessen: Wir sind Gäste im jeweiligen Reiseland und als solche auch Repräsentanten unseres Heimatlandes. Wir profitieren während der Reise immer wieder vom guten Ruf unserer Heimat. Statt diesen durch gesetzloses Verhalten zu untergraben, sollten wir ihn durch vorbildliches Verhalten untermauern.

Doch es gibt natürlich Situationen, in denen auch der korrekteste Autofahrer einfach nicht anders kann, als Verkehrsregeln zu brechen. Auch wir fuhren in Kolumbien im Schneckentempo hinter Lkw den Berg hinauf und haben letztendlich trotz durchgezogener Linie überholt. In Peru fuhren wir über autobahnähnlich ausgebaute Straßen und wunderten uns über Tempo-30-Schilder, an denen wir mit sechzig vorbeigefahren sind. In solchen Situationen kann ich nur den folgenden Tipp geben: Achte darauf, was die Einheimischen machen. Halten sie sich an die Verkehrsregeln, dann folge ihrem Beispiel. Sie können das Risiko von Polizeikontrollen meistens gut einschätzen.

Wir haben entlang der Panamericana Hunderte von Polizeikontrollen passiert, an vielen von ihnen sind wir auch angehalten worden.

Da wir uns – fast immer – an die Verkehrsregeln gehalten haben, mussten wir nicht befürchten, berechtigt zur Kasse gebeten zu werden. Um jedoch auch allen unberechtigten Forderungen direkt den Wind aus den Segeln zu nehmen, haben wir die folgende Methode angewendet:

- Sich an die Verkehrsregeln halten. Wer weiß, dass er sich korrekt verhält, kann auch selbstbewusst auftreten.
- Das Fenster herunterkurbeln und den Polizisten mit einem souveränen „Saludos de Alemania" begrüßen. Mindestens die Hälfte aller Polizisten antwortet darauf automatisch mit „Bienvenidos en ...". Auf so eine nette Begrüßung fällt es vielen schwer, mit einer unberechtigten Strafe zu antworten.
- Die Hand zum Gruß ausstrecken und selbstbewusst die Hand des Polizisten schütteln. Einerseits um von einer amtlichen auf eine persönliche Ebene zu wechseln, andererseits gehört das Händeschütteln in Lateinamerika zum guten Ton.
- Laut sprechen, sich nicht unsicher und schüchtern verhalten, aber stets freundlich bleiben. Leichte Dominanz wird als Zeichen von Stärke interpretiert.
- Ungefragt erzählen, wohin die Reise geht und wie toll das Land ist. Gib den Polizisten die Möglichkeit, stolz auf ihr Land zu sein.

In einigen Ländern, die für ihre Korruption bekannt sind, haben wir darüber hinaus erzählt, dass wir ehrenamtlich für die Organisation XYZ arbeiten, die vom Bürgermeister bzw. der Regierung unterstützt wird. Sollte jemand nun immer noch gewillt sein, einem eine unberechtigte Strafe aufzubrummen, dann muss er darauf gefasst sein, dass von höherer Stelle dagegen interveniert wird. Und vor kaum etwas haben Polizisten in diesen Ländern mehr Respekt, als vor einem Rüffel ihres Vorgesetzten.

Was ist jedoch das richtige Verhalten, wenn alle Schritte nicht fruchten und der seltene Fall eintritt, dass die Polizei unberechtigt Geld fordert? Ich unterscheide in diesem Fall zwischen zwei Arten der Korruption:

- Die unverhältnismäßige Korruption gegenüber Ausländern
- Die in der Kultur innewohnende Korruption

Unter unverhältnismäßiger Korruption verstehe ich die Forderung von Geldsummen, die in keinem Verhältnis zu Lebensstandard und Einkommensstruktur des Landes stehen. In Honduras zum Beispiel sind zweihundert US-Dollar Strafe mehr als der durchschnittliche Monatslohn. In solchen Fällen hilft nur, die Bezahlung erst einmal zu verweigern.

Wer noch nicht mit seinen Spanischkenntnissen geglänzt hat, kann nun den dummen Touristen spielen, der einfach nicht versteht, was die Polizei von ihm will. Der Hinweis auf fehlendes Bargeld und die Bereitschaft die Strafe auf einer Bank einzuzahlen sind eine weitere Möglichkeit, den Bestechungsversuch abzuwehren. Für korrupte Beamten ist dies uninteressant, da sie das Geld für sich persönlich und nicht für den Staat einsammeln wollen.

Bei einer Polizeikontrolle sollten nie Originaldokumente aus der Hand gegeben werden, ausschließlich laminierte Farbkopien. Das mag für europäische Verhältnisse ungewöhnlich klingen, ist jedoch in Lateinamerika fast nie ein Problem. In seltenen Fällen wollen die Polizisten ein Originaldokument, um durch deren Einbehaltung Druck auf den Fahrer auszuüben. Hier hilft der Hinweis, dass Originaldokumente in Deutschland privat sind und nur auf einer Polizei-Dienststelle herausgegeben werden dürfen. Wenn das alles nicht hilft, dann bleibt noch die Möglichkeit, den Beamten um Name und Dienststelle zu bitten und so zu tun, als ob die Deutsche Botschaft angerufen wird.

Derartige Gespräche sollten jedoch stets mit einer guten Portion gesunden Menschenverstandes geführt werden. Bleibe immer freundlich und ruhig. Ein Polizist, so unverschämt er vielleicht erscheint, hat durchaus die Macht, einem Reisenden ernsthaft zu schaden. Niemand möchte in die Situation kommen, auf die Polizeidienststelle abgeführt zu werden, damit das Auto konfisziert wird. Daher ist ein gutes Gespür nötig, damit die Situation nicht eskaliert.

Bleibt keine andere Möglichkeit als zu bezahlen, sollte eine Quittung verlangt werden. Mit ihr kann das Geld gegebenenfalls auf der nächsten Polizeistation zurückverlangt werden. Aber kaum ein Polizist wird es wirklich darauf ankommen lassen. Die meisten sind auf leicht verdientes Geld aus. Wenn es für den Polizisten lästig oder kompliziert wird, endet das Gespräch häufig abrupt mit der Rückgabe der Papiere.

Neben dieser unverhältnismäßigen Korruption gibt es noch die kulturell inhärente Korruption. So wie es in unserer Zivilisation selbstverständlich ist, der Bedienung im Restaurant ein Trinkgeld zu geben, so selbstverständlich ist es in einigen Ländern Lateinamerikas, dass sich die Polizei ihr Gehalt auf der Straße aufbessert. Dies ist bei der Bemessung des Gehaltes durch den Staat geradezu eingeplant. So wurden wir in Mexiko an der Straßenkreuzung von netten Polizisten mit einer als Weihnachtsgeschenk geschmückten Sammelbox um ein kleines Geschenk gebeten. In Nicaragua wollte der Polizist an der Straßenkontrolle einen Zuschuss für sein Mittagessen. In Bolivien werden entweder an Polizeiposten zeitaufwendig die Papiere kontrolliert, oder für ein paar Cent kann dieser Prozess verkürzt werden.

Diese Art der „Bezahlung" haben wir nie als Korruption empfunden, sondern als eine kulturelle Besonderheit. Die Polizisten in Mexiko haben wir mit drei Flaschen Cola beglückt, der Polizist in Nicaragua bekam zu seinem Mittagessen von uns einen Lutscher geschenkt und in Bolivien haben wir einfach fünf Bolivianos (0,55 Euro) auf den Tisch gelegt und kamen damit problemlos durch jede Kontrolle. Mehr als den Gegenwert von zwei Euro haben wir in solchen Situationen nie bezahlen müssen.

Vermeidung von Diebstählen

Diebstähle werden am einfachsten dadurch verhindert, dass Kriminelle keinen Grund haben, etwas zu klauen. Wer auf das Tragen von Uhren, Schmuck und teuren Kameras beim Stadtbummel verzichtet, der ist weniger attraktiv für Taschendiebe als der Pauschaltourist, der versucht, am Andenkenstand seinen 100-Dollar-Schein zu wechseln.

Wenn wir eine größere Summe Bargeld am Bankautomaten abgehoben haben, dann haben wir das entweder an Banken, vor denen wir mit dem Auto parken konnten, oder an Bankautomaten im Supermarkt gemacht. Wir wollten auf jeden Fall vermeiden mit einer großen Summe Bargeld herumlaufen zu müssen. Nur einen kleinen Betrag hatten wir im Portemonnaie, der größere Teil wurde sofort sicher im Auto versteckt.

Leider werden am Bankautomaten häufig die größten Scheine ausgezahlt. Wir versuchten, diese im Supermarkt oder beim Tanken zu wechseln, um so eine Auswahl kleiner Banknoten zu haben. So mussten wir keinen großen Schein herzeigen, wenn wir nur einen kleinen Betrag zu zahlen hatten.

Wer in einem europäischen Wohnmobil unterwegs ist, muss sich vor einem Fahrzeugdiebstahl nicht fürchten. Ein ungewöhnliches, auffälliges Fahrzeug mit fremden Nummernschildern findet nur schwer einen Abnehmer. Trotzdem befestigten wir zur Abschreckung eine von außen deutlich sichtbare Lenkradkralle, wenn wir das Fahrzeug verließen. Wichtiger ist, dass keine Wertsachen in der Fahrerkabine liegen. Damit sind nicht nur Autoradio oder Kamera gemeint, sondern auch Jacken, Luftkompressor oder Fahrzeugersatzteile. Alle unentbehrlichen Gegenstände sollten entweder unsichtbar hinter oder unter die Sitze geräumt werden oder dauerhaft in die Wohnkabine.

In der Nacht oder beim Verlassen des Übernachtungsplatzes sollten Campingutensilien wie Stühle und Grill ins Auto geräumt werden. Weniger, weil jeder Einheimische ein potenzieller Dieb ist, sondern um niemanden in Versuchung zu führen. Wenn Gelegenheit Diebe macht, dann trägt auch der Betroffene eine Verantwortung.

Vermeidung von Überfällen

Beklaut zu werden ist schon schlimm genug. Jedoch nachts im Fahrzeug überfallen zu werden oder beim Halt an der Ampel mit vorgehaltener Pistole bedroht zu werden, kann ein traumatisches Erlebnis sein, bei dem der Diebstahl von Wertsachen noch der geringste Verlust ist.

Gefahr droht vor allen Dingen in den Randgebieten großer Ballungszentren. Bei der Fahrt mit dem eigenen Auto sollten die Türen verriegelt und die Scheiben geschlossen sein. Wer nachts in einer Problemzone unterwegs ist, sollte die folgenden Grundregeln beachten: In verkehrsarmen Gegenden nicht vor roten Ampeln stoppen. Zügig fahren und sich nicht anhalten lassen. In Ausnahmefällen kann ein Polizeiauto gestoppt und um Eskorte an einen sicheren Ort gebeten werden.

Die sicherste Übernachtungsvariante in oder in der Nähe einer Großstadt ist auf einem Campingplatz oder einem 24 Stunden bewachten Parkplatz. Ist dies nicht möglich, kann bei der Polizei gefragt werden, ob vor deren Gebäude übernachtet werden darf. Als letzte

Möglichkeit bietet sich eine Wohnstraße in einer besseren Gegend an oder der zentrale Platz im Stadtzentrum.

Waren wir zu Fuß unterwegs, dann haben wir die Geldbörse nie in der Gesäßtasche getragen, sondern immer in der vorderen Hosentasche. In diesem Portemonnaie befanden sich nur ein paar kleine Scheine sowie abgelaufene Kreditkarten. Gültige Kreditkarten hatten wir nur dabei, wenn wir sie auch brauchten. Und dann befanden sie sich wie der Großteil des Geldes einfach locker in der vorderen Hosentasche. Auf diese Weise hätten wir bei einem Taschendiebstahl nur einen kleinen Verlust gehabt. Darüber hinaus hätten wir bei einem Überfall dem Dieb das Portemonnaie vor die Füße werfen und schnell das Weite suchen können.

Vermeidung von Unfällen

Entgegen vieler Gerüchte ist das Fahren in Lateinamerika bis auf die Großstädte ausgesprochen entspannt. Die Verkehrsdichte ist gering und Autos sind für die Einheimischen ein wertvolles Gut, das sie pfleglich behandeln.

Die größte Gefahr droht von nicht verkehrstüchtigen Autos und von schlechten Straßen. Bei dem fortgeschrittenen Alter so mancher Fahrzeuge und dem Fehlen einer regelmäßigen TÜV-Untersuchung wundert es nicht, dass schon mal die Bremsleuchten nicht funktionieren oder der Blinker defekt ist. Bei Dunkelheit fahren viele Einheimische mit unbeleuchteten Fahrrädern über die Straße und auch der ein oder andere Autofahrer verzichtet auf sein Abblendlicht. In den Bergen quälen sich die Lkw erst im Schritttempo den Berg hinauf, bevor sie im ersten Gang und Schneckentempo den Berg auf der anderen Seite wieder hinunter rollen.

Unfallstellen sind an großen Ästen zu erkennen, die mit der Machete vom Stamm geschlagen und quer über die Straße gelegt werden. Damit ein liegen gebliebenes Auto am Berg nicht rollt, werden Steine vor die Reifen gelegt. Häufig werden sie jedoch nicht weggeräumt, wenn der Schaden behoben ist, sondern bleiben mitten auf der Straße liegen.

Leitplanken sind in den meisten Ländern unbekannt. Besonders schmerzlich vermissten wir sie, wenn die Bergstraße direkt neben unseren Reifen Hunderte von Metern in die Tiefe stürzte. Das hält einige Einheimischen jedoch nicht davon ab, vor der Kurve zu überholen und darauf zu hoffen, dass der Aufkleber „Gott ist mein Hirte" sie vor Gegenverkehr und einem Zusammenstoß schützt. Riesige Schlaglöcher, unterspülte Straßen oder weggebrochene Straßenabschnitte sind keine Seltenheit.

Besondere Vorsicht ist nach Regen bzw. in der Regenzeit geboten. Ziehe bei kleinen Straßen vorab Erkundigungen ein, ob sie befahrbar sind. Eine gute Schotterstraße kann sich nach einem Regentag in eine unpassierbare und gefährliche Lehmpiste verwandeln. Aufgrund einer fehlenden Kanalisation werden aus ausgetrockneten Bächen reißende Flüsse, die unkontrolliert über die Straße schießen. Aus einer Bergflanke können sich Schlammlawinen lösen und die Fahrbahn blockieren.

All diese Unwägbarkeiten sind kein Problem für alle, die vorausschauend, defensiv und langsam unterwegs sind sowie vermeiden, nach Einbruch der Dunkelheit zu fahren. Lasse andere überholen, mache ihnen Platz, lasse sie vor. Lass dich vom Hupen anderer Autos nicht verunsichern. Anders als in Deutschland ist das Hupen nicht vorwurfsvoll gemeint, sondern in 99% nur ein akustisches Signal für die Präsenz anderer Fahrzeuge.

In den meisten Ländern ist das Fahrzeug zwar haftpflichtversichert, doch diese ersetzt keinen Schaden am eigenen Auto. Bei Unfällen mit Personenschaden landet jeder, nicht nur der Ausländer, erst einmal im Gefängnis und das Auto wird sichergestellt. In einer fremden Sprache und als Ausländer seine Unschuld gegenüber dem Polizisten zu beteuern, der vielleicht gerade vom Unfallverursacher ein paar Scheine zugesteckt bekommen hat, ist mit Sicherheit schwierig. Deshalb gilt: Geh kein unbedachtes Risiko ein!

Politische Unruhen

Gegenden mit politischen Unruhen sollten prinzipiell gemieden werden. Schnell braut sich eine Atmosphäre und Gruppendynamik zusammen, die in spontanen gewalttätigen Ausbrüchen eskalieren kann. Hiervon sind auch Touristen nicht ausgenommen. Menschen, die gerade noch interessiert über ihr politisches Anliegen diskutieren, können durch diese Dynamik angesteckt werden und schmeißen fünf Minuten später mit Steinen.

Solche Situationen sind vorrangig in Regierungsvierteln, in Gegenden mit starken Interessenvertretungen der indigenen Bevölkerung und in Ländern mit deutlichen Gegensätzen zwischen den unterschiedlichen Interessens- und Einkommensgruppen zu finden. Häufig sind diese Gruppen gut organisiert und mit der örtlichen Bevölkerung vernetzt. Auch wenn politische Konflikte in der außenpolitischen Darstellung als beigelegt gelten, gären sie oft im Verborgenen weiter und können immer wieder zu spontanen lokalen Unruhen führen. Bekannten Gruppierungen wie den beiden kolumbianischen Organisationen der Revolutionären Streitkräfte „FARC“ und die Nationale Befreiungsarmee „ELN“, dem Leuchtende Pfad „Sendero Luminoso“ in Peru oder der zapatistischen nationalen Befreiungsarmee „EZLN“ in Chiapas/Mexiko stehen unbekannte, oft nur lokale Gruppierungen gegenüber. So bleibt zum Beispiel kaum ein Reisender in Bolivien vor den spontanen Straßensperrungen verschont.

In solchen Situationen gilt: Meide Demonstrationen, verhalte dich unauffällig, sei sensibel für Stimmungsschwankungen, achte auf Drogen- und Alkoholkonsum, lasse dich auf keine politischen Diskussionen ein. Informiere dich vorab über die aktuelle Situation der zu bereisenden Ländern auf der Internetseite des deutschen Auswärtigen Amtes unter den Reise- und Sicherheitshinweisen.

Notwendige Dokumente

Benötigt werden Reisepass, Führerschein (europäisches Scheckkartenformat) und Fahrzeugschein (Zulassungsbescheinigung Teil 1). Fahrzeugbrief (Zulassungsbescheinigung Teil 2), internationaler Führerschein, internationaler Fahrzeugschein und Carnet de Passage wurden bei uns nirgendwo verlangt. Für den Fall des Verlustes haben wir vor der Reise einen zweiten Reisepass ausstellen lassen. Dieser ist fünf Jahre gültig und wird problemlos ausgestellt, wenn als Grund eine Weltreise angegeben wird.

Es ist ratsam, Farbkopien der oben genannten Dokumente zu erstellen und zu laminieren. Außerhalb der Grenzen haben wir bei Kontrollen nie unsere Original-Dokumente gezeigt. Die Kopien wurden stets problemlos akzeptiert. Darüber hinaus haben wir generell von allen wichtigen Papieren Scans angefertigt bzw. Fotos gemacht, die wir online in unserem E-Mail-Postfach gespeichert haben.

Auslandskrankenversicherung

Es werden Auslandskrankenversicherungen mit einer Laufzeit zwischen einigen Monaten und fünf Jahren angeboten. Ein großer preislicher Unterschied ist bei vielen, ob die USA eingeschlossen sind oder nicht. Die Versicherung muss vorab im Heimatland gekauft werden. Ein Abschluss aus dem Ausland ist nicht möglich! Bei einigen Versicherungen kann der Vertrag auch über das Internet ausgefüllt werden. Wird jedoch die Versicherung im Krankheitsfall in Anspruch genommen, muss ein Nachweis (zum Beispiel das Flugticket) vorgelegt werden, der den Heimataufenthalt bei Vertragsbeginn belegt. Schummeln geht nicht. Im schlimmsten Fall bleibt der Versicherte nicht nur auf den gezahlten Prämien sitzen, sondern auch auf den Behandlungskosten im Ausland.

Im Normalfall wird beim Kauf der Versicherung die Gesamtlaufzeit festgelegt. Bei früherer Rückkehr von der Reise werden die zu viel gezahlten Beträge häufig erstattet (sich im Vorfeld erkundigen). Beim ADAC ist es möglich, die Versicherung bis zur maximalen Vertragslaufzeit von zwei Jahren auch von unterwegs zu verlängern. Läuft die Krankenversicherung während der Reise aus und kann nicht verlängert werden, dann muss entweder bis zum Ende der Reise auf den Krankenschutz verzichtet oder im Heimatland eine neue Versicherung abgeschlossen werden.

Wer zusammen mit seinem Fahrzeug eine Frachtschiffreise zwischen Montevideo/Uruguay und Deutschland bucht, benötigt eine gültige Auslandskrankenversicherung.

Autoversicherung

Die in Deutschland abgeschlossene Kfz-Versicherung ist weder in den USA noch in Lateinamerika gültig. Solange das Fahrzeug in der Heimat angemeldet ist, besteht jedoch Versicherungspflicht. Es ist ratsam, vorab mit der Versicherungsgesellschaft zu klären, dass im Falle der Nutzung des Fahrzeuges außerhalb der versicherten Region die gezahlten Gebühren erstattet werden und die Versicherung ruht. Nach Zusendung des Verschiffungsnachweises unseres Autos nach Kanada war dies bei uns problemlos.

In den meisten Ländern Nord-, Zentral- und Südamerikas besteht eine Versicherungspflicht für das Fahrzeug. Am teuersten ist sie für die USA. In den Ländern Zentralamerikas kann eine Autoversicherung direkt an der Grenze einfach und kostengünstig gekauft werden. Ab Ecuador haben wir eine Haftpflichtversicherung für alle Länder Südamerikas (ohne Kolumbien) abgeschlossen.

Angebote für Kfz-Versicherungen sind im Internet unter dem Suchbegriff „Kfz Versicherung Südamerika" zu finden.

Kredit- und Girokarten

Das Abholen von Geld an Geldautomaten funktioniert in jedem Land sowohl mit der Girocard als auch mit der Kreditkarte. Vorab ist mit der Hausbank zu klären, ob diese Funktion für Lateinamerika freigeschaltet werden muss und ob bei Kartenverlust oder Kartenmissbrauch eine neue Karte ins Ausland verschickt werden kann.

Die Erfahrung hat uns gelehrt, Karten verschiedener Banken dabei zu haben. Nicht immer wird jeder Anbieter akzeptiert. Bei vielen Geldinstituten fallen Gebühren sowohl im Reiseland als auch im Heimatland an. Einige Banken bieten die gebührenfreie Bargeldabholung mit der Kreditkarte im Ausland an. Von den Kreditkarten wurde an den Geldautomaten VISA häufiger akzeptiert als Mastercard.

Zusätzlich sollte immer ein größerer Betrag US-Dollar sicher im Fahrzeug versteckt sein. In vielen Ländern kann alternativ mit Dollar bezahlt werden oder es lassen sich günstigere Wechselkurse aushandeln. Die Verschiffung von Panama nach Kolumbien mussten wir bar in US-Dollar bezahlen. Die Dollar-Reserven können an Bankautomaten in den USA, Panama, Ecuador, Brasilien und Uruguay aufgestockt werden.

Mobil telefonieren

Es gibt verschiedene Möglichkeiten, in Lateinamerika mobil zu telefonieren. Am preiswertesten ist die Nutzung von Skype mit dem eigenen Laptop oder aus einem Internetcafé. Skype ermöglicht einerseits das kostenlose Telefonieren zwischen Skype-Kunden über das Internet. Andererseits können gegen eine geringe Gebühr alle Festnetz- und Mobilfunkanschlüsse angerufen werden. Es setzt jedoch immer einen Internet-Zugang voraus.

Relativ einfach ist es, bei einem lokalen Anbieter eine Prepaid-SIM-Karte für das (freigeschaltete) Triband- oder Quadband-Handy zu kaufen und damit zu telefonieren. Das macht insbesondere für Reisende Sinn, die sich lange in einem Land aufhalten, viele Inlandstelefonate führen oder günstige Konditionen für Telefonate in die Heimat bekommen. Da wir unser Handy nur als Notfalltelefon parallel zu Skype nutzten, um auch ohne Internet-Zugang erreichbar zu sein, hatten wir ein Handy mit der Prepaid-SIM-Karte unseres deutschen Anbieters dabei. Die Abdeckung durch Roaming-Partner war zwar nicht optimal, aber für uns meist ausreichend. Die Gebühren pro Minute sind hoch, doch häufig reicht es, eine SMS zu verschicken. Das Guthaben kann problemlos von unterwegs online aufgeladen werden.

Satellitentelefon

Es gibt vier Anbieter für mobile Telefonate via Satellit: Globalstar, Inmarsat, Iridium und Thuraya. Die verfügbaren Telefone funktionieren nur mit den Satelliten des jeweiligen Anbieters. Daher ist nach dem Kauf der Hardware kein Wechsel möglich, ohne auch das Telefon auszutauschen. Telefonate mit einem Satellitentelefon sind sehr kostspielig. Alternativ kann entweder ein Vertrag abgeschlossen werden oder es wird eine Prepaid-Karte gekauft. Die Prepaid-Karten müssen meist mit einem Mindestguthaben aufgeladen werden, das bei Nichtnutzung innerhalb eines gewissen Zeitraums verfällt. Nur Iridium ermöglicht Telefonate von jedem Punkt der Erde. Thuraya bietet keine Abdeckung in Zentral- und Südamerika. Inmarsat deckt bis auf die Pole die ganze Welt ab. Globalstar hat nur dort Abdeckung, wo auch eine Bodenstation ergänzend zu den Satelliten steht. Dadurch ist die Abdeckung in Zentral- und Südamerika nicht durchgängig.

Internet

Freie WiFi-Netzwerke sind in Lateinamerika weit verbreitet. Auf vielen Campingplätzen, an Tankstellen, auf den Dorfplätzen, in öffentlichen Gebäuden oder Bibliotheken, in Restaurants, Bars oder Cafés gibt es die Möglichkeit, sich ins Internet einzuwählen und kostenlos zu surfen. Viele dieser Netzwerke sind zwar verschlüsselt, doch es ist kein Problem, das Passwort (span. *la clave*) vom Betreiber zu erhalten. Hilfreich ist eine WiFi-Verstärkerantenne, mit der auch Signale aus größerer Entfernung empfangen werden können.

Mobil im Internet mit einem USB-Surfstick

In fast allen Ländern Lateinamerikas wird von den lokalen Mobilfunkprovidern ein USB-Surfstick mit Prepaid-SIM-Karte angeboten. Die Verbindung vom Laptop zum Internet wird über das Mobilfunknetz aufgebaut. Die Abdeckung und Geschwindigkeit ist abhängig von der Netzabdeckung des Mobilfunkanbieters.

E-Mail

Es macht Sinn, ein E-Mail-Programm auf dem Laptop zu installieren, um empfangene Mails in Ruhe offline lesen, beantworten und bei der nächsten Verbindung mit dem Internet verschicken zu können. Hilfreich ist es, wenn diese privaten E-Mails auch online als Webmail empfangen werden können, um im Internetcafé auf seinen E-Mail-Account zugreifen zu können.

Internetseite, Reiseblog, soziales Netzwerk oder Tagebuch

Über die eigene Internetpräsenz können Familie und Freunde an den Abenteuern teilnehmen. Hier werden Reiseerlebnisse, Anekdoten, Fotos und Videos zeitnah mit anderen geteilt. Die eigene Online-Präsenz ist aber auch eine gute Möglichkeit, andere Reisende kennenzulernen, sich auszutauschen und in Kontakt zu bleiben.

Doch in erster Linie nutzen die Reisenden ihr Tagebuch, um die Erlebnisse für sich selber festzuhalten und zu verarbeiten. Bei der Fülle neuer Eindrücke wären sonst die Erlebnisse von heute in zwei Wochen schon in Vergessenheit geraten. Ob ein solcher Reisebericht für alle sichtbar im World Wide Web veröffentlicht wird oder in einem privaten Tagebuch, ist eher eine Frage des persönlichen Stils.

Online-Plattformen für den Erfahrungs- und Informationsaustausch

Nichts ist so schnell veraltet wie gedruckte Informationen, nichts so aktuell wie die persönlichen Erfahrungen der momentan Reisenden. Aus diesem Grunde sollen an dieser Stelle aus der Fülle guter Reiseseiten und Foren zwei Seiten besonders hervorgehoben werden, die bei Vorbereitung und Durchführung einer Reise durch Lateinamerika wichtige Hilfestellung leisten.

Eine ist das Panamericanaforum. Zwischen 1999 und 2000 war Mark Hoschek mit einem alten VW-Bus auf der Panamericana von Nord- nach Südamerika unterwegs. 2002 richtete er für den Informationsaustausch rund um die Traumstraße zwischen Alaska und Feuerland das Panamericanaforum ein. In diesem Forum kann jeder Einträge lesen und schreiben, es besteht kein Registrierungszwang (http://panamericanaforum.org).

Die andere ist das Reiseportal Panamericanainfo, das von Joachim Kieser betrieben wird, der seit 2008 auf dem amerikanischen Kontinent unterwegs ist. Hier finden sich viele Informationen rund um die Panamericana-Reise, Links zu guten Panamericana-Infos (Übernachtungsplätze, Grenzen, Verschiffung etc.), ein Linkverzeichnis der Websites von Panamericana-Reisenden, eine spezielle Suchmaschine für die Panamericana-Tour und aktuelle Panamericana-News (http://panamericanainfo.com).

Wahl des Fahrzeuges

So mancher Reisende macht sich im Vorfeld zu viele Gedanken über das richtige Fahrzeug und wie er es sich leisten kann. Die Kosten des Fahrzeuges sprengen nicht selten das Reisebudget. Schon vor dreißig Jahren sind viele mit dem VW-Bus die Panamericana gefahren und die Straßensituation hat sich seitdem deutlich verbessert. Investiere nicht zu viel Zeit und Geld in das perfekte Fahrzeug, sondern breche lieber auf und reise.

Welches Fahrzeug das richtige ist, hängt stark von den eigenen Bedürfnissen und vom Geldbeutel ab. Es ist kein Problem, die Panamericana mit einem normalen Wohnmobil von der Stange oder mit Pkw und Zelt zu bereisen. Immer vorausgesetzt, es geht nur über die Hauptverkehrsstraßen und Abstecher ins Hinterland passen sich den Möglichkeiten des Fahrzeuges an.

Andererseits kann ein Geländewagen mal so richtig genutzt werden. Möglichkeiten fürs Offroading gibt es in Lateinamerika zuhauf und häufig sind entlegene Orte nur über schlechte und ruppige Pisten zu erreichen. Geländetaugliche Bereifung, hohe Bodenfreiheit, gute Verschränkung, Vierradantrieb und Differentialsperren erleichtern auf diesen Strecken das Durchkommen oder machen es gar erst möglich.

Ein wesentliches Kriterium bei der Wahl des Fahrzeuges ist der Motor. Bringt er das Fahrzeug auch noch in Höhen von über 4000 Metern voran? Verträgt er schmutzigen Diesel? Hat er eine Motorelektronik, die bei Ausfall das ganze Fahrzeug stilllegt? Ist der Motor in Lateinamerika bekannt und eine Ersatzteilversorgung möglich? Die Erfahrung zeigt, je einfacher und unempfindlicher der Motor, desto besser ist er für diese Tour geeignet.

Bei der Ausstattung des Fahrzeuges sollte alles zu Hause bleiben, was nicht gebraucht wird und Gewicht kostet. Die Tanks sollten so dimensioniert sein, dass der Sprit für 700 Kilometer reicht. Nur auf der Lagunenroute in Bolivien hatten wir einmal die Situation, 450 Kilometer ohne Spritversorgung zu fahren. Dort fuhren wir kontinuierlich auf über 4000 Metern und hatten einen um 50% höheren Verbrauch. Wichtig ist, im Vorfeld zu klären, wie sich der Verbrauch des Fahrzeuges in extremen Höhenlagen verändert.

Auch der Größe des Fahrzeuges sind keine Grenze gesetzt. Reisefreunde sind mit einem MAN KAT 6x6 und 18 Tonnen Reisegewicht unterwegs. Je größer das Auto ist, desto besser ist der Komfort beim Campen und desto schlechter das Fahrverhalten in kleinen Dörfern oder auf engen Pisten. Es ist, wie immer, eine Frage der persönlichen Prioritäten. Wir waren mit einem Expeditionsmobil auf Basis eines Toyota Landcruiser HZJ mit Alkovenkabine unterwegs (6 m lang, 2 m breit, 3 m hoch). Wir hatten nicht das Gefühl, uns bei der Wahl der Strecke einschränken zu müssen und fanden den Platz zum Wohnen ausreichend.

Immer wieder wird in Internet-Foren diskutiert, ob ein großes Expeditionsmobil auf Lkw-Basis nicht den Neid der Bevölkerung hervorruft und regelrecht zu Einbrüchen und Steinwürfen herausfordert. Persönlich und auf den Erfahrungen anderer Reisender basierend, konnten wir ein solches Verhalten nie beobachten. Ganz im Gegenteil, die Menschen waren immer fasziniert und begeistert ein für sie exotisches Fahrzeug zu sehen. Häufig sind es gerade die großen und auffällig beklebten Fahrzeuge, die besonders viel positive Aufmerksamkeit bekommen.

Wie für jedes Land der Welt gilt: 99,9% der Bevölkerung sind friedliche, interessierte und leicht zu begeisternde Menschen, die sich freuen, wenn Touristen ihr Land besuchen. Es gibt überhaupt keinen Grund, in unauffälligen Autos übers Land zu fahren, in der Hoffnung, nicht als Tourist erkannt zu werden. Gerade deshalb ergibt sich ja häufig der Kontakt zu den Einheimischen.

Anmeldung und TÜV des Fahrzeuges

Laut einer Auskunft vom ADAC muss das Reisefahrzeug aus rechtlichen Gründen in Deutschland angemeldet sein, auch wenn es sich im außereuropäischen Ausland bewegt. De facto interessiert sich jedoch kein Grenzer oder Polizist auf dem amerikanischen Kontinent dafür. Nachteil der Meldung in Deutschland ist, dass jährlich die Kfz-Steuer fällig wird. Vorteil ist, dass der Fahrzeughalter den Fahrzeugschein behält, der für die Grenzformalitäten benötigt wird.

Werden während der Reise die Pläne geändert und das Fahrzeug anstatt auf direktem Weg zurück nach Deutschland nach Südafrika verschifft, so wird ein Carnet de Passage benötigt. Dieses wird vom ADAC nur ausgestellt, wenn das Fahrzeug in Deutschland gemeldet ist. Sollte während der Durchquerung des amerikanischen Kontinents der TÜV abgelaufen sein, kann das Auto von unterwegs nicht mehr angemeldet werden. Bei angemeldetem Fahrzeug mit abgelaufenem TÜV ist der Erhalt eines Carnet de Passage jedoch kein Problem.

Für den (abgelaufenen) TÜV-Stempel auf unserem Nummernschild hat sich niemand interessiert. Ist während der Reise der TÜV abgelaufen, muss unverzüglich bei Rückkehr nach Deutschland eine Prüfstation aufgesucht werden.

Bei abgemeldeten Fahrzeugen kann das Fahrzeug ohne Kurzzeitkennzeichen nicht aus dem Hafen ausgeführt werden. Wer in Deutschland gemeldet ist, bekommt seit November 2012 nur noch an seinem Wohnort ein Kurzzeitkennzeichen.

Zollrechtliche Behandlung bei der Wiedereinfuhr nach Deutschland

Der Zoll spricht bei der Wiedereinführung des Reisemobils aus Südamerika von „Rückware“. Diese ist unter speziellen Bedingungen von Zoll (10%) und Einfuhrumsatzsteuer (19%) befreit. Voraussetzung für die Anerkennung der Rückwareneigenschaften sind grundsätzlich:

- Das Fahrzeug wurde ursprünglich aus dem Zollgebiet der EU ausgeführt.

- Es wird innerhalb von drei Jahren wieder eingeführt.
- Es wird zur Überführung in den zollrechtlich freien Verkehr angemeldet.
- Es liegt ein Antrag auf Einfuhrabgabebefreiung vor.
- Das Fahrzeug ist unverändert und es liegt ein Nämlichkeitsnachweis vor.

Als Nämlichkeitsnachweis bzw. als Nachweis der Rückwareneigenschaft sind zum Zeitpunkt der Wiedereinfuhr zwingend Unterlagen vorzulegen, die der Zollstelle als Nachweis dafür dienen, dass es sich um das gleiche Fahrzeug handelt wie bei der Ausfuhr.

Nachstehende Unterlagen kommen hierfür in Betracht:

- Das Auskunftsblatt INF 3 für Rückwaren (Vordruck 0329).
- Ein in der Europäischen Union ausgestelltes Carnet ATA.
- Die Vereinfachte Nämlichkeitsbescheinigung im Reiseverkehr (Vordruck 0330).

Für die Prüfung und Bewertung der beigebrachten Beweisunterlagen ist die Wiedereinfuhrzollstelle zuständig. Das Verfahren über die Wiedereinfuhr von Rückwaren ist in Artikel 185 ff der Verordnung (EWG) Nr. 2913/92 (Zollkodex – ZK), Artikel 844 ff der Verordnung (EWG) Nr. 2454/93 (Zollkodex-Durchführungsvorschrift – ZK-DVO) und der Dienstvorschrift Z 0834 geregelt.

Autoersatzteile und Ersatzteilversand

Vor der Reise sollte bereits geklärt werden, ob Modell und Motor des Fahrzeuges auf dem amerikanischen Kontinent vertrieben werden. Alle Verschleißteile wie Ölfilter, Dieselfilter, Bremsbeläge, Keilriemen und Stoßdämpfer sollten sich vor Beginn der Reise in einwandfreiem Zustand befinden. Wenn nicht klar ist, ob diese auf der Tour problemlos erhältlich sind, sollte Ersatz aus Deutschland mitgenommen werden.

In Lateinamerika ist es vielerorts ein Problem, die richtigen Reifen zu finden. Viele Typen und Größen sind entweder erheblich teurer als in der Heimat oder gar nicht erhältlich. Immer wieder importieren Reisende für viel Geld Reifen aus Deutschland. Daher sollte die Reise auf jeden Fall mit neuen Reifen gestartet werden. Ein Ersatzreifen auf Felge reicht aus. Reifenreparaturwerkstätten sind überall zu finden. Werkstattbesuche sind preiswerter als in Deutschland und werden professionell durchgeführt. Wer noch Platz im Gepäck hat, kann die Werkstatthandbücher für seinen Wagentyp einpacken. Dies macht insbesondere dann Sinn, wenn der Fahrzeugtyp in Lateinamerika nicht gefahren wird oder das Auto schon alt und reparaturanfällig ist.

Schwierig gestaltet sich häufig der Versand von Ersatzteilen aus Deutschland. Teilweise gibt es Importhöchstgrenzen, hohe Importzölle oder der Auslöseprozess beim Zoll ist zeitaufwendig und nur innerhalb gewisser Fristen möglich. Der Ersatzteilversand ist zwar bei der ADAC-Plus-Mitgliedschaft enthalten, doch gilt dieser nur für das europäische Ausland.

Sollte ein zwischenzeitlicher Heimflug geplant sein, ist es die einfachste Lösung, Ersatzteile im Fluggepäck zu transportieren. Eine andere Möglichkeit ist, Ersatzteile von anderen Reisenden mitbringen zu lassen. Am leichtesten ist dies bei Reisenden, die gerade ihr Fahrzeug verschiffen. Über das Panamericanaforum (http://panamericana forum.org) können Kontakte hergestellt werden.

Um Einfuhrzölle zu minimieren beziehungsweise ganz zu vermeiden, gibt es ein paar Tricks. Teile aus Deutschland sollten als Gebrauchtteile mit einem geringeren Warenwert geschickt werden. Beim Zoll vor Ort kann versucht werden, die Ersatzteile in die temporäre Einfuhrerklärung des Fahrzeuges zu integrieren. De facto werden die Ersatzteile ja tatsächlich im Auto montiert und kurze Zeit später außer Landes gebracht.

Dieselqualität

Moderne Dieselmotoren mit Partikelfilter bekommen Probleme mit qualitativ schlechtem Treibstoff. Die Gefahr ist am größten in Bolivien, Peru und Ecuador. Daher sollte vorab mit dem Hersteller geklärt werden, welche Vorkehrungen gegen schlechten Diesel getroffen werden können. In Chile, Argentinien, Uruguay und Brasilien gibt es Diesel in zwei verschiedenen Qualitäten.

Dieselstandheizung in großen Höhen

Wir haben uns für eine Diesel-Standheizung entschieden, da der Kraftstoff überall erhältlich ist und direkt aus dem Fahrzeugtank entnommen wird. Es ist jedoch darauf zu achten, dass die Heizung auch in den extremen Höhen der Anden funktioniert. Schon ab 2000

Höhenmeter verändert sich die Zusammensetzung der Luft, so dass nicht mehr ausreichend Sauerstoff für die Verbrennung zur Verfügung steht. Als Folge setzt sich die Brennkammer mit Ruß zu, die Heizung fällt aus.

Bei einer verschraubten Heizeinheit kann diese geöffnet und die Brennkammer gesäubert werden, um die Funktionstüchtigkeit wieder herzustellen. Dauerhaft hilft jedoch nur eine automatische Höhenkompensation oder eine zweite Dieselpumpe, die parallel eingebaut wird. Diese spritzt nur noch 70% der Dieselmenge in die Brennkammer und kann in Höhen bis rund 3800 Metern betrieben werden. Ab dieser Höhe verzichteten wir auf die Standheizung und heizten im Bedarfsfall bei laufendem Motor über die Motorheizung.

Vorgeschriebene Sicherheitsausrüstung im Fahrzeug

In vielen Ländern sind zwei Warndreiecke und ein Feuerlöscher vorgeschrieben. Auf die sichtbare Kennzeichnung des Fahrzeuges mit rot-weißen Reflektoraufklebern wird insbesondere in Peru geachtet. In Argentinien ist eine Anhängerkupplung verboten und bei Lkw wird ein Unterfahrschutz verlangt. Nicht in allen Ländern, in denen das Abblendlicht auch bei Tag verpflichtend ist, werden europäische LED-Zeilen akzeptiert. Probleme mit der Polizei vermeidet, wer diese Regeln berücksichtigt. Möglich ist auch, sich auf die temporäre Einfuhrerlaubnis des Zolls zu berufen, der das Fahrzeug im aktuellen Zustand ins Land gelassen hat.

Offroad-Ausstattung und Autozubehör

Sandbleche, High-lift, Seilwinde und Co. sind schwer, nehmen viel Platz weg und sollten daheim bleiben, wenn kein Offroad gefahren wird. Eine Schaufel, ein Luftkompressor, ein Reifen-Flickset und Standardwerkzeuge gehören jedoch in jedes Fahrzeug. Wer das abendliche Lagerfeuer liebt, darf Säge und Axt nicht vergessen. Unbedingt empfehlenswert sind kräftige Schraubzwingen, eine kleine Metallsäge, eine Handbohrmaschine mit Holz- und Metallbohrer, ein Strommessgerät, verschiedene Spanngurte, stabiles Gewebeklebeband, Kabelbinder, eine Silikonspritze mit einem Dichtstoff auf Polyurethan-Basis sowie ein Butyldichtstoff.

Versorgung mit Gas

Wenn Gas ausschließlich zum Kochen genutzt wird, dann reichen bei normaler Nutzung zwei deutsche 5-kg-Gasflaschen für rund sechs Monate. Wenn die erste Flasche leer ist, kann in Ruhe nach einer Füllmöglichkeit geschaut werden. Bei deutschen Gasflaschen wird ein „US-Adapter" benötigt, wie er zum Beispiel bei Wynen-Gas erhältlich ist (http://www.wynen-gas.de). Da in Lateinamerika ein anderes Füllsystem als in Deutschland verwendet wird, braucht es manchmal ein wenig Überzeugungsarbeit, klappt jedoch fast immer.

Wenn mit Gas nicht nur gekocht wird, sondern auch Heizung und Kühlschrank betrieben werden, ist der Kauf neuer Gasflaschen in den USA eine gute Alternative. Diese können mit einem „Adapter für amerikanische Gasflaschen" (ebenfalls erhältlich bei Wynen-Gas) an das Fahrzeugsystem angeschlossen werden. Da in diesem Fall häufiger neues Gas gekauft werden muss, erleichtert es das Füllen der Flaschen. Gastanks sind in Lateinamerika sehr schwer zu befüllen.

Versorgung mit Strom

Wer auf Außenstrom angewiesen ist, sollte ein langes Stromkabel und verschiedene Adapterstecker mitnehmen. Nicht überall ist ein Stromanschluss in der Nähe, in den seltensten Fällen ist dieser geerdet. In Mexiko und anderen Ländern Zentralamerikas verkaufen die Baumärkte Stecker, die in Lampenfassungen geschraubt werden, um von dort den Strom zu entnehmen.

Da die Spannung in vielen Ländern nur 110 Volt beträgt, sollte auch das Batterieladegerät im Fahrzeug darauf ausgelegt sein. Sensible elektronische Geräte sollten nicht direkt an den Außenstrom angeschlossen werden, sondern möglichst über einen Wechselrichter, der DC-Spannung in eine reine AC-Sinuswellenspannung von 12V auf 220V umwandelt.

Eine gute Investition, nicht nur für die Umwelt, ist die Installation einer Solaranlage. Insbesondere in den Tropen ist der Sonnenwinkel optimal, die Sonnenscheindauer ist hoch und auf vielen Campingplätzen kann ein Rabatt ausgehandelt werden, wenn auf Außenstrom verzichtet wird.

Versorgung mit Trink- und Brauchwasser

In jedem Geschäft ist Trinkwasser in Flaschen oder Kanistern erhältlich. Weit verbreitet sind 5-Liter-Flaschen und 20-Liter-Mehrwegkanister. Teilweise ist Wasser sehr billig, in anderen Ländern aber überproportional teuer. Um Müllberge aus PET-Flaschen zu vermeiden, filterten wir im Auto unser eigenes Trinkwasser.

Wasser zu tanken ist nirgendwo ein Problem: Auf Campingplätzen oder an Tankstellen gibt es immer Zapfstellen für Frischwasser. Meist muss der eigene Schlauch angeschlossen werden. Um auch Wasserhähne nutzen zu können, die nicht über einen Standardanschluss verfügen, haben wir uns einen „Water Bandit" gekauft. Das ist eine Gummitülle, der auf der einen Seite über den Wasserhahn gestülpt und auf der anderen Seite mit dem Wasserschlauch verbunden wird.

Im Zweifelsfall ist in Lateinamerika davon auszugehen, dass kein Trinkwasser aus der Leitung kommt. Schon bei der Befüllung des Tanks kann durch einen Filter am Schlauch die Verunreinigung mit groben Partikeln verhindert werden. Darüber hinaus füllen wir 10 ml fünfprozentige Chlorlösung (gibt es in jedem Supermarkt) in unseren 100-Liter-Frischwassertank, um Algenbildung im Tank und den Schläuchen zu verhindern.

Die Gefahr, durch unreines Wasser krank zu werden, besteht nicht nur beim Trinken. Auch beim Waschen von Salat und Obst sowie beim Spülen sollte darauf geachtet werden, kein kontaminiertes Wasser zu verwenden. Daher filterten wir Trink- und Brauchwasser über ein zweistufiges Filtersystem. In großen Supermärkten Lateinamerikas werden zusätzlich Desinfektionsmittel verkauft, in die frisches Obst und Gemüse fünfzehn Minuten eingelegt wird. Es ist absolut geschmacksneutral.

Öffentliche Toiletten und Fahrzeugtoilette

Wer an Bord seines Fahrzeuges eine Toilette hat, sich aber davor ekelt, diese auch zu entleeren, sollte von vorneherein besser darauf verzichten.

Generell ist die Versorgung mit öffentlichen Toiletten in Lateinamerika gut. Auf Campingplätzen, an Tankstellen, an Mautstationen, in Supermärkten, in Museen und in Visitor Center gibt es überall Toiletten, die in der Regel kostenlos und relativ sauber sind. Da es in öffentlichen Toiletten kein Toilettenpapier gibt, ist dieses mitzubringen. Wegen der dünnen Abflussrohre wird Toilettenpapier nicht über die Toilettenschüssel entsorgt, sondern in den Eimer daneben. Um die Hygiene auf öffentlichen Toiletten zu verbessern, können aus Deutschland Papier-Toilettensitze mitgebracht werden.

Toilettenzusätze für die Zersetzung von Fäkalien sind in Lateinamerika nicht erhältlich. Daher ist es sinnvoll, eine Geruchsabsaugung (z. B. das SOG-System) zu installieren. Um weitere Gerüche zu eliminieren, gaben wir einen Schuss Chlorreiniger in den Toilettentank. Die Kassette kann meist in den Toiletten von Campingplätzen entleert werden. Wer längere Zeit in der freien Natur campt, sollte für die Entsorgung ein tiefes Loch abseits menschlicher Behausungen und Trinkwasserreservoirs graben und anschließend zuschütten.

Übernachtungsplätze

So romantisch eine Reise im Wohnmobil ist, so stressig gestaltet sich manchmal die Suche nach dem passenden Übernachtungsplatz, wenn die Sonne sich dem Horizont nähert. Nicht überall liegt pünktlich zum Ende des Fahrtages ein einsamer Sandstrand mit Palmen, eine azurblaue Lagune in den Anden oder ein Stellplatz in der Wüste unter funkelndem Sternenhimmel.

Es gibt erstaunlich viele Campingplätze entlang der Panamericana. Hostels, Hotels, Jugendherbergen und Restaurants stellen gerne ihren Parkplatz für eine Nacht zu Verfügung. Häufig dürfen sogar die Hoteleinrichtungen genutzt werden. An vielen Sehenswürdigkeiten und in Nationalparks ist Camping erlaubt. Wer Motorenlärm nicht scheut, kann an fast jeder 24-Stunden-Tankstelle zwischen den Lkw die Nacht verbringen. Alle diese Stellplätze haben gemeinsam, dass öffentliche Toiletten und häufig sogar Duschen und Free WiFi zur Verfügung stehen.

In den meisten Ländern Lateinamerikas ist es erlaubt, überall dort zu campen, wo es nicht ausdrücklich verboten wird. Waren wir in der Nähe menschlicher Behausungen, so haben wir vorab die Anwohner gefragt, ob es für sie in Ordnung ist, wenn wir hier campen. In einsamen Gegenden haben wir aus Sicherheitsgründen darauf geachtet, dass unser Auto von der Straße nicht sichtbar ist. In der Nähe von Großstädten und in Vorstädten sollte generell nicht frei gecampt werden. Wer in der Stadt übernachten will, sucht entweder einen Campingplatz oder stellt sich an den zentralen Platz neben die Kirche, an den Straßenrand besserer Stadtviertel oder auf die Parkplätze von Polizei und Feuerwehr.

Eine hervorragende Quelle für Übernachtungsplätze sind die Internetseiten anderer Reisender. Immer mehr erfassen ihre Stellplätze mit GPS-Koordinaten, Preisen, Qualität und Ausstattung und stellen diese kostenlos online zur Verfügung. Nirgendwo sonst sind Informationen so aktuell. Nicht zuletzt freuen sich auch die Einheimischen, wenn sie nach einem sicheren Übernachtungsplatz gefragt werden. Häufig wird eine solche Frage nicht nur mir einem besonders schönen Stellplatz belohnt, sondern fast immer mit interessanten Gesprächen und manchmal sogar mit einer spontanen Einladung zum Essen.

Wäsche waschen

Einige Campingplätze stellen Waschmaschinen zur Verfügung. Wir haben die Wäsche meist in eine *lavandería,* einen Waschsalon, gebracht und waschen lassen. Das klappte hervorragend und die Wäsche war stets sauber. Wenn wir die Wäsche morgens abgegeben haben, konnten wir sie meistens abends getrocknet abholen.

Reiseapotheke und Arztbesuche

Bei Haus- und Zahnarzt sollte vor der Reise ein Check-up erfolgen. Der Hausarzt weiß am besten, welche Impfungen aktuell notwendig sind und welche Medikamente prophylaktisch mitgenommen werden sollen. Ist eine Reise auf dem Frachtschiff von oder nach Südamerika geplant, so ist die Gelbfieberimpfung obligatorisch.

Die Versorgung mit Apotheken ist in den Staaten Zentral- und Südamerikas gut. Sie ähneln deutschen Drogeriemärkten mit einem Verkaufstresen für Medikamente. Viele in Deutschland verschreibungspflichtige Produkte sind hier frei verkäuflich. Die Arzneimittel sind häufig nicht unter dem gleichen Namen wie in Deutschland erhältlich. Daher sollten vor Antritt der Reise Wirkstoffe, Wirkstoffstärke und Darreichungsform notiert werden.

Die Selbstmedikation mit verschreibungspflichtigen Präparaten (wie zum Beispiel Malariamittel in der Notfall-Selbsttherapie) sollte nur durchführen, wer mit dem Hausarzt vorab über Symptome und

Medikamenteneinnahmen gesprochen hat. Bei akuten Erkrankungen wie Durchfall macht es Sinn, einen Arzt vor Ort aufzusuchen. Er kann die Ursachen durch lokale Erreger am besten einschätzen und die richtigen Präparate verschreiben. Den nächstgelegenen Arzt kennt der Apotheker.

Ärzte in Lateinamerika verstehen häufig kein Englisch und erst recht kein Deutsch. Die Kosten sind minimal, häufig ist die ärztliche Grundversorgung kostenlos. Die Qualität der Ärzte ist in der Regel nicht mit deutschem Standard vergleichbar. In kritischen Fällen bietet es sich an, Ärzte oder Kliniken in den großen Metropolen und Hauptstädten aufzusuchen.

Wertvolle Dienste leistet auch ein Erste-Hilfe-Buch. Viele dieser Bücher sind häufig mehr für den Survival-Extremfall als für den Hausgebrauch geschrieben. Wer sich nicht gerade auf eine Expedition in den Amazonas-Dschungel begibt, ist mit einem Erste-Hilfe-Buch für den Hausgebrauch besser bedient. Es sollten dort zum Beispiel die folgenden Stichworte zu finden sein: Durchfall, Sonnenstich und Höhenkrankheit.

Gastgeschenke

In Zentral- und Südamerika wurden wir häufig mit einer großen und für uns fast beschämenden Gastfreundschaft überschüttet. Für solche Anlässe macht es Sinn, kleine Geschenke dabei zu haben, um zum Beispiel die Kinder der Familien zu beschenken.

Auf die Fragen nach einem Übernachtungsplatz bekamen wir einmal eine Esseneinladung von einer armen Fischerfamilie oder in einem kleinen Dorf schenkten sie uns Obst und Gemüse. Als Dankeschön verteilten wir Süßigkeiten oder Spielzeug an die Kinder. Mit kleinen Gastgeschenken aus Deutschland wie Aufkleber, Kugelschreiber oder Fanartikel deutscher Bundesligavereine ist die Begeisterung sicherlich noch größer. Auch Euro-Münzen oder Postkarten der deutschen Heimatstadt sind ein nettes Geschenk. Versehen mit einem persönlichen Dankeschön auf der Rückseite bringen sie den Einheimischen ein Stück Deutschland näher. Immer mehr Reisende haben Visitenkarten dabei, auf denen neben einem Bild der Reisenden und des Fahrzeugs auch die Internetadresse und eine E-Mail-Adresse gedruckt sind. Gerne werden, insbesondere an Grenzen, Campingplätzen und Hostels individuell gestaltete Aufkleber angenommen.

Glücklicherweise gibt es in Lateinamerika keine Erwartungshaltung für Geschenke und diese sollte nicht grundlos gefördert werden. Geschenke sind keine Almosen der „reichen" Europäer an die „armen" Lateinamerikaner, sondern immer eine höfliche Geste beziehungsweise eine kleine Anerkennung für besondere Hilfsbereitschaft.

Bücher auf Reisen

Wer gerne und viel liest, ist mit der Anschaffung eines E-Readers gut beraten, am besten pro Person ein eigener E-Reader. Bei Reiseführern bevorzuge ich jedoch weiterhin die gedruckte Form, da ich mir darin besser Notizen machen kann und sie immer griffbereit vorne in der Fahrerkabine liegen. Viele Campingplätze und Hostels bieten einen Book-Exchange an. Das bedeutet, ein unbekanntes Buch wird gegen ein gelesenes getauscht. Auch die Reisenden tauschen fleißig untereinander Bücher und es ist immer wieder spannend, einmal etwas völlig anderes zu lesen. Wer aus Platzgründen nicht für jedes Land Reiseführer und Landkarten dabei hat, kann mit entgegenkommenden Reisenden das Informationsmaterial tauschen. Ein paar Reisetipps gibt es dann meistens gratis dazu.

Der Alltag auf Reisen ist das Abenteuer

Wer sich auf das großes Abenteuer Panamericana vorbereitet, möchte bereits im Vorfeld der Reise gegen alle Unwägbarkeiten gerüstet sein. Doch das Schöne an einer solchen Reise ist gerade, dass nicht alles planbar ist. Niemand sollte blauäugig von zu Hause aufbrechen, aber auch nicht versuchen, jedes nur mögliche Szenario zu planen. Gerade das Ungewisse macht die Panamericana zu einem großen Abenteuer. Läuft auf der Reise irgendetwas nicht rund, fesselt einen die Krankheit ans Bett, ist das Auto defekt oder wird ein Ersatzteil gesucht, helfen die Einheimischen gerne weiter. Die wertvollste Erfahrung, die wir in Zentral- und Südamerika gesammelt haben, war die Gastfreundschaft und Hilfsbereitschaft der Menschen unterwegs. Wer offen und freundlich auf sie zugeht, ist in diesen Ländern nie alleine. Darum gilt:

Mach dir nicht zu viele Gedanken vorab,
sondern reise und genieße!

Rad- und andere Abenteuer aus aller Welt

Edition Reise Know-How

In der Edition Reise Know-How erscheinen außergewöhnliche Reiseberichte, Reportagen und Abenteuerberichte, landeskundliche Essays und Geschichten. Gemeinsam ist allen Titeln dieser Reihe: Sie unterhalten, sei es unterwegs oder zu Hause – auch als ideale Ergänzung zum jeweiligen Reiseführer.

Abenteuer Anden – Eine Reise durch das Inka-Reich
ISBN 3-89662-307-9 · € 17,50

Afrika – Mit dem Fahrrad in eine andere Welt
ISBN 978-3-89662-522-9 · € 19,90

Auf Heiligen Spuren – 1700 km zu Fuß durch Indien
ISBN 3-89662-387-7· € 17,50

Auf und davon – Auf Motorrädern durch Europa, Asien und Afrika
ISBN 978-3-89662-521-2 · € 19,50

Die Salzkarawane – Mit den Tuareg durch die Ténéré
ISBN 3-89662-380-X · € 17,50

Durchgedreht – Sieben Jahre im Sattel
ISBN 3-89662-383-4 · € 17,50

Myanmar/Burma – Reisen im Land der Pagoden
ISBN 3-89662-196-3 · € 17,50

Odyssee ins Glück – Als Rad-Nomaden um die Welt 10 Jahre, 160.000 km und 5 Kontinente · ISBN 978-3-89662-520-5 · € 19,90

Panamericana südwärts – Eine Abenteuertour durch Lateinamerika
ISBN 978-3-89662-523-6 · € 19,90

Please wait to be seated – Bizzares und Erheiterndes von Reisen in Amerika. ISBN 3-89662-198-X · € 12,50

Rad ab – 71.000 km mit dem Fahrrad um die Welt.
ISBN 3-89662-383-4 · € 17,50

Südwärts – von San Francisco nach Santiago de Chile.
ISBN 3-89662-308-7 · € 17,50

Suerte – 8 Monate auf Motorrädern durch Südamerika.
ISBN 978-3-89662-366-9 · € 17,50

Taiga Tour – 40.000 km allein mit dem Motorrad von München durch Russland nach Korea und Japan · ISBN 3-89662-308-7 · € 17,50

USA Unlimited Mileage – Abgefahrene Episoden einer Reise durch Amerika · ISBN 3-89662-189-0 · € 14,90

Völlig losgelöst – Panamericana Mexiko–Feuerland in zwei Jahren
ISBN 978-89662-365-2 · € 14,90

Eine Finca auf Mallorca oder Geckos im Gästebett
ISBN 3-89662-176-9 · € 10,50

Eine mallorquinische Reise – Mallorca 1929
ISBN 3-89662-308-7 · € 10,50

Geschichten aus dem anderen Mallorca – Robert Graves
ISBN 978-3-89662-269-3 · € 12,50

„Rad & Bike"

Fahrrad Weltführer – Das Standardwerk für Fernreiseradler, 3. Aufl., 768 Seiten. ISBN 978-3-89662-527-4 · € 25,00

BikeBuch USA/Canada – 624 S., über 170 Fotos und 45 Karten
ISBN 3-89662-389-3 · € 23,50

Fahrrad Europaführer – 4. Auflage, 768 S., über 50 Karten und 280 Fotos und Abb. · ISBN 978-3-89662-527-4 · € 25,00

Das Lateinamerika BikeBuch 696 S., 92 SW- und 32 Farbfotos, 27 Karten · ISBN 978-3-89662-388-1 · € 25,00

Frauke und Robert Kielstropp

Auf Motorrädern durch Europa, Asien und Afrika

Auf und davon

26 Länder, 3 Kontinente, 14 Monate, 47.000 Kilometer – frisch verheiratet und angetrieben von Abenteuerlust und Neugier auf die Fremde machen sich Frauke und Robert Kielstropp mit ihren Motorrädern auf und davon. Wortgewandt, lebendig und authentisch berichten die beiden Niederrheiner in einer Mischung aus Reportage und Tagebuch von ihrem Alltag im Nichtalltäglichen: : Von Gastfreundschaft im Iran und in Pakistan, beeindruckender Naturschönheit im Karakorum und Himalaya, buddhistischen Klöstern und Dschungelpassagen in Südostasien, Großwildbegegnungen im südlichen Afrika, Schotterpisten im äthiopischen Hochland und Wüstenetappen im Sudan. Vor allem aber sind es die Begegnungen mit den Menschen unterschiedlichster Kulturen, die den besonderen Reiz ihrer Reise ausmachen …

Hardcover mit Schutzumschlag, 350 Seiten, 16 S. Farbteil,
Reise Know-How Verlag · ISBN 978-3-89662-521-2 · € 19,50

Gudrun Ziermann

Panamericana Mexiko–Feuerland in zwei Jahren:

Völlig losgelöst

Über 100.000 Kilometer und zwei Jahre lang sind Gudrun Ziermann und Tobias Groenen mit einem expeditionstauglichen Landrover unterwegs. Ihr Weg führt durch knochentrockene Wüsten und tropische Regenwälder, über riesige Salzseen und verschneite Andenpässe, hinauf aufs Altiplano, hinein in die heiße Hölle des Chaco und immer wieder zu den kleinen Orten abseits der Hauptstraßen, wohin sich nur selten ein Fremder verirrt. Im Schritttempo fahren sie durch den nahezu weglosen Kupfercanyon in Mexiko. In Belize werden sie gebeten, einen Militärkonvoi anzuführen. In Kolumbien gelangen sie nur über Umwege zu einer Ausgrabungsstätte mitten im Guerilla-Gebiet. In Bolivien stecken sie mehrere Tage in Straßenblockaden fest. Auf einer Sandpiste durchqueren sie das Feuchtgebiet des Pantanal. Ob beim Schamanenritual in den Anden oder bei der Kaiman-Jagd im brasilianischen Dschungel - die Gastfreundschaft und Offenheit der Menschen erlaubt es Gudrun Ziermann immer wieder, hinter die Kulissen zu blicken. Das Ergebnis ist ein spannender Reisebericht mit außergewöhnlichen Einblicken in fremde Länder. Es sind die Begegnungen mit den Menschen, die einer Reise Leben einhauchen.

Hardcover mit Schutzumschlag, mehr als 100 Farb- und s/w-Fotos, 7 Karten
REISE KNOW-HOW Verlag ISBN 978-3-89662-365-2 · € 17,50

Sandra Wolf
Helmut Hermann

Peru/Bolivien

8. Auflage

900 S., strapazierfähige PUR-Bindung, 90 Stadtpläne und Karten, über 200 Fotos u. Abbildungen, Griffmarken, Seiten- und Kartenverweise, Register

ISBN 978-3-89662-591-5
€ 25,00 [D]

Peru/Bolivien

Peru und Bolivien mit diesem kompletten Reisehandbuch entdecken. Die 8. Auflage dieses Buches …

- wurde überarbeitet, aktualisiert und erweitert und nennt die besten Adressen für Ihre Reise
- enthält zahlreiche informative Karten, eng mit dem Inhalt verzahnt
- listet zahllose eMail- und Homepage-Adressen zur aktiven Reiseplanung
- kombiniert detailgenaue, verlässliche vor Ort recherchierte Reiseinformationen mit unterhaltsamen Exkursen über Land & Leute – visualisiert durch Fotos und viele Illustrationen
- wurde auch für Autofahrer konzipiert – Beschreibung lohnender Strecken, Campingplätze etc.
- ermöglicht Peru und Bolivien auf 16 ausgewählten Reiserouten zu entdecken
- bietet eine Sprachhilfe Spanisch und Quechua im Anhang

Reisen Sie mit dem Original der Peru/ Boliven-Individualreiseführer!

Dieses Handbuch erscheint seit über über **25 Jahren** und wurde durch all die Jahre kontinuierlich aktualisiert.

Katharina Nickoleit

Bolivien kompakt

4. Auflage

252 S., strapazierfähige PUR-Bindung, 24 detaillierte Stadtpläne und Karten, über 140 Farbfotos u. Abb., Griffmarken, Seiten- und Kartenverweise, Register

ISBN 978-3-89662-586-1
€ 14,90 [D]

Bolivien kompakt

Bolivien kompakt ist ein Reiseführer mit hoher Informationsdichte für eines der interessantesten Andenländer Südamerikas, Bolivien. Beschrieben werden alle Reise-Highlights wie La Paz, der Titicacasee, alte Inkapfade in den Hochanden, Fahrt durch die Yungas, Karneval in Oruro, der Salar de Uyuni und farbschillernde Lagunen im Südwesten des Landes, Potosí und die Kolonialstadt Sucre, das Amazonasbecken sowie die Missionskirchen in Chiquitania.

- kombiniert detailgenaue, verlässliche Reiseinformationen mit unterhaltsamen Themen über Land und Leute, visualisiert durch zahlreiche Fotos und Illustrationen
- nennt die besten Adressen für Ihre Reise und enthält viele Karten und Stadtpläne, die alle eng mit dem Inhalt verzahnt sind
- wurde von einer kompetenten Autorin mit langer BolivienErfahrung verfasst
- ist zusätzlich ein Kulturführer, weist auf Fiestas und kulturelle Bräuche hin und beleuchtet geschichtliche Hintergründe und historische Zusammenhänge
- gibt Tipps und macht Vorschläge für Aktivitäten und zur Gestaltung freier Zeit

Ständig neue aktuelle Auflagen

Panamericana-Ratgeber

Mit dem eigenen Fahrzeug durch Zentral- und Südamerika

Eine Reise entlang der Panamericana ist immer noch ein faszinierendes Abenteuer, ganz besonders mit dem eigenen Fahrzeug. Kein Reiseveranstalter gibt die Route vor, kein Zeitplan schränkt die Bewegungsfreiheit ein. Und häufig wird das ursprüngliche Lateinamerika erst abseits der Hauptstraßen und Touristenströme entdeckt.

Manchmal wäre es jedoch hilfreich schon im Vorfeld zu wissen, wo die schönsten Übernachtungsplätze liegen und welche Grenzformalitäten einen erwarten. Wo gibt es große Supermärkte, wo eine Wäscherei, wo eine Bäckerei mit deutschem Brot? Kann ich an der Grenze Geld wechseln, muss ich in Großstädten auf Fahrverbote achten, mit welchen Polizeikontrollen muss ich rechnen? Dieser Panamericana-Ratgeber beinhaltet auf 192 Seiten unzählige Informationen, die das Reisen entspannter und einfacher machen.

Auf Abenteuertour durch Lateinamerika

Der Panamericana-Ratgeber für alle, die eine Reise mit dem eigenen Fahrzeug durch Lateinamerika planen.

- Über 300 Übernachtungsplätze mit Fotos, GPS-Koordinaten, Höhenangaben, Preisen und detaillierten Beschreibungen
- Routenvorschläge zu den wichtigsten Sehenswürdigkeiten
- Schrittweise Erklärung der Grenz- und Zollformalitäten
- Verschiffung über das Darien Gap
- Umfangreiche Zusatzinformationen für Reisende mit dem eigenen Fahrzeug: Polizei- und Lebensmittelkontrollen, Dieselpreise, Einkaufsmöglichkeiten, Fahrverbote, Straßenzustand, Straßennutzungsgebühren und Fährfahrten

Den Panamericana-Ratgeber gibt es als kostenlosen PDF-Download auf der Internetseite von Petra und Klaus Vierkotten:

www.abenteuertour.de